经济管理新形态教材
营销学系列

INTERNATIONAL MARKETING

国际市场营销学

（第5版）

闫国庆 ◎ 主编
谢翠华　金宇　闫晗　刘宇轩 ◎ 副主编

清华大学出版社
北京

内容简介

本书全面系统地介绍了国际市场营销学。全书分为六篇：导论、国际营销环境分析、国际营销战略、国际营销组合策略、国际营销的组织与控制、国际营销的未来。本书全面地、创新性地引入了新形态教材的理念与方法，将纸质、网络多种媒介有机结合在一起。本书每章都由全球视角引出本章内容，章后附有本章小结、关键术语、课后习题、本章讨论案例以及讨论题。同时，通过扫描书上各章节中的二维码，可查看扩展阅读等。这些为学生学习、迎考及老师的备课带来了极大的便利，提高了教与学的效率。

本书可作为国际商务、国际经济与贸易、市场营销、工商管理专业的本科生和研究生的教材，也可作为相关培训机构的培训教材及从事国际市场营销工作或对此领域感兴趣的人员的自学教材。

本书封面贴有清华大学出版社防伪标签，无标签者不得销售。
版权所有，侵权必究。举报：010-62782989，beiqinquan@tup.tsinghua.edu.cn。

图书在版编目（CIP）数据

国际市场营销学 / 闫国庆主编. -- 5版. -- 北京：清华大学出版社，2025.4. (21世纪经济管理新形态教材). -- ISBN 978-7-302-68909-6

Ⅰ. F740.2

中国国家版本馆CIP数据核字第2025UY5115号

责任编辑：张　伟
封面设计：李召霞
责任校对：王荣静
责任印制：刘　菲

出版发行：清华大学出版社
网　　址：https://www.tup.com.cn，https://www.wqxuetang.com
地　　址：北京清华大学学研大厦A座　　邮　编：100084
社 总 机：010-83470000　　邮　购：010-62786544
投稿与读者服务：010-62776969，c-service@tup.tsinghua.edu.cn
质量反馈：010-62772015，zhiliang@tup.tsinghua.edu.cn
课件下载：https://www.tup.com.cn，010-83470332
印 装 者：保定市中画美凯印刷有限公司
经　　销：全国新华书店
开　　本：185mm×260mm　　印　张：24.75　　字　数：570千字
版　　次：2004年8月第1版　2025年4月第5版　　印　次：2025年4月第1次印刷
定　　价：75.00元

产品编号：111083-01

前言

中国和世界正处于"百年未有之大变局":世界经济重心在变,世界政治格局在变,全球化进程在变,科技与产业关系在变,全球治理在变,国际秩序和全球治理体系正面临重塑。同时,国际市场营销环境发生了深刻的变化:市场不断延伸,国际化程度超过任何时代,企业间的市场竞争空前激烈。对于中国企业,从早年看似遥远的国际市场营销,逐步发展到今天近在咫尺的国际市场营销,所亟待解决的已经不是如何面对的问题,而是如何真真实实地参与其中、融入其中。中国已经成为国际市场环境中不可或缺的元素,中国企业也正在全球的市场竞争中展现出充满东方智慧的营销哲学、营销技巧。在这日新月异的环境下,本书迎来了第5版修订工作。

本书作为"十二五"普通高等教育本科国家级规划教材,自出版以来得到社会各界广泛的认可,国内百余所高校及一些培训机构采用本书作为教材,目前,累计销量13万余册。兄弟院校和培训机构对本书的采用是对我们工作的认可,更是一种鼓励和鞭策,使我们有一种强烈的责任感和使命感要将本书修改得更加完善。我们很荣幸能够在这样一个不断变化又充满挑战的市场环境中,用心倾力编写一本与时代共振、与时俱进的具有中国气派的高校国际营销教材,让采用本书做教材的高校、培训机构、国际营销人员能够与我们一起近距离地感受国际市场营销环境中的新理论、新思维、新案例所带来的认知变化。

营销,永远是一门与时俱进的学科。本书力图在以下方面有所作为。

(1) 在形成一个科学的、适应当代国际营销发展形势需要的"国际营销"教材体系上有所建树。本书在借鉴国内外相关教材结构体系的基础上构建自身的体系,各章节之间逻辑关系清楚,涵盖当今国际营销理论与实务的全貌,并增加近年国内外对外经贸政策的新变化。

(2) 内容安排上让教师易教、学生易学且产生兴趣。由于本书重点关注的是大学毕业后直接从事一线工作的学生,所以讲通如何将理论运用到实践对本书来说尤为重要。因此,本书尽量用通俗语言对各种模型进行解释,同时注重运用各国的实例来印证国际营销理论,使分析更具说服力,并引起学生的浓厚兴趣。

(3) 案例分析覆盖国际、国内最具代表性的企业经典案例。本书注重通过案例分析介绍各种国际营销新理念、新方法的影响。丰富而鲜活的国内外案例给读者更多贴近感和现实感。

(4) 全面地、创新性地引入新形态教材的理念与方法。这为学习带来极大便利,也提高了教与学的效率,对开阔视野,培育创新性思维,促使学生更深刻地掌握每章知识点,巩固和运用所学知识将起到重要作用。

(5) 挖掘提炼本课程所蕴含的德育功能,实现德育教育与专业教育的同向同行。党的二十大报告提出,要深化教育领域综合改革,加强教材建设和管理,完善学校管理和教育评价体系,健全学校家庭社会育人机制。本书坚持以习近平新时代中国特色社会主义思想为指导,贯彻党的二十大精神和党的教育方针,落实立德树人根本任务,坚持和弘扬社会主义核心价值观,落实教材国家事权,服务国家发展战略,服务自主知识体系构建。扎根中国大地,站稳中国立场。引导学生坚定道路自信、理论自信、制度自信、文化自信。本书紧密结合每一篇每一章的主题,运用社会关注热点、重大事件、经典企业案例升华学生的思想品德境界,为其今后成为有社会责任感的营销者奠定基础。

  本书分工如下:闫国庆编写第1章、第2章、第16章和第17章,金宇编写第3章、第4章、第5章和第6章,刘宇轩编写第7章、第8章和第9章,谢翠华编写第10章、第11章、第12章和第13章,闫晗编写第14章和第15章。连新泽、刘明哲参与了第16章和第17章的写作,高聪、张朝侠、王震参加了第1章和第2章的写作。全书由闫国庆总纂、定稿。

  一本好的教材需要不断的修订,要与理论和现实的发展保持紧密的联系。借用冯友兰先生的说法,做学问有"照着讲"和"接着讲"两种。本书在一定程度上已经完成了"照着讲"和部分"接着讲"的任务,但在"接着讲"方面,还需不断努力前行。我们期待与大家一起在教与学的过程中对本教材不断完善,在完善的过程中不断提高,始终把握"国际市场营销学"最鲜活、最具生命力的时代脉搏。

  我们真诚地等待着您对本书一如既往的宝贵意见。再小的改变、改善都是一种进步!

闫国庆
2024年12月

致 谢

我们要对本书借鉴和吸收的大量海内外研究成果、文献的著作者和出版者表示衷心的感谢！是大家的共同努力推动着"国际市场营销学"这一领域研究与教学的发展，我们的努力只不过是沧海一粟！

本书不仅是编者多年教学和实践经验的结晶，更是团队精诚合作的产物。众多老师、同学及政府和企业界人士参与了本书的资料收集、整理及相关内容写作与评论，为本书出版付出了满腔的热情与辛勤的汗水。他们是：

胡楚、胡嘉伟、李明生(美国)、刘玉劲(日本)、古汉杰(马来西亚)、刘卫民(英国)、金亨泰(韩国)、吴林燊、虞旭豪、曹杰、邱钶迪、陈亚楠、李智豪、陈逸轩、朱紫嫣、郑芯怡、陈萌萌、雷骐荧、李骉骉等。(第5版)

李宣墨、何佳音、刘星伍、李思远、靳佩佩、曹聪(美国)、May Tan-mullins(新加坡)、王昊楠、潘越、王天娇、盛方欣、王锦霞、张春红、吕倩倩、胡月、沈怡婷、张悦、胡聪慧、付靓霞、刘凤凤、李悦、陈美琪等。(第4版)

孔文超、谈圆、刘财旺、刘嘉豪、孔汝萍、王童倩、胡慧娇、徐进、宋雪芳、任淑婷、高腾达、孙有億、沈婷桦、赵秉龙、朱芬芬、王盼等。(第3版)

王玲玲、陈雯、吴江明、陈奕串、邓博文、洪灿锋、倪飞林、张滨、胡炳、曾超、何润茜、孙博廷、许玲蔚、章健、王英、何铮铮等。(第2版)

王萍、陈晓峰、郑晶晶、戚建媚、方杰璇、赵琼婉、蒋军伟、朱丹、朱丽君、韩芳芳、姚星考、孙丽君等。(第1版)

在本书的写作与修订过程中，清华大学出版社经管与人文社科分社编校人员多次与编撰团队进行友好、深入的沟通讨论，对修订方案及许多细节内容给予了有针对性、有效的指导与帮助。

许多使用本书的学生及老师对本书提出了很多中肯的意见；不少热心读者在使用本书的过程中提出了很多宝贵的建议；一些海外教授和商(协、学)会会长为本书提供了大量的国外相关资料、最新研究成果和数据等。宁波舟山港、雅戈尔、奥克斯、世贸通、全球贸易通、海通、银亿、杉杉、中基等集团公司的经理与业务员们与我们倾心交流，提供了大量珍贵的第一手资料。这些是本书贴近"国际市场营销学"实践和前沿所不可或缺的。

最后，要感谢我们的家人无私和有力的支持，我们在写作过程中遇到重重难题时，总能得到他们及时、温馨的鼓励与帮助。我们将本书献给他们！

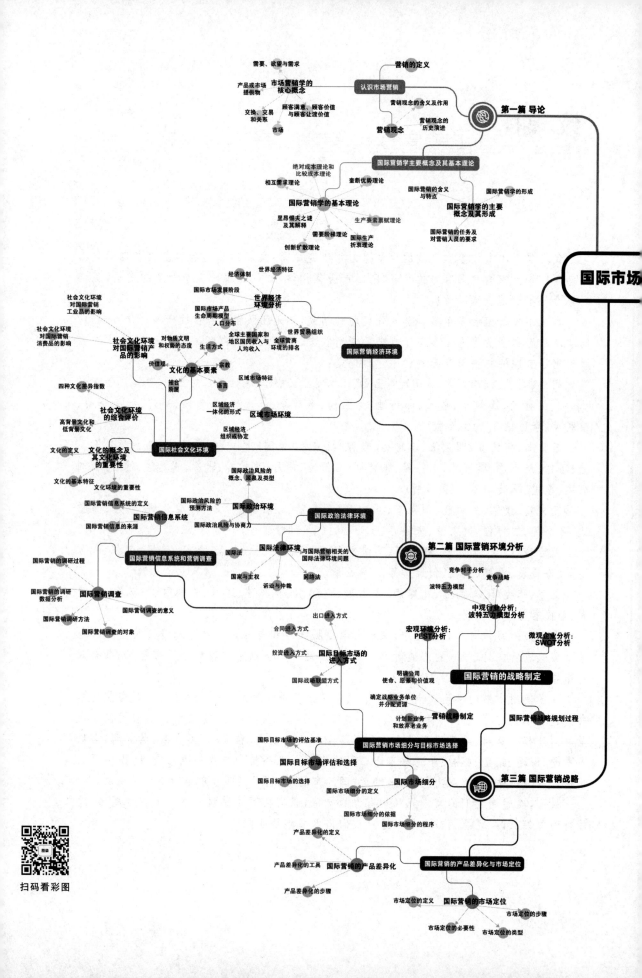

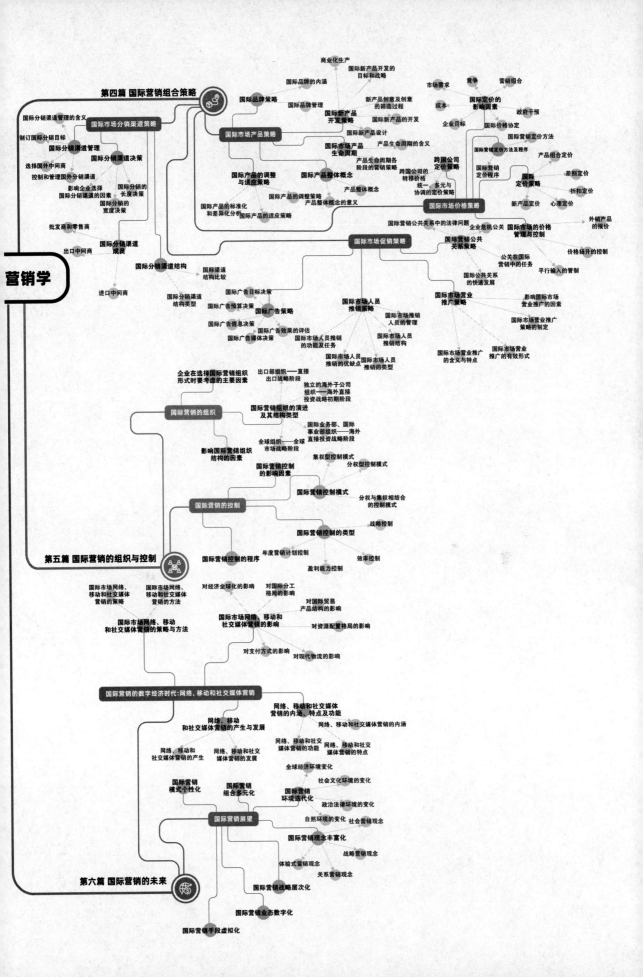

目 录

第一篇 导 论

第 1 章 认识市场营销 ········· 4
全球视角：泰国东方饭店的故事 ········· 4
1.1 营销的定义 ········· 5
1.2 市场营销学的核心概念 ········· 8
1.3 营销观念 ········· 12
本章小结 ········· 15
关键术语 ········· 16
课后习题 ········· 16
本章讨论案例：苹果与三星：创新与生态系统的较量 ········· 16
讨论题 ········· 17

第 2 章 国际营销学主要概念及其基本理论 ········· 19
全球视角：比亚迪在国际营销中的全球布局 ········· 19
2.1 国际营销学的主要概念及其形成 ········· 20
2.2 国际营销学的基本理论 ········· 22
本章小结 ········· 36
关键术语 ········· 36
课后习题 ········· 37
本章讨论案例：小米在全球市场的创新与扩展 ········· 37
讨论题 ········· 38

第二篇 国际营销环境分析

第 3 章 国际营销经济环境 ········· 42
全球视角：国际经济格局的深刻变革 ········· 42
3.1 世界经济环境分析 ········· 43
3.2 区域市场环境 ········· 54
本章小结 ········· 62

关键术语 ·· 63
课后习题 ·· 63
本章讨论案例：中国企业进入越南市场 ·· 63
讨论题 ·· 64

第 4 章　国际社会文化环境 ··· 66

全球视角：家乐福折戟日本市场 ·· 66
4.1　文化的概念及其文化环境的重要性 ·· 67
4.2　文化的基本要素 ·· 70
4.3　社会文化环境的综合评价 ·· 75
4.4　社会文化环境对国际营销产品的影响 ·· 80
本章小结 ·· 82
关键术语 ·· 82
课后习题 ·· 82
本章讨论案例：麦当劳与肯德基的战略对决 ·· 83
讨论题 ·· 84

第 5 章　国际政治法律环境 ··· 86

全球视角：全球进入动荡变革时期 ·· 86
5.1　国际政治环境 ·· 87
5.2　国际法律环境 ·· 91
本章小结 ·· 97
关键术语 ·· 97
课后习题 ·· 97
本章讨论案例：美国封禁 TikTok 缘由及全球影响 ································ 97
讨论题 ·· 99

第 6 章　国际营销信息系统和营销调查 ·· 101

全球视角：星巴克的大数据应用与调查 ·· 101
6.1　国际营销信息系统 ··· 102
6.2　国际营销调查 ·· 105
本章小结 ··· 113
关键术语 ··· 113
课后习题 ··· 113
本章讨论案例：印度手机市场的现状和发展趋势 ································· 113
讨论题 ··· 114

第三篇 国际营销战略

第 7 章 国际营销的战略制定 ·········· 118

全球视角：亚马逊的全球战略 ·········· 118
7.1 宏观环境分析：PEST 分析 ·········· 120
7.2 中观行业分析：波特五力模型分析 ·········· 122
7.3 微观企业分析：SWOT 分析 ·········· 127
7.4 国际营销战略规划过程 ·········· 129
7.5 营销战略制定 ·········· 132
本章小结 ·········· 139
关键术语 ·········· 139
课后习题 ·········· 140
本章讨论案例：拼多多的全球化探索 ·········· 141
讨论题 ·········· 141

第 8 章 国际营销市场细分与目标市场选择 ·········· 143

全球视角：爱彼迎的选择 ·········· 143
8.1 国际市场细分 ·········· 144
8.2 国际目标市场评估和选择 ·········· 149
8.3 国际目标市场的进入方式 ·········· 152
本章小结 ·········· 158
关键术语 ·········· 158
课后习题 ·········· 158
本章讨论案例：TikTok 的国际市场细分与目标市场选择 ·········· 159
讨论题 ·········· 160

第 9 章 国际营销的产品差异化与市场定位 ·········· 162

全球视角：英伟达：从图形革命到全球计算平台领导者 ·········· 162
9.1 国际营销的产品差异化 ·········· 163
9.2 国际营销的市场定位 ·········· 170
本章小结 ·········· 174
关键术语 ·········· 175
课后习题 ·········· 175
本章讨论案例：希音(SHEIN)："快速时尚"引领全球潮流 ·········· 176
讨论题 ·········· 177

第四篇　国际营销组合策略

第 10 章　国际市场产品策略 ········· 182

全球视角：华为公司卓越销售业绩背后的产品营销策略 ········ 182
10.1　国际产品整体概念 ········ 183
10.2　国际产品的调整与适应策略 ········ 185
10.3　国际市场产品生命周期 ········ 192
10.4　国际新产品开发策略 ········ 196
10.5　国际品牌策略 ········ 203
本章小结 ········ 210
关键术语 ········ 210
课后习题 ········ 210
本章讨论案例：波司登：羽绒服巨头的全球征程 ········ 211
讨论题 ········ 212

第 11 章　国际市场价格策略 ········· 214

全球视角：安克创新的价格策略 ········ 214
11.1　国际定价的影响因素 ········ 215
11.2　国际营销定价方法及程序 ········ 218
11.3　国际定价策略 ········ 222
11.4　国际市场的价格管理与控制 ········ 227
11.5　跨国公司定价策略 ········ 233
本章小结 ········ 238
关键术语 ········ 239
课后习题 ········ 239
本章讨论案例：锂矿定价的困境 ········ 239
讨论题 ········ 240

第 12 章　国际市场分销渠道策略 ········· 242

全球视角：字节跳动公司的分销模式 ········ 242
12.1　国际分销渠道结构 ········ 243
12.2　国际分销渠道成员 ········ 247
12.3　国际分销渠道决策 ········ 253
12.4　国际分销渠道管理 ········ 258
本章小结 ········ 263
关键术语 ········ 263
课后习题 ········ 263
本章讨论案例：从一瓶洗洁精崛起的本土日化巨擘 ········ 264
讨论题 ········ 265

第 13 章　国际市场促销策略 ……………………………………………………… 267

全球视角：名人名言 ……………………………………………………… 267
13.1　国际广告策略 ……………………………………………………… 267
13.2　国际市场人员推销策略 ……………………………………………… 274
13.3　国际市场营业推广策略 ……………………………………………… 279
13.4　国际营销公共关系策略 ……………………………………………… 288
本章小结 …………………………………………………………………… 292
关键术语 …………………………………………………………………… 293
课后习题 …………………………………………………………………… 293
本章讨论案例：L'Occitane en Provence 的组合营销 …………………… 293
讨论题 ……………………………………………………………………… 294

第五篇　国际营销的组织与控制

第 14 章　国际营销的组织 ………………………………………………………… 298

全球视角：名人名言 ……………………………………………………… 298
14.1　国际营销组织的演进及其结构类型 ………………………………… 299
14.2　影响国际营销组织结构的因素 ……………………………………… 305
14.3　企业在选择国际营销组织形式时要考虑的主要因素 ……………… 307
本章小结 …………………………………………………………………… 309
关键术语 …………………………………………………………………… 309
课后习题 …………………………………………………………………… 309
本章讨论案例：ABB 公司的组织结构 …………………………………… 310
讨论题 ……………………………………………………………………… 310

第 15 章　国际营销的控制 ………………………………………………………… 312

全球视角：名人名言 ……………………………………………………… 312
15.1　国际营销控制的影响因素 …………………………………………… 313
15.2　国际营销控制模式 …………………………………………………… 314
15.3　国际营销控制的程序 ………………………………………………… 316
15.4　国际营销控制的类型 ………………………………………………… 317
本章小结 …………………………………………………………………… 326
关键术语 …………………………………………………………………… 326
课后习题 …………………………………………………………………… 327
本章讨论案例：肯德基的在华营销控制：从一到万的"变与不变" …… 327
讨论题 ……………………………………………………………………… 328

第六篇 国际营销的未来

第 16 章 国际营销的数字经济时代：网络、移动和社交媒体营销 …………… 332

全球视角：American Eagle：年轻人的打卡胜地 ………………………………… 332
    16.1 网络、移动和社交媒体营销的产生与发展 ………………………… 333
    16.2 网络、移动和社交媒体营销的内涵、特点及功能 ………………… 334
    16.3 国际市场网络、移动和社交媒体营销的影响 ……………………… 340
    16.4 国际市场网络、移动和社交媒体营销的策略与方法 ……………… 345
    本章小结 …………………………………………………………………… 349
    关键术语 …………………………………………………………………… 350
    课后习题 …………………………………………………………………… 350
    本章讨论案例：漫威影业的微博营销 …………………………………… 350
    讨论题 ……………………………………………………………………… 351

第 17 章 国际营销展望 ……………………………………………………………… 353

全球视角：名人名言 …………………………………………………………………… 353
    17.1 国际营销环境迭代化 …………………………………………………… 353
    17.2 国际营销观念丰富化 …………………………………………………… 358
    17.3 国际营销战略层次化 …………………………………………………… 365
    17.4 国际营销组合多元化 …………………………………………………… 366
    17.5 国际营销模式个性化 …………………………………………………… 370
    17.6 国际营销手段虚拟化 …………………………………………………… 372
    17.7 国际营销业态数字化 …………………………………………………… 373
    本章小结 …………………………………………………………………… 374
    关键术语 …………………………………………………………………… 375
    课后习题 …………………………………………………………………… 375
    本章讨论案例：亚马逊的营销发展与展望 ……………………………… 376
    讨论题 ……………………………………………………………………… 377

参考文献 ……………………………………………………………………………… 378

主要参考网站 ………………………………………………………………………… 381

第一篇

导论

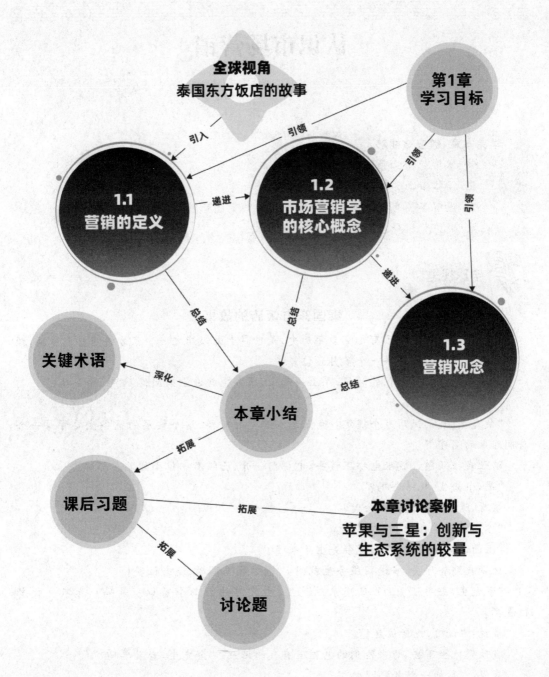

第 1 章

认识市场营销

学完本章,你应该能够:
1. 掌握营销的含义;
2. 了解市场营销学的核心概念;
3. 理解各种有代表性的传统营销观念和现代营销观念;
4. 熟悉营销观念历史演进的轨迹。

全球视角

泰国东方饭店的故事

泰国东方饭店距今已有100多年历史,是世界十大饭店之一。东方饭店每天爆满,顾客想入住该饭店都要提早一个多月预订。

记得当时我在那里住的时候,早上一起来,服务生就迎上来问候:"早,余先生!"

"你怎么知道我姓余?"

"余先生,我们饭店有个规定:晚上客人睡觉的时候,这个楼层的服务生要背每一个房间客人的名字。"

这让我很欣慰。我坐电梯下楼去,电梯门一开,已经有一位小姐站在那里。

"早,余先生,吃早餐吗?"

唉呀,这位也知道我姓余呀!

"你怎么知道我姓余?"

"上面的电话刚刚下来,说余先生下来了。"

她带我到餐厅去,一进门服务生就问:"老位置吗?"哟,还老位置!

"余先生,去年4月17日您来过这里,坐靠河的第二个窗口。是吗?喜不喜欢老位置?"

我说:"好吧,就老位置!"

我欣慰地坐下去,原来他们的电脑里有我的记录。"余先生,老菜单吗?"

我说:"再加一个水果!"

有一道菜上来,我问服务生:"这是什么东西?"

他看一下,后退一步,说:"这是××。"我说:"那这又是什么东西?"

他上前看一下,又后退一步,说:"那是××。"

为什么后退一步? 因为他怕他的口水会喷到我的饭里!

他居然后退一步! 这种教养我在世界各地都很少看到。

回到台湾三年后,我居然收到他们一封信:"亲爱的余先生,祝您生日快乐!您已经三年没来我们饭店,我们全饭店的人都非常想念您。"

今天是我的生日……他们竟然知道!

我跑到卧室里哭了一场,太感激了!发誓这辈子再经过泰国,我一定去住那个东方饭店。

资料来源:余世维博士的《成功经理人》讲座内容。

1.1 营销的定义

学习国际营销,首先需要明确什么是营销。许多人可能会简单地认为营销就是销售产品,或者是进行推销和广告宣传。这种看法在现代社会中很常见,因为我们每天都会接触到大量的广告,并且不断有人通过各种渠道向我们推销各种商品。然而,推销和广告只是营销活动的一部分,并且不是营销的核心。

那么,营销的真正含义是什么呢?多年来,学者和专业人士从不同的角度对营销进行了定义,其中有两个定义被广泛接受。

一是美国市场营销协会(American Marketing Association)给出的定义:营销是一个关于商品、服务和创意的构思、定价、促销和分销的计划和执行过程,其目的是创造能够满足个人和组织目标的交换。

扩展阅读 1-1　营销组合策略

美国市场营销协会对营销的定义可以从多个角度进行理解。

首先,营销是一个综合性的过程,而不仅仅是单一的活动。它涉及产品(product)、价格(price)、促销(promotion)和渠道(place)这四个关键策略的设计和实施,这些策略通常被称为 4Ps。随后,菲利普·科特勒(Philip Kotler)在 4P 的基础上提出了 6P,增加了政治(politics)和公共关系(public relations),以应对贸易保护主义市场的特殊需求。到 20 世纪 80 年代,营销组合策略进一步发展到 11P,科特勒将 6P 定性为战术性组合,同时提出战略性 4P(探查 probing、细分 partitioning、择优 prioritizing、定位 positioning),并结合为人们(people)服务的指导思想,形成了更全面的市场营销框架,强调战略先行、战术配合的营销体系。

其次,营销活动的核心目标是顾客。因此,以上营销组合策略都需要精心设计,以有效地影响销售渠道和顾客的购买行为。这种策略的设计旨在确保企业在竞争激烈的市场中满足顾客的需求,并实现其商业目标,如图 1-1 所示。

此外,营销是一个过程,并且都是在一定的环境中进行。因此,企业在开展营销活动时,除了要关注顾客的需求和购买决策行为,还必须考虑来自环境和竞争对手的影响。不同的市场环境和竞争对手会影响企业选择不同的营销战略与策略。图 1-2 展示了现代营销系统的关键要素,包括企业(营销者)、经营环境、顾客、竞争对手、供应商和中间商。

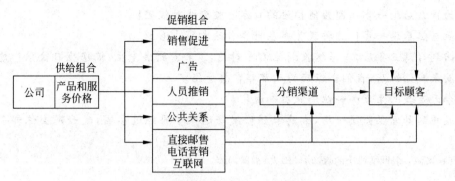

图 1-1　市场营销活动过程中的营销组合策略

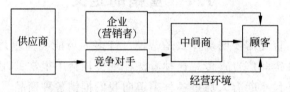

图 1-2　现代营销系统的关键要素

第二个被广泛接受的营销定义是"美国营销大师"科特勒提出的"世界上最简短的营销定义"——比竞争对手更加有力地满足顾客的需求。尽管简短,但这一定义涵盖了市场营销的所有内容。因此,从某种意义上说,学习市场营销就是理解这句话。

扩展阅读 1-2　市场营销的主要职能

首先,这句话揭示了什么是正确的市场营销理念,即在进行市场营销活动时应如何思考。显然,核心在于"顾客的需求",这要求企业市场营销活动必须从顾客需求出发,将满足顾客需求作为营销活动的基础点和出发点。另一个关键词是"竞争对手",它强调企业在满足顾客需求的过程中,必须比竞争对手做得更好。

其次,这句话指导我们如何实施市场营销活动。企业的营销活动应从顾客的需求出发,因此首先需要研究顾客,以了解他们的需求。顾客生活在特定的社会环境中,他们的购买行为受到环境因素、自身特征和竞争对手的影响。因此,企业需要分析宏观环境、顾客购买行为和竞争对手,以识别营销机会。这一过程称为分析营销机会。识别市场机会后,企业需要制定有效的营销战略来利用这些机会。然而,营销战略只是一个方向性的框架,要将市场机会转化为实际利润,还需要把营销战略具体化。这个过程称为制定营销策略。企业在制定并实施营销策略后,要达到预期目标,还需要进行有效的管理,包括计划、组织、评价和控制等。

从上述两个普遍接受的营销定义中,可以看出市场营销学的基本内容包括以下五个部分。

(1) 认识市场营销:涵盖市场营销的主要概念、营销观念及其历史演变。

(2) 分析营销环境:包括经济、文化、政治、法律环境以及国际营销系统和营销调查。

（3）制定营销战略：涉及企业战略规划、市场细分、目标市场选择、差异化和市场定位。

（4）制定营销策略：包括产品策略（product strategy）、定价策略（pricing strategy）、渠道策略（place strategy）和促销策略（promotion strategy）的设计。

（5）营销活动的有效管理：涉及营销活动的计划、组织、评价和控制等。

要深入了解市场营销，还需要准确理解营销学中的核心概念。这些概念包括：需要（needs）、欲望（wants）、需求（demands）、产品和服务、顾客价值（customer value）、顾客满意（customer satisfaction）、交换（exchange）、交易（transactions）、关系（relationships）和市场。这些概念之间存在内在联系，形成一个闭合的环路，如图1-3所示。

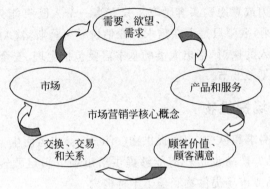

图1-3 市场营销学核心概念

即测即练1.1

超级链接1-1

营销的各种定义

营销就是花最少的钱，卖最多的货，并且卖个好价钱。

——李晓龙（中国十大品牌营销专家，2011）

锁定一类人群，切中一个场景，解决一个痛点，讲好一个故事，做好一场传播。

——曾超（纵佳餐饮联盟联合创始人，2020）

企业唯一恰当的目的是创造顾客。

——彼得·德鲁克（Peter F. Drucker，现代管理学之父，1954）

营销是通过品牌资产（忠诚度，知名度等）创造差异化优势。

——大卫·艾克（David A. Aaker，品牌资产理论创始人，1991）

1.2 市场营销学的核心概念

1.2.1 需要、欲望与需求

市场活动的起点在于人类的需求和欲望。没有需求和欲望,就不会有市场和相关活动。因此,研究市场营销,首先要理解人类的需求和欲望。

需要是指人类的基本生存要求,如衣、食、住、行等;欲望是指对特定产品或服务的渴望;而需求则是指在具备购买能力和意愿的情况下,对某一具体产品的欲望。

例如,一个人可能需要交通工具来维持体面的生活,欲望可能是拥有一辆奔驰车,但并不是每个人都有能力或意愿购买奔驰车。只有当一个人既有能力又有意愿购买时,欲望才转化为需求;否则,欲望只是潜在需求。亚伯拉罕·马斯洛(Abraham Maslow)的需要阶梯理论对此有深入的探讨,指出人类的基本需要包括生理、安全、感情和归属、尊重和自我实现的需要。详见2.2节。

1.2.2 产品或市场提供物

为了满足人类的需求和欲望,市场提供物(offerings)应运而生。

那么,什么是产品?产品是指任何能够提供给市场以满足顾客需求或欲望的东西。在市场营销学中,产品或市场提供物涵盖了十种概念。

(1) 商品(goods):如牙膏、汽车、电脑等实物产品。

(2) 服务(services):如教育、法律咨询、医疗服务等。

(3) 事件(events):如奥运会、展览会等。

(4) 体验(experiences):如旅游、探险、观影等。

(5) 人员(persons):如政治人物、艺人等。

(6) 组织(organizations):如企业、非营利组织等。

(7) 地方(places):如城市营销以吸引投资和游客。

(8) 财产权(properties):如股票、债券等。

(9) 信息(information):如市场报告、房产信息等。

(10) 理念(ideas):如管理咨询建议等。

1.2.3 顾客满意、顾客价值与顾客让渡价值

仅仅识别顾客的需求和欲望并提供产品是不够的,企业还必须确保顾客满意。顾客满意是现代营销学的核心,它围绕满足顾客需要展开,使顾客满意度最大化,进而使顾客忠诚和培养顾客资源,既强化了企业抵御市场风险的能力,也有助于经营管理创新,同时也是企业持续稳定增效的重要保证。

科特勒认为,顾客满意是指一个人对一种产品感知到的效果与他的期望值比较后,所形成的愉悦或失望的感觉状态。如果效果低于期望值,顾客就不会满意;如果效果和期望值相当,顾客就满意;如果效果超过期望值,顾客就会高度满意或欣喜。

那么，顾客的期望值是如何形成的呢？其主要来源于过去的购买经验、他人的评价以及营销者的承诺。因此，营销者应谨慎设定期望值，以避免顾客失望。

企业追求顾客满意的原因在于顾客是企业盈利的核心。如果没有顾客，企业将失去其存在的意义。顾客满意度与顾客忠诚度密切相关，只有当顾客感到满意时，他们才会对企业保持长期忠诚，并持续购买企业的产品。研究表明，极为 超级链接1-2 星巴克的品牌连接策略：体验与社区的完美融合

满意的顾客不仅会更长时间地忠诚于企业，还会购买更多新产品、提升购买等级，并在市场上为企业和产品进行口碑宣传。他们往往对竞争品牌不敏感，并乐于向企业提供产品或服务的改进建议。

那么，怎么才能提高并保持高的顾客忠诚度呢？方法很多，但从根本上讲是给顾客传递高的顾客让渡价值（customer delivered value）（图1-4）。

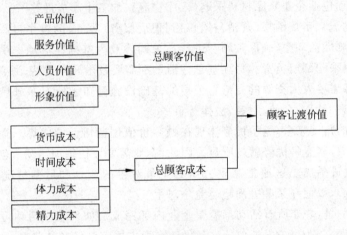

图1-4 顾客让渡价值

顾客价值，即总顾客价值，是顾客从特定产品或服务中获得的所有利益的总和，包括：产品的可靠性、耐用性、性能和再出售价值等产品价值；送货、培训、维修和保养等服务价值；员工的知识、技能、责任心和沟通能力等人员价值；企业和品牌在公众心目中的形象价值。

与之相对应，总顾客成本是顾客在评价、获得和使用该产品或服务时所引起的总费用，包括货币成本、时间成本、体力成本和精力成本。

顾客让渡价值是总顾客价值与总顾客成本的差额，是企业实现高顾客忠诚度的关键。顾客让渡价值可以用绝对数或相对数来表示。例如，如果总顾客价值为20 000元，而总顾客成本为16 000元，那么顾客让渡价值的绝对数为4 000元、相对数为1.25。顾客让渡价值越高，对顾客购买行为的刺激作用就越强。

在当今竞争激烈的市场环境中，顾客满意的关键在于提供卓越的顾客价值。接下来的问题是如何有效地创造这种价值。迈克尔·波特（Michael Porter）的价值链理论非常生动地说明了顾客价值的创造过程，如图1-5所示。 国际营销案例1-1 宜家的生活方式革命

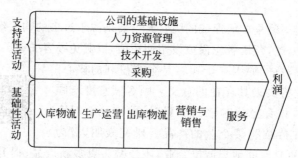

图1-5 迈克尔·波特的价值链

价值链(value chain)是现代营销学中一个非常重要的概念和工具,由波特提出。它被用作识别和创造更多顾客价值的途径。价值链将企业的价值创造和成本产生活动分解为战略上相互关联的九项活动,其中,五项为基础性活动,四项为支持性活动。

基础性活动包括企业从原材料采购(入库物流)、加工生产成最终产品(生产运营)、产品出库(出库物流)、市场销售(营销与销售)到售后服务(服务)的整个过程。支持性活动贯穿于这些基础性活动中,确保其顺利进行。采购涉及为基础性活动提供必要投入的采购,而不仅仅由采购部门负责。每项基础性活动都需要技术开发支持,通常由研发部门进行,所有部门都需要人力资源的支持。公司的基础设施涵盖了所有基础性活动和支持性活动所需的管理、计划、会计、财务、法律等事务。

从价值链的角度来看,竞争优势体现在顾客价值创造活动的优势。企业在顾客价值创造方面越有效,其竞争优势就越明显。因此,企业需要评估每项活动所创造的价值及其成本,并寻找改进措施。这通常需要公司对竞争对手的成本和运营情况进行基准分析(benchmarking),以便在某些方面超越竞争对手。

值得注意的是,并非所有活动都需要企业内部完成。如果某些活动可以通过外部资源更有效地实现,企业应考虑外包。这种做法在西方国家已经非常普遍。

如今,越来越多的企业不仅关注自身的价值链,还积极进入其供应商和客户的价值链,以寻求竞争优势。许多公司与特定的供应商和分销商合作,建立高效的价值传递网络(value-delivery network)或供应链。表1-1展示了体验营销和情感互动驱动的价值链比较。

表1-1 体验营销和情感互动驱动的价值链比较

项 目	体验营销驱动价值链	情感互动驱动价值链
动力根源	消费者体验	顾客情感
核心能力	店铺环境设计、产品体验	客户沟通、情感连接
进入障碍	创新设计能力	情感共鸣能力
产业分类	零售、服务业	餐饮业
典型产业部门	家居、服装、电子产品	餐饮、休闲娱乐
主要的企业类型	大型连锁店、品牌专卖店	小型独立店、连锁咖啡店
主要产业联系	以体验为主线	以情感为主线
主导产业结构	多元化经营	专注化经营
辅助支撑体系	重体验环境、轻情感互动	重情感互动、轻体验环境
典型案例	宜家、苹果、星巴克	星巴克、Costa、独立咖啡馆

1.2.4 交换、交易和关系

其实,以上所做的工作都是为了促成有效交易。

交换是指通过提供某种回报来获得所需物品或服务的过程。交换的成功需要满足以下五个条件:①至少存在两个参与方;②每一方拥有对方认为有价值的东西;③双方能够进行信息交流和物品传递;④双方有权自由接受或拒绝对方的提议;⑤双方都认为交换是有利可图的。

当双方谈判并趋于达成协议时,意味着交换正在进行。一旦协议达成,就形成了交易关系。交易是交换活动的基本单元,是双方之间的价值交换。例如,张三支付李四1 000元以获得一台电视机,这就是一个典型的交易。

关系营销强调与关键利益相关者(stakeholders,包括顾客、供应商、分销商)建立长期合作关系。这种关系通过经济、技术和社会纽带的建立,使交易从频繁协商转变为常规操作,从而节省成本和时间。关系营销的最终目标是构建公司的独特资产,即营销网络(marketing network)。在这种网络中,竞争不再仅仅发生在公司之间,而是在整个网络之间展开。拥有更强大营销网络的企业将在市场竞争中占据优势。

现代营销的核心在于满足顾客需要和提升顾客满意度,这也决定了关系营销和顾客关系的重要性。通常,顾客的发展过程遵循一定的路径,如图1-6所示。

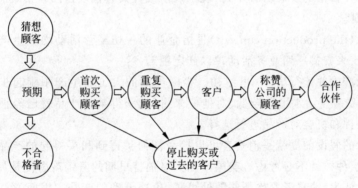

图1-6 顾客的发展过程

交换和交易构成了市场的基础,形成了一个完整的循环,推动这一循环的原始动力是顾客的需求。

1.2.5 市场

市场在不同领域有不同的含义。在传统概念中,"市场"被视为买卖双方进行交易的实体场所。在经济学中,市场是买方和卖方的集合。在市场营销学中,市场被定义为所有具有特定需求和欲望,并愿意和能够通过交换来满足这些需求和欲望的潜在顾客的集合,简称为买方的集合。买方构成市场,而卖方则构成行业。市场包含三个基本要素:顾客、购买欲望和购买力。

 即测即练1.2

1.3 营销观念

1.3.1 营销观念的含义及作用

营销观念是指导和影响企业营销活动的核心理念,它为企业的营销策略提供了方向。不同的营销观念会导致不同的营销活动。例如,健力宝的"第五季"采用了推销导向的策略,而可口可乐的"酷儿"则采用了顾客导向的市场营销策略。这种差异主要源于两家公司所信奉的不同营销观念。

1.3.2 营销观念的历史演进

营销观念的形成受到多种因素的影响,并且在不同的市场和历史背景下会出现不同的营销观念。在营销的发展历程中,出现了以下五种具有代表性的营销观念。

1. 生产观念

生产观念(the production concept)是指企业的一切经营活动均以生产为中心,围绕改进、增加生产来安排一切业务活动,"以产定销"。

生产观念产生并流行于20世纪初。当时美国的大工业生产刚刚起步,许多工业品供不应求;消费者生活水平比较低,对他们来讲,能获得某种产品就已经很不错了,他们没有太多的条件和机会对产品进行选择。

生产观念的假设前提就是消费者可以接受任何买得到和买得起的产品。至于其他,如产品的花色、种类就不必考虑。美国汽车大亨福特早期的营销观念便是如此。

生产观念认为,消费者喜欢那些随处可买、价格低廉的产品。因而,企业的主要任务就是努力提高生产效率、降低成本、扩大生产。在当时的市场条件下,生产观念被很多企业所采用,确实也有很多企业因此很快地发展起来。

2. 产品观念

产品观念(the product concept)认为,消费者喜欢那些质量高、功能多、有特色的产品。因此,企业应致力于生产高档次的产品,并不断地加以改进。

产品观念产生和流行的社会背景:市场已开始由卖方市场向买方市场过渡;消费者的生活水平有了很大的提高,已不再满足于产品的基本功能,开始追求产品在质量、性能、特色等方面的差别。因此,企业的当务之急就是生产出质量更高、更有特色的产品。

产品观念相比此前的生产观念,其优越性非常明显。通用汽车公司在市场竞争中一举击败福特公司就是一个以产品观念取胜生产观念的典型例子。

很多企业不同程度地信奉产品观念,它们把质量作为企业的头等大事来抓,认为质量就是生命、企业竞争就是质量竞争。这在一定程度上推动企业产品的革新换代,缩小与同类先进产品的差距。但是应该注意到,这种观念具有明显的片面性。所谓质量不应该只是经营者心目中的质量,而应该是消费者心目中的质量,而且,质量也并不是越高越好,比如茅台和二锅头。不可否认茅台酒的绝对质量肯定要比二锅头高,然而二锅头的顾客并不比茅台的顾客少。如果把二锅头的质量提高到茅台酒的水平,再以茅台酒的价位出售,结果会怎么样?

3. 推销观念

推销观念(the selling concept)认为,一方面,消费者在购买产品时都有惰性,一般不会足量购买某种产品;另一方面,追逐消费者的产品太多,消费者一般不会足量购买某个企业的产品。因此,企业必须大力开展推销和促销活动。

推销观念产生和流行的社会背景:卖方市场已完全转向买方市场,产品供过于求。必须承认推销观念的两个前提条件在现代社会中是客观存在的。在消费品极其丰富的市场条件下,消费者一般不用担心买不到某种产品,因此,没必要一次性大量购买所需要的产品;另外,一种产品往往有很多家企业在生产,因此,追逐消费者的厂家很多。在这样的市场条件下,企业确实有必要加强宣传,让更多的消费者了解企业的产品,也就是说不能"好酒不怕巷子深",好酒也得吆喝。然而问题并不是好酒要不要吆喝,而是吆喝的是不是好酒。

扩展阅读1-3 树立现代市场营销观念,提升市场竞争优势

4. 市场营销观念

市场营销观念(the marketing concept)是以消费者需要和欲望为导向的营销哲学,是消费者主权论的体现,形成于20世纪50年代。该观念认为,实现企业诸目标的关键在于确定目标市场的需求和欲望,一切以消费者为中心,并且比竞争对手更有效、更有利地传送目标市场所期望满足的东西。

市场营销观念的产生,是市场营销哲学的一种质的飞跃和革命,它不仅改变了传统的旧观念的逻辑思维方式,而且在经营策略和方法上也有很大的突破。它要求企业营销管理贯彻"顾客至上"的原则,从而实现企业目标。因此,企业在决定其生产经营时,必须进行市场调研,根据市场需求及企业本身条件选择目标市场,组织生产经营,最大限度地提高顾客满意程度。

扩展阅读1-4 从推销到营销究竟有多远

执行市场营销观念的企业称为市场导向企业。其具体表现是:"尽我们最大的努力,使顾客的每一美元都能买到十足的价值和满意。"当时,美国贝尔公司的高级情报部所做的一个广告,称得上以满足顾客需求为中心任务的最新、最好的一个典范:"现在,今天,我们的中心目标必须针对顾客。我们将倾听他们的声音,了解他们所关心的事,我们重视他们的需要,并永远先于我们自己的需要,我们将赢得他们的尊重。我们与他们的长期合作关系,将建立在互相尊重、信赖和我们努力行动的基础上。顾客是我们的命根子,是我们存在的全部理由。我们必须永远铭记,谁是我们的服务对象,随时了解顾客需要什么、何时需要、何地需要、如何需要,这将是我们每一个人的责任。现在,让我们继续这样干下去吧,我们将遵守自己的诺言。"

从此,消费者至上的思潮为西方国家普遍接受,保护消费者权益的法律纷纷出台,消费者保护组织在社会上日益强大。根据"消费者主权论",市场营销观念相信,决定生产什么产品的主权不在生产者,也不在于政府,而在于消费者。

推销观念和市场营销观念的比较见表1-2。

表1-2 推销观念和市场营销观念的比较

项　　目	推 销 观 念	市场营销观念
关注点	卖方需求	买方需求
出发点	产品和销售	顾客需求
目标	将产品转化为现金	满足顾客需求并实现双赢
实现手段	推销和促销	整合营销
结果导向	短期销售增长	长期顾客满意和忠诚
组织内部协调	较少,主要依赖销售部门	高度协调,涉及所有部门
市场竞争策略	强调产品推广	强调顾客价值创造

5. 社会营销观念

扩展阅读1-5 巴塔哥尼亚:"理性消费"——告诉消费者减少购买

社会营销观念(the societal concept)的主要内容是,企业经营者在进行营销决策时,不但要考虑消费者的需要和企业目标,更要考虑消费者和社会的长期利益,要在自身利益、顾客利益和社会利益之间达成平衡与协调。营销观念强调的是目标顾客和营销者自身需要的满足。然而,在环境恶化、资源短缺、人口爆炸性增长、恶性竞争、世界性饥荒和贫困面前,如果企业仅仅关注目标顾客和营销者自身的需求,这显然是不够的。因此,还要求企业关注社会、环境和经济的可持续性协调发展以及消费者健康与生活质量的社会营销观念修正或者取代营销观念,诸如"人类营销""生态营销""绿色营销""健康营销""事业关联营销""关系营销"或"大市场营销"等概念都从不同角度、不同侧面描述了社会营销观念的内涵。

扩展阅读1-6 一个温州人经商40年摸爬滚打的生意经

社会营销观念产生于20世纪70年代,社会和企业开始反思传统的营销活动,意识到企业的营销应担负起一定的社会责任。第一,消费者有时是无知的,营销不应该利用他们的弱点,如企业说服消费者抽某个品牌的香烟或看某部刺激的电视片,这可能对消费者不利。汉堡包可以充饥,可是汉堡包里含有大量脂肪,严重地危害消费者的健康,因此,快餐业要考虑其产品对人体的不利方面。同样,娱乐业也要提供好的精神产品。第二,社会资源是有限的,如果企业的营销活动一味鼓励消费者大量消费,势必造成社会资源的枯竭。此外,大量消费会引发环境方面的问题:化妆品和洗涤用品对江河造成严重污染,生产方便食品的企业所使用的塑料包装严重地污染了环境等。

本书将在最后一章对社会营销观念及其他最新营销观念进行较详细论述。图1-7对上述五种营销观念之间的区别进行了归纳。

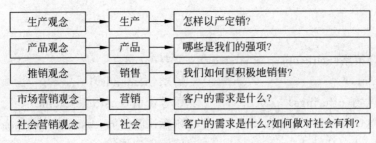

图 1-7 五种营销观念之间的区别

超级链接1-3

温州人的生意顺口溜

坐商变行商,财源达三江。只要往上摆,就会有人买。
只要摆得多,就会有人摸。只要货干净,顾客就高兴。
只要品质好,店铺卖到老。只要回访到,业绩自然高。
宁可睡地板,也要当老板。买卖不算账,生意难兴旺。
见人三分笑,顾客跑不掉。客人开了口,商业快到手。
不怕生意小,就怕客户少。百听不如一见,百见不如一试。

 扩展阅读1-7 四千精神

 即测即练1.3

本章小结

营销是计划和执行关于商品、服务和创意的构想、定价、促销和分销,以创造符合个人和组织目标交换的一个过程。首先,营销是一组活动的总和,而不是一项单一的活动,它包括产品、价格、促销和渠道策略的设计和规划。这四项策略通常简称为4Ps。其次,营销活动是指向一定目标的,这个目标就是顾客。最后,营销是一个过程,并且都是在一定的环境中进行的,因此,企业的营销活动除了考虑顾客的需要和购买决策行为之外,还要考虑来自环境和竞争对手的影响。

营销学包括丰富的概念,它们从需要、欲望和需求开始,到市场结束,又从下一次的需要开始,形成一个封闭的环路。这些概念除了需要、欲望和需求,还包括产品和服务、顾客价值、顾客满意、顾客让渡价值、价值链、交换、交易、关系营销、市场等。

在长期的营销实践中,随着市场环境的变化和营销实践的发展,营销的观念也不断地发生变化,从20世纪初的生产观念,经由产品观念、推销观念,演进到现代营销观念,包括市场营销观念、社会营销观念,从而使企业的营销活动更加符合环境的变化。

关键术语

营销组合策略(marketing mix strategy)　　需要(needs)
欲望(wants)　　需求(demands)
市场提供物(offerings)　　顾客价值(customer value)
顾客满意(customer satisfaction)　　顾客让渡价值(customer delivered value)
价值链(value chain)　　价值传递网络(value-delivery network)
供应链(supply chain)　　交换(exchange)
交易(transactions)　　关系营销(relationship marketing)
营销网络(marketing network)　　生产观念(the production concept)
产品观念(the product concept)　　推销观念(the selling concept)
市场营销观念(the marketing concept)　　社会营销观念(the societal concept)

课后习题

1. 什么是营销？市场营销活动主要包括哪些内容？
2. 营销组合策略具体包括哪些？
3. 什么是产品？产品涵盖了哪些概念？应该如何准确地了解产品的本质？
4. 什么是顾客满意和顾客价值？
5. 顾客满意的关键是什么？
6. 企业可以从哪些方面提高顾客的满意度？
7. 什么是市场营销观念？试比较推销观念和市场营销观念。
8. 如何理解营销观念演进的内在原因？

本章讨论案例

苹果与三星：创新与生态系统的较量

在全球智能手机市场中，苹果和三星一直是两大巨头，它们之间的竞争不仅体现在市场份额上，更在于创新能力和生态系统的构建。近年来，随着科技的迅猛发展，两家公司在产品设计、用户体验和生态系统整合方面展开了激烈的较量。

苹果以其封闭而精致的生态系统著称，通过硬件、软件和服务的无缝整合，为用户提供了独特的使用体验。苹果的产品如 iPhone、iPad 和 MacBook 之间的互联互通，以及 iCloud、Apple Music 等服务的支持，使得用户在苹果生态系统内享受到了高度的便利性和一致性。这种封闭的生态系统不仅提高了用户的品牌忠诚度，还使苹果能够通过控制硬件和软件的每一个细节来确保产品的高质量和安全性。此外，苹果通过不断的技术创新，如 Face ID、A 系列芯片和 Retina 显示屏，持续引领行业潮流。三星则凭借其开放的安卓平台和多样化的产品线吸引了广泛的用户群体。三星不仅在智能手机领域推出了多款创新产品，如可折叠屏幕手机 Galaxy Fold 和 Galaxy Z Flip，还在智能家居、可穿戴设备等领域积极布局。三星的开放生态系统允许用户在不同品牌和设备之间自由切换,满足了多样化的市场需求。这种灵活性使得三星快速响应市场变化,并通过与谷歌(Google)等合作伙伴的紧密合作,提供丰富的应用和服务选择。此外,三星在显示技术、摄像头创新和5G(第五代移动通信技术)网络支持方面的持续投入,使其产品在市场上保持竞争力。

这场创新与生态系统的较量,不仅推动了两家公司在技术和市场上的不断进步,也为全球消费者带来了更多选择和更好的产品体验。苹果和三星的竞争,成为现代科技行业中最引人注目的商业故事之一。这种竞争不仅激励了两家公司不断突破自我,也推动了整个行业的技术进步和创新发展,为消费者带来了更丰富的产品选择和更优质的使用体验。

讨论题

苹果和三星公司的营销观念有何异同?
(考核点:市场营销观念)

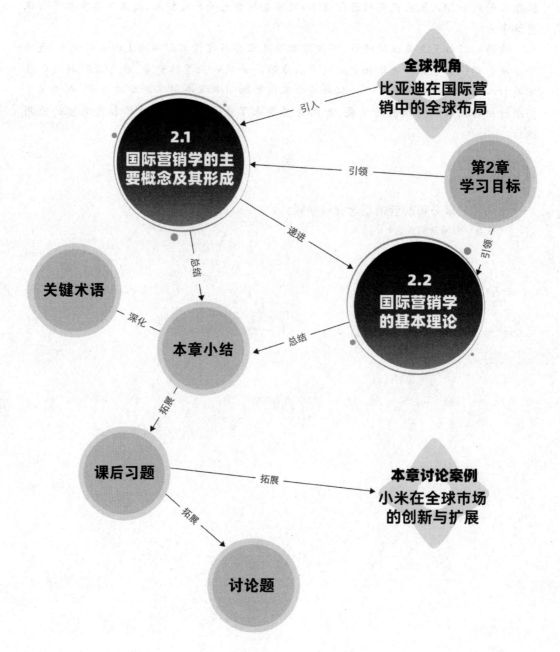

第 2 章

国际营销学主要概念及其基本理论

学完本章,你应该能够:
1. 掌握国际营销学的基本概念;
2. 明确国际营销学的形成;
3. 掌握国际营销学主要理论的基本内容,明确各理论的局限性。

全球视角

比亚迪在国际营销中的全球布局

在国际市场营销领域中,比亚迪(BYD)作为一家领先的中国电动车制造商,展现了其在全球市场中的创新和战略布局的超前思维。比亚迪通过其在电池技术和电动车领域的创新,成功地将其产品引入欧洲、北美和亚洲等关键国际市场。这种战略不仅体现了国际营销学中的创新扩散理论,也展示了企业如何通过技术创新来影响新产品的采用速度。比亚迪的电动车产品在这些市场的成功,不仅仅是因为其技术的先进性,更在于其对市场需求的敏锐把握和快速响应。

比亚迪在国际市场上的成功还得益于其对比较成本理论的有效运用。凭借中国的制造优势,比亚迪能够以具有竞争力的价格在国际市场上推出其电动车产品,从而在全球范围内建立起强大的市场地位。通过优化生产流程和供应链管理,比亚迪有效地降低了生产成本,使其产品在价格上具有显著的竞争优势。这种策略不仅帮助比亚迪在国际市场上站稳脚跟,也为其品牌在全球范围内的扩张奠定了基础。

比亚迪的国际营销策略也反映了其市场导向营销观念。通过深入了解和满足不同国家和地区消费者的需求,比亚迪不断提升顾客的满意度和忠诚度。在进入新市场时,比亚迪注重对当地市场的调研,了解消费者的偏好和需求,从而制定出符合当地市场的营销策略。这种以消费者为中心的策略,使比亚迪能够在激烈的国际竞争中脱颖而出。

比亚迪不仅仅是一个电动车制造商,更是一个通过创新和战略规划在国际市场上取得成功的典范。通过不断地适应和引领市场需求,比亚迪在国际营销的舞台上展现了其独特的竞争优势和品牌价值。其成功不仅在于产品的创新,更在于其对市场的深刻理解和灵活应对。

2.1 国际营销学的主要概念及其形成

2.1.1 国际营销的含义与特点

国际营销是企业根据全球市场的需求,将产品或服务提供给国外的客户,以实现盈利的贸易活动。

扩展阅读 2-1 "国际营销"概念的发展

上述定义包括:两大领域——生产领域和流通领域,一种手段——提供产品或服务,一个原则——满足国外顾客需求,一个目标——企业获得利润。

国际营销的实质:企业通过为国外顾客提供满意的产品或服务获得合法利润的贸易活动。

国际营销有别于一般的市场营销:国际营销必须是跨越国界的,国际营销所包括的内容不是市场营销内容的全部。

扩展阅读 2-2 国际市场营销与国际贸易的区别

企业参与国际营销的深度取决于其采用的策略和方式。通常,企业可以选择以下几种方式进入国际市场:直接出口、授权海外生产、建立海外营销机构以及在海外进行生产和营销。这些策略将在第 13 章详细探讨。

国际营销与国际贸易存在许多区别,见表 2-1。

表 2-1 国际营销与国际贸易的比较

内 容	国 际 贸 易	国 际 营 销
隶属学科	经济学	管理学
研究领域	宏观经济学	微观经济学
行为主体	国家或企业	企业
产品是否跨越国界	是	是
动机	比较利益	利润动机
信息来源	国际收支表	市场调研与分析
市场活动	有	有
购销	有	有
文化适应性	低	高
客户关系管理	一般	强调个性化和长期关系
战略复杂性	较低	较高
风险管理	主要依赖政府政策	企业自主风险管理

2.1.2 国际营销的任务及对营销人员的要求

由于国际市场要比国内市场具有更大的挑战和风险,其任务也就比国内市场营销更加艰巨。在进行国内市场营销时,企业至少对市场具有一个比较直观的了解,而进入国际市场以后,企业对市场营销的活动,包括市场调查、产品开发、定价分销、广告宣传、促销及售后服务等各个环节难以像对国内市场了解的深入,往往是通过间接的方式来了解。

国际市场营销的具体任务可以分为两大部分：首先是进行全面的市场调研，涵盖市场环境分析和需求预测，以此为基础确定目标市场和识别潜在的营销问题。其次是针对目标市场或营销问题制定多样化的营销战略和策略。这些战略和策略需要综合考虑各种营销因素，经过权衡后选择最佳方案，并对实施效果进行持续监测和评估。

由于国际营销的复杂性和不确定性，决策过程中难免会出现失误。为了减少失误，国际营销人员必须具备一系列关键素质。

(1) 积极的工作态度和自信心。营销工作没有固定的衡量标准，效果也可能不会立竿见影。高昂的工作热情和自信心是推动工作的动力源泉。

扩展阅读 2-3　国际营销调研人员的角色变化

(2) 开放的性格和良好的沟通能力。愿意与人交流，具备良好的公共关系能力，是成功营销的基础。

(3) 卓越的信息交流能力。不仅要能清晰表达自己的观点，还要善于倾听和理解他人的意见，确保信息的有效传递。

(4) 高水平的社会交往能力。具备想象力和个性，能够冷静、自信地引导方向，同时展现出良好的礼仪和谦逊的态度。

(5) 快速学习和理解能力。营销人员需要掌握广泛的知识，并具备举一反三的能力，对产品有深刻的理解和把握。

(6) 自律和自我激励能力。在缺乏监督的情况下，能够自我管理和激励是成功的关键。

(7) 热情的服务态度。通过热情的服务发现市场机会，提升客户满意度。

(8) 充沛的精力和耐力。面对高强度的工作，良好的体力和脑力、耐力是必不可少的。

(9) 敏锐的洞察和分析能力。能够识别和满足潜在客户的需求，并基于信息进行深入分析。

(10) 一定水平的语言能力。掌握一门以上外国语言。这是从事国际市场营销活动必不可少的工具。

(11) 很强的计划与执行能力。善于制订和执行计划，尤其是时间管理能力，在国际市场中尤为重要。

(12) 较强的国际政治经济与环境分析能力。理解和分析国际政治经济环境是制定有效营销策略的基础。

2.1.3　国际营销学的形成

市场营销作为一门独立学科的形成可以追溯到 20 世纪初，已有超过一个世纪的历史。19 世纪末至 20 世纪初，随着经济和科技的迅猛发展，经济学和管理学取得了重大进展，市场营销学逐渐从经济学中独立出来。

普遍认为，市场营销学作为独立学科的标志是 1912 年由美国哈佛大学的赫杰特齐教授出版的第一本以"marketing"命名的教科书。当时，科学管理体系刚刚起步，尽管商品流通和市场营销的重要性已开始显现，但企业的经营重心仍主要集中在生产管理上。因此，早期的市场营销学内容主要局限于"推销术"和"广告术",与现代营销学相比存在较大差距。

现代市场营销学的真正形成始于20世纪50年代。第二次世界大战后,尤其是20世纪50—70年代,西方国家的经济迅速恢复和发展,劳动生产率显著提高,各国市场环境发生了重大变化。随着卖方市场竞争的加剧,传统的营销理论和方法逐渐无法满足现实经济生活的需求。于是,营销理论经历了重大变革,现代市场营销观念以及一整套现代企业经营策略应运而生。在西方国家,这一变化被称为"营销革命",甚至与产业革命相提并论。

自20世纪50年代以来,发达国家在新技术革命的推动下,加速了工业生产的自动化、连续化和高速化,促进了新兴工业和信息产业的快速发展。随着国内市场的饱和,企业迫切需要采用积极的市场营销策略来拓展国际市场。现代市场营销理论逐渐成为工商企业从事国内外市场营销活动的指导思想,甚至成为某些政府部门和非营利组织改进社会服务和改善公众关系的指导原则。

进入20世纪60年代,世界经济、国际分工和国际贸易发生了巨大变化。发达国家开始专注于发展资本和技术密集型产业,而将劳动密集型加工业转移到发展中国家。国际贸易总额显著上升,国际市场日益多样化,市场竞争愈加激烈复杂,科学技术的作用日益突出,国际专业化分工进一步深化,生产和资本的国际化在深度与广度上继续扩大。新型国际垄断组织迅速发展,形成了如欧洲联盟、东南亚国家联盟、石油输出国组织和七十七国集团等地区性经济组织,在国际经济贸易中发挥了重要作用。在国际经济交流日益繁荣的背景下,西方国家将国内行之有效的现代市场营销学基本理论引入国际营销活动。经过营销学家的整理和总结,国际营销学在20世纪60年代逐渐形成,成为指导国际市场活动的重要理论基础。

即测即练2.1

2.2 国际营销学的基本理论

2.2.1 绝对成本理论和比较成本理论

西方国际贸易理论的奠基始于比较成本理论(Theory of Comparative Cost)的建立,这一理论是西方国际贸易学说的核心。18世纪末,随着欧洲资本主义工场手工业的快速发展和工业革命的逐步展开,新兴资产阶级迫切希望扩大对外贸易,以获取廉价原料和开拓更广阔的海外市场。亚当·斯密(Adam Smith,1723—1790年)和大卫·李嘉图(David Ricardo,1772—1823年)顺应时代需求,在创立古典经济学的同时,也为西方国际贸易理论奠定了基础。斯密首先提出了绝对成本理论,而李嘉图则在此基础上提出了比较成本理论。

斯密是英国经济学家，他在 1776 年出版的《国民财富的性质和原因的研究》(*An Inquiry into the Nature and Causes of the Wealth of Nations*)中批判了重商主义，并提出了自由贸易的绝对成本理论。

斯密认为，人类天生倾向于交换，这种交换行为源于自利动机，并通过市场的"无形之手"给整个社会带来利益，这种效果往往比有意为社会谋福利的努力更为显著。

人类的交换倾向，产生了分工，而社会劳动生产力的巨大增进则是分工的结果。斯密举了制针业中手工工场分工的例子，制 1 枚针要经过 18 种操作，如分工生产，10 个人每天能生产 48 000 枚针，而由一个人单独去干，一天难以制出超过 20 枚针，可能连 1 枚针也制造不出来，可见分工可使生产效率获得极大的提高。在强调了分工利益之后，他又提出了分工原则。他认为，适用于一国内部的不同职业之间的分工原则，也适用于各国之间。因此他主张如果外国产品比自己国内生产的要便宜，那么最好是输出本国在有利条件下生产的产品去交换外国的产品，而不要自己去生产。比如在苏格兰，可以利用温室种植葡萄，并酿造出同国外进口一样好的葡萄酒，但它的成本却要比国外高 30 倍。显然，这样的做法是愚蠢的。每个国家都有其适宜于生产某些特定产品的绝对有利的生产条件，如果每个国家都按照其绝对有利的生产条件（即生产成本最低）去进行专业化生产，然后进行交换，则对所有国家都有利。

他认为，国际的自由交易会引起国际分工，而国际分工的基础是先天有利的自然禀赋和后天有利的生产条件，因为无论是先天有利的自然禀赋还是后天有利的生产条件，都可以使一国在生产某些产品成本上绝对低，在对外贸易上处于绝对优势地位。各国按照各自有利的生产条件进行分工和交换，会使各国的土地、劳动力和资本得以最有效地利用，这将会大大提高劳动生产率和增加物质财富。因此，他的理论也叫地域分工理论或绝对优势理论。

综上所述，绝对成本理论的中心内容是：一国对外贸易的利益，在于输出本国在生产费用上占绝对优势的商品，以换取本国不能生产或生产费用较高的商品。按这种方式进行的国际分工和贸易，可使参加国都获得利益。只有各国都实行自由对外贸易政策，这种利益才能得到最大限度的实现。

李嘉图是英国产业革命深入发展时期的经济学家。他作为交易所中股票经纪人，25 岁就由一个白手起家者变成了百万富翁，然后致力于学习和科学研究。他在 1817 年雄辩地证明，国际生产专业化有利于所有国家。以此思想为核心，他提出了著名的比较成本理论，也称为相对成本理论、比较优势理论、比较利益理论。

下面用李嘉图在他书中的例子对比较成本理论进行具体说明。假设：

(1) 英国和葡萄牙都生产毛呢和酒，两国毛呢和酒的产量相等，毛呢都是 X 单位，酒都是 Y 单位。

(2) 两国间 X 单位毛呢同 Y 单位酒能交换，而在各国内部不能交换，因为价值不等。英国生产 X 单位毛呢需 100 人劳动一年，生产 Y 单位酒需要 120 人劳动一年；葡萄牙生产同量的毛呢和酒分别需要 90 人和 80 人劳动一年（表 2-2）。

表 2-2　分工前

国家	毛呢（X）	酒（Y）
英国	100 人/年	120/年
葡萄牙	90 人/年	80 人/年

葡萄牙两种产品的成本都比英国低，两国间的两种产品的成本比例分别是

$$90 \text{ 人/年} \div 100 \text{ 人/年} = 0.9$$
$$80 \text{ 人/年} \div 120 \text{ 人/年} = 0.67$$

即，葡萄牙的毛呢成本是英国的 90%，酒的成本是英国的 67%，均处于优势。相反，英国生产这两种产品成本都高（为上述成本比例的倒数），即都处于劣势。

对于这个问题，李嘉图指出，对于英国来说，虽然其成本都处于劣势，但如果从事生产劣势相对较小的毛呢，交换还是有利的，因为，与其用 120 人/年去生产 Y 单位酒，还不如用 100 人/年生产 X 单位毛呢去交换 Y 单位的酒，这样就能节约 20 人/年；而对葡萄牙来说，虽然成本都处于优势，但生产酒的优势更大，因为，与其用 90 人/年生产 X 单位毛呢，还不如用 80 人/年生产 Y 单位酒去交换英国 X 单位的毛呢（表 2-3）。

表 2-3　分工后

国家	毛呢（X）	酒（Y）
英国	(100+120)÷100＝2.2	0
葡萄牙	0	(80+90)÷80＝2.125

英国分工生产毛呢后，生产酒的劳动也用来生产毛呢，共生产 2.2X 单位；葡萄牙分工生产酒，共生产 2.125Y 单位。可见产品总量都比分工前增加了。毛呢增加了 0.2X 单位，酒增加了 0.125Y 单位。因为 X 单位毛呢可用 Y 单位酒交换，所以交换结果如表 2-4 所示。

表 2-4　交换后

国家	毛呢（X）	酒（Y）
英国	2.2－1＝1.2	1
葡萄牙	1	2.125－1＝1.125

可见，如果按"两优取其重，两劣择其轻"的原则分工和交换，两国都比分工前多得了产品。

综上所述，李嘉图比较成本理论的中心内容是：各国应按照生产成本的相对差别进行国际分工，各国应专门生产成本上相对有利的产品，而成本相对不利的其他商品，即使生产该商品的绝对费用低于其他国家，亦仍然从国外进口为有利，这样可以彼此节省劳动量，各得其利。

2.2.2　相互需求理论

比较成本理论证明了，国际分工和国际贸易为什么会发生，或者说，国际贸易能否为

参加国带来利益,但却没有回答:带来的利益范围是多大?贸易双方各占多少?贸易条件的变动是由什么决定的?换句话说就是,比较成本理论没有回答国际贸易中的产品价值、产品的交换比率是由什么决定的。约翰·斯图亚特·穆勒(John Stuart Mill,1806—1873年)的相互需求理论回答了这些问题。

穆勒是英国产业革命深入发展、英国资本主义空前繁荣时期的经济学家。他在《政治经济学原理》一书中提出了他的相互需求原理(reciprocal demand doctrine),按他自己的提法也称为"国际需求方程式"或"国际价值法则"。

他认为,本国商品的价值决定于它的生产成本,而外国商品的价值则决定于为了得到这种产品所必须支付给外国的本国产品的数量。换句话说,外国商品的价值决定国际贸易的条件。所谓国际贸易条件就是指两国产品的交换比率,而交换比率的确定,取决于国际需求方程式。

所谓国际需求方程式是指本国产品与其他国家产品交换时,其价值必须使该国输出品全部恰好能够支付该国输入品全部,即甲国进口需求量×国际价值=乙国进口需求量×国际价值。

穆勒在解释他的论点时,强调比较优势的概念,而不像李嘉图强调比较成本的概念。也就是说,穆勒以两个国家相等的劳动投入量生产出不同的产出量为出发点,而不是以出产同一产量所需要的劳动量不同为出发点。穆勒假定相同的劳动投入量在英国和德国的产量情况如表2-5所示。

表2-5 相同的劳动投入量在英国和德国的产量情况

项目	英国	德国
亚麻布/码	15	20
细棉布/码	10	10

从表2-5可知,在生产亚麻布上德国是占优势的,在生产细棉布上英、德两国的优势是一样的,但如果和生产亚麻布相比,英国生产细棉布的不利程度比较小。根据比较成本理论,英国应出口细棉布以换取德国的亚麻布;德国在生产麻布上,有利程度大,所以应出口亚麻布。

穆勒在比较成本理论的基础上,用两国商品交换比例的上下限阐述贸易双方获利范围的问题。从上例看两国商品交换比率(即国际交换条件)的上下界限,从英国来看上限为20码亚麻布、下限为15码亚麻布。如果两国商品交换比例为10码细棉布交换20码亚麻布,这对英国极为有利,但德国以20码亚麻布在国内也可换到10码细棉布,故必然不愿再将亚麻布输往英国。相反,如果国际交换条件为10码细棉布交换15码亚麻布,这对德国最为有利,但英国必然不愿将细棉布输入德国。故当"国际交换条件"超过上下限时,必有一方蒙受损失,退出交易。这也就是说,国际交换条件必须在上下界限内变动,而这个国际交换比率的上下界限是由两国的这种产品的国内交换比率或比较优势所决定的。

假如"国际交换条件"为10码细棉布交换17码亚麻布,德国需10 000码细棉布,英国需17 000码亚麻布,这时两国的相互需求使双方收支趋向平衡,符合国际需求方程式的要求。因为10 000∶17 000＝(1 000×10)∶(1 000×17)＝10∶17,故国际价值(即国际交换条件)就稳定下来,停留在这一点上。

如果两国相互需求强度发生变化,在10码细棉布∶17码亚麻布的交换比率下,英国对亚麻布的需求只有13 600码,而德国对细棉布的需求不变,此时10∶17的交换条件比率显然不能满足双方的需求方程式,由于10 000∶13 600＝(10×1 000)∶(17×800)≠10∶17,因此,相互需求不平衡,贸易条件不能稳定下来,原来的均衡现在必然发生变动。

德国对英国的细棉布需求要比英国对德国的亚麻布需求强烈,因此,德国为了取得英国的细棉布,就需要降低亚麻布的交换价值,从而换回足够的细棉布。假设交换比率变为18∶10,由于细棉布价值上升,故德国需求减至9 000码(即10码的900倍);相反,由于亚麻布价值下降,英国的需求增大至16 200码(18码的900倍),此时,18∶10的交换比率恰能符合国际需求方程式的要求,即16 200∶9 000＝(18×900)∶(10×900)＝18∶10,这样,国际价值开始趋于稳定。如果发生了相反情况,即英国对德国的亚麻布的需求强度不变,而德国对英国的细棉布需求下降,则贸易条件就要降到10∶17以下。总之,贸易条件的变动,必须使国际需求方程式成立。

2.2.3　生产要素禀赋理论

生产要素禀赋理论(Factor Endowment Theory)由瑞典经济学家伊利·赫克歇尔(Eli Heckscher)和贝蒂尔·俄林(Bertil Ohlin)在20世纪20—30年代提出。它是用生产要素的丰缺来解释国际贸易产生的原因和商品流向的理论。从广义上来说,用生产要素的丰缺来解释国际贸易的原因和方向也是比较利益的一种发展,只不过这种解释不像李嘉图那样用单一的生产要素(劳动)的成本差异来说明比较利益的来源,而是用多种生产要素(土地、劳动、资本)的价格差异来说明。

李嘉图的理论假设各国在生产同一商品时的生产函数不同,即各国的劳动生产率存在差异。而生产要素禀赋理论则假设各国对同一商品的生产函数相同,排除了劳动率差异的影响。此外,该理论假设单位生产成本不随规模变化,忽略运输成本和贸易限制,生产要素在国内可以自由流动,但在国际没有流动性。各国的生产要素供给是固定的,报酬取决于边际生产力,商品价格取决于边际成本。俄林认为,劳动、资本和土地(包括自然资源)是三大生产要素,各国在这些要素的拥有量上存在差异。

如果暂时不考虑需求,某种要素的丰富性会导致其价格较低;反之则价格较高。因此,国家应专注于生产那些密集使用本国丰富且廉价要素的产品,并出口这些产品,同时进口那些需要密集使用本国稀缺且昂贵要素的产品。换句话说,各国应发挥其生产要素的优势。

俄林指出,国际贸易会改变参与国的生产要素价值,使原本价格较低的要素价格上升,而价格较高的要素价格下降。结果是,各国的生产要素价格趋于均等化,工资、利息、地租和利润水平趋于一致,促进全球生产要素的有效利用,增加产品产量,使各国受益。

然而,现实中生产要素和商品价格的均等化并未如理论预期般顺利实现,主要因为理论假设与实际情况不符。例如,不同国家对同一商品的生产函数不同,完全竞争不存在,工资和价格缺乏升降的灵活性等。这些因素显示了理论的局限性。

生产要素禀赋理论的核心是：国际贸易的原因在于各国生产要素禀赋的差异。国家应出口密集使用其丰裕要素的产品，进口密集使用其稀缺要素的产品。商品流动可以替代生产要素流动，从而使各国生产要素的价格趋于均等化。

2.2.4 里昂惕夫之谜及其解释

根据生产要素禀赋理论，一个国家如果某种生产要素相对丰富，那么该国应当生产和出口密集使用这种要素的产品。按照这一理论，美国因资本相对丰富而劳动资源相对稀缺，理应出口资本密集型产品、进口劳动密集型产品。

然而，这一理论在统计上是否成立呢？美国经济学家瓦西里·里昂惕夫（Wassily Leontief）对此进行了实证检验。里昂惕夫在 1953 年的研究《国内生产和对外贸易：美国资本现状再考察》中指出，美国的实际数据与生产要素禀赋理论不符。

里昂惕夫利用 1947 年的美国统计数据，分析了 200 个产业。他将生产要素分为资本和劳动力两类，选取具有代表性的美国生产的进口产品，计算出每百万美元出口品和进口替代品所使用的资本和劳动量比例，得出美国进出口商品中资本和劳动的密集程度。结果显示，美国出口品的资本密集程度为 14 015，低于进口品的 18 184，出口品的资本密集程度仅为进口品的 77%。这与生产要素禀赋理论相悖，因为美国出口的并非资本密集型产品，而进口的也非劳动密集型产品，恰恰相反，出口的是劳动密集型产品，进口的是资本密集型产品。这种现象被称为里昂惕夫之谜。

这一现象引起了国际贸易学界的广泛关注和研究。印度经济学家巴哈尔德尔研究印度的贸易结构发现，印度的出口多为劳动密集型产品，进口多为资本密集型产品，与赫克歇尔-俄林模式一致，里昂惕夫之谜不存在。但在与美国的贸易中，印度出口的是资本密集型产品，进口的是劳动密集型产品，里昂惕夫之谜再次出现。此外，对加拿大、日本、苏联、东德等国的研究发现，有的符合里昂惕夫之谜，有的符合赫克歇尔-俄林模式。

扩展阅读 2-4　新"里昂惕夫之谜"

在里昂惕夫之谜的刺激下，西方经济学家进行了长期的探讨和辩论，提出了一系列新的国际贸易理论。这些研究推动了对国际贸易复杂性的更深入理解，并促使经济学家重新审视传统理论的假设和适用范围。

1. 新元素说

1）劳动力不同质说

里昂惕夫认为，谜的产生是因为美国工人的效率和技巧比其他国家的高（约是其他国家的 3 倍）。如果将劳动以效率单位来衡量（即计算美国所付出的劳动力人数时，把实际人数乘以 3），那么，美国将是劳动力相对丰裕而资本却相对稀缺的国家，这样，谜就不存在了。

2）人力资本说

人力资本说由美国经济学家西奥多·W. 舒尔茨（Theodore W. Schultz）提出，该理论认为资本分为两种：物质资本（如机器、厂房、原材料等有形资本）和人力资本（无形资本）。人力资本包括体现在员工文化水平、生产技能、工作熟练程度、管理才能和健康状况中的技能。物质资本是物质投资的结果,而人力资本是通过教育和培训等手段进行人力投资的结果。技能被视为资本,因为它能像物质资本一样持续产生收入。如果将熟练劳动的额外收入视为资本并与有形资本相加,作为"资本/劳动"的分子,那么由于分子增大,里昂惕夫之谜就消失了。

3) 研究与开发要素说

该理论认为,研究与开发要素是使产品在国际市场上有竞争力、使企业有出口优势的重要因素。格鲁伯和费农等人就美国19个产业情况进行统计分析表明,需要投入大量研究开发经费和大批科学家、工程师的6个产业,其研究和开发经费占19个产业的89.4%,科学家和工程师占85.3%,这6个产业销售量占19个产业的39.1%,而出口量则占72%。

4) 其他要素说

此外,有观点认为信息、管理和创新也应被视为独立的生产要素。例如,信息被视为一种无形资源,能够创造价值并进行交换,与有形资源结合影响一国的比较优势。及时、准确地获取大量信息已成为国际贸易中取胜的关键。因此,信息构成了国际贸易活动的重要内容。

2. 动态周期说

1) 技术进步说

该理论认为,技术是一个独立的生产要素,因为它能够改变土地、劳动和资本在生产中的相对比例,提高这些要素的生产率。所以,技术进步与人力技能、研发等要素一样,决定着一国的生产要素禀赋及其在国际贸易中的比较优势。技术进步是过去对研发投资的结果,因此强调技术进步对国际贸易比较优势的决定性作用,实际上也是强调研发的重要性。

技术进展一般有两种方式:一种是发展出新的更高效率的方式来生产现有的产品,另一种则是研发出崭新的产品或改进现有的产品。在第一种方式下,技术进展提高了要素的生产率,同时又使各国之间出现技术差距。在第二种方式下,获得新技术的国家能够出口新产品,并在一段时间里垄断出口优势。简言之,技术进展能使一国享有特殊的贸易利益。之所以会这样,其中一个重要原因是存在一个"仿效差距",即从一个国家发明新的技术到另一个国家成功地仿制的时差。一种新产品进口之后,本国消费者认识到它是国内商品的完全替代品,从而对其产生需要,会有一个时间间隔,这称为"需求差距"。从新产品进口到本国生产者意识到它的竞争性威胁,进而模仿生产加以抵制,也会有一个时间间隔,这称为"反应差距"。正是这些差距之间的时间差异,决定着国际贸易的可能性和国际贸易利益的大小。这就是说,技术创新国将新产品出口到需求差距比反应差距要短的国家,就能获得贸易利益。需求差距越短,反应差距越长,创新国的贸易利益就越多。技术差距是技术创新国在国际贸易中占据相对优势乃至占据出口垄断优势的关键所在。

一般来说,需求差距通常比反应差距短,因此创新国能够获得更多贸易利益。反应差距的长短取决于规模经济、关税、运费、国外市场规模、收入弹性和收入水平等因素。如果创新国通过大规模生产获得规模经济(即生产规模适度带来的成本节约),关税和运费较低,进口国的收入水平和收入弹性较低且市场较小,那么有利于创新国保持出口优势。相反,进口国的反应差距缩短,创新国的贸易利益减少。对于技术模仿国,反应差距的长短主要取决于政府和企业的决策,以及模仿国吸收新技术的能力。如果模仿国掌握新技术后以低工资为基础进行出口,就能利用比较优势获得利益。

2) 国际产品生命周期理论

美国经济学家、哈佛大学教授雷蒙德·弗农(Raymond Vernon)于1966年在技术进步理论基础上提出了产品生命周期理论,后经路易斯·T. 威尔斯(Louis T. Wells)等人不断完善。该理论认为,由于新技术的创新和扩散,产品经历了从新生到成熟的生命周期。威尔斯以美国为例,将产品周期分为四个阶段:第一阶段,美国通过技术创新推出新产品,处于垄断地位并向欧洲出口;第二阶段,外国生产者开始生产这种新产品,并在国际市场上与美国竞争;第三阶段,外国生产者增多,与美国的竞争进入优势期,由于外国劳动成本低,产品成本往往低于美国,因此出口竞争力增强,美国出口下降;第四阶段,美国从出口国变为进口国,外国生产的产品进入美国市场。

在产品周期中,由于技术的传递和扩散,各国在贸易中的地位不断变化。该理论指出,产品生命周期在第一类国家将结束,在第二类国家开始,而在第二类国家将结束,在第三类国家开始。新技术和新产品以波浪式传递与推进。例如,美国正在生产和出口以信息、航空航天、生物和新材料为主的产品,欧洲接过汽车等产品,而纺织品和半导体等则在发展中国家落户。

3. 产业内贸易理论

所谓产业内贸易,是与产业间贸易相对而言的。产业间贸易是指传统的各国以部门间生产专业化为基础的商品交换,如工业品与初级产品的交换。产业内贸易是指各国以产业内生产专业化为基础的交换,这种交换是产业结构相同、消费结构相似的工业国家进行的交易。它综合产品差异论、规模经济、偏好相似论和国际贸易不完全竞争说四个理论来解释产业内贸易产生的原因。

1) 产品差异论

它是指产品的质量、性能、规格、品牌、装潢等的不同,甚至每种产品在其中每一方面都有细微差别而形成的由无数样产品所组成的产品系列,这些产品产自不同的国家,而每种产品在各国都有需求,所以各国对同种产品产生相互需求,从而产生贸易。

2) 规模经济

它亦称规模节约,由于生产专业化水平的提高等原因,企业的单位成本下降,从而形成企业的长期平均成本随着产量的增加而递减的经济。由规模经济取得的贸易优势,如图2-1所示。

图2-1中的曲线是A国和B国的单位成本曲线,单位成本随产量增加而不断下降。A国产量为OA,单位成本为OD;而B国产量为OB,单位成本为OE。这样,A国的产品,在国际贸易方面有出口优势,可以低价出口到B国,从而产生贸易。

3) 偏好相似论

该理论认为,一国的新产品首先是为了满足本国的需求而生产的。厂商总是出于利润动机为本国市场从事生产,当发展到一定程度,才出口到国外。厂商不可能一开始就生产本国市场没有需求且它也不熟悉的外国市场所需求的产品。

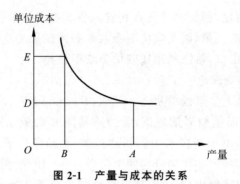

图 2-1　产量与成本的关系

那么,工业贸易在哪些国家之间的量最大呢?该理论认为,两国需求偏好越相似,两国进行贸易的可能性就越大。人均收入水平决定一个国家的需求结构。低收入、中等收入、高收入国家之间的需求结构是不同的。高收入国家对高档商品的需求多,而低收入国家主要需求一般档次的商品,因此收入越相近,需求结构就越相近,相互需求也就越大。由上述可知,两国之间贸易的可能性决定于两国的重合需求,即两国需求偏好的重叠程度。

4) 国际贸易不完全竞争说

这是用国际贸易渠道是否通畅、是否存在贸易保护政策来解释的,其主要提出人是特拉维斯和鲍德温等。他们认为,生产要素禀赋理论只有在国际贸易渠道畅通无阻以及不存在保护关税等贸易障碍的情况下才有效。比如,一个国家本来可以按自己生产要素相对丰裕程度,出口甲种生产要素密集的商品和进口乙种生产要素密集的商品,但由于种种原因,甲种生产要素密集商品难以出口,于是只好改换成另一种生产要素密集的商品出口。或者,所需进口的乙种生产要素密集的商品,由于受到本国的关税限制或进口限额的阻碍,或出口国家限制其出口,也难实现此类商品的进口。所以贸易中的人为阻碍使生产要素禀赋理论失去作用。

对里昂惕夫之谜还有其他一些解释,如产品获得说、密集经济说、学习曲线说等,这里就不再一一赘述。

以上是战后西方国际贸易理论的主要内容,从中我们可以发现它的特点和趋势。战后西方国际贸易理论始终是以比较优势理论为核心的,但缺乏系统性。各理论都从某一角度立论,所以只在某一方面有说服力。但总体来看,理论研究越来越细,从供给到需求,从静态到动态,从两要素到多要素,从部门间到部门内。近些年来,西方国际贸易理论出现了综合趋势,产业内贸易理论就是一个有力的尝试。

2.2.5　垄断优势理论

垄断优势理论起源于 20 世纪 60 年代初,由美国学者斯蒂芬·海默(Stephen Hymer)在其博士论文《国内企业的国际经营:关于跨国直接投资的研究》中首次提出,随后由他的导师查尔斯·金德尔伯格(Charles Kindleberger)进一步完善。这是最早的、具有深远影响的现代跨国直接投资理论。

传统经济学理论通常不区分对外直接投资和间接资本输出,将两者都视为国际资本流动的一部分，认为资本流动的主要原因是各国利率的差异，而利率差异又取决于各国资本要素的丰裕程度。因此，资本通常从资本充裕的国家流向资本稀缺的国家。

海默的研究突破了传统国际资本流动理论的框架，摒弃了自由竞争这一基本前提。他首次提出，直接投资不同于证券投资，其特征在于对国外经营活动的控制，而间接投资则主要关注获取股息、债息和利息。研究跨国直接投资应从不完全竞争的角度出发。

海默发现，东道国的本土企业在以下三个方面具有跨国企业所不具备的优势。

(1) 适应性。本土企业更能适应本国的政治、经济、法律和文化环境。

(2) 政府支持。本土企业通常能获得政府的优惠政策和保护。

(3) 成本和风险管理。本土企业无须承担跨国企业无法避免的各种费用和风险，如直接投资的开支和汇率波动的风险。

因此，企业进行对外直接投资必须满足两个条件。

(1) 竞争优势。企业必须拥有足够的竞争优势，以抵消与当地企业竞争时的不利因素。

(2) 市场不完全性。市场的不完全性使企业能够获得并保持这些优势。

海默的研究还表明，美国进行海外直接投资的企业主要集中在资本密集和技术先进的行业。金德尔伯格进一步指出，市场不完全性是企业对外直接投资的决定因素，并列出了四种市场不完全性：一是产品和要素市场的不完全性，二是规模经济导致的不完全性，三是政府管制引起的不完全性，四是税收和关税导致的不完全性。这些国内和国际市场的不完全性构成了企业对外直接投资的社会经济基础。

那么，什么样的企业具备对外直接投资的条件并能从中获利？海默发现，直接投资与垄断行业的结构密切相关。美国企业进行海外直接投资的主要动因是利用其"独占性生产要素"，即所谓的垄断优势。因此，他认为，能够从事对外直接投资并获利的企业，必须具备当地企业所缺乏的一种或多种独占优势，以抵消跨国竞争和国外经营带来的额外成本。对外投资企业至少应具备以下四种优势。

(1) 技术优势。技术优势涵盖了广泛的要素，包括技术、知识、信息、诀窍和无形资产。其中，新产品、新生产工艺和产品的独特能力是最具实质性的组成部分，因为它们不仅赋予投资企业独占性，还满足东道国市场的需求。跨国企业的垄断优势主要源于对知识产权的掌控，国外子公司可以在不增加成本的情况下利用这些知识。在技术已标准化的地区，产品的独特能力尤为重要，通过对产品进行细微的物质形态变化或借助广告建立品牌认知，可以有效防止产品被当地竞争者仿制。

(2) 规模经济。跨国企业的垄断优势主要来自非生产活动的规模经济效应。这包括集中化的研发、建立大规模的销售网络，以及集中化的市场采购、资金筹措和统一管理等活动。此外，企业将规模与其技术密集度相结合，以解释其垄断优势。

(3) 资金和货币优势。对外投资企业可能拥有充裕的资金需要寻找出路，或具备强大的资金筹集能力和广泛的融资渠道。追求更高的资金收益是其对外投资的重要动因。拥有相对坚挺的货币使投资企业能够在汇率上获得所谓的货币溢价（即支付的实际金额超过证券或股票的名义价值或面值）的额外收益。

(4) 组织管理能力。这种优势部分源于企业拥有受过良好训练和教育且经验丰富的管理人员，另外则来自其快速有效决策的良好组织结构。随着公司通过对外直接投资扩大经营规模,这种管理潜能得到了充分发挥。

以上四种优势被约翰·邓宁(John Dunning)教授总结为"所有权优势",用于解释跨国公司对外直接投资的主观条件和动因。然而,垄断优势理论无法解释为何拥有独占性技术优势的企业必须进行对外直接投资,而不是通过技术转让或出口来获取潜在收益。此外,该理论也无法解释发展中国家企业的对外直接投资行为。

2.2.6 国际生产折衷理论

国际生产折衷理论,又称国际生产综合理论,是由英国经济学家邓宁在 20 世纪 70 年代末提出的。他指出,传统理论只能部分解释国际直接投资,且未能有效结合投资理论与贸易理论,因此需要一种综合的理论框架。邓宁的折衷理论融合了西方经济学中的厂商理论、区位理论和产业组织理论,同时吸收了国际经济学的多种思想流派,包括海默等人的观点,形成了一种独特的现代跨国公司理论模式。邓宁在 1981 年出版的《国际生产和跨国企业》一书中,系统地阐述了这一理论。

国际生产折衷理论的核心在于提出了三个决定企业对外直接投资的关键变量:所有权优势、内部化优势和区位优势。这三个优势变量的不同组合影响跨国公司在出口贸易、直接投资和许可证安排之间的选择。通常,这些选择可以分为三种情况。

(1) 全面优势。当企业同时具备所有权优势、内部化优势和区位优势时,倾向于进行对外直接投资。

(2) 有限优势。如果企业仅具备所有权优势,而缺乏内部化优势和区位优势,则可能选择通过技术许可证进行贸易。

(3) 选择性优势。当企业拥有所有权优势和内部化条件,但国外区位缺乏吸引力时,出口贸易成为较为有利的选择。

国际生产折衷理论将企业的特定优势、国家的区位优势和资源优势有机结合,强调综合分析和动态研究,为跨国公司对外直接投资提供了一套系统而全面的理论框架。

2.2.7 创新扩散理论

埃弗里特·M. 罗杰斯(Everett M. Rogers)在其专著《新发明的扩散》(*Diffusion of Innovations*)中,将其扩散理论研究浓缩成对国际营销人员很有用的三个概念:采用过程、影响新产品采用速度的因素以及采用者类型。

1. 采用过程

采用过程,即个人从初知新产品到采用或购买该产品所经过的几个阶段。罗杰斯提出,个人从初知某产品到最终采用或购买它的过程经过了五个不同的阶段:知晓、兴趣、评估、试用和采用。

(1) 知晓。在这一阶段,消费者首次了解到某个产品或新发明。研究表明,大众媒体广告等非个人信息来源在此阶段尤为重要。全球营销的一个关键目标是通过广泛的广告宣传来提高新产品的知晓度。

(2) 兴趣。此时,消费者对产品产生足够的兴趣,开始关注与产品相关的沟通活动,并主动寻找更多信息。

(3) 评估。消费者在此阶段根据自身的当前和未来需求评估产品的优劣,并决定是否尝试使用该产品。

(4) 试用。大多数消费者在购买昂贵产品之前需要"亲身"体验,即所谓的"试用"。例如,试驾汽车就是一种试用形式。对于保健品和其他低价消费品,试用通常涉及小额购买。营销人员常通过免费样品来鼓励试用。

(5) 采用。在这一阶段,消费者要么首次购买(如较贵的产品),要么继续购买(表现出品牌忠诚度)不太贵的产品。研究显示,随着消费者从评估到试用再到采用阶段,个人信息来源变得比非个人信息来源更为重要。在此阶段,销售代表和口碑成为影响购买决策的主要因素。

2. 影响新产品采用速度的因素

除了描述产品采用的过程以外,罗杰斯还指出了影响新产品采用速度的五个主要的因素:相对优势、兼容性、复杂性、可分性和可传播性。

(1) 相对优势。相对优势是指在顾客眼里新产品与现有产品或试用方法比较的结果。一个新产品相对于现有产品的感知优势是影响采用速度的主要因素。如果某产品相对于竞争品牌来说确有优势,它有可能被迅速接受。

(2) 兼容性。兼容性是指产品与采用者现有的价值观和过去的经验相一致的程度。

(3) 复杂性。复杂性是指新发明或新产品难以理解和使用的程度。产品复杂性是一个能降低采用速度的因素,尤其是在识字率低的发展中国家市场上。

(4) 可分性。可分性是指产品被试用,并可在花费不大的情况下被试用的能力。全球各地收入水平的巨大差异使得人们对产品质量、包装尺寸及产品分量的偏好具有很大的差别。

(5) 可传播性。可传播性是指针对潜在市场,新发明提供的利益或产品价值可被传播的程度。飞利浦公司一个新的数码盒式磁带录音机销售不佳的部分原因是广告未能清晰地表述该产品的特点,即该产品不但能使用新的盒式磁带技术播放旧的模拟式磁带,而且能产生光盘质量的录音效果。

3. 采用者类型

采用者类型是在某市场中,针对每一个个体不同的创新精神进行的一种分类。有关新产品扩散问题,研究结果表明,采用是一个以正态分布曲线为特征的社会现象。

这一正态分布中的总体被划分为五个类型。某产品第一个2.5%的购买者被界定为创新者(innovators),13.5%的购买者被界定为早期采用者(early adopters),34%的购买者被界定为早期多数(early majority),34%的购买者被界定为晚期多数(late majority),16%的购买者被界定为滞后采用者(laggards)。

研究表明,创新者多半具有冒险精神,在处理社会关系时采取四海为家的态度,他们也比其他采用者富裕。早期采用者在社区中是最有影响的人,其影响大于创新者。因此,早期采用者在采用过程中是一个关键的人群,他们对早期多数和晚期多数有很大的影响,这两个群体构成产品采用者的主体。早期多数有两个突出的特点:首先,他们多半比较年轻,具有较高的社会地位并比晚期多数处于较有利的经济地位。其次,他们对大众媒体的信息来源必须及时作出反应,必须了解来自那些信息来源的新产品情况,因为他们根本不能模仿一些早期采用者的消费行为。

扩展阅读 2-5 马斯洛需要层次理论受到的质疑

2.2.8 需要阶梯理论

需要阶梯理论又称需要层次理论,是美国学者马斯洛通过对消费者需要的研究而提出来的。马斯洛的需要阶梯理论有两个基本观点。一个基本观点是:人是有需要的动物,其需要取决于他已经得到了什么,尚缺少什么;已得到满足的需要不能起激励作用,只有尚未满足的需要才能够影响行为。另一个基本观点是:人的需要都具有层次之分,当其中某种低层次的需要得到满足以后,另一较高层次的需要才出现并要求获得满足。马斯洛认为,人的需要层次存在一个由低级到高级的阶梯。在某一特定的时刻,人的一切需要如果都未得到满足,那么最主要的需要就比其他需要更为迫切,只有低一层次的需要得到了满足,才能产生更高一级的需要。而且只有当前面的需要得到充分的满足之后,后面的需要才显出其激励作用。此外,马斯洛还认为每个人都具有下面所描述的各种需要,并且每个人的需要层次都是一样的——从生理需要到自我实现需要。

马斯洛将人的需要按其重要性与发展次序分为五个等级,如图 2-2 所示。

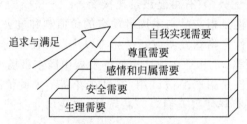

图 2-2 马斯洛需要阶梯理论图

1. 生理需要

生理需要是维持人类生存和延续所必需的,是人类一切需要中最基本的需要,是推动人们行动的主要动力,它包括衣、食、住、行、医药、性等。当其他一切需要都未得到满足时,生理的需要就起着支配作用。在这种情况下,其他需要都不会构成激励的基础。马斯洛认为:缺乏食品、安全、爱情和尊重的人很可能对食品的渴望比对其他任何东西的需要都更为强烈。

2. 安全需要

随着生理的需要得到满足,人们继而就会产生高一层次的需要——安全需要。安全需要包括生产中的人身安全和财产的安全。如防止肉体受到伤害、防止职业病的侵袭、避免经济上的意外灾难,此外还包括工作的安定、没有失业的威胁、退休后有养老金等,从而便产生对劳动保护、医疗保健、药品、保险等的需求。

3. 感情和归属需要

生理和安全的需要满足以后,感情和归属等社会需要就成为迫切的需要了。感情和归属需要包括社交、隶属、友情、爱情等方面的需要。例如:希望与同事保持良好的关系;朋友之间的友谊持久而真挚;进行社会交往,成为社会集体中的一员;获得某一集团的承认,使自己有所归属;得到人们的关心、重视等。感情和归属需要是精神范畴的需要,与一个人的性格、经历、教育、宗教信仰等都有关系。当这些需要得不到满足,就可能影响精神健康。

4. 尊重需要

这是指对自尊心和荣誉感的需要,即人们对获得一定社会地位、权力、受人称赞和尊重的愿望。这类需要包括自尊和受别人尊敬,即在要求别人尊重自己的人格、承认自己的劳动的同时,还要求别人给予尊敬、赞美、赏识以及更高的委任。这种需要得到满足,即可带来自信和荣誉感。

5. 自我实现需要

这是最高一级的需要,希望能充分发挥自己的才能,做一些自己觉得有价值、有意义的事情。马斯洛认为这种需要就是"人希望越变越完美的欲望"。人们都希望能充分发挥自己的才能,在成就、职位、地位上达到自己所希望的高度。例如,希望在社会科学、自然科学方面作出贡献、取得成就或成为一个理想的妻子、著名的科学家、出色的运动员、领薪很高的大学教授或公司经理等。

马斯洛的理论为国际市场营销人员提供了一个区别消费者可能需要购买的产品的有效方法,而且也对为什么顾客的需要会随时间而改变做了解释。例如,在经济不发达国家,大部分消费者是为了获得基本生存条件而劳动,他们所 扩展阅读2-6 市场营销中的66个理论

需要的产品基本上是第一、二级的需要,如食物、衣着、住房及其他与生存有关的产品。若向这些国家大量推销高档消费品,就行不通。在经济发达国家,支配人们购买行为的往往是第三、四、五级的需要,对这些国家要增加销售高档商品,用所谓威望类产品,以及地位和豪华类产品来满足消费者的需要。如在欧洲,高级服装质量高、式样雍容华贵、价钱高得惊人,但照样可以卖出去。在美国,汽车是以表示受尊重和地位为基础而出售的。

 即测即练2.2

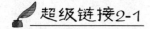 超级链接2-1

表 2-6 国际营销学相关理论

分类	相关理论
信息加工与认知	加工流畅性理论、双加工理论、信息可提取与可诊断模型、同化对比理论、情感信息理论、评估趋势理论、叙事传输理论、适应水平理论、禀赋效应理论、锚定效应理论、框架效应理论、媒介丰富性理论、最优区分理论、图示一致理论、心理账户理论、心理所有权理论
判断与决策	解释水平理论、常人理论、印象管理理论、具身认知理论、前景理论、认知失调理论、内隐理论、刻板印象内容模型、集合理论、概念隐喻理论、心理逆反理论、心流理论、享乐适应理论、公平理论、消费者文化理论、情绪传染理论
个体与自我	自我建构理论、自我决定理论、自我提升理论、自我控制理论、自我展示理论、自我知觉理论、自我肯定理论、自我效能理论、自我分类理论、自我验证理论、自我差异理论

续表

分 类	相 关 理 论
目标与动机	恐惧管理理论、保护动机理论、归因理论、调节定向理论、目标设定理论、补偿性控制理论、意义维持模型
组织与战略	动态能力理论、交易成本理论、代理理论、信号理论、制度理论、资源基础理论、利益相关者理论
社会互动	社会认知理论、社会身份认同理论、社会网络理论、社会冲击理论、社会学习理论、社会资本理论、社会传染理论、社会比较理论、社会交换理论

本章小结

国际营销是企业根据全球市场的需求,将产品或服务提供给国外的客户,以实现盈利的贸易活动。它包括:两大领域——生产领域和流通领域,一种手段——提供产品或服务,一个原则——满足国外顾客需求,一个目的——企业获得利润。

企业参与国际营销的程度是由其从事国际营销的途径所决定的。可供企业选择的途径有:偶然的出口、积极的出口、授权国外生产、在海外建立营销机构、海外生产海外营销。

国际营销与国际贸易的区别主要表现在隶属学科、研究领域、原动力等方面不同。国际营销学的基本理论包括绝对成本理论、比较成本理论、相互需求理论、生产要素禀赋理论、里昂惕夫之谜及其解释、垄断优势理论、国际生产折衷理论、创新扩散理论、需要阶梯理论等。这些理论为国际营销学的发展奠定了坚实的基础。

关键术语

国际营销学(international marketing)

国际贸易(international trade)

全球化(globalization)

环境敏感度(environmental sensitivity)

产业内贸易理论(Intra-industry Trade Theory)

产品的生命周期(product life cycle)

比较成本理论(Theory of Comparative Cost)

相互需求理论(Mutual Demand Theory)

里昂惕夫之谜(Leontief Paradox)

生产要素禀赋理论(Factor Endowment Theory)

垄断优势理论(Monopolistic Advantage Theory)

创新扩散理论(Theory of Diffusion of Innovation)

标准化与差异化(unifying and differentiating influences)

国际生产折衷理论(Eclectic Theory of International Production)

马斯洛需要层次理论(Maslow's Hierarchy of Needs Theory)

课后习题

1. 国际营销和国内营销与国际贸易有何联系与区别？
2. 从企业参与国际营销的程度分析企业从事国际营销的途径。
3. 国际营销人员的任务与要求是什么？
4. 试对你身边较熟悉的某企业提出你的开拓国际市场的建议。
5. 在里昂惕夫之谜的刺激下，出现了哪些新的国际贸易理论？
6. 企业对外投资应该满足哪些基本条件？
7. 请解释国际生产折衷理论以及其核心变量。
8. 创新扩散理论中影响新产品的采用速度的因素有哪些？
9. 需要阶梯理论有哪几大等级？等级之间的关系是什么？

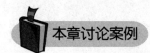
本章讨论案例

小米在全球市场的创新与扩展

小米公司自成立以来，以其创新的商业模式和技术能力在全球市场上迅速崛起。作为一家以"互联网＋"为核心理念的科技企业，小米公司通过线上销售和粉丝经济的结合，成功地在多个国家和地区建立了强大的市场影响力。小米公司的产品线不仅包括智能手机，还涵盖智能家居、可穿戴设备和物联网设备等多个领域，形成了一个完整的生态系统。

近年来，小米公司宣布进军汽车制造行业，计划推出智能电动汽车。这一举措标志着小米公司在全球市场扩展中的又一重要里程碑。小米汽车项目的启动不仅是对其现有生态系统的扩展，也是对全球电动汽车市场的积极响应。小米公司计划通过其在智能设备和物联网领域的技术积累，打造具有竞争力的智能汽车产品。

小米公司在全球市场的成功得益于其对国际生产折衷理论的有效应用。国际生产折衷理论强调企业在国际市场中应综合考虑所有权优势、内部化优势和区位优势。小米公司通过在不同国家和地区建立本地化的生产和研发中心，充分利用区位优势，降低了生产成本并加快了市场响应速度。例如，小米公司在印度建立了多个生产基地，不仅满足了当地市场的需求，还辐射到了周边国家和地区。

此外，小米公司通过与当地企业合作，增强了其所有权优势。这种合作不仅帮助小米公司更好地理解和适应当地市场，还提升了其品牌的本地化程度。例如，小米公司与印度的电商平台合作，扩大了其在线销售渠道，并通过与当地零售商的合作，增强了线下市场的覆盖。

在创新扩散方面，小米公司通过社交媒体和社区互动，快速提升了新产品的知晓度和接受度。小米公司的"米粉"社区是其粉丝经济的重要组成部分，通过定期的产品发布会和线上互动，小米公司能够及时获取用户反馈，并根据市场需求快速调整产品策略。其产品的相对优势和兼容性使小米公司能够在竞争激烈的市场中脱颖而出。例如，小米公司的智能手机以高性价比著称，满足了许多新兴市场消费者对高性能和低价格的需求。

小米公司还注重产品的可分性和可传播性。通过提供多样化的产品选择和灵活的购买方式,小米公司降低了消费者的使用门槛,促进了产品的快速扩散。小米公司的产品设计注重与消费者现有设备和生活方式的兼容性,提升了用户的使用体验。

讨论题

1. 小米公司在全球市场的扩展过程中,如何利用国际生产折衷理论中的所有权优势、内部化优势和区位优势来提升其竞争力?请结合国家或地区的实例进行分析。

2. 在创新扩散理论的框架下,小米公司是如何通过提升产品的相对优势和兼容性来加快其产品在国际市场的采用速度的?

(考核点:国际营销学的基本理论)

第二篇 国际营销环境分析

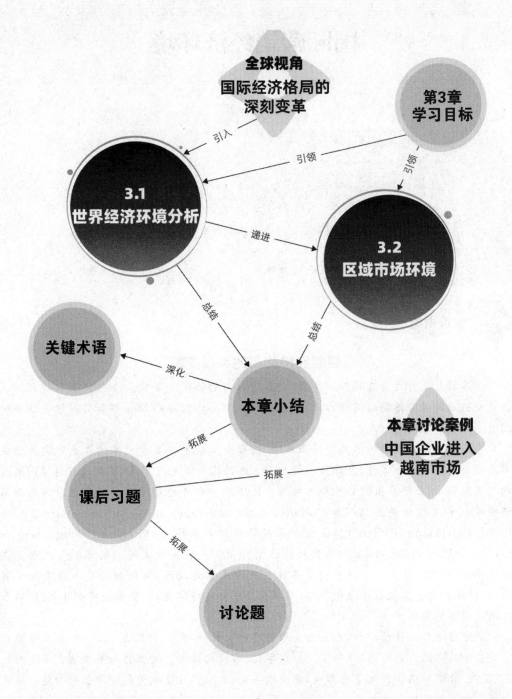

第 3 章

国际营销经济环境

学完本章,你应该能够:
1. 掌握国际营销经济环境的含义;
2. 理解世界经济的特征;
3. 熟悉市场发展阶段的有关概念;
4. 了解全球主要国家和地区的收入和人口;
5. 理解区域经济一体化形式;
6. 了解世界上主要区域市场的特征。

 全球视角

国际经济格局的深刻变革

世界百年未有之大变局加速演进,世界进入新的动荡变革期。全球化与区域经济合作是塑造国际经济格局的两股力量,数字技术成为全球经济结构转型和引领增长的关键因素。

为了应对地缘政治的不确定性和风险,国际分工从主要基于效率的考虑转向基于效率与安全平衡的综合考量,全球供应链趋向于弹性化和多元化布局,旨在减少对单一来源的过度依赖,增强供应链的韧性和可靠性。区域经济合作受到国际社会重视,以《全面与进步跨太平洋伙伴关系协定》(Comprehensive and Progressive Agreement for Trans-Pacific Partnership,CPTPP)、《区域全面经济伙伴关系协定》(Regional Comprehensive Economic Partnership,RCEP)为代表的巨型自由贸易区生效实施。国际经贸规则正在经历革新,以 WTO 为核心的多边贸易体系或迎来重大改革,新规则将更加注重数字贸易、环境保护与劳工权益等议题,以推动贸易公平和可持续发展,助力构建更开放、包容和平衡的国际贸易体系。

数字经济规模持续扩大,已成为全球经济增长的新动力,特别是 5G、AI(人工智能)、大数据等技术的广泛应用,推动了产业数字化、智能化转型。数据作为新型生产要素对生产、交换、分配和消费产生重要影响,产业数字化、数字产业化成为经济增长新动能。绿色经济与数字技术的融合加速。国际能源署(IEA)预测,采用数字化技术,可使 2016 年至 2040 年全球年发电成本降低 800 亿美元,相当于全球发电总成本的 5%。智能电网、绿色数据中心等技术的应用,助力全球实现碳中和目标,推动气候行动国际合作。随着数据成

为关键资源、新型生产要素,全球数据治理框架的构建也日益紧迫,国际社会正加快构建数据流动、隐私保护、跨境数据管理的标准与规则,各国基于自身考虑,平衡数据安全与发展的需求,形成不同治理模板。如何推进全球范围内数据安全有序流动,更好促进全球数字经济的健康发展,将成为数字国际治理的重要议题。

当前,"全球南方"加速崛起成为国际舞台上的新趋势,全球经济格局向多极化方向发展,促进着国际力量的平衡。发达国家和发展中国家之间合作与竞争并存,在技术转移、气候变化、全球公共卫生等关键领域,南北对话与合作更加频繁,共同应对全球性挑战。同时,围绕资源、市场和技术的竞争也日趋激烈,给全球经济发展带来新的挑战。区域贸易协定呈现强劲的发展势头,区域贸易协定的生效实施,促进区域内部的经济一体化,重塑全球贸易流向和投资格局,形成新价值链供应链产业链,对国际关系平衡产生深远影响。

资料来源:张晓涛.全球经济发展的阶段特征及未来走势[N].学习时报,2024-07-17.

企业都是在一定的经济环境中开展营销活动的,因此,经济环境直接影响企业的营销战略和策略的选择与实施。从事国际营销活动的国际企业更加如此,这主要是因为国际营销环境比国内营销环境更加复杂多变。

国际营销经济环境是对国际营销活动有影响的而国际企业又无法控制的各种经济要素的总和,它具有两个层次的含义:第一个层次的含义是从世界经济整体来说的经济环境因素,简称世界经济环境;第二个层次的含义是从某个大洲、区域和国家角度分析的经济环境因素,简称洲域、区域和国别经济环境,重点是国别经济环境。

世界经济环境是指在全球范围内发生影响作用的经济因素,其中发生作用的主要是国际贸易体系和国际投资金融体系。

国别经济环境,也即东道国经济环境,是指目标市场国影响国际企业营销活动而企业又无法控制的社会经济状况及相关政策,包括东道国的社会经济发展水平、社会经济结构、经济体制、经济政策、市场规模、生产要素的质量和供应状况、各种服务体系的完善程度、经济发展阶段、人口、国民经济的增长状况、地区与行业的发展状况、社会购买力水平、消费模式等因素。衡量或反映这些因素的经济指标有国内生产总值、国民生产总值、就业率、通货膨胀率、汇率、财政政策、货币制度、对外贸易政策与管理体制等,也要分析国与国之间的区域经济一体化。

在分析经济环境时,不能截然分割世界经济环境和国别经济环境,实际上两者相互影响、相互作用,可以把国别经济环境的共性因素或特点归纳汇合为世界经济环境的因素或特点。

3.1 世界经济环境分析

3.1.1 世界经济特征

1. 世界经济"再全球化"

近年来,全球政治经济体系深度调整变革,主要表现在三个方面:第一,大国博弈持续升级并日益走向即便损害自身利益也要消耗对手的负和博弈态势,国际经济规则日益成为部分大国打压竞争对手的武器;第二,大国经济力量对比持续朝着有利于新兴市场与发展中国家的方向发展,在现有国际体系中,新兴市场和发展中国家的话语权受到严重制约,推动国际经济规则体系变革的诉求日益强烈;第三,由于不同国家和社会群体未能公平地享有经济全球化的成果,一些边缘国家和社会群体的民族主义与民粹主义日益盛行,并催生了国际社会的"反全球化"浪潮。在这些因素的共同推动下,全球经济正在经历"再全球化"进程。所谓"再全球化",指的是为经济全球化深入发展提供保障的全球规则因大国博弈升级而面临改革和重塑,全球资源面临重新配置,全球分工体系面临系统性重组。

2. 信息产业加速推进全球经济一体化

扩展阅读 3-1 新产业革命推动经济全球化

信息的发展大大缩短了世界市场各个部分之间的距离。特别是多媒体技术与网络经济的诞生,使企业可以在片刻之间完成上万亿美元的国际金融和贸易业务,大大降低了交易成本,缩短了交易时间。现代通信技术向着网络化、数字化、宽带化方向发展,人类将全面进入信息时代。信息技术将为各国贸易的发展和跨国公司的发展提供技术基础,并成为知识经济社会中最重要的资源和竞争要素。信息产业无疑将成为未来全球经济中最宏大、最具活力的产业。各国对发展信息产业均十分重视,采取了一系列措施:如欧盟(European Union,EU)成员国每年对信息产业的投资约为 280 亿美元,日本每年用于信息产业研究和开发的投资约为 250 亿美元。这些措施使包括硬件制造业、软件业、信息服务业在内的信息产业得到空前发展。信息产业正成为全球新的、重要的经济增长点,并且加速推进经济的全球化发展。

3. 区域经济一体化在推进

扩展阅读 3-2 RCEP 全面生效一周年 区域开放合作迈上新台阶

区域经济一体化是国际竞争向更高层次、更新状态发展的一种表现形式。目前,已经有 100 多个区域经济一体化组织,还有更多的区域经济一体化组织在谈判组建中。欧盟、北美自由贸易区(North American Free Trade Area)、亚太经合组织(Asia-Pacific Economic Cooperation,APEC)是当代世界三大最有影响力的区域性组织。其中,最典型的区域一体化组织是欧盟,截至 2023 年,它拥有 27 个成员国,总人口为 4.5 亿。2023 年地区生产总值达 17.03 万亿欧元,是当今世界上经济实力最强、一体化程度最高的国家联合体。区域一体化消除了区域内的市场障碍,降低了壁垒,使资源得以自由地流动,促进了区域内的竞争与合作,增强了区域内企业的活力。同时,区域一体化还加强了对区域经济的保护,增加了对区域外企业的壁垒。经济的区域一体化同时改变了企业的营销环境。一方面,企业需要关注全球市场;另一方面,企业需要注意区域经济壁垒。区域之间的政治、经济、文化等区别使得企业的营销环境更为复杂多变。

4. "全球南方"经济日益增长,共建"一带一路"取得巨大成就

"全球南方"对世界经济增长发挥着举足轻重的作用,伴随着综合实力的提升也更为积极主动地参与国际事务。在世界格局深度调整和变革进程中,"全球南方"在维护世界和平、促进共同发展中发挥着重要作用。其中我国"一带一路"倡议有力促进了共建国家

间的政策沟通。截至 2023 年 6 月,中国与 150 多个国家、30 多个国际组织签署了 200 多份共建"一带一路"合作文件。基础设施的互联互通是"一带一路"倡议的建设重点。在各方的共同努力下,"六廊六路多国多港"互联互通架构基本形成,中老铁路、雅万高铁、匈塞铁路、比雷埃夫斯港等一批标志性项目陆续建成并投入运营。

5. 全球生产与交换数字化

全球信息和数字领域技术创新的不断突破,在经济领域创造出新产业、新业态、新模式,推动重塑全球经济增长的新动力。首先,人工智能、5G、物联网等数字技术作为新兴技术的代表,其广泛应用将大幅促进劳动生产率的提高,从而成为经济增长的重要源泉。其次,数字技术的广泛应用不仅为信息的传递和交换提供了极大便利,大幅降低了生产和交换环节的成本,从而大大提升了经济运行的效率,还在很大程度上增加了产业链和供应链稳定预期,有利于构建更有韧性的产业链和供应链。《全球数字经济白皮书(2023 年)》显示,2022 年美国、中国、德国、日本、韩国 5 个国家的数字经济总量较 2021 年增长 7.6%,合计高达 31 万亿美元,数字经济占 GDP(国内生产总值)的比重为 58%,较 2016 年提升约 11 个百分点。

3.1.2 经济体制

目前世界上主要有三种经济体制是以占主流的资源配置方式为基础的,分别为市场配置体制、中央计划配置体制以及混合配置体制。

1. 市场配置体制

市场配置体制是一种依靠消费者分配资源的体制。消费者通过决策由什么人生产什么来"编写"经济计划。市场配置体制是一种经济民主——公民有权依据他们的"钱包"来选择自己想要的货品。国家的作用是促进竞争和保证消费者受到保护。美国、大多数西欧国家和日本是市场经济占统治地位的国家。在提供人们所需和所要的货物和服务方面,市场配置体制具有明显的优势。

2. 中央计划配置体制

在中央计划配置体制中,国家在服务于公众利益方面享有很大的权力。这些权力包括制造什么产品和怎样制造。消费者可以自主选择所供应的产品,但是,有关生产什么和供应什么则是由国家计划编制者决定的。由于供不应求,市场营销组合因素不能被用作策略变量,几乎也不靠产品差异化(product differentiation)、广告和促销,分销由政府掌管以阻断中间商的"剥削"。

3. 混合配置体制

在世界经济的现实中,并不存在纯粹的市场配置体制或纯粹的中央计划配置体制。纯粹的市场配置模式与纯粹的计划配置模式都有自身无法弥补的缺陷,选择市场配置与计划调节相结合的第三种模式成为必然,但传统的观点认为,计划与市场是水火不容的东西,不可能有机地结合起来。事实上,计划或市场只是社会配置资源的两种方式或两种手段而已,与社会制度及经济制度本身并没有必然的联系,二者可以发挥同一职能作用——配置资源。因此,计划与市场可以并存,相互替代部分功能,弥补对方的缺陷,共同实现合理配置资源的目的。在经济合作与发展组织成员国中,这一比重各不相同,小到占国内生产总值的32%,如美国;大到占国内生产总值的64%,如瑞典。因而,在总支出的64%控制在政府手中的瑞典,经济体制显得"计划"多于"市场";美国的情况则相反。大多数社会主义国家都有一个传统,即农民被允许将农产品的一部分拿到自由市场上去卖。改革开放初期,中国政府给予广东省的企业和个人相当大的自由,使其在市场经济体制中运作。

不同的经济制度以不同的资源配置方式为企业国际营销环境提供宽、严程度不同的经济环境,从而所面临的国际营销环境的复杂程度也不同。

3.1.3 国际市场发展阶段

全球国家市场处于发展的不同阶段。人均国民生产总值提供了一个细分组合这些国家的有用方法。以国民生产总值为基础,可以将全球市场分成五类:低收入国家、中低收入国家、中高收入国家、高收入国家和经济瘫痪国家。尽管对每一个阶段收入的定义是任意的,但每一类别中的国家都具有相同的特征。

1. 低收入国家

低收入国家亦称前工业国,是人均国民总收入(GNI)不到1 025美元(2020年世界银行标准)的国家。处于这一收入水平的国家具有以下特征。

(1) 工业化程度有限,人口的很大一部分从事农业和生存性农业。

(2) 出生率高。

(3) 识字率低。

(4) 严重依赖外国援助。

(5) 政局不稳,动荡不安。

(6) 集中在撒哈拉以南的非洲地区。

一般来说,这些国家为各种产品提供的市场是有限的,它们也不处于构成威胁的战略要害地带,但也有例外。

2. 中低收入国家

中低收入国家亦称不发达国家(least developed countries, LDCs)。这些国家的人均GNI为1 026～3 995美元。它们处于工业化的早期阶段,其工厂为成长中的国内市场提供诸如服装、电池、轮胎、建材和包装食品等产品。

这类国家的消费者市场正在扩大。当LDCs发动它们那些相对便宜的劳动力为世界其他地区的目标市场服务时,这些国家正在成为一种越来越大的竞争威胁。LDCs在成熟的、标准化的劳动密集型产业,如玩具和服装制造业中,具有较大的竞争优势。印度尼西亚是前进中LDCs的一个范例,其人均GNI从1985年的250美元提高到2023年的4 940美元。

3. 中高收入国家

中高收入国家亦称正在工业化的国家,其人均GNI为3 996～12 375美元。随着就业人口向工业部门的转移、城市化程度的增加,这些国家的农业人口急剧减少。马来西亚等许多处于这一阶段的国家,正在迅速地实现工业化。人们的工资水平和识字率上升,教育比较先进。可是,它们还享有发达国家所没有的、可观的低工资成本。处于这个发展阶段的国家经常会成为令人可畏的竞争对手,并会经历迅速的、以出口驱动的经济增长。

4. 高收入国家

高收入国家亦称先进的工业化、后工业或发达国家。它们的人均 GNI 超过 12 375 美元。除了少数石油富国以外，此类别中的其他国家是靠持续的经济增长过程达到目前的收入水平的。

后工业化是美国社会学家丹尼尔·贝尔（Daniel Bell）提出的概念。他认为，后工业社会的一个最简单的特点是大多数劳动力不再从事农业或制造业，而是从事服务业。经济方面的标志是由商品生产经济变为服务经济；职位方面的标志是专业和技术阶段处于优先地位；在决策方面，则是创造新的"知识技术"。相对于工业社会而言，在后工业社会里，产品和市场机会更多地取决于新产品的创新。大多数家庭对基本产品的拥有率非常高。寻求发展的组织如果要在现有市场上扩增自己的份额，任务非常艰巨。它们必须另辟蹊径，努力创造新的市场。

5. 经济瘫痪国家

经济瘫痪国家遇到的经济、社会和政治问题非常严重，使得投资者和经营者对其失去兴趣。埃塞俄比亚和莫桑比克等一些低收入、无增长的经济瘫痪国家在接连不断的灾难中勉强维持生活。其他一些曾经获得增长和成功的国家因政治斗争造成分裂、内战，国民收入降低，而且经常对居民构成相当的危险。20 世纪 90 年代中期的南斯拉夫便是一例。受内战困扰的经济瘫痪国家是危险地区，大多数公司认为不去那些战乱国家是谨慎之举。

3.1.4 国际市场产品生命周期模型

当把国内市场扩展到国际市场时，由于各国在科技进步和经济发展水平等方面的差异而形成的同一产品在各国的从开发、生产、销售到消费的时间差异，同一产品生命周期在各个国家的市场上出现的时间是不一致的，这被称为国际市场产品生命周期。

弗农以产品生命周期理论为基础，对世界贸易和投资方式提出了新的理论，即"国际市场产品生命周期理论"，他将产品生命周期划分为三个阶段：产品导入期，产品成长和成熟初期，产品成熟和标准化期。由于发达国家、较发达国家和发展中国家的经济、科技发展水平不同，因此产品进入这三个阶段的时间先后不一样。国际产品贸易周期模型描述了产品生命周期（product life cycle，PLC）以及贸易和投资之间的关系。20 世纪 50 年代到 70 年代中期，持续的国际市场发展对贸易模式和纺织品、消费电子品及其他产业的制造地点造成影响。产品贸易周期模型准确地描述了这种影响是如何产生的。

简而言之，像日本和美国这类高收入、大量消费的国家最初是出口国，但最终会演变成为进口国，是第一梯队。第二梯队发达国家起初进口外国产品，经过一段时间后又出口产品。第三梯队低收入国家以制造厂商起家，随后显示了同样的从进口到出口的转变。这些转变与产品生命周期的产品导入期、产品成长和成熟初期、产品成熟和标准化期是相对应的：高收入国家在导入期是出口国，中等收入国家在成长期时为出口国，低收入国家在成熟期时成为出口国。国际产品贸易周期如图 3-1 所示，其中，P 代表生产曲线，C 代表消费曲线，E 代表出口量，I 代表进口量。

国际产品贸易周期模型则如图 3-2 所示，其中，GDP 是国内生产总值。

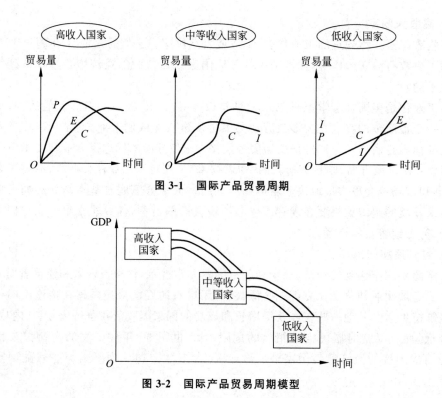

图 3-1 国际产品贸易周期

图 3-2 国际产品贸易周期模型

国际产品贸易周期是一个对贸易模式的经验记录，它反映了许多美国和欧洲的消费电子产品公司及其他行业公司的经营行为。这些公司放弃了为在本国维持世界级生产设施所需的投资和努力，因为它们面临着高工资和其他成本的挑战。在美国，很多面临质量和成本挑战的经理作出了战略选择，他们或将生产转移到低成本国家，或在其他一些国家将市场份额让给低成本的生产商。可惜，这样的方式可能会将战略中心置于不合适的地位。把生产转移到低工资国家的公司确实赢得了一时的优势，在所有其他条件平等的情况下，它们降低了劳动力成本。然而，一家醉心于通过向低成本国家转移生产来降低成本的公司，从长期来看，可能还会在产品创新、产品特色、制造能力和质量方面落后于竞争对手。

对于全球营销企业而言，产品贸易周期模型同时强调创新的重要性。只要产品不变，周期是不可避免的。许多高收入国家经理的行为说明消费、贸易和投资的轮换周期是不可避免的。发达国家的公司被迫不停地去发现和推出新产品，因为它们在成熟产品的经营中竞争不过低工资的对手。但是，现有产品和制造流程的创新使高收入国家的公司能够在全球的各产业中百战不殆。事实上，创新者能够给国际贸易周期画上句号。有创新能力的全球公司绝不给在低收入国家生产的对手留下空当。相反，创新者作出战略选择，将制造基地设在离本国顾客较近的地方，以便向那些顾客提供他们想要的产品。

1. **产品导入期**

工业发达国家通过研究与开发技术生产出新的产品。在这一阶段，生产技术还有待发展，产品质量并不稳定，成本也较高，但由于竞争对手较少，产品在国内生产并首先满足国内市场的需求。发达国家的消费者比其他国家的消费者消费观念更新、更容易接受新产品也是首先选择国内市场销售的一个重要原因。当技术发展到一定水平之后,产品质量稳定下来,竞争较以前激烈,国内市场基本饱和,开始有少量产品出口到其他发达国家。

2. 产品成长和成熟初期

产品日益成熟,生产技术更加完善,生产规模的扩大给企业带来规模经济效益,生产成本下降,国内市场供过于求,产品大量出口到其他发达国家及发展中国家。同时,其他发达国家也逐渐掌握了产品的生产技术,开始仿制生产该种产品,国际市场上出现越来越多的竞争者。技术创新国开始对外投资,在国外设立子公司或分公司,以保持和扩大国际市场份额。

3. 产品成熟和标准化期

在这个阶段,产品和技术都已标准化并被大量生产,其他发达国家产品技术可以和创新国相抗衡,由进口国转为出口国。由于技术已被广泛知晓,发展中国家在进口的基础上,可以轻易掌握标准化技术,生产出标准化产品,而且由于发展中国家存在自然资源和劳动力的优势,可以低成本地生产出同类产品参与国际竞争,使最先技术创新和产品出口的国家丧失竞争优势。这时,最早技术创新国可以有两种选择:一是逐步退出该产品的市场,研制出新的技术和产品;二是将生产基地完全转移到发展中国家。至此,发展中国家由进口国变成出口国。

3.1.5 全球主要国家和地区国民收入与人均收入

当一家公司在为扩张全球市场制订计划时,经常会发现收入对大多数产品来说是唯一最具价值的经济变量。毕竟,市场被界定为一个愿意并有能力购买特定产品的人群。对有些产品,尤其是那些单位成本很低的产品(如香烟)而言,人口比起收入来说是更有价值的预测因素。不过,就如今国际市场上五花八门的工业品和消费品而言,唯一最具价值和最为重要的市场潜量预测指标是收入。个人收入通常是指工资、红利、租金或其他形式获得的总收入。

在理想状态下,国民总收入和其他折算成美元的国民收入度量指标的计算应该以购买力平价即用某种货币在有关国家所能买到的东西为基础,或者通过对特定产品实际价格的直接比较来完成。这样做,便可以对世界各国的生活水平进行实际的比较。可惜,这些数据无法从定期的统计报告中获得,我们只好使用按年末美元汇率折算的当地货币数字。我们必须记住,在最佳状态下,汇率受国际贸易产品和服务的价格影响。它们与那些非国际贸易产品和服务没有什么关系,而后者是构成大多数国家国民总收入的主体部分。特别是发展中国家(相对于工业国)的农产品及其服务的定价常常低于工业品。况且农业在发展中国家普遍占据了生产总值的最大部分。由此可见:使用汇率趋向于夸大处于不同经济发展阶段的不同国家之间实际收入的差异。表3-1展示了2023年国民总收入前10位的国家。表3-2展示了2023年人均收入前10位的国家和地区。美国在国民总收入一栏位于第1位,而购买力为基础的人均收入水平最高的是卢森堡。

表 3-1　2023 年国民总收入前 10 位的国家　　　　　　　　万亿美元

国　　家	国民总收入	国　　家	国民总收入
1. 美国	27.36	6. 英国	3.32
2. 中国	17.66	7. 法国	2.90
3. 德国	4.47	8. 加拿大	2.16
4. 日本	4.24	9. 意大利	2.13
5. 印度	3.73	10. 巴西	2.11

资料来源：世界银行官网数据。

表 3-2　2023 年人均收入前 10 位的国家和地区　　　　　　　美元

国家或地区	人均收入	国家或地区	人均收入
1. 卢森堡	13 423.12	6. 挪威	80 837.97
2. 中国澳门	11 374.35	7. 卡塔尔	74 823.10
3. 冰岛	98 534.78	8. 美国	68 348.89
4. 瑞士	92 451.09	9. 丹麦	66 329.07
5. 爱尔兰	85 221.75	10. 澳大利亚	65 826.75

资料来源：世界银行.2024 全球营商环境报告[EB/OL]. https://chinese.doingbusiness.org/zh/rankings。

瑞士信贷（CS）发布的《全球财富报告 2024》报告显示：2023 年，各地区的财富都有所增长，其中北美洲（15.5％）和中国（15.1％）增长得最多，欧洲增长得最少（1.5％）。全球增长的财富总额中，北美洲约占一半，中国约占 1/4。2023 年，中国的财富总额为 85.1 万亿美元，较 2022 年增长了 15.1％，增加了 11.2 万亿美元。中国人均总资产增长 14.2％，增速较快。

3.1.6　人口分布

各国人口规模发展很不平衡，发展中国家与发达国家之间差距明显。2023 年，发达地区人口仅为 11.21 亿，而欠发达地区为 68.85 亿，占世界总人口的 4/5 以上。2023 年世界人口最多的 10 个国家占世界收入的一半以上，都是较具潜力的市场。各国人口规模影响各国市场规模大小，进而影响着企业目标市场的选择方向，见表 3-3。

表 3-3　10 个人口最多的国家（2023 年和对 2050 年的预测）　　　百万

国　　家	2023 年	国　　家	2050 年
1. 中国	1 426	1. 印度	1 628
2. 印度	1 425	2. 中国	1 437
3. 美国	339	3. 美国	420
4. 印度尼西亚	277	4. 印度尼西亚	308
5. 巴基斯坦	239	5. 巴基斯坦	295
6. 尼日利亚	223	6. 巴西	260
7. 巴西	216	7. 尼日利亚	258
8. 孟加拉国	172	8. 孟加拉国	231
9. 俄罗斯	144	9. 刚果民主共和国	183
10. 墨西哥	133	10. 埃塞俄比亚	170

资料来源：联合国及各国统计局资料。
注：数据截至 2023 年。

在为价格较低的产品确定市场潜量时,人口变量比收入更重要。尽管人口不如收入那么集中,但从国家规模来看还是相当集中的。10个人口最多的国家约占世界总人口的58%。

人类在地球上已经生活了250多万年,在大多数时期,人口并不多。世界人口在18世纪和19世纪剧增,1850年达到10亿。1850年到1925年,全球人口倍增,达到20亿。1925—1960年,人口又增至30亿。世界人口如今约达80亿。按照现在的增长速度,到21世纪中叶,世界人口将达到100亿。

人口问题一直是人类社会热切关注的焦点,它不仅关系到我们的自然生态环境,还与我们的经济生活密切相关。目前,从全世界的角度来看,世界人口正呈现出较快的增长趋势。人口结构方面也发生着巨大的变化,人们受教育水平不断提高,观念不断变化更新,同时老龄化程度也日益加深。

1. 人口数量不断增长

自20世纪60年代以来,世界人口每年以1.8%的速度增长,2023年达到80多亿人口,增加了1倍。世界人口的增长意味着人类需求的增长。

2. 人口老龄化突出

人口结构中的年龄结构对人类经济活动具有重要影响,直接关系到各类商品的市场需求量,以及企业目标市场和消费人群的选择。目前,世界主要发达国家人口老龄化进程加速,老年人口比重不断上升。中国老龄化人口比重也逐年变大,60岁及以上老年人口持续增长,截至2023年已达到2.97亿。这对中国社会和家庭来说是一个巨大的挑战。

3. 人口分布不平衡

就全世界来说,发达国家城镇化水平高,城市居民比重大。发展中国家农村人口比重大,城镇人口密度大,消费水平高。但随着社会经济与文化的发展,城乡差距将不断缩小,农村市场蕴含着巨大的发展潜力,许多在城市已饱和的商品市场,在农村尚属空白,企业开拓农村市场将大有可为。城乡之间、地区之间人口在数量和质量上也呈现出强势流动,这必将引发许多新的需求以及新的市场机会。

4. 家庭结构小型化

随着人类社会的进步、人们受教育程度的不断提高、观念的不断更新,传统家庭的比例下降。过去的数代同堂已被三口之家或四口之家取代。在城市中,很多青年人在结婚前已独自居住。单亲家庭和独身家庭的比重也在上升。同居生活、丁克家庭以及"空巢"家庭等非传统家庭模式已成为这个时代的显著特征。因此,家庭生活对日常生活用品和服务的需求也在趋于小型化。

5. 教育普及化

随着经济社会的发展、人民生活水平的提高,教育已日益普及化。很多国家实行小学和中学义务教育,各类高校也不断扩招。由此,年轻一代的文化需求和对消费品的知识含量要求远远超过了老一代消费者。

6. 职业多样化

市场经济日益多元化、市场的不断细分,使各种职业纷纷涌现,不断出现新的职业名词,如白领、蓝领、金领等。不同的职业群体也引领着不同的消费市场。在市场上,各种商品和服务的职业特征越来越明显。

综上所述,人口环境的这些变化,需要企业的生产销售更加以人为本,突出人的个性需求,改变传统的营销方式,不断改革创造新的营销模式。

3.1.7 全球营商环境的排名

世界各国(地区)的企业都必须应对金融危机造成的世界经济环境的影响。随着国际、国内市场对许多产品的需求下降,全球贸易减缓。决策者和各国(地区)政府也面临巨大挑战,包括如何稳定金融部门、恢复信心和信任、阻止失业率的上升以及提供必要的"安全网"。与此同时,财政刺激方案与财政收入减少同时发生,使公共债务急剧增加。

虽然遇到诸多挑战,但 2022 年和 2023 年许多国家和地区的政府都进行了监管改革。营销商业环境报告指数排名说明该国(地区)的政策规制环境是否有利于企业经营。营商排名指数是一国(地区)在 10 项课题中百分位数排名的平均值,每项课题由若干指标组成,拥有相同权重。

排名来自《2024 全球营商环境报告》,内容涉及的时间段是 2022 年到 2023 年。所有经济体按其营商环境的便利程度排名,从 1 到 183,1 为最佳。

报告显示,2023 年全球营商环境排名前 10 的经济体分别为新加坡、新西兰、中国香港、丹麦、韩国、美国、格鲁吉亚、英国、挪威、瑞典(表 3-4)。除中国内地外,营商改善幅度最大的经济体还包括沙特阿拉伯、约旦、多哥、巴林、塔吉克斯坦、巴基斯坦、科威特、印度和尼日利亚。中国内地营商环境总体得分 80.4 分,比 2022 年上升 4.3 分;排名跃居全球第 28 位。

表 3-4　2022—2023 年全球营商环境排名前 10 的经济体

经济体	全球营商环境排名	开办企业	申请建筑许可	获得电力	登记财产	获得信贷	投资者保护	缴纳税款	跨境贸易	合同执行	企业破产
新加坡	1	1	7	38	2	1	3	8	56	23	32
新西兰	2	4	5	19	21	35	3	7	43	1	27
中国香港	3	5	1	3	51	32	7	2	29	31	45
丹麦	4	45	4	21	11	48	28	8	1	14	6
韩国	5	36	12	2	40	67	25	21	36	2	11
美国	6	55	24	64	39	4	36	25	39	17	2
格鲁吉亚	7	2	21	42	5	15	7	14	45	12	64
英国	8	18	23	8	41	41	7	27	33	34	14
挪威	9	25	22	42	15	94	21	34	22	3	5
瑞典	10	39	31	10	9	80	28	31	16	39	17

资料来源:2024 全球营商环境报告[R].Word Bank,2024.

《2024 全球营商环境报告》通过 10 个商业监管指标对各经济体进行排名。这些指标所测量的领域包括:在企业开办和运营、跨国界贸易、缴税、关闭企业等方面为符合政府规定所需花费的时间和成本。这个排名并不反映以下领域的情况：宏观经济政策、安全、人口的劳动技能、金融制度的健全性、金融市场的监管规则。开办企业再一次成为改革次数最多的领域，有 3/4 的经济体提高了开办企业的容易程度。缴税是改革次数第二多的领域。

由于发生金融危机，各国（地区）政府也在可能比较困难和需要更多时间的领域进行监管改革。2023 年，有 190 个经济体（包括受危机影响严重的东欧和中亚地区经济体）对破产制度进行了改革。在经济衰退时期，使可存活企业继续经营以及保存就业机会具有特别重要的意义。

3.1.8　世界贸易组织

要想在国际竞争中占据有利地位，组织或参与区域性、全球性组织已成为世界性趋势。世界贸易组织（World Trade Organization，WTO，简称世贸组织）是全球层次的经济组织。

世贸组织是国际贸易领域最大的政府间国际组织，统辖当今国际贸易中货物、服务、知识产权、投资措施等领域的规则，并对各成员之间经济贸易关系的权利和义务进行监督与管理。世贸组织是由 1947 年成立的关税与贸易总协定组织（GATT，简称关贸总协定）演变而成的。世贸组织成立于 1995 年 1 月 1 日，1995 年与关贸总协定并行了一年，1996年 1 月 1 日正式取代关贸总协定。世贸组织总部设在瑞士日内瓦。截至 2024 年 2 月，世贸组织有 166 个成员、23 个观察员。

世贸组织的基本原则主要来自关税与贸易总协定、服务贸易总协定以及历次多边贸易谈判，特别是"乌拉圭回合"谈判达成的一系列协议。它由若干个规则和一些规则的例外组成。世贸组织的基本原则包括：无歧视原则，贸易自由化原则，透明度原则，市场准入原则，公正、平等处理贸易争端原则，给予发展中国家（地区）和最不发达国家（地区）优惠待遇原则。

世贸组织在 2024 年公众论坛发布了《2024 年世界贸易报告》。报告认为，贸易是提高包容性的驱动力，过去数十年贸易在推动包容性方面取得了明显成效，但仍有太多经济体和人民处于落后状态。报告提出，要弥合包容性方面存在的差距，需要各方制定更加全面的战略，包括将开放贸易与配套的国（地区）内政策相结合，并促进更大的国际合作。报告认为，世贸组织需要特别关注政策的连贯性。鉴于气候变化、数字化转型和地缘政治紧张等全球趋势，世贸组织及其成员面临着复杂的"贸易＋"挑战，因此需要采取"WTO＋"的方法，通过与其他国际组织的合作来确保贸易政策有效地融入更广泛的国际和国（地区）内政策框架。与普遍看法相反，过去 30 年来，经济体内部的收入不平等程度总体并未增加。各经济体的平均基尼系数（一种常用于衡量不平等程度的指标）同期甚至略有下降。

世贸组织的货物和服务贸易的自由化有助于加强各成员之间的经济贸易合作。

世贸组织的官员对服务业给予很大关注，尤其是银行、保险、电信等行业的市场进入壁垒问题，同时彰显服务贸易、数字贸易和绿色贸易的未来发展前景。在这一方面，世贸组织成员已经通过服务国（地区）内监管、发展投资便利化、电子商务和渔业补贴等协议取得了重大进展。但许多服务业仍面临重大限制，低收入经济体对数字贸易的参与有限，并且与贸易相关的环境政策缺乏协调。服务业中的跨国企业将从关税减让甚至完全减免中获取竞争优势。世贸组织的争端解决机制为世界经济稳定发展提供了保障。世贸组织的知识产权保护为技术扩散创造了良好条件。世贸组织的各项协议的实施有利于提高各成员人民的生活水平、增加就业机会。世贸组织提供的良好竞争环境有利于成员方提高经济效率、降低经济运行成本、提高国际竞争力。

即测即练3.1

3.2 区域市场环境

3.2.1 区域经济一体化的形式

某国的经济绩效受同他国的经济关系的影响。各国经济安排不同，从而管理其经济的模式不同。这些不同的经济安排导致自由贸易区（free trade area，FTA）、关税同盟（customs union）、共同市场（common market）、经济同盟（economic union）等主要区域经济一体化形式的形成。

1. 自由贸易区

自由贸易区由一组同意取消成员国之间内部贸易所有壁垒的国家组成，属于自由贸易区的国家能够并且确实维持了相对于第三国的独立贸易政策。为了避免贸易转移使低关税成员国获利，自由贸易区通常采用一种原产地认证系统。该系统有助于抑制低关税成员国大量进口货物并转移到本地区的其他高关税国家而从中获利，海关检查人员在各成员国边境进行检查。欧洲经济区（European Economic Area，EEA）是一个由欧盟15国和挪威王国、列支敦士登公国、冰岛共和国等国组成的自由贸易区。

2. 关税同盟

关税同盟是自由贸易区的一种自然演进。除了消除内部贸易壁垒之外，关税同盟各成员国之间还达成协议，对非成员国实行统一的外部壁垒。1996年1月1日，欧盟和土耳其为了进一步刺激双边贸易而建立了关税同盟，规定取消平均14%的关税。

3. 共同市场

共同市场朝经济一体化又迈进了一步。除了取消内部贸易壁垒和确立共同的外部壁垒之外，它还允许劳动力、资本和信息各生产要素的自由流动，如中美洲共同市场（Central America Common Market，CACM）、南锥区共同市场（Southern Cone Common Market）和安第斯集团（Andean Group）。

4. 经济同盟

建立经济同盟的基础是取消内部贸易壁垒，确立共同的外部壁垒。在此基础上，经济联盟寻求在联盟内部协调社会和经济政策,以允许资本和劳动力在各国之间自由移动。因此,它不但是货物的一个共同市场,而且是服务和资本的共同市场。例如,如果专业人士想在欧盟的任何国家工作,那么,各国之间就必须在工作许可方面达成一致,以便使在一国具有资格的医生或律师可以在任何其他国家工作。当一个经济联盟发展到高级阶段时,还会出现联合中央银行,使用单一货币,并在农业、社会服务和福利、地区发展、交通、税收、竞争和兼并等方面采取统一政策。高度发展的经济联盟还要求广泛的政治一致性,从而使其看起来像一个国家;各成员国实行政治一体化,建立一个中央政府,将各个独立的政体纳入一个单一的政治框架。欧盟正接近完成各个步骤,以便成为一个完全的经济联盟。

3.2.2 区域经济组织或协定

第二次世界大战以来,世界各国对于经济合作表现出了极大的兴趣。在美国经济的刺激下,欧洲经济共同体(简称欧共体)获得成功,从而进一步激发了这一兴趣。经济合作存在不同程度,从两个或多个国家达成贸易协定到取消贸易壁垒,再到两个或多个国家实行全面的经济一体化。20世纪最著名的优惠协议当属英联邦优惠制(British Commonwealth Preference System),该制度确立了英国、加拿大、澳大利亚、新西兰、印度和非洲、亚洲、中东等国家(地区)一些前英属殖民地国家之间的贸易基础。只是在英国决定加入欧共体后,该制度才宣告终结。这一过程也证明了国际经济合作不断演化的特性。

除了世贸组织之外,全球各个地区的国家也在寻求降低区域内部的贸易壁垒。下面介绍的是主要的区域经济合作组织或协定。

1. 欧盟

欧盟是一个强大的经济和政治实体,在国际贸易中具有日益重大的影响。欧盟市场规模大、消费水平高、消费需求多样、对产品进入市场的限制较多。欧盟对内一体化程度高,其市场内部已实现了商品、服务、劳动力、技术和资本的自由流动。

西欧共同市场建立的最初动机只是建立一个区域性的关税同盟和农业共同市场,但该组织成立以来,经济一体化在广度和深度上不断发展。首先在一体化组织内部取消了工业品进口关税与限额,实现了对外统一关税。同时实施共同农业政策,实行统一的农产品价格管理制度,并进一步实行农产品出口补贴制度和设立欧洲农业指导和保证基金,促进农业的机械化和现代化。

进入20世纪90年代以来,欧共体的影响更为巨大。1991年12月,各成员国通过了《马斯特里赫特条约》(Maastricht Treaty,简称《马约》),提出了实现真正的全面的欧洲统一的新目标,其中包括:建立欧洲货币体系,并设立欧洲货币单位(European Currency Unit,ECU),成员国之间实行固定汇率,对外实行联合浮动,并建立欧洲货币基金,使欧共体成为相对稳定的货币区;加强政治一体化的进程,组成统一的政治联盟,如建立欧洲议会,实行防务合作的军事体制,经常磋商和协调对重大国际问题的立场等。所有这些都大大加强了欧共体作为一个整体的经济实力和政治力量。

继欧洲中央银行成立后,欧洲单一货币——欧元又于

扩展阅读3-3 英国正式脱离欧盟引发多重思考(国际视点)

1999年1月1日诞生，从而使欧洲经济一体化建设植根于欧盟各成员国的肌体之中。伴随着欧共体共同政策的不断调整变化，欧共体先后进行了5次扩充，由原先只有6国的欧共体扩大到目前拥有27国的欧盟，形成了一个涵盖27个欧洲国家的统一经济区。目前，阿尔巴尼亚、黑山、北马其顿、土耳其、塞尔维亚、乌克兰、摩尔多瓦、波黑、格鲁吉亚是入盟候选国。

2009年10月2日，爱尔兰举行的全民公投通过了《里斯本条约》(*Treaty of Lisbon*，俗称《欧盟宪法》的简本)，清除欧洲一体化最大障碍。2009年12月1日，《里斯本条约》正式生效。2010年6月17日，欧洲"2020战略"在欧盟峰会上通过，以期引领欧盟经济走出债务危机、增强竞争力。

2.《北美自由贸易协定》及其替代协定——《美墨加贸易协定》

1)《北美自由贸易协定》

美国、加拿大、墨西哥三国政府首脑于1992年12月17日签署了《北美自由贸易协定》(*North American Free Trade Agreement*，NAFTA)，这成为美洲经济一体化的一个重要里程碑。该协定已于1994年1月1日正式生效执行。该协定涉及三国之间的商品、服务贸易和投资自由化、知识产权保护、贸易争端的解决等内容。后来应美方的要求又加上了有关劳务和环境保护的补充规定；其中心内容是经过15年的过渡期最终建成包括三国在内的"北美自由贸易区"。2008年建成一个取消三国间商品与劳务贸易障碍的自由贸易区，实现所有生产要素在区域内的完全自由流通。建立北美自由贸易区的目的是扩大北美市场规模、降低关税壁垒，从而提高其国际市场的竞争力。

2)《美墨加贸易协定》

2016年特朗普上台后，美国正在重建以美国为中心、美国利益优先的贸易新格局，可以将其概括为"三条腿走路"：第一，修改多边贸易规则，以世贸组织为代表，谈不拢，就"退群"；第二，重建双边(或区域)贸易体系，以美-墨-加协议、美韩协议和正在谈判的美日协议为代表；第三，重新定义与中国的贸易关系。

经过长达14个月的贸易谈判，美国、墨西哥和加拿大三方于2018年9月30日达成《美墨加贸易协定》(*United States-Mexico-Canada Agreement*，USMCA)，并于2019年11月30日正式签署生效，以取代1994年以来生效的《北美自由贸易协定》。USMCA将是美国签署的规模最大的贸易协定，号称覆盖规模为1.2万亿美元的贸易。

USMCA共包含34章内容，对国民待遇与市场准入、原产地原则、海关管理与贸易便利化、贸易救济、投资、跨境贸易服务、数字贸易、知识产权、劳工标准、环境标准、监管实践、争端解决等多个领域的标准与实施作出了细致的规定。除了增加数字贸易等章节外，USMCA还增加了诸多排他性条款，具有浓重的贸易保护主义色彩。

与NAFTA相比，新协定的名称中已删除了"自由"二字，整体内容并没有进一步降低双边贸易壁垒。该协定是建立以美国为主导的国际双边贸易体系的开端，它将中国等西方社会认定的非市场经济体排除在这一体系外。罗伯特·莱特希泽(Robert Lighthizer)在演讲中称，当初特朗普布置任务时，希望达成的目标是：保护美国工人，为我们的农民和牧场主而战，维护美国的竞争创新优势，确保我们的企业获得更大的准入，最重要的是，为美国带回就业机会。这些目标在协定中都有体现。

美国是新协定的最大受益方,协定实现了特朗普政府所谓的"公平、对等""让美国获益"的贸易准则。USMCA 是特朗普政府利用墨西哥、加拿大经济依赖美国市场的软肋,以威胁退出 NAFTA 重启谈判为开端,以加征钢铝、汽车关税为手段不断施压和墨西哥、加拿大方作出妥协的产物。新协定使加拿大对美国进一步开放乳制品和酒类市场(加拿大已同意对美国开放约 3.5%),缓解了美国农产品出口的困境,为特朗普赢得了以农业为重的各州的选票。作为交换,加拿大和墨西哥换来了美国汽车关税的豁免、延长至 16 年的日落条款,以及与加拿大保留的争端解决机制等条款。新协定通过实施汽车产业苛刻的原产规定以及高工资劳动含量要求,力图培育产业链相关技术人员,提振美国汽车业的同时保证相当部分的制造业生产回流至美国、增加美国本土就业机会。此外,新协定在延长生物制药数据保护期、版权等方面提高原来加拿大主张的标准,有利于美国医药行业和知识产权。

3. 亚太经合组织

1989 年 11 月 5 日至 7 日,澳大利亚、美国、加拿大、日本、韩国、新西兰和东盟六国在澳大利亚首都堪培拉举行了亚太经合组织首届部长级会议,亚太经合组织正式成立,从此拉开了亚太地区经济合作的序幕。1993 年 1 月 1 日,亚太经合组织秘书处在新加坡正式建立。截至 2019 年 9 月 4 日,亚太经合组织有 21 个成员、3 个观察员。1993 年 11 月,亚太经合组织第一次领导人非正式会议在美国西雅图举行。高官、部长级、首脑会议三个层次的决策机制得以形成,这次会议成了亚太经合组织发展进程中的一个里程碑。1994 年 11 月在印度尼西亚茂物举行了第六届部长级会议和第二次领导人非正式会议,发表了《茂物宣言》,确定了发达国家(地区)在 2010 年前,发展中国家(地区)在 2020 年前实现区域内贸易和投资自由化的构想。各国(地区)一致同意在人力资源、基础设施建设、科学与技术、环境保护、中小企业发展和公共部门的参与等方面加强合作。1995 年 11 月的大阪会议,亚太经合组织成员通过了《大阪宣言》和《行动议程》,提出了九大原则作为实现贸易与投资自由化的基础,以便实现长远目标。亚太经合组织的当时 18 个成员国(或地区)都作出了加快合作进程的承诺。大阪《行动议程》的通过和实施,标志着亚太经合组织由摇摆的阶段进入务实行动的阶段。

2014 年 11 月 10 日至 11 日,APEC 第二十二次领导人非正式会议在北京举行,会议主题为"共建面向未来的亚太伙伴关系",讨论了推动区域经济一体化,促进经济创新发展、改革与增长,加强全方位基础设施与互联互通建设三项重点议题。会议取得多项重要成果,发表了《北京纲领:构建融合、创新、互联的亚太——亚太经合组织领导人宣言》和《共建面向未来的亚太伙伴关系——亚太经合组织成立 25 周年声明》。

2016 年 11 月 20 日,亚太经合组织第二十四次领导人非正式会议在秘鲁利马举行。国家主席习近平出席并发表题为《面向未来开拓进取 促进亚太发展繁荣》的重要讲话。

2020 年,马来西亚以视频方式举行亚太经合组织领导人非正式会议。会议围绕"激发人民潜能,共享强韧、繁荣未来"的主题进行讨论,通过了《2040 年亚太经合组织布特拉加亚愿景》,提出 2040 年建成开放、活力、强韧、和平的亚太共同体目标。会议发表《2020 年亚太经合组织领导人吉隆坡宣言》,表明各方抗疫和经济复苏合作意愿并提出举措。

2022 年 11 月,亚太经合组织第二十九次领导人非正式会议在泰国曼谷举行,会议围绕"开放、联通、平衡"的主题进行讨论,通过了《2022年亚太经合组织领导人宣言》和《生物循环绿色经济曼谷目标》两份成果文件。

4.《区域全面经济伙伴关系协定》

《区域全面经济伙伴关系协定》是2012年由东盟发起,历时8年,由包括中国、日本、韩国、澳大利亚、新西兰和东盟10国共15方成员制定的协定。RCEP的目标是消除内部贸易壁垒、创造和完善自由的投资环境、扩大服务贸易,还将涉及知识产权保护、竞争政策等多领域,自由化程度将高于目前东盟与这6个国家已经达成的自贸协议。RCEP是应对经济全球化和区域经济一体化的发展而提出的。由于推动全球自由贸易的世贸组织谈判受阻,面对经济全球化中的一些负面影响,要想在当前世界经济中立于不败之地并有新发展,就必须加强区域经济一体化,为此,部分国家之间实施"零"关税,相互开放市场,密切合作关系,来寻求合作发展。

2022年1月1日,《区域全面经济伙伴关系协定》正式生效。该协定涵盖人口超过35亿,占全球47.4%,国内生产总值占全球32.2%,外贸总额占全球29.1%,是全球涵盖人口最多、最具潜力的自贸区谈判。达成之后,将进一步促进本地区产业和价值链的融合,为区域经济一体化注入强劲动力。RCEP的生效实施,标志着全球人口最多、经贸规模最大、最具发展潜力的自由贸易区正式落地,充分体现了各方共同维护多边主义和自由贸易、促进区域经济一体化的信心和决心,将为区域乃至全球贸易投资增长、经济复苏和繁荣发展作出重要贡献。

5.《全面与进步跨太平洋伙伴关系协定》

《全面与进步跨太平洋伙伴关系协定》涵盖日本、加拿大、澳大利亚、智利、新西兰、新加坡、文莱、马来西亚、越南、墨西哥和秘鲁11国,于2018年12月30日正式生效,对促进亚太区域的商品、服务及技术、人才、资金、数据等要素自由流动和经济共同发展具有重要意义。尤为重要的是,CPTPP开放标准高、覆盖范围广、边境后议题多,充分体现了"自由、公平、包容"的开放原则。在贸易投资规则上体现高度自由化、便利化,在国内规制上体现高度市场化、法治化和国际化的公平竞争环境,在开放标准上体现对发展中经济体的包容性,在组织成员发展上体现多边开放原则,因此是具有世界影响力、能够引领未来国际经贸规则创新变革趋势的高标准自由贸易协定。CPTPP与日欧经济伙伴关系协定(EPA)、《美墨加贸易协定》被称为三大高标准自由贸易协定。CPTPP的前身是美国主导的TPP(《跨太平洋伙伴关系协定》),美国退出之后由日本主导更名为CPTPP,其条款内容保留了TPP的核心规则框架体系和95%的内容,搁置了5%左右的条款。CPTPP规则以"三零"(零关税、零壁垒、零补贴)为基本框架,即货物贸易基本实施零关税;服务贸易、电子商务(数字贸易)、投资领域基本取消各种限制性壁垒;取消扭曲市场的补贴规则;在国有企业、竞争政策、知识产权保护、劳工标准、环境保护、技术性贸易壁垒、政府采购、监管一致性、透明度和反腐败等国内规制方面提出更符合市场经济发展、更优营商环境的高标准要求。

2021年9月,我国正式提交申请加入CPTPP。这是党中央统筹百年未有之大变局和中华民族伟大复兴战略全局作出的重大抉择,是在经济全球化遭遇逆流、地缘政治加速演进、国际规则加速重构的国际环境下作出的战略安排,是我国对接高标准国际经贸规则推动制度型开放的重要里程碑,它向世界表明了我国对外开放的决心和信心,表明了我国推动经济全球化深入发展、构建开放型世界经济和构建人类命运共同体的愿景。

3.2.3 区域市场特征

有很多方法可以将全世界的国家划归到不同的区域性市场。实际上,界定区域性市场是将国家归类的一种做法,这样做能使同类国家内部的共性和不同类国家之间的差异最大化。一种简单的归类方法是采用重要性和相关性标准进行判断。在这里,国家市场就是根据地理的邻近性来判断并归类的。

1. 西欧

西欧的面积比澳大利亚还要小。该地区有 23 个国家,总人口接近 4 亿。其中,冰岛的人口最少,只有 35 万;德国的人口最多,有 8 448 万。

西欧国家位居全世界最富裕国家之列,但各国的收入分布很不平衡。虽然收入存在差距、语言文化也有显著不同,但西欧国家正在变得惊人的相似;家庭和工作模式虽有不同,但发展趋势却是一致的。例如,在过去的三四十年中,就业人口中 25 岁到 34 岁的妇女所占的比例增加了 1 倍。

西欧国家希望协调各国的法律和法规,以促使商品、服务、人员和资金自由地通过各国边境。1992 年 12 月 31 日,单一市场的正式启动标志着一个欧洲新经济时代的到来。欧盟试图模仿美国的《反托拉斯法》制定有关竞争的法规以震慑欧洲商界的卡特尔风气。欧盟正在鼓励发展一个泛共同体的劳动力储备库。同时,公路、铁路网的加速改建也在协调有序地进行。

2. 东欧和中欧

东欧和中欧包括巴尔干国家(阿尔巴尼亚、波斯尼亚和黑塞哥维那、保加利亚、克罗地亚、马其顿、黑山社会主义共和国、罗马尼亚、斯洛文尼亚社会主义共和国和南斯拉夫)、波罗的海国家(爱沙尼亚、拉脱维亚和立陶宛)、独联体国家(苏联地区)、捷克和斯洛伐克共和国、匈牙利和波兰。20 世纪 90 年代初,这一地区经历了异常激烈的政治和经济改革,改革使这个拥有 4.3 亿人口的新市场成为引人注目的焦点。由于这些国家的工资水平远远低于西班牙、葡萄牙和希腊,因而,东欧和中欧不仅是重要的市场,对低成本制造业还富有吸引力。美国是迄今为止在捷克共和国、匈牙利和波兰的最大投资国。

对于中欧和东欧国家来说,营销无疑是促进经济发展的关键。但是,它们也许需要几十年的努力才能达到与西欧国家相近的营销水平。该地区的国家需要发展基础设施,改变反复无常的法律和契约构架。此外,它们还应当发展商业文化和需求预测机制。

消费品在东欧市场上销售时只需做很小的修改。许多东欧国家的消费者对西方的品牌都很熟悉,认为它们的质量优于本国产品。不幸的是,东欧国家分销渠道方面的基础设施比较薄弱,批发业不够发达,零售网点不足且缺乏吸引力,没有自助服务,三线(选择、付费、取货)体制使得购物活动很不方便。

3. 北美

北美市场是一个与众不同的区域市场。美国是一个在特定的经济和政治环境下财富与收入集中的典型代表,面积 936.3 万平方千米。这个市场也呈现出独特的营销特征。

美国市场具有人均收入水平高、人口众多、地域辽阔、自然资源丰富等特点。美国消费者的产品占有量程度高,这一点与收入高有关;同时,也与消费品和工业品创新的接受程度较高有关。与世界其他国家相比,美国堪称全球性产业领先者的摇篮。例如,美国公司在计算机、软件、航空、娱乐、医疗器械和喷气式发动机等行业均处于世界主导地位。

这个广大的市场吸引了许多外国公司。它的市场容量相当于整个西欧的市场容量,是日本市场的两倍。该市场的另一个显著特征是政府与企业之间保持着一定距离,这使得公司在美国比世界大多数其他国家有更多的市场进入机会。在其他地方,政府和企业界的密切关系往往会妨碍外国供应商的营销活动。

加拿大面积998.25万平方千米。当前,加拿大政府正在积极与私人部门合作以拟定国家产业政策。加拿大的传统工业已开始重组,这种重组对于美国公司而言已经历了10多年。加拿大的出口占国民总收入的25%以上,高于除德国以外的其他任何工业化国家。加拿大主要出口未经加工的自然资源,因而很容易受到来自低成本的拉丁美洲国家的竞争打击。目前,加拿大正在努力发展以创新为基础的竞争优势。包括GE(通用电气公司)、IBM(国际商业机器公司)在内的许多美国公司都把它们的加拿大工厂作为某些产品线的全球供应基地。加拿大汽车市场使美国的汽车制造商在北美地区获得了较大的规模效益。

4. 亚太地区

23个国家和地区组成的环太平洋地区拥有全世界人口的30.65%,是一个庞大的市场。亚太地区政治比较稳定,经济持续强劲增长,充满活力。日本经济的发展刺激了韩国、新加坡与中国香港和中国台湾的经济,使之成功地实现了引进外资、振兴出口产业的经济现代化;韩国、新加坡与中国香港和中国台湾的发展又带动了中国内地(大陆)、印度尼西亚、马来西亚、泰国、越南和菲律宾的经济发展。亚洲的东盟国家也是经济迅速发展的地区,国内生产总值年平均增长率7.4%,不仅高于世界平均增长速度的3.8%,也高于发展中国家的平均增长速度的5.3%。中国内地(大陆)在实行改革开放以后,经济也取得了举世瞩目的巨大成就,始终维持着比其他任何地区都高的增长率。

5. 大洋洲

澳大利亚和新西兰是最初由欧洲人建立起来的两个岛国,这两个国家有着特殊的关系。许多年来,两国密切合作,可是,在世界观、文化和国民性格方面二者还是有很多差异。两国公民都可以自由出入另一个国家,两国贸易也不存在任何壁垒或限制。两国人口占全球人口的0.39%。两国的收入水平都相对较高。

澳大利亚人口2 663万,经济规模属于中等,其经济发展在很大程度上依赖于其主要的出口产品(低附加值的农产品和矿产品)的全球市场贸易条件。亚洲是澳大利亚最大的市场,大约25%的出口商品销往日本,14%销往东盟国家。

澳大利亚国内的企业纷纷以自己的产品及营销组合策略参与竞争,主要的挑战是澳大利亚的8个主要市场分散在广阔的澳大利亚大陆,因此,进行全国营销时分销和沟通的成本会提高。

新西兰是一个较小的发达国家,人口522万,土地面积约等于日本或英国。仅在50年以前,该国的生活水平还排在世界的第三位(按人均国民总收入来计算),而过去

20 年来,中国香港、新加坡、西班牙等地的迅速发展使得新西兰的生活水平排序下降。新西兰相对财富下降的主要原因是该国未能及时对农产品降价作出反应,而农产品出口占其出口总额的 62%。

6. 拉丁美洲

拉丁美洲是一个发展中地区,占全球财富的 5.6% 和全球人口的 8.4%。该地区包括加勒比地区、中南美洲国家和墨西哥。该地区总人口为 6 亿,超过整个西欧或整个中欧、东欧的人口。拉丁美洲市场的吸引力就在于其众多的人口和丰富的资源。

在经历了经济停滞、通货膨胀、外债增长、保护主义和机构臃肿的 10 年之后,拉丁美洲国家开始发生巨变。预算平衡被放在优先地位,私有化正在实行。自由市场、开放经济和放松管制取代了从前的政策。智利和墨西哥也在近年来获得快速发展。巴西、阿根廷、哥伦比亚、玻利维亚和厄瓜多尔也在进步。乌拉圭和委内瑞拉的发展略为缓慢。

拉丁美洲正在迅速消除贸易和投资方面的壁垒。在过去,许多国家的关税高达 100%,现在则降至 10%~20%。拉丁美洲国家也集中于发展亚太地区的共同市场,这些措施被看作进一步实施与美国和世界其他地区自由贸易的前奏。许多观察家都在展望建立一个覆盖整个半球的自由贸易区。

智利出口导向策略的成功使它成为拉丁美洲地区甚至中欧和东欧的榜样。它生产的世界级葡萄酒深得全世界那些对价格敏感的消费者的喜爱。产于智利海的 Bass 海鱼在欧洲、亚洲和北美的鱼市上都可见到。智利的通货膨胀率保持在一位数,失业率也稳定在 5% 左右,预算略有盈余。智利的发展为其他国家转变经济思路提供了借鉴。此外,它在经济私有化方面的成就也令人瞩目,还率先采用了一种债务换权益的方法以减少外债。

拉丁美洲的改革在很大程度上摆脱了保护主义的束缚,认识到了市场作用所带来的利益和全面参与全球经济的好处。全球公司密切关注拉丁美洲国家的发展,它们因那里的进口自由化、在该地区贸易集团内部降低关税和确立高效的区域生产能力而受到激励。

7. 中东

中东地区包括 17 个国家,它们是阿富汗、塞浦路斯、巴林、埃及、伊朗、伊拉克、以色列、约旦、科威特、黎巴嫩、阿曼、卡塔尔、沙特阿拉伯、叙利亚、阿拉伯联合酋长国和也门的两个共和国。

石油产业推动着中东的发展。巴林、伊拉克、伊朗、科威特、阿曼、卡塔尔、沙特阿拉伯这 7 个国家的石油收入很高,掌握着西方国家超过 75% 的石油储备。石油收入也拉大了中东富国和穷国的差距,引发了该地区的政治和社会动荡。沙特阿拉伯一直是该地区最重要的市场,这个君主国有 3 694 万人口,拥有全世界探明石油储量的 1/4。

中东并不存在具有典型信仰、行为和传统的单一社会类型。中东国家的每个首都、每个大城市都有因宗教、社会阶层、受教育或富裕程度而不同的各种社会团体。总体来说,中东人热情、友好、具有群体意识,以部落为自豪和对客人热忱是他们的基本信仰。决策需要全体通过,资历比学历更有分量。在中东,家庭是个人生活的核心。威望随年龄而增长,权力取决于家庭的大小和年龄的长幼。在商务关系方面,中东人喜欢通过可信赖的第三方来搭桥。

讨价还价是中东人的一门艺术,来访的商人必须准备好进行老式的讨价还价。个人关系、相互信赖和尊重是建立良好商业关系的最重要因素；阿拉伯商人是与个人而不是与公司做生意。许多社会习俗都基于阿拉伯是一个男性占统治地位的社会，对传统的阿拉伯人来说，妇女通常不涉足商业或娱乐活动。

8. 非洲

非洲大陆地域辽阔，可以容纳三个半美国。一般来说，无法将非洲作为一个单一的经济单位来对待。整个非洲大陆可分为3个不同的地区：南非共和国、北非和处于撒哈拉大沙漠以南的非洲。

南非共和国也遭遇到与大陆其他地区类似的问题：增长缓慢、家庭庞大和投资不足。占南非出口额一半的金矿的储量正在减少，失业率接近50%。正式和非正式的经济制裁多年来限制了南非经济的发展。

北非的阿拉伯人在政治和经济方面都存在差异。许多国家都受益于丰富的石油资源，因而那里的人们更富裕、社会更发达。北非阿拉伯国家独立的时间也早于撒哈拉以南的非洲国家。

尼日利亚是撒哈拉以南非洲的代表国家，也是非洲最大的国家，人口为2.24亿。尼日利亚是美国第二大原油供应国，销售额仅次于沙特阿拉伯。尼日利亚总体经济发展的稳定性在很大程度上依赖国际石油市场。

在非洲的低收入市场，营销的挑战不是刺激产品需求，而是识别最重要的社会需要，并开发满足这些需要的产品。在开发独特产品以满足发展中国家人们需要方面，非洲还存在很多创新的机会。

即测即练3.2

本章小结

世界经济环境是全球市场潜量和市场机会的一个主要决定因素，因此也是国际营销战略和策略的制定和实施的重要影响因素。

世界各国的经济体制可分为市场配置、中央计划配置和混合配置三种类型。近几年，一个重要的发展趋势是许多以往由计划控制的国家转向市场经济体制。

国家可按经济发展阶段划分为低收入、中低收入、中高收入、高收入和经济瘫痪等类型。

对一个产品市场潜量的评估可通过根据收入水平确定的产品饱和度来进行。一般来说，对收入水平相近的各国进行饱和度或消费者子市场的比较是适当的。

为使世界经济健康有序地发展进步，有必要建立一些组织制定相关的制度，使企业的经营活动规范化。全球化的企业要精通一体化及全球化组织，即世贸组织所制定的各项制度。

世界市场也可以从地理区域的角度来分析。每个国家都是主权独立、特征各异的。但是，同一区域的国家之间存在共性，从而使得按照区域制订营销计划（marketing plan）

成为一种很好的方法。营销者有必要广泛了解世界各个区域的特性,从而使他们在制订营销计划时不出现严重的疏漏。

关键术语

经济环境(economic environment)
产品贸易周期模型(product trade cycle model)
人口环境(demographic environment)
欧盟(European Union,EU)
自由贸易区(freetrade area,FTA)
共同市场(common market)
关税同盟(customs union)
经济同盟(economic union)
《美墨加贸易协定》(United States-Mexico-Canada Agreement,USMCA)
亚太经合组织(Asia-Pacific Economic Cooperation,APEC)
世界贸易组织(World Trade Organization,WTO)
英联邦优惠制(British Commonwealth Preference System)

课后习题

1. 当今世界经济格局正经历哪些深刻的变化?
2. 简述国际营销经济环境的内涵。
3. 解释市场配置体制和指令配置体制的差别。
4. 国际市场发展有哪些阶段?这些阶段有哪些主要特点?
5. 试说明自由贸易区、关税同盟、共同市场和经济联盟之间的异同。

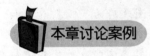
本章讨论案例

中国企业进入越南市场

在全球化浪潮的推动下,越南市场正逐渐崭露头角,成为中外企业竞相投资的新热土。2024年8月初的越南胡志明市中心,两家来自中国大陆的知名品牌TCL与比亚迪,韩国的科技巨头三星、汽车先锋现代,以及中国台湾的IT(信息技术)品牌Acer,共同占据了越南最大的LED(发光二极管)广告屏,成为众人瞩目的焦点。近年来,从家电巨头TCL到新能源汽车(NEV)先锋比亚迪,再到餐饮界的明星海底捞,中国众多知名品牌纷纷在越南的土地上布局扩张。越南凭借其成本优势和市场潜力,成为许多跨国企业布局亚洲乃至全球市场的战略要地。

1. TCL的全球化战略与越南市场

2024年7月30日,TCL宣布其全球化战略再升级,以进一步完善全球化产业链布局,加速提升企业全球竞争力。自1999年TCL在越南收购陆氏工厂并设立越南分公司,标志着 TCL 正式开启全球化征程。在越南，TCL 不仅建立了稳固的市场基础，还通过不断投入和技术升级，实现了从生产到销售的全面覆盖。如今，完善的全球化产业布局推动 TCL 海外营收实现持续增长。过去 5 年，TCL 海外营收从 590 亿元增长到 1 253 亿元，年均增长 17.6%。2023 年，TCL 海外产品营收占总产品营收近一半，TCL 电视销量达 2 526 万台，位列全球第二。

2. 比亚迪进军越南汽车市场

面对全球汽车产业的电动化趋势，比亚迪果断出击，将目光投向了潜力巨大的越南市场。比亚迪将越南视为一个重点市场，越南人口过亿，劳动力适龄人口比例高，市场潜力巨大，充满活力。越南也是比亚迪长期以来熟悉的市场，比亚迪在越南富寿省建有一家电子工厂，目前，该厂拥有 1 万员工。2024 年 7 月 18 日，比亚迪正式进军越南市场并推出海豹（BYD SEAL）、海豚（BYD DOLPHIN）、元 PLUS（BYD ATTO 3）三款车型。比亚迪在越南市场的成功布局，也标志着中国新能源汽车品牌在全球化道路上迈出了重要一步。

3. 餐饮品牌的本地化与扩张

在越南的街头巷尾有很多的咖啡店、奶茶店等，排名第一的是我们的蜜雪冰城。蜜雪冰城以其独特的口味和亲民的价格赢得了越南消费者的喜爱，自 2018 年进入越南市场开设首家门店以来，该品牌在越南的门店数量经历了快速增长。到 2024 年 4 月，蜜雪冰城的越南门店数量已经超过了 2 000 家。这一成就得益于蜜雪冰城在越南市场的成功扩张策略，包括开设大量门店以及通过降价策略吸引顾客。海底捞海外的平台叫特海国际，凭借其高品质的服务和独特的用餐体验在越南市场迅速扩张。海底捞融合了中国火锅文化和越南当地特色，作为一家源自中国的知名火锅品牌，以其高品质的食材、丰富的菜品选择和卓越的服务而闻名于世。在越南，海底捞的分店也逐渐受到了当地人和华人的喜爱，成为许多人聚餐的首选之地。

4. 越南市场经济环境分析

越南拥有年轻而稳定的劳动力资源，这是吸引外资的重要因素之一。与中国等地相比，越南的最低工资标准相对较低，但劳动力素质却不断提升。这种成本竞争力使越南成为许多跨国企业寻求降低生产成本、提高竞争力的理想选择。越南政府为了吸引外资和促进出口贸易，制定了一系列优惠政策。其中，关税政策的调整尤为关键。越南还针对出口型企业制定了多项税收减免政策，进一步降低了企业的运营成本。这些政策优势使越南成为许多中国企业布局海外市场的首选之地。越南拥有庞大的人口规模和快速增长的经济实力，这为其消费市场的发展提供了坚实的基础。随着越南经济的不断发展和消费者收入的提高，越南市场的消费需求和消费潜力日益凸显。特别是在家电、汽车、餐饮等领域，越南市场展现出了巨大的增长潜力。

讨论题

1. 中国企业为什么选择越南市场？
2. 面临复杂的越南市场环境，中国企业如何提高市场竞争力？

（考核点：①经济环境对企业国际营销目标市场选择的影响；②企业在特定东道国市场如何适应竞争环境）

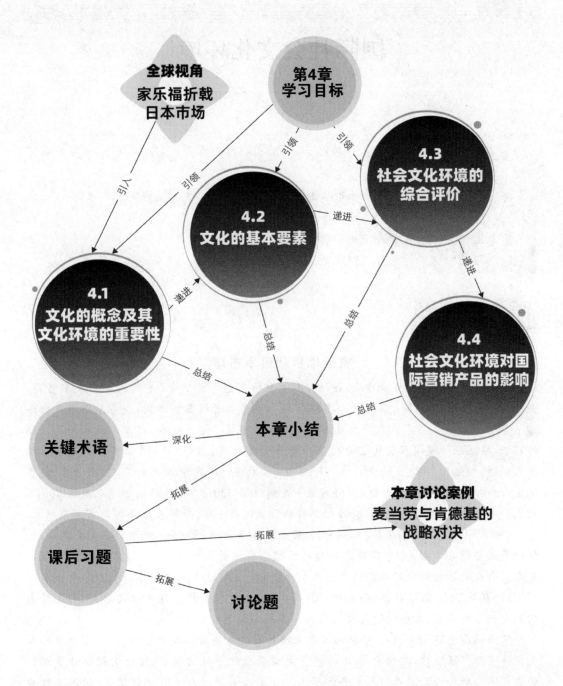

第 4 章

国际社会文化环境

学完本章,你应该能够:
1. 掌握文化的概念和重要性;
2. 熟悉社会文化环境的基本要素;
3. 理解社会文化环境的综合评价方法;
4. 了解社会文化环境对营销工业品的影响;
5. 了解社会文化环境对营销消费品的影响。

全球视角

家乐福折戟日本市场

家乐福(Carrefour)成立于1959年,是大卖场业态的首创者,是欧洲第一大零售商、世界第二大国际化零售连锁集团。其拥有11 000多家营运零售单位,业务范围遍及世界30个国家和地区。集团以三种主要经营业态引领市场:大型超市、超市以及折扣店。此外,家乐福还在一些国家发展了便利店和会员制量贩店。1995年,首家外资商超家乐福进入中国,相继在北京、上海开门店;2002年,家乐福一年在中国就开了12家新店,发展迅速;家乐福在华发展的黄金期,门店数一度超过了330家,其年度销售额也高达300多亿元。截至2024年6月底,家乐福在全国的门店仅剩4家,分别在上海和北京。

2000年12月,家乐福在日本的第一家大型超市开业,营业面积达3万多平方米,销售的商品超过6万种,是东京及其周边地区规模最大的卖场,当时日本媒体惊呼:"毁灭日本流通业的巨大外资超市登陆。"家乐福乐观估计,2002年要开4家店,2003年开6家店,预计在开了15家店后,就会盈利。然而,在对大卖场短暂的好奇心过后,人们又开始回到便利店中购物,家乐福的大卖场陷入了惨淡经营的境地。

家乐福高管坚持认为:"家乐福日本业绩的惨淡与高管的经营能力无关,主要是日本文化的问题。"很显然,相对中国,日本是个更极具文化个性的国家,这种文化使许多想打进日本市场的跨国集团营销人员头疼不已。日本人不学习西方语言的风气,增加了这些营销人员与日本人交流的困难;另外,日本人认为:自己的商品是质量最好的,对外来企业有着一种民族性的抵制;此外,日本政府在这方面还带有贸易保护的习惯。更重要的是日本的零售业也异常发达,欧美商业企业并不占优势。

家乐福为什么遇到了挫折？家乐福在日本单纯依靠薄利多销的运营方式，没有根据日本不同的商业文化和消费文化来调整自己的经营策略。家乐福在错误的时间选择了错误的国家为消费者提供了错误的消费价值。家乐福在日本开设的第一家大型超市开业之初确实有大批消费者开着汽车前往那里采购，但时间一长，开车前往那里购物的消费者就逐渐减少。远离市区的家乐福超市价格虽然有一定的优势，但随着经济的发展，价格不再是获取顾客的唯一因素，日本消费者的消费文化和欧美有了很大的不同。欧美国家的许多家庭在休息日会驱车到郊区的大型超市大量采购价格便宜的食品和用品存放在家中，消费文化和价值趋同，但日本人的饮食从普遍的温饱型逐渐发生了结构性的分化，日本人十分讲究新鲜度，特别是蔬菜、鱼、肉及其制成品，一般都随买随吃，消费价值多样。另外，日本存在独特的家庭主妇文化现象，大部分妇女婚后不工作，主要在家料理家务、照看孩子，所以也有时间去附近的超市选购新鲜食品。正因为在日本去超市购物基本上都由家庭主妇承担，所以日本的超市一般都设在交通流量大的车站附近或者居民比较集中的住宅区和闹市区。而家乐福在日本开设的超市全部位于城市的远郊区。

资料来源：家乐福为什么在日本失败了？［EB/OL］.（2005-04-26）［2024-03-12］. http://www.emkt.com.cn/article/205/20586.html.

4.1 文化的概念及其文化环境的重要性

4.1.1 文化的定义

早在《周易》里，中国古人就有"观乎天文，以察时变；观乎人文，以化成天下"的说法。在英语等外文中，"文化"（culture）一词来自拉丁文，它的原始含义是"耕作"。德国哲学家海因里希·李凯尔特（Heinrich Rickert）说，"文化"是一个用来区别于"自然"的概念。"自然产物是自然而然地从土地里生长出来的东西。"在明治时期（1868—1912）的20世纪20—30年代，日本的"文化"一词才开始用来表示"culture"。英国的爱德华·B.泰勒（Edward B. Taylor）曾在1891年把文化定义为：个人从其所属的组织成员中获得的知识、信念、技术、道德、法律、风俗以及其他方面蕴涵着的已有内容及形成。这种对文化的科学概念被提出以后，许多人类文化学者相继对文化的定义投入很长时间的努力。例如，A. L. 克鲁伯（A. L. Kroeber）和克莱德·克拉克洪（Clyde Kluckhohn）于1952年曾介绍过164种文化的定义，尽管这些学者对什么是文化这一问题作出了精辟的论述，但到目前为止还有不少人对文化的认识不清，并且这一问题已成为人类文化中争论持久的现实性问题。斯特芬·罗伯特（Stefan Robock）和肯尼斯·西蒙兹（Kenneth Simmonds）于1989年提出的文化是指一个社会规定人的行动的社会规范及式样的总的体系（whole set of social norms and responses that condition a populations behavior）。虽有如此多样化的文化定义，我们在此只能介绍通过综合而一般化的文化定义。

文化是指给定社会中由人们可识别的行为方式特征整合而成的体系。它包括给定社会群体想、说、做、行的行为方式。我们说一种社会与另一种社会的差异，以及社会所固有的特性，其根源就在于文化，也不会言过其实。

一般而言,文化有广义和狭义两种理解。广义的文化是人类在社会历史实践过程中创造的物质财富和精神财富的总和。狭义的文化是指社会的意识形态以及与之相适应的礼仪制度、组织机构、行为方式等物化的精神。文化具有民族性、多样性、相对性、沉淀性、延续性和整体性的特点。文化还具有如下作用。

(1) 文化是人们行动的基准和规范。

(2) 文化是一个人通过学习而获得的一系列规则及行动模式,绝不是一个人天生就能完全获得的知识。

(3) 文化促使社会绝大多数成员通过某种过程共同享有它。

4.1.2 文化的基本特征

文化是整个社会的重要组成部分,它具有社会和民族的共同属性,也具有自己的不同特点。文化的基本特征包括以下四个方面。

1. 文化的核心是价值观

任何一个人或组织总是要把自己认为是最有价值的对象作为其追求的最高目标、最高理想或最高宗旨,一旦这种最高目标和基本信念成为统一个人或组织成员行为的共同价值观,就会构成个人或组织内部强烈的凝聚力和整合力,成为统领个人或组织成员共同遵守的行为指南。因此,价值观制约和支配着个人或组织的宗旨、信念、行为规范和追求目的。从这种意义上来说,价值观是文化的核心。

2. 文化的中心是以人为主体的人本文化

人是整个社会和组织中最宝贵的资源和财富,也是社会和组织活动的中心和主旋律。因此,社会和组织只有充分重视人的价值,最大限度地尊重人、关心人、依靠人、理解人、凝聚人、培养人和造就人,充分调动人的积极性,发挥人的主观能动性,努力提高社会和组织全体成员的社会责任感和使命感,使社会组织和其组成人员成为真正的命运共同体和利益共同体,才能不断增强社会和组织的内在活力并实现社会和组织的既定目的。

3. 文化的管理方式是以软性管理为主

社会和组织文化是以一种文化的形式出现的现代管理方式。也就是说,它通过柔性而非刚性的文化引导,建立起社会和组织内部合作、友爱、奋进的文化心理环境,以及和谐的人群氛围,自动地调节社会和组织成员的心态和行动;并通过对这种文化氛围的心理认同,逐渐地内化为社会和组织成员的主体文化,使社会和组织的共同目标转化为成员的自觉行动,使社会各种群体产生最大的协同力。事实证明,这种由软性管理新产生的协同力比社会和组织的刚性管理制度有着更为强烈的控制力和持久力。

4. 文化的重要任务是增强群体凝聚力

社会和组织的成员来自五湖四海,不同的风俗习惯、文化传统、工作态度、行为方式、目的愿望等都会导致社会和组织成员之间的摩擦、排斥、冲突乃至对抗,这就往往不利于社会和组织目标的顺利实现。而社会和组织文化通过建立共同的价值观和寻找观念共同点,不断强化社会和组织成员之间的合作、信任和团结,使之产生亲近感、信任感和归属感,实现文化的认同和融合,在达成共识的基础上,使社会和组织具有一种巨大的向心力和凝聚力,这样才有利于社会和组织共同行动的齐心协力和整齐划一。

4.1.3 文化环境的重要性

在国际营销中,文化之所以重要,是因为各个国家不同的文化背景,影响着海外市场消费者的行为,即不同国家的文化差异可以导致消费者行为的不同特性。文化与消费者行为的关系如图 4-1 所示。

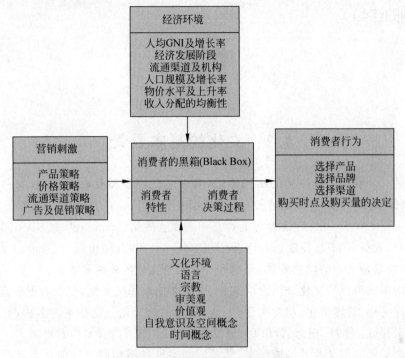

图 4-1 文化与消费者行为的关系

社会文化环境影响消费者的决策过程,使具有相似特性的消费者在不同的社会文化环境下对营销刺激的反应不同,即消费者行为具有很大的差异。

国际市场营销者正因为不了解不同社会文化环境所导致的消费者行为的差异,往往在海外市场上遭到失败。

国际市场营销管理者为顺利地开展国际市场营销活动,要发现海外市场社会文化环境的共同点及其差异,并且分析这些社会文化特点对当地消费者行为的影响,开发出适当的营销组合。在这一过程中切忌以自己所熟悉的文化环境来评价其他文化圈子中的消费者行为,即不能采用自我参照标准(self-reference criteria)。

扩展阅读 4-1 将文化置于国际领域

自我参照标准在国际营销中的负面影响包括:首先是文化偏见,营销者可能会无意识地以本国文化为基准,对其他文化进行价值判断,导致误解和冲突;其次是决策失误,由于自我参照标准的存在,营销者可能无法准确评估外国市场的需求和偏好,从而作出错误的决定;最后是市场适应性问题,自我参照标准妨碍了营销者适应不同市场环境的能力,导致营销策略不适用或效果不佳。我们要按照本国的文化特征、习惯和规范定义问题或目标,然后再按照东道国的文化特征、习惯和规范来重新定义问题或目标,不进行价值判断。仔细检验自我参照标准是如何使问题复杂化的,并消除其影响,重新界定并解决东道国市场情境中出现的问题。尽可能地本地化营销策略,熟悉并适应国外的消费者购买习惯和社会文化,避免直接套用国内的成功经验。通过这些策略,营销者可以更好地适应不同的市场环境,减少文化偏见和决策失误,从而提高国际营销的成功率。

4.2　文化的基本要素

文化是一个有着丰富内涵的结构体系,其中包括许多相互联系、相互制约的基本要素:从组织的角度来看,美国学者托马斯·J.彼得斯(Thomas J. Peters)和罗伯特·H.沃特曼(Robert H. Waterman)认为有七种基本要素:战略(strategy)、结构(structure)、体制(system)、人员(staff)、技能(skill)、行为方式(style)和共同价值观(shared value)。其中,前三个要素是文化的硬件要素,而后四个要素是文化的软件要素。

从结构层次可以把文化分为表层文化、中层文化及深层文化,而从表现形态可以把文化分为物化文化、管理文化、制度文化、生活文化、观念文化。这些多种多样的文化,由以下八个要素构成:精神、观念、价值观、道德或伦理、素质、行为、制度和形象。

对社会文化的定义及其构成要素,学者们的意见各不相同。目前认为社会文化环境主要通过语言、宗教、价值观、生活方式(lifestyle)、对物质文明和权势的态度、社会阶层等基本要素来分析。这些社会文化环境的构成要素对整个国际市场营销活动起着很重要的作用。

1. 语言

语言是反映社会文化的一面镜子,也就是说由不同的语言可以形成不同的社会文化圈子。人们为理解其他群体的社会文化,往往先从学习这一群体的语言开始。与此同时,对一种语言的理解,仅仅依靠学习语言的技术是不够的,学习一种语言要真正融入这种语言所属群体的文化环境中去。换句话说,要真正学好一种语言,必须熟悉其文化背景。作为市场营销管理者,学习东道国的语言是必备的条件之一。

对语言措辞上的疏忽,直接体现在翻译上的缺陷,其结果将给国际市场营销活动带来负面的影响。例如,GM公司(通用汽车公司)于20世纪50年代中期向市场出示的新款汽车"NOVA",其西班牙语翻译为"NO GO"。由于这个缘故,在墨西哥等中南美国家,GM公司这种品牌汽车的销售严重受挫。

中国在海外进行国际市场营销的企业也有必要制定使海外任何市场都可以接受并且容易记忆和长久记忆的商标名,采取全球化的品牌战略,提高中国产品在全球市场上的知名度。平安公司采用直译的方式,将它的英文名称直接翻译为 Ping An。尽管平安在中国市场有主导地位,但是由于其名字翻译得不得当,它很难开拓国外的市场。Ping An 在中国意味祥和,可是只有那些懂中文的老外才知道这个含义。Ping 的发音很容易让外国人联想到一些嘈杂、吵闹的噪声,与平安这个品牌祥和、舒心的形象完全不符。在翻译的时候,中国本土公司必须保证其英文名称与它们的品牌形象相符,同时念起来又要让人朗朗上口、方便记忆。要利用元音的重复,如 Lenovo(联想)、Wahaha(娃哈哈)。对国外消费者来说,这样的重复不仅让他们觉得念起来简单,而且也记得牢。尽量以爆破音开头,这样也有助于消费者牢牢地记住品牌名称。TCL 和 Tongrentang(同仁堂)就是很好的例子。

语言除了口头表达方式之外,还有非语言的表达方式,如体态姿势、面部表情等。根据不同的文化环境,非语言表达出来的意思及内容会有差异。例如,在一般情况下,点头表示肯定,而摇头表示否定,但在北欧,左右摆头则表示肯定。还有触摸鼻子的手势在英国表示"小心",而在意大利则表示"正在受骗"。通常"OK"的手势,在法国就表示"正在做徒劳的事情",而在希腊则表示与性行为有关。因此,国际市场营销者不但要了解东道国的语言表达的真正含义,而且要了解非语言沟通手段,即手势和面部表情所代表的真正含义。尤其是那些营销工业品的企业,与东道国当地的购买者或者当地政府官员进行协商谈判时,只有熟悉东道国的文化背景,了解当地的语言表达方式及非语言表达方式,才能圆满地进行交流,达到预期目的。

2. 宗教

宗教对国际市场营销活动的效果,有着很重要的影响。在一些特定的纪念活动期间,因要求绝食和禁食,所以购物的需求急剧下降。比如,信奉基督教的国家,由于在圣诞节季节有交换礼物的风俗习惯,所以,一般情况下流通商的年销售额中大约 1/3 是在这一期间实现的。

宗教文化不仅影响人的个体生活习惯、生活态度、思想行为等,还影响人的群体习俗,对人的消费行为极具有影响力。企业进入某一目标市场,了解当地教规教俗,尊重其宗教信仰并适当加以利用,是营销取得成功的关键。在进行国际营销时,企业一定要避免犯忌,以免造成麻烦和损失;企业也可利用东道国宗教习俗产生的特殊需求,创造绝好的营销机会和市场。中国家用电器知名品牌海尔,其产品主要标志是一个棕色皮肤、一个白色皮肤的两个小男孩,在欧洲深受中年女顾客的欢迎,她们觉得标志中的男孩很像基督教中的天使形象。在中东,这两个小男孩就不能出现在包装上,因为当地伊斯兰教风俗不允许赤裸身体。

触犯国际目标市场当地的宗教文化,将给企业营销活动带来灾难性后果。日本索尼收录机因电视广告问题也曾在泰国遭灭顶之灾。在索尼公司的广告画面上,开始佛祖释迦牟尼法相庄严,闭目凝神,潜心修炼,纹丝不动。然而,当佛祖套上索尼收录机的耳机之后,竟然喜笑颜开,在佛堂上眉飞色舞、手舞足蹈,佛祖之威严和宗教之虔诚荡然无存。泰国是"佛教之国",这则广告亵渎了佛祖,触犯了泰国国教,激起了泰国人的愤怒。最终,泰国政府强令索尼公司立即停播此广告,同时规定,一年里任何公众媒体不得刊登有关索尼的信息,对索尼公司造成了巨大的损失。

3. 价值观

文化价值观是支配一个社会的价值观，即人们以对他人的关系为中心形成的价值体系。文化不但形成日常行为准则，而且构成态度和动机的一般模式。价值观可划分为集体主义价值观和个人主义价值观。日本由于国土面积小，自然资源匮乏，所以，一致性、服从组织作为衡量一个人和公司成功的准则。在美国这种个人主义盛行的国家里，个人财富和公司利润是衡量成功与否的准则。集体主义与个人主义文化的差异是由个人进行决策时，考虑自己所属的集体要求的程度而决定的。美国的文化圈子由于个人主义价值观起着主导作用，所以，个人的利害关系往往优先于集体利益目标。中国、韩国、日本等国家的文化圈子由于集体主义价值观起着主导作用，所以，集体利益目标优先于个人的利害关系。

集体主义价值观主导的文化，促使人们为自己所属的集体及家族利益，不惜牺牲自身利益。个人在进行决策时，往往要考虑自己所属集团的成员。因此，在集体主义文化圈子中，个人的意见要服从集体的规范要求。文化价值观的这种差异，通过影响消费者购买行为，最终反映国与国之间消费者之间购买行为的差异，正表现出文化价值观中个人主义文化与集体主义文化之间的差异。韩国的消费者对任何产品进行购买决策时，大部分都顾及其周围的家庭、邻居、同事以及亲朋好友，并且这种倾向比较强烈。韩国的消费者在自我形象的管理中，更注重依他性形象。其结果，购买产品时较注重自身的社会地位，选择与之匹配的品牌。如购买衣服、手表、馈赠礼品时，不仅重视品牌的知名度，还重视陈列产品场所的享誉度。美国的消费者则在购买产品时，更多强调自我意识和自我评价判断能力。美国的消费者在自我形象管理中，更注重实际的自我形象，也就是说，他们在购买产品时，不易被周围参照群体影响，往往以自我判断力为主进行购买决策。因此，国际市场营销管理者在海外市场制定营销战略时，必须考虑到由文化价值观引起的不同群体消费者的购买行为差异。

4. 生活方式

生活方式顾名思义就是一个人生活在这个世界上的方式。人们的生活方式具体表现为活动（activities）、关心事宜（interests）、思想见解（opinion），即 AIO。在同一个文化圈、同一个社会阶层从事同一类职业的人们，他们所具有的生活方式也有差异。为了测定人们的生活方式，一般采用 AIO 设问项目。我们利用 AIO 设问项目主要通过问卷形式调查人们从事什么样的活动，人们主要关心的事宜是什么，人们对家庭、地域社会、国家等全盘性问题所持有的见解是什么等。

以消费者的心理状态为基准的市场细分化的方法主要有 VALS Ⅰ 和 VALS Ⅱ。VALS 指的是消费者的价值观和生活方式（value and lifestyle）。VALS Ⅰ 和 VALS Ⅱ 分别如图 4-2 和图 4-3 所示。

VALS Ⅰ 把消费者划分为外向型消费者、内向型消费者、整合型消费者三个细分市场。外向型消费者指的是那些顺应现有的价值观或规范的消费者。内向型消费者指的是为了满足自己的欲望和自我表现意识而努力的消费者。整合型消费者指的是为了满足生活的基本需要而努力的消费者。VALS Ⅰ 的不足之处是在进行市场细分时，外向型消费者所占的比重太大，好像 VALS Ⅰ 是专门为外向型消费者这一特定的细分市场而开发的。

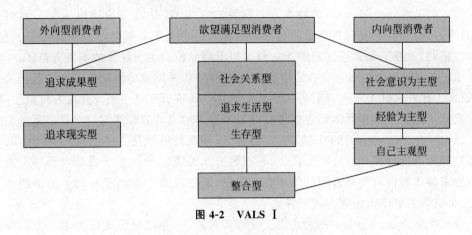

图 4-2　VALS Ⅰ

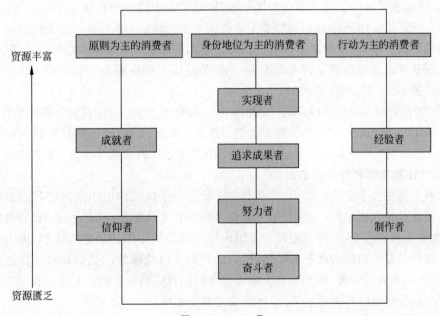

图 4-3　VALS Ⅱ

VALS Ⅱ是为了弥补 VALS Ⅰ的不足之处而开发的。VALS Ⅱ从两个角度,即纵轴为消费者所具有的资源特征如收入、教育水平、自信感、健康、购买欲望等,横轴为消费者看待世界的见解如原则为主的消费者、身份地位为主的消费者、行动为主的消费者等,对整个市场进行细化,分成八个细分市场。

(1) 成就者(fulfilleds)的特点是:资源丰富,并以原则为主。很慎重,有责任心,有教养。其业余活动主要是在家里进行,但对外面的世界动态非常清楚。其对新构思的接受力强,对社会变化反应敏感。成就者一般是具有专业职业、高收入以及追求现实的消费者群体。

(2) 信仰者(believers)的特点是:资源匮乏,并以原则为主。他们比较保守,愿意购买本国的产品,愿意选择人人熟知的品牌。这个消费者群体往往以家庭、教会、共同体、国家为中心,收入一般在中等水平。

(3) 实现者(actualizers)的特点是：资源非常丰富，并以身份地位为主。他们收入高，自尊心强，具有实现自我满足的充分的资源。这个消费者群体在表现其嗜好、自立心以及性格时，重视形象管理。实现者一般是追求高品位的生活享受的消费者群体。

(4) 追求成果者(achievers)的特点是：资源丰富，并以身份地位为主。这是围绕着成功，通过工作和家庭追求自身满足的消费者群体。其在政治上保守，表现为权威主义，满足于现状。这个消费者群体愿意选择能够显示他们的成功的较熟知的产品或服务品牌。

(5) 努力者(strivers)的特点是：资源匮乏，并以身份地位为主。其具有与追求成果者非常类似的价值观，但在经济、社会、心理等方面的资源不如追求成果者那样丰富。这个消费者群体对他们所羡慕的群体怀有竞争心，希望能成为类似于其所羡慕的群体。因此，这个消费者群体很注重方式及样式。

(6) 奋斗者(strugglers)的特点是：资源非常匮乏，并以身份地位为主。他们收入很低，对品牌的忠诚度高。这个消费群体一般是60岁以上的老年群体。

(7) 经验者(experiencers)的特点是：资源丰富，并以行动为主。这个消费者群体由于具备充足的能量，而喜欢运动和社会活动。他们的欲望非常强烈，在服装、快餐、音乐等年轻人所喜好的各种事情上的支出很多，尤其是对新产品或服务的消费很大。这个消费者群体一般是25岁左右的青年群体。

(8) 制作者(makers)的特点是：资源匮乏，并以行动为主。这个消费者群体具有自给自足的价值观，追求现实和实体的东西。他们习惯于以家庭、工作、娱乐消遣为中心的生活，对世上的其他事情几乎不闻不问。这个消费者群体愿意购买既实用又性能良好的产品。

5. 对物质文明和权势的态度

物质文明是技术进步的结果，并且与一个社会经济活动的组织开展好坏有着密切联系。随着产业化发展，物质文明程度可成为市场细分化的基准，而工业品营销管理的出发点，对物质文明的态度，在很大程度上影响国际市场营销细分的决定。比如，因为美国的消费者对产品的包装清洁度非常敏感，所以出口到美国的罐装产品必须要保持极度的清洁发亮、一尘不染。还有，各个海外市场消费者的电视机和收音机的普及率将对以海外市场消费者作为目标顾客的促销活动，产生很重要的影响。

对于一个社会权势的态度，根据从专制社会到民主社会的发展阶段，表现出多样化。在专制社会中，企业的大部分决策都是由集权组织的上层机关作出的，几乎不存在权力下放的问题；但是，在民主社会中，企业的经营管理者往往把权限放宽，把权力下放给下层和职工，使他们共同参与企业的管理决策，真正成为企业的主人。由此看来，对于权势的态度与国际市场营销有着密切的关联，尤其是工业品的营销，事先需了解营销对象企业的决策权力是下放给下层，还是集中在上级领导层，即权力的集中程度和下放程度是非常重要的。国际市场营销的企业，经常与东道国政府进行交涉，这时，如果国际市场营销企业不十分了解东道国政府权力结构，以及集权和分权程度，就会在与政府的协商过程中，处处碰壁，寸步难行。

6. 社会阶层

社会阶层指的是社会中根据某种等级排列的具有相对同质性和持久性的群体。由于社会阶层的不同，人们具有多种多样的经济地位、姿态以及价值观，这种经济地位、姿态以及价值观则对他们的购买行为产生重要的影响。一般处于同一社会阶层的人们具有相似的经济地位、姿态以及价值观,因此,对产品或服务、品牌以及公众宣传媒体有着较类似的想法和看法。对于市场营销管理者来说,社会阶层无疑是一种进行市场细分的很好的依据和提供消费者购买行为式样的有效工具。不同的社会发展阶段,划分社会阶层的依据是不同的。在过去,社会阶层是根据人们所拥有的财富、财产状况以及社会威望来划分的。处于不同社会阶层的人们的经济状况、兴趣和态度、价值观等各不相同。这种经济状况、态度和兴趣、价值观决定了人们的购买行为的多样性。市场营销管理者应该识别不同社会阶层的消费者,以便更好地满足他们的需要。

以美国为例,社会阶层的定义也有许多不同的观点。许多美国民众认为可分成三个阶层,分别是"富裕""中产阶级"和"贫穷",主要以经济为标准对社会阶层进行分类。其他许多更复杂的社会阶层模型将分类扩展为十数种等级。大部分的定义是依据财富、收入、教育水平、职业类别,以及是否参与特定的次文化或社交圈来区分一个人所处的社会阶层。社会学家提出一套分为六个社会阶层的系统。这些阶层模型包括:上层阶级,由富裕且有权势的人组成;上层中产阶级,由受过高等教育且薪资优渥的专业人士组成;下层中产阶级,由受过大学教育的专业业务员以及办公室助理组成;劳动阶级,由工作内容大多是重复规律的蓝领阶级职员组成;较低的阶层,再分为劳动贫穷阶级和下层阶级。保罗·福塞尔(Paul Fussell)将美国社会分成了九个社会等级,研究表明,在饮品消费中,甜度越高,社会等级越低,因为多喝容易发胖。在用餐方面,和亲戚吃饭次数越多,就代表社会等级越低,说明这种人没有稳固的社会关系网,所以只能维持亲戚网络。下馆子吃饭是中产和贫民阶层的专利。他们可以通过点菜和侍者的服务,感受一阵子被人伺候的滋味。在休闲方式上,度周末的人通常是贫民阶层。喜欢旅游观光的人大部分是中产阶层。参加不同的体育运动也能体现社会等级。高级别的运动项目,通常要用到大批昂贵用具和设施,最好还能迅速消耗物品和各种服务。在球类运动项目上,等级越高,使用的球就越小。

即测即练4.2

4.3　社会文化环境的综合评价

评价社会文化环境大体上分两种:一种是部分评价,另一种是综合评价。部分评价主要是通过分析文化环境的语言、宗教、价值观、生活方式、对物质文明和权势的态度,以及社会阶层基本要素来达到其目的的。部分评价重点分析评价各种社会文化构成要素中对营销者的决策起举足轻重作用的特定要素。其从微观角度评价社会文化环境。部分评价通过对社会文化环境的整体分析,把社会文化环境划分为几个范畴。虽然部分评价不如综合评价那么强有力,但对社会文化圈子之间存在的许多差异采用综合评价方法进行分类比较困难,并且不够现实。综合评价的优点是能够提供系统分类社会文化环境的框架,对宏观社会文化环境之间存在的差异,进行系统、有效的分析。此外,利用综合评价以社会文化的相似性作为基准,细分海外市场,制定国际市场营销战略,称得上有效方法之一。

社会文化的构成要素具有相互关联性。因此,从社会文化的构成要素中找出共同存在的因素进行说明分析是比较合理的。社会文化环境的综合评价主要通过四种文化差异指数、高背景文化(high-context culture)和低背景文化(low-context culture)等来进行。

4.3.1 四种文化差异指数

各国(地区)文化呈现多样性的根本原因就在于文化价值观的差异。G. 霍夫施泰德(G. Hofstede)关于文化价值观的创新研究,对于了解文化价值观对各种商务活动及市场行为的影响是非常有用的。通过对66个国家和地区9万余人的调查,霍夫施泰德发现这些国家和地区的文化呈现四个方面的差异。企业及消费者行为模式的多样性与这四个方面的差异密切相关。霍夫施泰德分类法已被广泛且有效地应用于国际营销领域,而其他人的研究也证实了这一点。研究表明:霍夫施泰德分类法也可用于对国家和地区进行归类,归入一类的国家和地区在经营和活动中会作出类似的反应。霍夫施泰德分类包括:①强调自我倾向性的个人主义/集体主义(individualism vs collectivism,IDV)指数;②强调权力倾向的权力距离指数(power distance index,PDI);③强调风险倾向的不确定性回避指数或风险回避指数(uncertainty avoidance index,UAI);④强调成就倾向性的男性化/女性化(MAS)指数。

1. 个人主义/集体主义指数

个人主义/集体主义指数反映了人们为促进自我利益的行为取向。强调个人主义的文化(较高的IDV指数)反映了一种以"自我"为中心的思维,强调自我或个人成就;而集体主义文化(较低的IDV指数)则反映的是一种以"集体"为中心的思维,一般强调个人服从集体。较高的IDV指数,意味着人们接受并尊重个人的成就。个人主义文化下个人与集体、社会间的关系比较松散,人们注重自我及小家庭。集体主义文化下人们生来就与社会结成一种强烈的、紧密联系的组织关系,这种组织关系保证人们一生获得一种安全感并相互忠诚。

2. 权力距离指数

权力距离指数衡量人们对社会不平等的容忍度,即在一种体制中上下级间的权力不平等状况的容忍度。在权力距离指数较高的国家和地区,人们往往倾向于接受等级制,其会员视势力、操纵力及世袭权为权力来源;在权力距离指数较低的国家和地区,人们珍视平等,并视知识和尊重为权力来源。在具有较高权力距离指数的文化中,权力被看作是赋予个人的,是借助强制手段而非法律手段所获得的,因此更易于形成对他人的不信任。较高的权力距离指数反映了人们对上下级差距的认同,也表明对权力拥有者享有权力的认可;较低的权力距离指数则反映的恰恰是一种相反的观点。

3. 不确定性回避指数

不确定性回避指数反映了社会成员对模棱两可的容忍程度。不确定性回避指数较高的文化往往难以忍受不确定性,因而对新思想或新行为持怀疑态度。其社会成员往往显得较为忧虑、紧张,并且较为关注安全感和行为的规范性以求降低不确定性。因此这种文化下人们会教条式地拘泥于过去的行为规范,这些行为规范最终转变成不可违反的行为准则。不确定性回避指数较高的社会往往崇拜权威,并以此来回避风险。相反,不确定性回避指数较低的文化则与较弱的忧虑、紧张联系,易于接受反常规的思想和不同的观点,并且乐于冒险。因此具有较低不确定性回避指数的社会倾向于用实证的方式去理解事物、获得知识,而具有较高不确定性回避指数的社会则以"绝对真理"去理解事物、获得知识。

4．男性化/女性化指数

男性化/女性化指数反映了人们对成就或创业的一种倾向。现行社会在一定程度上流行的是男性占支配地位的文化价值观。具有较高男性化/女性化指数的国家和地区往往呈现出这样的文化特征:充满自信、喜欢自我表现、追逐金钱和社会地位等。而男性化/女性化指数较低的文化则与多变的性别角色及性别间平等相联系,强调相互服务和相互依赖。有些文化中男女均可担当多种多样的角色,而在另一些文化中则存在明显的男女分工。在男女分工明确的社会里,男性往往起着支配作用,显得富有和自信,而女性则起着配角的作用。一项研究非常有趣地表明,在强调人际交往的女性化社会里,支付小费似乎不太流行,而在强调成就和经济关系的男性化社会里,支付小费则要流行得多。

霍夫施泰德在《文化与组织》(Cultures and Organizations)第三版中对78个国家和地区的文化差异指数分析的结果如表4-1所示。根据表4-1所计算的各个国家和地区的文化差异指数结果我们可以得出,对各个国家和地区文化环境的异同点进行综合分析的结果将有助于国际营销管理者在海外作出国际营销战略决策。

表 4-1　78 个国家和地区的文化差异指数

国家或地区	个人主义/集体主义指数	权力距离指数	不确定性回避指数	男性化/女性化指数
非洲东部	27	64	52	41
非洲西部	20	77	54	46
阿拉伯国家	38	80	68	53
阿根廷	46	49	86	56
澳大利亚	90	38	51	61
奥地利	55	11	70	79
孟加拉国	20	80	60	55
比利时	75	65	94	54
比利时（法语区）	72	67	93	60
比利时（荷兰语区）	78	61	97	43
巴西	38	69	76	49
保加利亚	30	70	85	40
加拿大	80	39	48	52
加拿大（法语区）	73	54	60	45
智利	23	63	86	28
中国内地	20	80	30	66
哥伦比亚	13	67	80	64

续表

国家或地区	个人主义/集体主义指数	权力距离指数	不确定性回避指数	男性化/女性化指数
哥斯达黎加	15	35	86	21
克罗地亚	33	73	80	40
捷克	58	57	74	57
丹麦	74	18	23	16
厄瓜多尔	8	78	67	63
萨尔瓦多	19	66	94	40
爱沙尼亚	60	40	60	30
芬兰	63	33	59	26
法国	71	68	86	43
德国	67	35	65	66
英国	89	35	35	66
希腊	35	60	112	57
危地马拉	6	95	101	37
中国香港	25	68	29	57
匈牙利	80	46	82	88
印度	48	77	40	56
印度尼西亚	14	78	48	46
伊朗	41	58	59	43
爱尔兰	70	28	35	68
以色列	54	13	81	47
意大利	76	50	75	70
牙买加	39	45	13	68
日本	46	54	92	95
韩国	18	60	85	39
拉脱维亚	70	44	63	9
立陶宛	60	42	65	19
卢森堡	60	40	70	50
马来西亚	26	104	36	50
马耳他	59	56	96	47
墨西哥	30	81	82	69
摩洛哥	46	70	68	53
荷兰	80	38	53	14
新西兰	79	22	49	58
挪威	69	31	50	8
巴基斯坦	14	55	70	50
巴拿马	11	95	86	44
秘鲁	16	64	87	42
菲律宾	32	94	44	64
波兰	60	68	93	64
葡萄牙	27	63	104	31
罗马尼亚	30	90	90	42
俄罗斯	39	93	95	36
塞尔维亚	25	86	92	43

续表

国家或地区	个人主义/集体主义指数	权力距离指数	不确定性回避指数	男性化/女性化指数
新加坡	20	74	8	48
斯洛伐克	52	104	51	110
斯洛文尼亚	27	71	88	19

资料来源：Dimension data matrix[EB/OL]. https://geerthofstede.com/research-and-vsm/dimension-data-matrix/.

4.3.2　高背景文化和低背景文化

爱德华·T.豪尔（Edward T. Hall）提出高背景文化的概念作为理解不同文化的取向的一种方式。在低背景文化中，信息的表达比较直接、明确，语言是沟通中大部分信息的载体。在高背景文化中，一条信息的语言部分所包含的信息比前一种文化要少，而大部分的信息隐含在沟通接触的过程中，涉及参与沟通人员的背景、所属社团及其基本价值观。你是谁——你在社会中的价值及位置——在如日本和阿拉伯国家这样的高背景文化国家中至关重要。在这些国家，银行贷出一笔款项的依据与其说是那些形式上的财务报表，不如说是看借款人是谁。在一个低背景文化国家中，交易的达成对参与者的性格、背景以及价值等信息考虑得很少，相反更多地依赖于贷款申请中的陈述和数字。低背景文化的例子有美国以及更为明显的瑞士和德国。

扩展阅读4-2　高低语境文化对跨文化交际的影响

总体而言，高背景文化与法律文件打交道的机会要少得多。在高背景文化中，一个人说的话就是其信誉保证。在这样一种将承诺和信任看得极重要的文化中也没有太多必要去预测意外事件的发生和提供外部法律制裁。共同的责任感和荣誉感在这些文化中代替了不受个人感情影响的法律制裁，以及似乎永远不得要领的冗长、拖沓的谈判的重要性。对于一个来自高背景文化的人来说，进行谈判的目的有一部分是结识潜在的合作者。

国际营销广告中的文化差异也可以通过高背景文化和低背景文化来解释。以"佳洁士牙膏广告"为例，第一个广告："现在，牙医可以推荐更多有助于牙龈健康的产品了。佳洁士牙膏是唯一一款如此有效的抗龋齿牙膏，并且经临床证明有助于逆转牙龈疾病——牙龈炎，是牙医推荐的最佳选择。"这个广告针对的是低背景文化的人群，直接且信息丰富。关于防蛀保护、临床研究和牙医推荐的信息都包含在这三个句子中。因为低背景文化的人倾向于直接的沟通，他们会发现这个广告很有帮助。第二个广告："在那个健康笑容的背后，有一个佳洁士的孩子。"这个广告则针对高背景文化的人群，信息不是直接呈现的。由于信息是含蓄的，因此这个广告吸引了高背景文化的人。

表4-2总结了一些高、低背景文化方式的不同之处。

表4-2　高背景文化与低背景文化的不同

因素/度量尺度	高　背　景	低　背　景
律师	不太重要	非常重要
一个人的口头承诺	就是其信誉保证	不足以依赖；应用文字来表述

续表

因素/度量尺度	高 背 景	低 背 景
个人对组织所犯错误的责任	取其最高水平	尽量降到最低水平
空间	人们之间保持很近的距离	人们希望始终保持有私人的空间并且厌恶受到侵犯
时间	多元时间观念——生命中的所有事物都有自己的时间规律	单一时间观念——时间就是金钱线性的观念,一段时间只做一件事
谈判	谈判的主要目的是让各方互相了解	谈判进行速度很快
公开招标	不常见	常见
代表性的国家/地区	日本,中东	美国,北欧

即测即练4.3

4.4 社会文化环境对国际营销产品的影响

4.4.1 社会文化环境对国际营销工业品的影响

　　文化因素对于工业品的国际营销有重要的影响,在制订国际营销计划时必须引起注意。关于规格说明的不同习俗就是一项很重要的国际变量。例如,美国的规格说明通常包含一定的边际误差,其比例在不同行业之间有所不同。如果你在美国需要买一根承载能力为 20 000 磅(1 磅≈0.454 千克)的金属棒,其安全系数程度就足以应对超载情况。在欧洲规格说明则分毫不差:通常,如果在欧洲买了一根标明承载能力为 20 000 磅的金属棒,这就是它的最大承载量。若有更高的安全要求,就必须购买规格恰好达到这一要求的产品。

　　要想在国际取得工业品营销的成功,一项主要的要求是持久性。摩托罗拉(Motorola,Inc.)决定要打入日本市场时,它开始是脚踏实地一步步实施这个目标的。首先,公司雇用了一位前美国政府的助理贸易代表,他具备指导此次行动的经验和能力。公司确定其行动重点是公用电信的垄断寡头——日本电话电报公司(Nippon Telephone and Telegraph)。公司在传呼器领域有很强的竞争地位,为了获得日本电话电报公司的业务,依其规格要求建立了一条专门的传呼器生产线。摩托罗拉所做的下一件事是争取移动电话设备的供货许可证。获取许可证是一个既费时间又费钱的过程,对一家公司来说最重要的是了解需要做什么以及为什么这么做,以进一步获得对其努力的承诺。很多公司可能就因困难而止步,放弃回国了。摩托罗拉却成功获得了这项许可,也即获得了能在此业务中占一席之地的实质保证。

4.4.2 社会文化环境对国际营销消费品的影响

消费品可能比工业品对文化差异更敏感。文化对消费品的影响是多方面的,包括消费观念、生活方式、审美标准、价值观念以及政策支持等。了解这些影响有助于更好地理解市场行为和制定有效的营销策略。不同的文化背景决定了人们对于消费的态度和价值观。例如,美国人倾向于追求超前享受,喜欢通过分期付款等方式购买大件商品,而中国人则更倾向于攒钱购买,消费行为往往受到货币支付能力的限制。在某些文化中,人们可能更重视实用性和耐用性,而在其他文化中,人们可能更注重时尚和新颖性。观察与研究一致得出结论,认为排除社会地位和收入的营销后,文化是影响消费行为、媒体使用以及耐用品购买的一项重要因素。在消费品中,最敏感的可能要数食品。

我们以植物基肉制品为例说明。植物肉是以大豆、豌豆、小麦等作物为原材料的"仿真肉食"。2024年,全球肉类替代品行业价值达到232亿美元。中西饮食文化差异,带给植物肉行业的挑战是不同的。在美国市场,环保主义者、动物保护主义者、素食主义者已经发展为一个成熟且成规模的群体,他们会为了"价值观诉求"而去主动消费植物肉类产品。中国消费者很在意饮食健康,但是愿意为环保效应、动物权益支付溢价的人可能没有欧美发达国家多。过去两年,有一些国内植物肉创业公司也主推素食主义、环保主义的噱头,但效果并不好,就是直接证明。

一项关于西欧和美国软饮料消费模式的研究表明,这两个市场的需求有显著差别。虽然美国人口比法国、德国、意大利三国人口加起来只多出20%,但其软饮料销售额却是这三国总和的4倍还要多。每个美国人消耗的软饮料平均数是法国人的5倍、意大利人的3倍、德国人的2.5倍。美国人对软饮料的喜爱是从19世纪中叶以后逐渐发展起来的。例如,1849年,美国人均软饮料消费量是12盎司(1盎司≈30毫升)的容器(下同)1.1瓶。100年后,1949年,增长了9 700%至每人108瓶。又过了30年,1979年的人均消费量是400瓶,又增长了270%。到20世纪末,人均消费量达到1 500瓶。

软饮料消费量的差别与欧洲其他软饮料较高的人均消费量是有关的。比如在法国和意大利,以人均水平计,其消耗的酒是美国的30~40倍。与软饮料相比,法国人更喜欢矿泉水,而极少有美国人尝试矿泉水。德国人均啤酒的消费量远超过美国。那么为什么软饮料在西欧和美国受欢迎程度会有所差别呢?差异的造成有以下因素的作用:

$$c = f(A, B, C, D, E, F, G)$$

其中:

c——软饮料消费量;

f——函数关系;

A——其他饮料的相关价格、质量和口味的影响;

B——广告费用及影响力,包括所有饮料范围;

C——产品在分销渠道中获取的便利性;

D——文化因素,传统、风俗、习惯;

E——原材料(尤其是水)获取的便利性;

F——气候条件,温度以及相对温度;

G——收入水平。

文化是决定软饮料需求的一项重要组成元素。但是应当意识到它只是七项因素中的一个,因而只是影响因素而非决定因素。如果以进取性的营销方案(包括降低价格、更深度的分销,以及广告轰炸)支持软饮料,这项产品消费量的上升会比其他产品更快。很明显,任何想在西欧增加软饮料消费的努力,都会引起文化传统和习俗的对抗以及来自各种各样饮料的竞争,文化在此是一道约束力。但由于文化的变化非常迅速,仍有很多机会向着有利于公司产品方向变化。

扩展阅读4-3 培养跨文化交际能力 有效实现跨文化营销探赜

即测即练4.4

本章小结

每个社会所固有的特性其根源就是社会文化。社会文化对国际市场营销活动产生很重要的影响。社会文化的核心就是社会价值观。

文化是一个社会规定人们行动的社会规范及式样的总体系。它由语言、宗教、价值观、生活方式、对物质文明和权势的态度、社会阶层等基本要素组成。

为了更好地掌握社会文化环境对国际市场营销活动的影响程度,我们可以利用社会文化环境的综合评价方法来对社会文化环境进行评价。

社会文化环境的部分评价主要是通过分析语言、宗教、价值观、生活方式、对物质文明和权势的态度以及社会阶层来达到其目的的。

社会文化环境的综合评价方法主要是介绍了霍夫施泰德的四种文化差异指数与豪尔的高背景文化和低背景文化。

社会文化环境对国际营销产品的影响主要表现在社会文化环境对国际营销工业产品和国际营销消费品的影响。

关键术语

社会文化(social culture)　　　　文化价值观(cultural values)
生活方式(lifestyle)　　　　　　　社会阶层(social class)
高背景文化(high-context culture)　低背景文化(low-context culture)
工业品(industrial products)　　　消费品(consumer products)

课后习题

1. 什么是文化?文化的基本特征和基本要素是什么?
2. 以价值观和生活方式为依据如何把消费者划分为若干个群体?

3. 豪尔的高背景文化和低背景文化是什么？分别举出高背景文化和低背景文化的地区或国家的例子来加以说明两者的不同之处。

4. 霍夫施泰德的四种文化差异指数是什么？分别举出各自典型的例子加以说明。

5. 讨论社会文化环境对国际营销工业品的影响。

6. 讨论社会文化环境对国际营销消费品的影响。

本章讨论案例

麦当劳与肯德基的战略对决

麦当劳与肯德基(KFC)这两大快餐品牌如同两位巨头，不仅仅是快餐界的代表，更是文化、商业和社会现象的综合体现。截至2023年12月31日，麦当劳中国拥有5 903家门店。肯德基在中国迎来万店之后的全新加速期，2023年12月15日，肯德基京杭大运河餐厅的开业，标志着肯德基中国门店规模正式突破10 000家。肯德基未来将加速扩大中国市场的门店规模，力争逐步覆盖1 100个待进入的城镇。

在文化角度上，麦当劳与肯德基更是各自承载着不同的文化内涵。麦当劳以其独特的"M"标志和黄色拱门形象，成为现代都市文化的象征之一。它代表着年轻、时尚和潮流，吸引着众多年轻消费者的目光。而肯德基则以其悠久的家族历史和传统的炸鸡技艺，传承着美国南部的乡村文化。它代表着传统、家庭和亲情，让人们感受到一种温暖和归属感。从品牌历史来看，麦当劳与肯德基的起源和发展轨迹截然不同。麦当劳以其标准化的生产流程和亲切的服务著称，而肯德基则以其独特的炸鸡和家族式经营闻名。这种差异不仅仅体现在产品上，更体现在品牌文化和价值观上。从社会角度，麦当劳与肯德基也各自扮演着不同的角色。麦当劳因其全球化战略和普及程度，成为现代社会快节奏生活的缩影。它以其高效的供应链和标准化的服务，满足了现代人对效率的追求。而肯德基则更加注重本土化战略，通过融入当地文化和口味，赢得了消费者的喜爱。这种差异反映了现代社会中不同文化、不同生活方式的碰撞与融合。

肯德基在中国市场的成功，也与和当地文化的融合密切相关。在中国的城市中，许多消费者喜欢肯德基的食品和饮料，因为它的味道和外观都与当地的饮食文化相符合。此外，肯德基还推出了许多与当地文化相关的产品，如中国文化主题的餐点、服装等，吸引了更多的当地消费者。在中国，肯德基推出了老北京鸡肉卷，将传统的北京烤鸭元素融入其中，搭配甜面酱、葱丝，用饼皮包裹，既满足了中国消费者对本土美食的喜爱，又保留了肯德基炸鸡的特色。还有皮蛋瘦肉粥、油条等中式早餐的加入，让我们在清晨就能享受到熟悉的味道。在印度，考虑到宗教因素和当地的饮食偏好，肯德基推出了以蔬菜和香料为主要原料的素汉堡和素炸鸡，迎合了印度大量素食者的需求。在日本，肯德基结合当地对海鲜的热爱，推出了海鲜口味的炸鸡和虾肉汉堡，受到了日本消费者的欢迎。

肯德基的本土化产品策略之所以能够成功，原因是多方面的。首先，它展现了对当地文化的尊重和理解。通过深入研究当地的饮食文化和消费者习惯，肯德基能够精准地推出符合当地口味的产品，从而赢得消费者的认同感。其次，本土化产品为肯德基带来了新的消费群体。原本可能对西式快餐不太感兴趣的消费者，因为看到了熟悉的本地美食出现在肯德基的菜单上,而愿意走进店里尝试,这无疑扩大了品牌的受众范围。

讨论题

1. 为什么肯德基比麦当劳在中国市场更具有竞争力?
2. 你对麦当劳的中国营销策略有什么建议?

(考核点:文化环境对企业国际营销的影响)

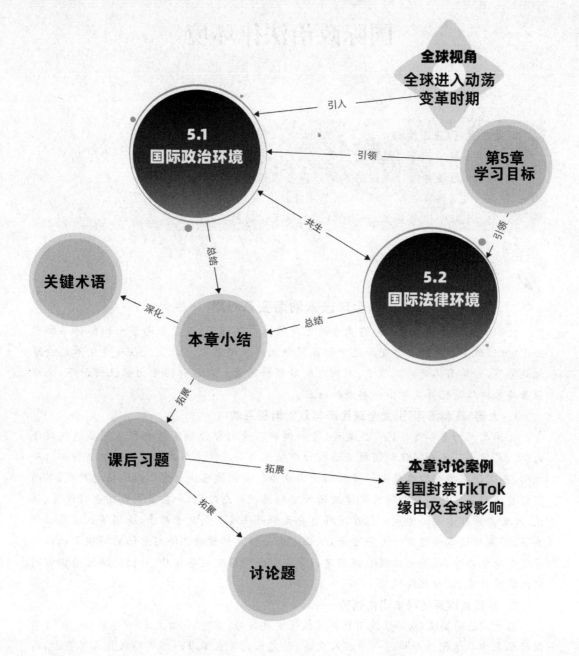

第 5 章

国际政治法律环境

学完本章,你应该能够:
1. 掌握国际政治风险的性质;
2. 熟悉国际政治风险的预测评价方法;
3. 理解国际法的内容、国家与主权的含义以及诉讼与仲裁的形式;
4. 了解与国际法律环境相关的国际营销问题。

全球进入动荡变革时期

大国间地缘政治与意识形态竞争的烈度依然居高不下,继续推动整个国际体系加速分化重组,风高浪急的百年变局之中仍在累积涌起惊涛骇浪的动能。在动荡变革的全球大趋势下,世界面临新的不稳定、不确定和难预料因素。在各种因素的相互作用下,全球原有趋势持续演化并呈现出一些新的特征。

1. 大国"负和博弈"引发全球经济与政治消极互动

大国之间的零和博弈逐步发展为"负和博弈",走向即便损害自身利益也要消耗对手的"负和"策略。去全球化的消极互动成为中短期内全球经济与政治互动的主要特征。一方面,美国国家安全战略将进一步转向大国竞争。美国战略决策者奉行价值观外交,不断将经贸问题和发展问题升级为地缘政治冲突和意识形态对抗,一些美国盟国也将经贸、科技、人文关系政治化。为最大限度发挥自身优势并快速压制竞争对手,美国不仅放弃合作共赢,甚至越过零和博弈。另一方面,从西方向全世界扩散的经济与政治的消极互动强化了逆全球化趋势,推动全球供应链朝着国家安全和价值观边界重构,并使全球化的供需网络面临碎片化、冗余化的风险。

2. 多极化体系呈现集团化趋势

西方政治精英认为,必须改变世界多极化发展趋势,重塑"自由主义"世界霸权。2024 年国际体系中的集团化趋势进一步深入发展,并突出表现在军事和经济领域。在军事上,乌克兰危机爆发后北约"复活"并得到显著增强,且将进一步"加强与印太伙伴的合作"。在经济上,以"印太经济框架"与"美欧贸易与技术委员会"为主要依托,美国将进一步推动建立一种囊括美欧发达经济体的新冷战贸易集团,形成对所谓"非市场经济体"的共同贸易、金融和科技政策。

3. 多国政治社会矛盾持续积累

在发达国家,新自由主义主导的全球化所带来的产业"空心化"和贫富差距拉大不仅在短期内难以得到有效克服和显著缓解,还将使政治社会矛盾加速累积。社会矛盾的加速累积正在发达国家社会孕育严重的政治危机,逆全球化思潮和民粹主义政治力量还在不断壮大声势,将加剧国内社会对立和政治冲突。高位通货膨胀和经济复苏乏力等因素将加剧各国民众对主流政党的不满,右翼民粹主义重新抬头。在发展中国家,随着经济下行压力加大和债务水平不断攀升,经济、社会和政治的脆弱性将进一步增强,很可能会多点爆发大规模的社会危机和政治动荡。

资料来源:中国社会科学院世界经济与政治研究所,国家全球战略智库课题组. 全球九大趋势展望[N]. 光明日报,2023-02-01(12).

全球营销的制度环境由各种政府机构和非政府代理机构组成。这些机构执行法律或制定商务行为指南,处理各种相关的营销问题,包括价格控制、进口和出口产品的估价、贸易法、标签、食品和医药法规、雇佣条件、共同砍价、广告内容以及竞争手法等。如今政治联盟乃至国界的意义都在减弱。这种变化使世界政治秩序的历史基础——主权国家的概念正在剧烈地动摇。

当许多国家的政府还只是在研究环境,尤其是废物再生问题的时候,德国已经颁布了一项关于包装问题的法令。该法令将废物处理的费用负担转移到业者身上。德国政府希望这项被称为《包装条例》的法律会创建一种"循环经济"。其目标是迫使制造商摒弃非必须使用且不能再生的材料,而采用其他全新的方式生产和包装产品。尽管遵从这项法律会产生一些成本,但业者们看来还是朝着环闭经济迈出了坚实的步伐。德国的包装法律只是政治、法律制度环境影响营销活动的一个实例。每个国家的政府都对本国企业与其他国家开展的商贸活动实行管制,并试图控制外国企业获取本国资源的途径。每一个国家都有其独特的法律制度体系,这些体系影响着全球性企业的经营活动,包括全球营销企业捕捉市场机会的能力。法律制度限制着跨国界的产品、服务、人员以及资金和技术的流动。全球营销企业必须努力遵从东道国的每一条法规。这样做并不是一帆风顺的,因为各国的法律制度事实上经常是模糊不清和不断变化的。

5.1 国际政治环境

5.1.1 国际政治风险的概念、源泉及类型

1. 国际政治风险的概念

对政治风险的概念至今还存在着意见分歧。美国的斯蒂芬·科布林(Stephen Kobrin)教授把政治风险定义为:由政治事件及其过程引起的潜在而重大的偶然性经营危机(potentially significant managerial contingencies generated by political events and processes)。根据这一定义政治风险应具备如下三个条件。

(1) 政治风险是由政治原因引起的经营危机,也就是说政治风险不但包括政治事件,

而且包括由政治动机引发的环境变化所带来的企业经营危机。政治风险包括军事政变和革命、由选举形成的政权交替、为维护国家主权而对外国企业活动所制订的限制措施以及对外贸易政策等。因此,政治风险不仅包括对所有外国企业无差别适用的宏观风险,还包括分产业或企业所适用的微观风险。

(2) 政治风险不同于政治不安定,即东道国内的政治不安定不直接影响外国企业的经营。然而,当这种政治不安定因素影响东道国政府的政策以及引发东道国公民对外国企业态度的变化时,将影响外国企业的经营活动。此时,政治不安定因素就称得上一种政治风险。政治环境变化所引起的政治不安定与影响外国企业的政治风险不一定相一致。虽然政治不安定,但对外国企业经营、活动不造成负面影响的情形是存在的。

(3) 政治风险必然结合外国企业导致潜在的经营危机。也就是说政治风险不仅影响企业的资产,还影响企业的盈利。政治风险不仅包括没收、国有化、持股限制等有关企业资产方面的资产危机,还包括销售限制、义务出口、雇用国内员工比例等有关企业正常经营活动方面的运营危机。近年来,国有化与没收等资产危机的次数明显减少,相反,对外国人经营的企业采取的各种规定所引起的运营风险所占的比例越来越大。

欧美企业在对新兴市场国家投资时,对当地的政治风险是非常关注的,即便如此,一些看似精明的公司也会在国际政治风险中折戟沉沙。最典型的案例莫过于美国明星基金长期资本管理公司因为俄罗斯主权债务违约倒闭,创始人约翰·梅里韦瑟(John Meriwether)也被赶走。按照业内的习惯,像国家主权债务违约这种风险在很多预测模型中都是忽略不计的。在这样的前提下,长期资本的投资逻辑在于,他们通过投资界最强大脑组成的团队——团队成员包括两名诺贝尔奖获得者,计算出一个投资策略出现风险的概率是微乎其微中的微乎其微。

2. 国际政治风险的源泉

政治风险的源泉主要有两个:一个是政治主权,另一个是政治冲突。

政治主权是指一个国家通过对外国企业采取多种多样的制裁措施以满足树立自身权威欲望的一种手段。这样的制裁措施一般具有一定的规则,并且呈现渐进发展趋势,因此可预测。例如,对外国企业提高所征收的税率。很多欠发达国家为了维护其政治独立往往对外国企业提出种种限制性规定。这些国家宁愿迟缓发展经济,也要保护其政治独立性,因为外国先进国家的经济上的援助往往伴随着政治主权的削弱。发达国家因长期维护了其政治主权,往往实行较为开放的对外政策。与欠发达国家相比,发达国家更为注重降低失业率、抑制通货膨胀、改善与社会保障相关的各项服务、解决环境保护和发展落后地区等问题。这些国家为解决此类问题竭力引进外国的先进技术和资本的同时也要把自己的技术和产品销往海外市场。

政治冲突具体有暴动、内战和政治阴谋。政治冲突具有两种效果:一种是直接效果,另一种是间接效果。直接效果表现为暴力、掠夺和罢工等形式。间接效果表现为解决问题的纯动机和以其他问题转移民众注意力的动机,如图5-1所示。

政治冲突的形式多种多样,并且是不规则非连续性的。例如,暴动、内战和政治阴谋等。所谓暴动就是指反对现任政府政权的大规模抗议行为。如韩国的光州事件就是一个典型的抗议政府的暴动事件。所谓内战就是指对现任政府当局所采取的如同游击战形式

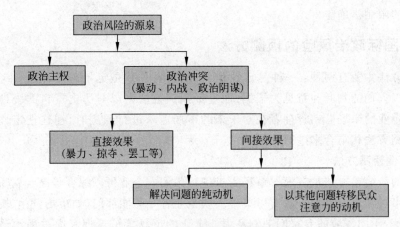

图 5-1　国际政治风险的源泉

的大规模组织暴力行为。政治阴谋是指有预谋地对执政当局的暴力行为。

近年来,民族主义日益成为影响国际营销的政治因素。民族主义是一种政治、社会和文化观念,强调民族认同和民族利益在国家和国际事务中的重要性。它通常表现为对自己民族的认同和忠诚,以及对其他民族的区分和偏见。民族主义可以在不同国家和地区表现出多样的特征,但其核心概念是强调民族的团结、独立和优越性。民族主义有助于在多元的社会中建立共同的认同和凝聚力,将不同群体团结在一个国家的旗帜下,促进国家的稳定和发展。民族主义也存在一定的危害,如导致排他和偏见、国际冲突和战争、阻碍国际合作、损害个人权利和多样性。国外品牌在推广产品时需要更加谨慎,以避免触碰民族主义敏感点。

3. 国际政治风险的类型

美国的 Leontiades 教授于 1985 年把政治风险划分为以下四种类型。

(1) 对外国企业经营方面的限制规定。它包括:对外国企业生产的产品利益以及资产等所征收的差别税;政府购买中现出来的本国企业和外国企业的差别;对外国企业产品的价格控制;对市场营销等企业经营活动所采取的官僚主义行政性限制规定等。

(2) 经营管理的本国化。它包括:对外国职员人数的限制;董事会任命的人员当中规定必须超过一定比例人员是本国人。

(3) 资本的本国化。它包括合作投资要求、逐步本国化、阶段性的所有权缩小等政策。

(4) 资产损失危险。它包括:禁止或限制资金转移的政策,以适当补偿为条件的国有化,财产没收、占用、惩罚、强行出售、强行再协商及单方面破坏契约等。

美国的 Root 教授于 1982 年把政治风险划分为以下四种类型。

(1) 一般性不安定危险。它包括革命、军事政变、内乱及战争爆发的可能性。

(2) 所有权及控制危险。它包括国有化、没收财产及占用等各种资产损失危险。

(3) 运营危险。它包括收入限制、零部件的当地化规定、征税差别、价格控制、经营者中外国人数的限制、雇用当地人的比例规定、出口规定及各种对外国企业的差别规定。

(4) 转移性危险。它包括在当地子公司的利益和资本全转移到本国时,当地政府对其所采取的限制措施。

5.1.2 国际政治风险的预测方法

预测方法主要有两种：一种是定性预测方法，另一种是定量预测方法。定性预测方法一般是以人们的判断和意见为根据，而定量预测方法则以对历史资料的统计处理结果为依据。企业的市场营销管理者在对未来的市场需求进行预测时，往往把定性预测方法和定量预测方法相结合来进行预测。

1. **定性预测方法**

预测的最简单方法是专家对市场需求进行预测。企业可以综合最高经营管理者的意见来预测市场需求。这种方法可以集中反映企业各个职能部门（如市场营销、财务管理及生产管理等）不同领域的专家们的洞察力。企业的市场营销管理者通过平均最高经营管理层的多种多样的预测值可以得到一个企业所需要的最终预测值。企业在销售员能够提供无偏见的意见的前提下，还可以通过综合销售员的不同意见得到企业所需要的预测值。在这里我们应该强调一点：企业所获得的信息是企业进行市场预测的依据。然而，企业内部的信息根据企业的不同阶层其性质有所不同。一般来说，企业的最高经营管理层所掌握的信息主要是非结构化的信息，企业的中间管理层所掌握的信息主要是半结构化的信息，企业的生产第一线管理人员所掌握的信息主要是结构化的信息。因此，企业在利用企业内部信息资源进行市场需求的预测时，一定要根据信息的来源进行酌情处理。

企业的市场营销管理者也可以借助企业外部的力量来进行市场需求的预测。企业可以通过对目标市场消费者的购买意图进行调查来预测市场需求。但这种方法由于应答者所应答的购买类型和实际购买类型往往有很大差距，所以会出现预测结果不真实的现象。企业不仅可以通过专家来获得一些有关预测的相关信息，还可以通过同行业协会或经济类刊物获得一些有关预测的相关信息。

企业除了采用上述预测方法之外，有时还采用较复杂的预测方法，如德尔菲预测方法。德尔菲预测方法是指企业通过企业内外的专家得到他们关于企业预测项目的应答，并对这些应答结果进行平均之后，再让这些专家对其结果进行讨论，同时还追加一些其他关于预测的调查项目要求他们应答。这种过程一直持续到所有专家对该企业所要预测的最终数值达成共识。

2. **定量预测方法**

企业为了客观地预测市场需求，可以采用一些定量预测方法，如时间序列分析方法、指数分析方法和市场实验方法等。时间序列分析方法是一种利用过去的资料推测未来发展结果的预测方法。这种方法强调的是假定市场需求随着时间的推移呈现某种趋势，那么这种趋势可连续延伸到未来的发展趋势。为了有效地使用时间序列分析方法，需要借助计算机统计程序来进行回归分析，推导出市场需求的发展变化趋势。这种趋势分析的缺点是对过去的资料和最近的资料不加以区别，一律同等对待。为了弥补趋势分析的这种缺点，统计学界又出台了指数分析方法。指数分析方法通过给过去的资料和最近的资料制定不同的权数，把它们区别开来。不管是时间序列分析方法还是指数分析方法，都不适合企业用来预测市场对该企业新产品的未来需求。企业预测未来市场对自己新产品的需求状况的最好的方法是市场实验方法。市场实验方法是企业通过在实验市场上展示自己的产品来预测市场需求的方法。这种方法虽然需要投入很多费用，但可以通过测定顾客的实际行动来预测未来的市场需求。

企业的市场营销管理者在利用上述定量预测方法时，必须事先做好对各种数值的判断工作。如在使用指数分析方法时确定各个时间段资料的权数，在使用市场实验方法时确定能够代表企业的整个目标市场的实验市场等。

5.1.3 国际政治风险与协商力

产业特性及企业特性直接影响国际政治风险的高低。下面介绍国际政治风险与产业特性、企业特性的关系。

1. 产业特性与国际政治风险

（1）资源采伐产业和电器、通信、银行等行业，遇到国际政治风险的可能性较大。

扩展阅读5-1 俄罗斯和沙特增产对石油价格的影响

（2）研究与开发（research and development，R&D）水准低并使用标准化技术的成熟期产业，遇到国际政治风险的可能性较大。如食品、饮料、水泥等行业。

（3）企业活动垂直整合程度高的产业，遇到国际政治风险的可能性较小。如化学及炼油产业。

（4）企业技术及专有技术成为竞争优势的主要因素的尖端技术产业，遇到国际政治风险的可能性较小。

2. 企业特性与国际政治风险

（1）合作投资的企业比独资企业遇到国际政治风险的可能性小。

（2）对东道国的国际收支的贡献度越低，遇到国际政治风险的可能性就越大。

（3）越是技术密集型企业，具有较高的协商力，遇到国际政治风险的可能性越小。如IBM。

（4）产品差别化程度越高的企业，遇到国际政治风险的可能性越小。

（5）外国企业在东道国市场占有率显著提高时，遇到国际政治风险的可能性就变大。

即测即练5.1

5.2 国际法律环境

5.2.1 国际法

国际营销法律环境是指主权国颁布的各种经济法规法令，如商标法、广告法、投资法、专利法、竞争法、商检法、环保法、海关税法及保护消费者的种种法令。当然也包括各国之间缔结的贸易条约、协定和国际贸易法规等。它们对国际营销都有不可低估的作用。

到目前为止,还没有相当于各国立法机构的国际法制机构,同样也没有国际性执行机构以实施国际法,虽然在海牙设立了国际法庭,但其功能仍然有限。国家之间的争议主要通过谈判、协商、调停的方式来解决。国家通过签订或参加国际条约、声明,承认某种国际法准则,以及按照国际法和国际惯例进行交往和活动,这就形成了国际法。国际法是各国间具有法律效力的条约、公约和协定。而这些条约、公约和协定可能是限于两国间的双边关系,也可能是许多国家之间的多边关系。无论是多边国际条约或双边国际条约,只有某一国家依据法定程序参加并接受的,才对该国有法律上的约束。在国际市场营销者从事决策过程中,必须考虑许多国际性的条约和公约。国际营销决策过程中必须考虑的公约有调整国际货物买卖关系的公约、调整国际海上货物运输关系的公约、调整国际航空运输关系的公约、调整国际铁路运输公约、调整国际货物多式联合运输的公约、调整国际货币信贷关系的公约、调整国际票据关系的公约、知识产权的公约、国际商事仲裁的公约等。

国际贸易惯例也是形成统一的国际商法的一个重要渊源。国际贸易惯例是指有确定的内容、在国际上反复使用的贸易惯例。成文的国际贸易惯例是由某些国际组织或某些国家的商业团体根据长期形成的商业习惯制定的。这种惯例虽然不是法律,不具有普遍的约束力,但在国际商业活动中,各国法律一般都允许双方当事人有选择使用国际贸易惯例的自由。一旦当事人在合同中采用了某项惯例,该惯例对双方当事人就具有约束力。

目前,在国际商业活动中通行或者有较大影响的国际贸易惯例有:在国际货物买卖中,如国际法协会 1932 年制定的《华沙—牛津通则》,以及国际商会 1936 年制定,并于 1953 年、1967 年、1976 年、1980 年、1990 年、2000 年、2010 年和 2020 年多次修订的《国际贸易术语解释通则》,统一解释了国际货物买卖惯例,在国际上被广泛采用;在国际货物买卖的支付中,如国际商会 1958 年草拟、1967 年公布的《商业单据托收统一规则》(1978 年修订,改名为《托收统一规则》,1995 年再次修订),以及 1930 年拟订、1933 年公布并于 1951 年、1962 年、1974 年、1978 年、1983 年、1993 年多次修订的《商业跟单信用证统一惯例》(改名为《跟单信用证统一惯例》,2007 年再次修订),对国际托收及跟单信用证等付款方式中有关各方的权利和义务做了确定性的统一规定。它们在有关的银行承认后,对当事人各方起约束作用。

格式合同和标准条款是国际组织和专业公司规定、当事人签订合同时使用的合同或条款。其中载明双方当事人权利和义务的内容,一般都是参照国际上通行的办法制定的;格式合同和标准条款则是在长期交易过程中形成的,并在国际货物买卖、运输及保险中广泛使用。还有许多国际性组织对国际市场营销有准法律性的影响,如国际标准化组织(International Standardization Organization,ISO),大部分工业化国家均加入该组织,ISO 拥有 144 位专门技术委员以发展一套国际标准制度。由于每个国家有其不同的标准和规格,这成为国际贸易和国际专业化的主要阻碍。

5.2.2 国家与主权

主权意味着民族国家对其领土内的经济活动施以控制。虽说这是一种普遍现象,但仍然与一定的背景条件有关,为此有两条重要的判断标准:一是国家的发展阶段(如高度工业化、新近开始的工业化或新兴工业国,发展中国家等);二是该国的政治和经济体系(如资本主义面向市场的民主政治或混合的政治经济体系)。这样,国家可在它们的工业或经济发展中实行控制,包括设立保护主义措施或壁垒(政治、法律、条例等)来促进本国工业或保护国民经济中无竞争力的部门免受便宜的进口品的打击。相反地,当市场驱动的国家演化到经济发展的高级阶段时,会建立提倡公平竞争的法律(反托拉斯的法律和条例),并且声称所有限制(自由)贸易的契约、联合或秘密协定都是不合法的。

1. 法律的冲突

通常一国境内的所有经济活动都受该国法律管辖。但是在跨国交易中应运用哪国法律呢?一个简单的出口贸易,如果在其可适用的法律中,Q国的法律不同于P国,这项出口交易应采用哪个国家的法律呢?为该交易融资而开发的信用证又该适用哪国法律呢?答案是参与人必须在双方都同意的基础上在合同中注明该合同适用的法律。这样,如果发生争议(对于这种合同通常是由无利害关系的组织,如法庭或仲裁庭听取并作出审议),参与人指明的法律将对交易中任何与其有关的关系负责。所以,所指定的法律应该是经济活动一方当事人永久或主要业务场所所在地、合同签订地或合同执行地。如果参与人未能指出适用法律,法庭或仲裁庭将大致参照前述的标准(即双方当事人的永久居住地、合同执行地或完成地),运用一套相当复杂的解决"法律的冲突"的管理规则。有的时候也通过比较相关标准的权重(用各方的标准描述出各自认为公平的范围)来找出与合同的大部分条款最有关联的地点,并以此地的法律作为适用法律。由于这类结果通常不能预计,谨慎起见,还是应该在谈判期间对适用法律达成一致,并在合同中清楚地表述。当然,这有一个前提条件,即做生意所在的国家中普遍存在契约自由。

2. 治外法权

治外法权发生在一个国家对其公民和公司在他国的经济活动加以控制的情况下。特别指出的是,一家国际公司在一个国家从事商业活动时必须遵守该国法律。但是,这些法律也许与母国的法律并不一致,当它们影响到母国内的活动时,母国将会对这些与本国法律不相符合的活动进行控制。这种情况会导致国家间的冲突,特别是在反托拉斯法、证券管理、产品质量责任、征税和出口控制这些领域中。

3. 契约自由原则

契约自由原则往往被来自高收入国家的经理认为是理所当然的。在高收入国家中,有约束力和强制力的合同,必须要有要约和承诺、约因、明确的表达和合法的内容。在低收入的发展中国家,政府经常会干预商业合同。两者之间的差异是由于包括国家地位和私有企业地位在内的政治原则的不同而造成的。在许多发展中国家,东道国政府经常成为合同谈判中的第三方。实际上,合同再协商的概念在许多发展中国家被普遍滥用或自动启用,这在高收入国家则闻所未闻。

5.2.3 诉讼与仲裁

由于国际市场营销的情况复杂多变,商业争端在所难免。一旦发生纠纷,该如何解决呢?国际上有三种主要方式:友好协商、仲裁和诉讼。可依据法律的方法也有三种:以合同内规定的裁判方法为准;以订立合同所在地的法律为准;以合同履行所在地的法律为准。由于通过法律诉讼方式解决争端,一是不利于双方今后贸易的开展,二是诉讼时间长、所耗费用高,因此,一般在合同中都签订仲裁条款,以排除法院的管辖权。也就是说,一旦发生诉讼,双方不能诉诸法律,只有通过友好协商或仲裁方式解决。

国际上较有名望的仲裁机构有美联商业仲裁委员会、美加商业仲裁委员会、伦敦仲裁法庭、美国仲裁协会、国际商会的仲裁法庭、德国仲裁协会、荷兰仲裁协会、中国国际经济贸易仲裁委员会和意大利仲裁协会。

在仲裁程序方面,各个仲裁机构大致相同:首先劝导争议双方和解,协商不成便采取仲裁方式。

解决国际商事争端往往依据一些较有影响的国际贸易条款,如1958年的《承认和执行外国仲裁裁决的公约》(纽约公约)、1883年的《保护工业产权的巴黎公约》、1892年的《关于商标国际注册的马德里的协定》、1945年的《国际法院规约》、1954年的《民事诉讼程序公约》、1965年的《民商案件诉讼和非诉讼文件国外送达公约》以及1970年的《国际民商事案件中外国判决的承认和执行公约》等。一个好的营销人员必须了解这些国际公约,方能在国际市场上做到游刃有余。

5.2.4 网络法

随着全球经济一体化进程的加快,科学技术发展特别是网络技术的广泛应用加速了国际营销的发展。为国际网络营销的健康发展,跨国公司应适应各国网络法规。关于网络法规必须注意以下问题。

1. 域名的保护问题

上网交易的各国企业,要使域名受到所有国家承认及保护,要保持其网址的国别特色,必须保证网址在相关国家注册,否则这些公司将要付出高昂代价重新获取网址的使用权。柯达公司由于未及时在网上注册域名而被 Specter Service 数码摄影公司抢先注册了名为 www.Kodak.ru 的域名,柯达公司向俄罗斯法院两次提起诉讼,但均遭败诉。

2. 商品、品牌名称的保护问题

网上交易的商品名称、品牌名称亦要进行注册,以防止他人非法使用其商品及品牌名称。通过国际性商标注册程序,可以保护商品名和域名注册相联系。

3. 税收问题

网上交易必须解决税收问题。由于互联网使个人在不同国家进行营销活动,而且网络营销往往难以精确测定其发生的时间和地点,因而很难确定在何地、由谁来征收税款。目前受税收当局青睐的一种观点是将服务器视作"虚拟的永久居所",并向该地纳税。

4. 域外直播营销法律问题

直播营销(也称直播带货)是数字经济时代企业的重要营销方式之一,主要是指主播在网络平台通过直播讲解商品的方式,将商品售卖给消费者。国际标准化组织于2023年11月27日正式发布国际标准《直播营销服务指南》,这是全球首个直播营销国际标准。

欧盟、德国、美国要求直播带货必须准确披露与商品相关的重要信息。欧盟《电子商务指令》规定了电子商务经营者的信息披露义务,包括真实名称、有效的地址及联络方式等,电子商务经营者还应向其所在地的商业协会、监管机关进行信息报备。德国法律要求直播带货平台申请牌照,若逾期不申领企图逃避监管,将进行警告甚至罚款。根据《德国反不正当竞争法》,得到商品推广报酬的主播,所发布的内容属于商业广告。即使是主播私下自行购买商品在社交平台进行展示,也应认定为商业广告。主播以任何形式展示商品都应进行明确的标注,贴上推广或广告标签,使用户观看直播时知道其内容的商业性质。美国联邦贸易委员会发布的《社交媒体影响者信息披露规约》规定,社交媒体披露营销内容必须与商家有"实质性关联",即带货主播发布直播的内容,要清楚地说明与商品经营者之间的商业关系。英国广告标准管理局颁布的指导方针要求网络直播者进行商品推荐时,向用户说明商品的经营者是谁,否则将认定为广告诈骗,职能部门将介入调查。

5.2.5 与国际营销相关的国际法律环境问题

各个国家运用法律来控制活动于本国经济中的外国企业。有些法律对外国物品和企业带有歧视性,有时制定的法律是为了本国与其他国家的互惠交换,有些国家为了吸引外国投资,如中国改革开放的初期,也会制定对外资企业进入本国投资极为有利的法律。法律本身就是一个国家政治目的和经济目的的集中体现,在国际市场营销企业进入外国市场时,除要遵守东道国一般宪法、民法、刑法等法律外,重点还要遵守与贸易和营销有关的法律法规,其中,对该国的关税、反倾销法、进出口许可证、外国投资管制、法律刺激措施、限制性贸易法和税务条约更不可忽视。

1. 关税问题

关税是一国政府通过海关对进出口产品征收的一种赋税。对出口产品征收的关税称为出口税,对进口产品征收的关税称为进口税。对出口产品征收关税是为了促进产品的海外销售以保证国内充分的供给。

2. 反倾销法问题

倾销是指垄断组织在控制国内市场的条件下,以低于国际市场平均销售的价格,甚至低于商品生产成本的价格在国外市场抛售商品的行为。倾销是为了占领某一外国市场或

扩展阅读5-2 中国瓷砖面临反倾销

摧毁当地竞争企业。例如,日本电视机制造商和钢铁公司在外国市场上一直都这样做。东道国政府为了保护本国产业,通常会制定反倾销法律。

3. 进出口许可证问题

许多国家都有明文法律条款,要求进口商和出口商在进行跨国贸易前先取得许可证。出口许可证的目的只是追踪统计出口活动。发放出口许可证也可以有利于确保某类物品不出口,或者至少不向某些国家出口。加强进口许可证发放是为控制不必要的物品进口。这种限制,把节约下来的外汇用于其他重要物品的进口,如药品、化学品和机器的进口。例如,印度发放的对进口汽车和其他耐用消费品的许可证要求很严。

4. 外国投资管制问题

有关外国投资的法律和管制条例的一个主要作用是限制多国公司的势力,实现对本国经济目标作出最大贡献的外国投资格局。涉及外国投资管制的法律有几个广泛的领域,包括:外国投资的选择决策过程,涉及对接受的控制、对某些部门外国投资的禁止或

限制、对刺激措施的增补;通过当地在所有权和管理上的参与对所有权进行管制,即对管理就业进行控制,对外籍雇员和本国雇员的配额进行限制;通过确定当地可税收入以阻止逃避双重征税的财务方面的税收和管制,对资本和利润汇回的控制,利润再投资的刺激措施,当地和外国资金筹措的管制。

5. 法律刺激措施问题

吸引外国投资的法律刺激措施是大多数发展中国家政府政策的一个重要部分。虽然外国企业很少能独享这些优惠,但是在某些国家,外国私人投资事实上是这些刺激唯一或主要的受益者。这是因为,一方面,当地资本和企业没能力进行刺激措施所鼓励的那类投资;另一方面,也有这样的情况,刺激性措施的对象只限于当地企业、合资企业或只有少数外资的企业。

按照对投资管制的一般分析,优惠待遇是机械地给予所有能够满足有关法律条件的企业,或者给予对东道国经济有特殊贡献或特殊绩效的企业,如出口产品扩大和多样化、对落后地区的开发、现代技术的转换、促进东道国的应用研究等,也经常按照特殊准则给予优惠待遇。

对已建成企业的主要优惠一般是若干年的所得税豁免期,某些国家在遇到重要税收收入不足时,不得不缩短免税期的期限。在发展中国家可获得的其他财政刺激包括:豁免进口生产所需的基本设备和材料的进口税,当地省政府提供的小额税收优惠。

6. 限制性贸易法问题

除了税收刺激方面的法律,许多国家的政府还采用各种措施来限制进口或刺激出口。通常,这方面的法律被归为国际贸易中的非关税壁垒。其有几种主要类型:①政府参与贸易,即补贴、抵消关税、政府采购和国家贸易;②海关和登记手续,有评估、分类、证单、健康和安全管理条例;③标准,有产品标准、包装要求、标签和标记要求;④特别限制,有配额、汇兑控制、进口限制、许可证;⑤进口收费,预先进口存款、进口信贷限制、特种关税、可变税率;⑥其他措施,包括自愿出口限制和有序市场协定。自愿出口限制是两个贸易国之间的一种默契,是为了把某一特定产品出口限制在一个特定水平,例如,日、美一致同意限制日本汽车向美国出口。有序市场协定是贸易伙伴国之间的特种协定,它是通过相互磋商来限制贸易的。

7. 税务条约问题

税务条约是各国之间为了防止对公司和个人收入双重纳税而作出的安排。税务条约给友好国家的个人和公司提供了一个公平的待遇,这会促进互利的经济活动。例如,假定一位巴基斯坦出口商在美国有一家企业,因为美国和巴基斯坦签订了税务条约,所以,这位巴基斯坦商人的收入按照美国内部纳税条例,仅他在美国经营所得部分是可税收入,在美国完税后,他在巴基斯坦只需再缴纳极少一部分税款即可。

本章小结

随着区域经济一体化和全球化进程的加快,国与国之间的经济、文化的相互渗透现象已变得习以为常了。但是由于存在国家与主权的尊严,各个国家的政治、法律以及制度环境不尽相同。

为了避免或降低国际政治风险所带来的损失,企业有必要采取适当的方法对国际政治风险进行预测分析。

全球化的企业必须熟知国际法的具体内容以及它们在各自的领域所起的作用,不但自己要遵守国际法,而且在遇到矛盾和冲突时,善于利用法律手段来解决这种冲突和矛盾。

全球化的企业不仅要学会用法律手段来解决矛盾和冲突,还要灵活掌握利用非法律手段的方法,也就是说凡事不一定一味地诉诸法律,还可以采用非法律的手段,即通过仲裁机构解决问题。

全球化的企业要明确与国际法律环境相关的一系列营销问题。如关税、反倾销法、进出口许可证、外国投资管制、法律刺激措施、限制性贸易法、税务条约等问题。

关键术语

政治风险(political risk)　　　定性预测方法(qualitative prediction methods)
定量预测方法(quantitative prediction methods)　　国际法(international law)
主权(sovereignty)　　　诉讼(litigation)
仲裁(arbitration)　　　网络法(network law)

课后习题

1. 请举例说明国际政治风险的源泉和类型。
2. 国际政治风险的预测评价方法有定性预测方法和定量预测方法,如果让你对国际政治风险进行预测评价,你喜欢用哪一种定性预测方法和定量预测方法?请解释这两种方法的含义。
3. 在国际市场营销从事决策过程中必须考虑的国际条约和公约有哪些?
4. 举例说明产业和企业特性与国际政治风险的关系。

本章讨论案例

美国封禁 TikTok 缘由及全球影响

美国对 TikTok 的管制始于 2019 年其外国投资委员会(CFIUS)以国家安全为由调查 TikTok。2020 年,特朗普政府援引《国际紧急经济权力法》(IEEPA)发布行政命令限制 TikTok 在美国境内运营,这将事态推向高潮。2021 年,拜登政府否定特朗普总统令,签署《政府设备禁止 TikTok 法案》限制 TikTok 在特定设备中使用,但 TikTok 仍能继续在美国运营。2024年3月5日,美国对华竞争委员会主席、共和党人迈克·加拉格尔向国会提交《保护美国人免受外国对手控制应用程序的侵害法案》,该法案要求TikTok的中国母公司字节跳动在法案生效后的180天之内剥离TikTok在美国的控制权,否则将强制在应用商店下架该软件以彻底封禁。

2018年由中国企业字节跳动收购Musically短视频音乐应用程序结合自身算法推荐技术打造的TikTok迅速在全球流行,打破了美国垄断的社交媒体市场格局。TikTok作为新的社交媒体产品为美国民众提供了新的个人表达渠道,同时作为非美国企业产品,也为民众讨论更加敏感的话题提供了平台。

数字时代,数字资源成为国家实力和财富的象征,美国对集成数字资源的TikTok打压旨在占据数字重商主义下的数字金银。作为一款非美国本土经营的在美用户量超过1亿的社交媒体平台,TikTok以其信息传播和经济生产功能已经嵌入美国社会中。根据Digital Report的数据,美国超过18岁的TikTok用户量分别为2022年的1.3亿、2023年的1.1亿以及2024年的1.48亿。2024年2月皮尤民调机构发布的《美国人如何使用TikTok》的调查报告显示,美国1/3的成年人在使用TikTok,并且越来越多的人通过TikTok获取新闻信息。TikTok作为平台型社交媒体已经不仅仅是消息传递的工具,其作为数字平台广泛地联结着当地企业创造经济效益。2024年4月牛津大学经济中心与TikTok联合发布的《TikTok帮助中小型企业成长,为全美消费者创造价值》的报告显示,截至2024年第一季度,TikTok的1.7亿活跃用户中有700多万家企业,2023年TikTok为美国GDP贡献了242亿美元,提供了22.4万个就业岗位。

中美科技领域竞争性的增强,使中国具有国际竞争力的出海企业成为美国遏制中国的首要打压目标。据统计,TikTok目前拥有超过11亿用户分布在160多个国家/地区,月活用户量为10亿,语言覆盖逾75种,TikTok的全球广告收入已经超过Twitter和Snapchat的总和。TikTok在海外市场的风靡使其成为中国近年来成功出海的科技企业代表,但中国企业的身份和科技企业的属性使TikTok成为中美科技新冷战中美国打压中国的对象。

美国和中国分别是世界数字经济第一和第二大国,数字经济的相互依赖使美国对中国科技领域的打压必将影响全球数字经济发展。数字经济已经成为疫情后全球经济复苏的动力之一,其提供的多元化平台型经济应用场景为全球中小型企业提供创收机会,但美国对TikTok的打压以及愈发严峻的对中国科技领域的遏制不仅影响中美两国科技企业,全球性用户可能都将受到影响。《TikTok帮助中小型企业成长,为全美消费者创造价值》报告显示,TikTok支持了美国700多万家中小企业,超过一半的小企业主表示,TikTok让他们能够与之前无法接触到的客户建立联系,增加销售额,提供就业岗位。然而,美国对TikTok的全面封禁管制将直接影响这些小型企业的经济利益。美国是经济全球化嵌入最深的国家之一,供应链和人才的全球化使得这种封禁对美国中小型企业造成的损失也将波及全球。

资料来源:杨乐,崔保国.三重属性下的社交媒体:美国封禁TikTok缘由及全球影响[J].传媒观察,2024(6):73-83.

讨论题

1. 美国政府为什么要封禁 TikTok？
2. 你认为 TikTok 如何应对政治风险？

（考核点：国际政治环境对企业国际营销的影响）

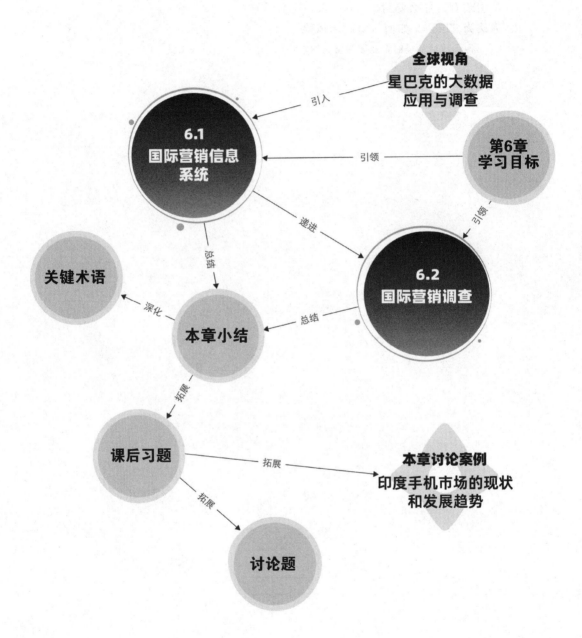

第 6 章

国际营销信息系统和营销调查

学完本章,你应该能够:
1. 掌握国际营销信息系统的定义及其内容;
2. 理解国际营销信息的来源;
3. 了解国际营销调查的对象;
4. 理解国际营销调查的资料;
5. 熟悉国际营销调研的方法及过程;
6. 了解网上国际营销调研作用。

全球视角

星巴克的大数据应用与调查

不仅仅一堆咖啡豆是星巴克吸引顾客的招数,大数据也是。2024 年,全球 40 000 家星巴克每个星期约完成 1.6 亿次交易,这些数据虽然磨不成好喝的咖啡,却能用来改善客户体验、推动营销、做好销售和业务决策,吸引回头客。比如,星巴克的奖励计划和移动应用服务。当星巴克推出奖励计划和移动应用的时候,它收集的数据量快速增加,这些数据可以用来了解其客户,提取有关购买习惯的信息。星巴克的移动应用拥有超过 1 700 万个用户,奖励计划有 1 300 万活跃用户。光是这些用户,就产生了大量有关他们购买咖啡和补充产品的信息,包括天气、节假日和特别促销等数据。

奖励计划和移动应用的会员需要授权星巴克收集关于他们咖啡购买习惯的大量信息,从他们喜欢的口味到他们一般购买的时间等各种信息。因此,即使人们去了另一家星巴克买咖啡,POS(销售终端)系统也能够通过客户的智能手机进行识别,并向咖啡师提供他们的喜好。此外,根据订购偏好,移动应用还会建议客户尝试新产品。而这一切都是由星巴克的"数字飞轮"计划推动的,"数字飞轮"是一个基于云的人工智能引擎,能够向那些不知道点什么但想尝试一些新东西的客户推荐食品和饮料。它给出的推荐会根据当天的天气情况、是节假日还是工作日、所在位置等相关因素发生变化。除了帮助星巴克给客户提供尝试新产品的建议之外,它也帮助星巴克推送个性化的优惠和折扣,而不仅仅是生日那天的折扣。此外,"数字飞轮"还会给那些最近没有去过星巴克的客户发送定制电子邮件,根据历史购买记录提供诱人的优惠,吸引他们再次光顾星巴克。你可以使用"我的星巴克咖啡师"应用,发送语音命令或消息给虚拟咖啡师下单,其中就使用了人工智能算法。由于每个订单的细微差别很多,所以人工智能引擎能够提供无缝的客户体验是一件相当成功的事情。

当星巴克决定扩张业务,给客户提供那些他们可以在杂货店买到、在家享受的产品时,就会借助数据来决定应该提供什么产品。星巴克收集了关于顾客如何订购饮料的数据,并将这些信息与其他有关家庭消费的行业报告结合起来,打造了其杂货店产品线。从南瓜拿铁到不加牛奶或者其他口味的冰咖啡,星巴克以数据驱动的生产扩张方式是一种智慧商业。一些星巴克店会提供酒精饮料,但星巴克会根据数据显示酒精消费量最高的地区来决定哪些店可以提供"星巴克之夜",从而成功更新菜单。此外,星巴克还会根据当时的情况推出限量发售的菜单项。举个例子,当田纳西州孟菲斯市正在经历一场热浪时,星巴克会在当地启动 Frappucino 促销活动,吸引人们去抗击热浪。而且,虽然星巴克有 87 000 种饮料组合可供选择,但它会持续监测哪些饮料最受欢迎而对菜单不断进行修改。

6.1 国际营销信息系统

6.1.1 国际营销信息系统的定义

国际营销信息系统(marketing information system,MIS 或 MKIS)是企业为执行可持续收集、分类、分析、评价、储藏以及传递市场营销决策者需要的适时而准确的信息(知识)的职能,对企业的人力、设备以及运行程序进行公式化的整体概念。

国际营销信息系统包括内部记录系统(internal records system)、市场营销情报系统(marketing intelligence system)、市场营销调研系统(marketing research system)以及市场营销决策支持系统(marketing decision support system,MDSS),如图 6-1 所示。

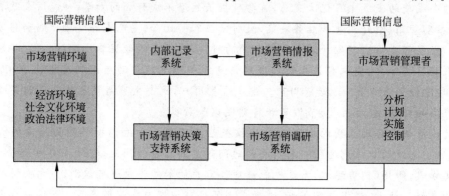

图 6-1 国际营销信息系统

1. **内部记录系统**

内部记录系统指的是企业内部最基本的报告体系。它包括关于订货数量、价格、库存以及各种票据资料的报告书。这些信息是关于企业过去和现在的资料,为企业进行营销决策提供参考。营销管理人员必须以产品、国家和地区为基础进行分类,并深入分析有关目前与过去销售及成本的信息。

2. 市场营销情报系统

市场营销情报系统指的是与企业外部环境变化有关的日常情报的提供体系。它包括市场营销管理者可以灵活使用情报的程序和情报源泉。该系统是整个信息系统的核心，其信息主要包括国际市场营销环境、国际市场产品、价格、分销、促销和竞争信息等。

国际营销情报的质量和数量决定着企业营销决策的灵活性与科学性，进而影响企业的竞争力。

3. 市场营销调研系统

市场营销调研系统指的是市场营销管理者对某些特定的市场营销问题和市场营销机会进行专题调查研究的调研体系。它包括营销额大幅度下降原因的说明和开发新产品之前的目标市场预测及潜在购买顾客的预测。例如，企业打算对产品大幅度降价，往往会责成一个精干的调研小组，对降价的可行性、利和弊、风险性以及预防性措施进行专题研究，并把调研结果呈决策人参考。

4. 市场营销决策支持系统

市场营销决策支持系统指的是市场营销管理者能够灵活使用的硬件和软件体系。它包括计算机硬件系统、统计处理软件以及决策模型。它主要根据研究内容建立各种数据库和市场营销分析模型。完善的市场营销决策支持系统，通常由资料库、统计库和模型库三部分组成。

内部记录系统、市场营销情报系统、市场营销调研系统、市场营销决策支持系统四个子系统相互依赖、相互联系。国际市场营销信息系统的建立要坚持系统化原则，必须要同企业国际市场营销结构和营销管理体系相互配套，系统应具有较强的适应性和可靠性，以便更好地适应企业内部条件和国际市场环境。

6.1.2 国际营销信息的来源

1. 人

对全球公司的总部主管来说，人是最重要的信息来源。在外部信息的获取中，最重要的人的来源，是公司在国外的各子公司、联营公司和分支机构中的主管人员。国外主管作为关于世界环境的信息来源，其重要性是现代全球公司最引人注意的特性之一。总部主管的普遍观点是，公司的国外主管是最了解他们的领域正在进行什么的人。

分销商、消费者、顾客、供应商和政府官员也是重要的信息来源。来自这些来源的信息，主要由这些国家中的基层经营人员获得，而不是总部职员。其他来源还有朋友、熟人、职业伙伴、自由身份的大学顾问以及雇佣候选人，特别是如果他们已经为竞争者工作过。

2. 文件

在近年来影响信息可获性的所有变化中，或许没有一个比文件信息的大量涌出更为明显。这种现象已经产生了一个重要问题，即所谓的信息爆炸。对必须得知数量众多的各国家市场的信息的国际营销商来说，这个问题尤其尖锐。

虽然主管被文件信息所淹没，但是只有少数公司建立起正式的系统对文件信息进行控制。正式监控系统的缺乏导致了大量的重复劳动。一种典型的重复形式是：即使某个主题领域有好几种优秀出版物,整个管理团体的习惯做法仍然是都只阅读该领域中的某一种主题出版物。

辨别不必要的重复的最好办法是,对阅读活动进行稽核,即要求每一个相关人员列出其定期阅读的出版物,对这些清单进行合并,可以揭示出整个团体阅读的关注重点所在。

3. 感觉

若以消息量来衡量,直接感觉作为一种来源,所提供的信息在主管所需获取的信息中占的比例非常有限。不过,它为来自人和文件来源的信息提供了必不可少的背景。直接感觉有三种类型。

一种是可以很容易地从其他来源中获得的信息,但它要求对实际现象有感官感觉,以将信息记录在感应者的脑海中。以某个主管的经历为例,该主管在历时3小时的飞行中,认识到了澳大利亚和新西兰之间的距离。

另一种是无法现成地从其他来源中获得的信息。举一个例子,有这样一条信息:一个公司正在某国组建能够生产竞争性产品的工厂。该国内的当地主管每天在驱车去他们办公室的路上,都经过新工厂,但没有意识到正在建造的工厂生产产品X的潜力。建立工厂的公司向外宣布其要生产产品Y,当地主管接受了这个说法。当总部主管被载送经过工厂时,他立刻认识到这个工厂可能能够生产产品X。他拥有技术知识,这使他能够从一个实物(工厂)中察觉信息,其当地主管却不能察觉这种信息。

这两种直接感觉说明了能从直接感觉来源获得的消息。不过,第三种直接感觉可能最为重要,它指的是人们从观察中获得的背景信息。一方面,要接收报告或倾听描述,假设是关于一种新的零售渠道,如欧洲巨型市场。另一方面,需要实地考察一下这样的渠道。当然,在多国营销中,要采用直接感觉来源获取信息,旅行是必不可少的。因此,旅行是该来源使用中的变量。旅行不应该仅仅被看作对现有业务进行管理控制的工具,它还应该被看作在信息搜索中不可缺少的工具。

4. 信息感觉和媒介

媒介是信息传递的渠道。任何营销信息系统都建立在三种基本媒介的基础上:用来传递言语和数字的人的声音,印刷的文字和数字,通过视觉、听觉、嗅觉、味觉和触觉获得的直接感觉。近年来,由于电子和旅行方面重要的技术创新,这些基本的信息系统媒介均有所扩展。对营销信息系统尤为重要的是,在电话、电报、传送声音和数据的人造卫星通信网络以及喷气式飞机运输等方面,有了令人印象深刻的发展。

电话、电报和传真,是信息在国际上传递的重要媒介。在一次研究中,国际主管获得的所有重要信息中有67%来自电话、电报和传真,而其中又有81%由声音传递。不仅如此,在由声音传递的来源于人的信息中,94%是在面对面的谈话中传达的。这一发现更显示出喷气式飞机作为一种通信设备的重要性,因为国际营销中大部分重要信息的传递是通过面对面情形中的人来完成的,而这些人能走到一起无疑

扩展阅读6-1 可口可乐:跌入调研陷阱

应归功于喷气式飞机的高速旅行。同时,它也强调了全球公司在世界范围的场所间寻求更具效率和成本效益的信息传递方法的增长趋势。

互联网为国际营销提供了新的信息渠道,它突破了地域限制,使企业之间的信息交流

更加便捷,大大加快了国际营销市场的形成和融合。利用大数据、人工智能等技术,国际营销企业可以更精准地定位目标客户,取得关键市场信息。同时,社交媒体、内容营销、直播营销等新手段也为国际市场营销提供了更多可能性。通过社交媒体、电子邮件、在线聊天等工具,国际营销企业可以与潜在客户和现有客户进行沟通与交流,了解他们的需求和反馈,并提供个性化的解决方案。

即测即练6.1

6.2 国际营销调查

6.2.1 国际营销调查的意义

所谓的国际营销调查是指生产企业运用科学方法,以出口市场开拓及增进海外销售为目的,有计划、有系统地收集、整理、分析国外市场环境和市场信息,以便从中了解国外市场商品供求发展变化的历史和现状,找出其发展变化规律,寻找和发现进入国际市场的各种机会。

扩展阅读6-2　国际市场营销调研起源

在国外市场激烈竞争的条件下,一家企业若要确保现有的地位,又要图谋将来的发展,则必须设法拿出比竞争对手更优秀的产品,这是企业活动的主要内容。市场调查就是前提和基础。它是人们借以了解市场客观情况,找出市场发展变化的规律,作为企业部门生产和营销决策的向导。

调研技术的日益进步,为国际营销调研活动的开展创造了有利条件。这些研究技术中,凝聚着诸如经济学、统计学、社会心理学、计算机科学等学科的研究成果,国际营销调研人员要善于学习和引进这些研究技术,并努力将之创造性地应用到国际营销调研实践中去。利用互联网的新平台和资源,可以进行国际营销调研,如网站、社交媒体、电子邮件、在线问卷、在线访谈、在线实验等,它们可以提高国际营销调研的速度和便捷性,降低市场调查的成本和风险,扩大市场调查的覆盖面和参与度,增加市场调查的互动和反馈。移动技术利用移动设备和应用,如手机、平板、智能手表、移动应用、短信、二维码、位置服务等,可以提高国际营销调研的灵活性和实时性,提高市场调查的准确性和可信度,丰富市场调查的形式和内容,提高市场调查的个性化和定制化。人工智能技术利用人工智能的算法和模型,进行国际营销调研,如机器学习、深度学习、自然语言处理、图像识别、语音识别、情感分析等,可以提高国际营销调研的智能性和自动化,提高市场调查的分析和解释的水平和质量,挖掘市场调查的隐含和潜在的信息和价值,增强国际营销调研的创新和变革的能力和潜力。

6.2.2 国际营销调查的对象

1. 国际市场营销环境信息

国际市场营销环境信息指的是影响国际市场营销的经济、自然、人口、技术、政治、法律、社会、文化方面的信息。这类信息常按地区、国别进行分类,但也需要进行比较对照。

1) 自然环境信息

自然环境信息包括地理位置、土地面积、地形和地貌、自然资源、气候温度、空气湿度、日光照度、气候变化等。

2) 人口信息

人口信息包括:人口规模,如人口增长、人口分布、人的年龄、居住地区、人的性别等;人口分布,如家庭结构;人口流动等。

3) 经济状况信息

经济状况信息包括国民收入、人均收入、产业结构、产业增长等。

4) 进出口贸易信息

进出口贸易信息包括:消费结构,如消费者收入、消费者支出模式、实际购买能力等;国际收支,如经常项目、资本项目等。

5) 金融信息

金融信息包括:通货,如货币国别、货币单位等;物价,如主要商品价格、指数、价格控制等;外汇,如外汇制度、汇率等;银行,如信贷制度等。

6) 基础设施信息

基础设施信息包括:交通,如铁路、公路、海运、空运的路线、口岸设施、费用等;现代通信,如电脑普及率、电话、电信、电传等。

7) 政治信息

政治信息包括:政治体制,如政党;政府政策,如外交关系、最惠国待遇;政治风险,如政变、罢工、动乱、战争等。

8) 工商法令信息

工商法令信息包括:关税制度,如税率、海关手续;贸易外汇管理法规;进出口数额限制;外国人投资法则等。

9) 人文信息

人文信息包括:语言,如官方语言、商业用语等;教育,如平均受教育程度、各类教育人口分布等;风尚,如宗教信仰、伦理道德、特殊的禁忌、风俗习惯等。

2. 国际市场产品信息

国际市场商品种类繁杂多样、包罗万象,商品市场生命周期不断缩短,商品行情错综复杂,既动荡又混乱,企业只有重视国际市场商品调研,掌握大量的国际市场商品信息,才能在国际市场营销中站稳脚跟,取得成功。国际市场产品信息包括:消费者对产品的购买习惯、购买动机和禁忌偏好;消费者对产品(包括服务)的特殊要求、满足程度及原因分析;国际市场产品的潜在消费者和潜在购买力情况;国际市场产品生命周期和产品发展趋势;国际市场产品销售的地区分布和地区结构;国际市场上该产品的替代品和互补品情况；国际市场消费者的购买对象、地点、时间、频率和方式等。

3．国际市场营销组合信息

国际市场营销组合信息指的是国际市场上有关产品销售、价格制定、分销渠道的选择、促销措施的运用及营销效果的情报和资料，是国际市场有关产品销售活动情况的反映。

1）国际市场分销渠道信息

企业进行国际市场营销，不仅要考虑销售什么产品，还要考虑如何销售，如何以最少的费用、最短的时间、最高的效率将产品最快地销售到消费者手中。分销渠道的选择，与降低销售成本关系极大。国际分销渠道纵横，中间环节复杂，详细的调研、对信息的了解和收集必不可少。

国际市场分销渠道信息主要有：国际市场一般中间商的选择和评价，如批发商、代理商、零售商的营销性质、特点及各类中间商的具体形式；国际市场特定中间商的选择和评价，如中间商的资信、营销现状及发展趋势、产品结构、可提供的服务、仓储条件、地理位置及合作的态度等；国际市场零售网点的情况，如零售网点的类型、规模、数目、密度、分布情况等；国际市场储运情况，如运输工具、运输方法、仓库数量、仓库所在地及商品储放技术条件等。

2）国际市场促销信息

由于各国各地风俗习惯不同、经济条件不同、文化差异大，因此，通过独具特色、卓有成效的促销措施，提高产品在国际市场上的知名度、扩大产品的声誉，是进行国际市场营销应当高度重视的问题。要制定科学的促销决策，必须依靠对国际市场促销信息的收集和运用。

国际市场促销信息主要有：①国际市场常用的促销方法，如人员推销、广告、公共关系、营业推广等。②国际市场消费者对各种促销方式的敏感程度，如对降价拍卖、有奖销售、配套销售、赠送、广告等各种方式的反应。③国际市场广告媒体，如媒体的种类、媒体各自的影响力等。④国际市场消费者的习惯，如各种类型的消费者接触何种媒体形式、何时去何种媒体上做广告最好等。

3）国际市场营销效果信息

这是对企业在国际市场上营销活动的反馈，是企业评价营销行为、调控营销活动全过程的客观依据。

国际市场营销效果信息主要有：①产品销售效果，如消费者对产品的接受程度、对产品的满意程度、产品的市场占有率等；②定价策略效果，如消费者对价格的接受程度、竞争对手的反应等；③分销渠道效果，如国际市场销售网情况、委托代理情况、同中间商合作的情况等；④促销效果，如人员推销的成果、广告宣传的效果、公共关系的情况、企业声誉提高的程度、企业知名度提高的程度等。

4．国际市场竞争对手的信息

国际市场竞争对手的信息是指企业在国际上开展营销活动面临的主要竞争对手的各种情报资料，是企业制定竞争决策的主要依据。

国际市场竞争对手的信息主要有：①主要竞争对手是谁，如竞争对手位于哪个国家、地区,是什么性质等;②竞争对手的实力,如竞争对手的人力、物力、财务和技术力量、生产能力、管理水平、信誉、经营历史等;③竞争对手的产品,如竞争对手的产品线、产品结构、产品的性能、包装、商标、品牌、产品生命周期、消费者的接受程度、市场营销情况;④竞争对手的价格,如竞争对手的生产成本、价格决策、价格策略、产品的销售价格及对企业利润的影响等;⑤竞争对手的分销渠道,如竞争对手选择什么中间商、是否利用中间商、对中间商的政策、同中间商的合作关系及中间商的情况等;⑥竞争对手的促销,如竞争对手采取什么促销措施、促销措施的效果、促销的费用等;⑦竞争对手的营销服务,如竞争对手的服务项目、服务方针等。

6.2.3 国际营销调研方法

国际市场营销活动调研的方法大致有以下四类。

1. 定性研究方法

定性研究方法是对研究对象质的规定性进行科学抽象和理论分析的方法,这种方法一般选定较小的样本对象进行深度的、非正规性的访谈,以进一步弄清问题、发掘内涵,为随后的正规调查做准备。但也正是因为这一点,定性研究受到的批评最多。从本质上讲,许多调查者都不愿意根据小样本调研结果进行重大的战略决策,因为它在很大程度上仅仅依赖于调研者的主观认识和个人解释。统计性较强的大样本分析是市场调研中调查者感觉比较放心的部分,因为这些数据是通过精确而科学的方法收集到的。但即便是这样,定性研究不断普及的势头并未减缓。究其原因,除了其调研成本低外,没有更好的方法能了解消费者内心深处的动机和感觉,而这恰恰又是市场调研非常看重的部分。

在实践中,无论运用哪种方法,都要尽量将定性研究与定量研究结合起来。定性研究和定量研究相结合,可以更加透彻地了解消费者的需求和市场情况,从而获得更加客观、详尽的结论。

超级链接6-1 数据分析和定性访谈助力中国企业开拓"一带一路"市场

1) 焦点小组座谈法

焦点小组座谈法源于精神病医生所用的群体疗法。目前的焦点小组一般由8～12人组成,在一名主持人的引导下对某一主题或观念进行深入讨论。焦点小组调研的目的在于了解和理解人们心中的想法及其原因。调研的关键是,使参与者对主题进行充分和详尽的讨论。调研的意义在于了解他们对一种产品、观念、想法或组织的看法,了解所调研的事物与他们的生活的契合程度,以及在感情上的融合程度。

焦点小组座谈法不是一问一答式的面谈。它们之间的区别也就是"群体动力"和"个人面谈"之间的区别。群体动力所提供的互动作用是焦点小组座谈法成功的关键;正是因为互动作用才组织一个小组而不是进行个人面谈。使用群众会议的一个关键假设是,一个人的反应会成为对其他人的刺激,从而可以观察到受试者的相互作用,这种相互作用会产生比同样数量的人做单独陈述时所能提供的更多的信息。

2) 个人深度访谈

个人深度访谈是一种无结构的、直接的、一对一的访谈。在访谈过程中,掌握高级访谈技巧的调查员对被访者深度访谈,以揭示被访者对某一问题的潜在动机、信念、态度和感情。

个人深度访谈使得研究者有机会认识、了解当事人的经验、观察和体会,也有机会听到当事人对自己经验的解释,了解当事人的世界观,对周边的人、事、物的看法以及与周边人、事、物的关系。

个人深度访谈法用于获取对问题的理解和深层了解的探索性研究,适用于个案分析,尤其是对一些政府部门相关人员访谈、竞争对手研究、专业人士访谈等。个人深度访谈可以详细地了解被访者的想法;探讨一些保密性、敏感性或者可能会引起尴尬的话题等。

3) 投影法

投影法的关键特点是先展示给应答者某种模糊的、非结构性的物体、情形、语句或人,并请他做解释。这种方法的基本依据是人们在谈论他人、从他人角度看问题或处理某些事情时会间接表达他们自己。这样就可以突破人们的心理防御机制,揭示应答者内心深处真实的情感与意见。

投影法使用的场合是应答者没有能力直接给予有意义回答的问题或情形,比如:不了解某种行为的原因;不清楚购买、拥有或使用一个产品对他们意味着什么;不清楚他们自己的情感,或不愿意承认对他们自我形象有损害的方面时,或出于礼貌以至于不愿批评他人。投影法的常用类型有词语联系、填空试验、角色扮演和第三者角度等。

2. 访问法

访问法又称调查法,即直接向被调查人提出问题,并以所得到的回答作为调查结果。其通常需要预先准备调查内容,最好能设计一套精确的调查表格。这是最常见和最广泛采用的方法。它包括以下几种。

1) 面谈访问

面谈访问是以访问的方式派调查员直接向被调查者提出问题。无论是工业品市场还是消费品市场,面谈获得信息是最可靠的方法。在有深度要求和准确度要求的调研活动中,面谈访问是必不可少的。但这种访问一般费用高、时间长,容易受到调查员情绪和看法的影响,使资料带有偏见。它适用于调查对象范围小、问题相对集中的情形,或者调查的问题较复杂、需做深入探讨的情况,还有临时性调查任务,没有事先拟订问卷等情况。

2) 电话调查

电话调查是由调查人员根据事先确定的原则抽取样本,用电话向被调查者询问。这种方法费用较低、完成快,并可听取用户询问或提出调查提纲以外的问题,取得额外的信息。由于电话普及率高,对调查非常有利。其不足之处是:电话调查只限于简单问题,照片、图表无法利用。

3) 邮寄调查

这种方法是将拟好的调查表格邮寄给用户,由他们填写寄回。此方法较面谈费用低、时间快,但主要缺点是回收率低、时间长,调查问题仅限于简单明了的。邮寄调查中的另一个问题是,问卷的邮寄在许多发展中国家十分困难。有些国家的邮电系统的效率极低,如巴西的国内信函有30%根本收不到。

4) 计算机访问

国外有些调研公司在购物中心建立交互式计算机终端。愿意被采访的人阅读显示屏上的问题,输入他的回答。这种访问信息收集的随意性较大。

5）投影法

这是一种间接探测被调查者态度的方法。有许多人不愿在被访问时袒露自己真正的态度和动机,投影法的目的在于使被调查者非自觉地表露其个性和思想。例如,用一些语句、漫画等启发被调查者,让他们自由发挥,在不知不觉中流露真正动机。投影法是一种心理测试法,它需要具备一定的心理知识,且成本较高。

3. 观察法

观察法指调查者通过直接观察和记录被调查者的言行来收集资料的方法,即调查者直接到调查现场,耳闻目睹顾客对市场的反应或公开言行,或者利用照相机、录音机、监视器等现代化手段间接地进行观察以收集资料。观察法可根据不同的调查目的,采取多种形式。

1）现场观察形式

调查者参加各种展销会、展览会、订货会,观察和记录商品、竞品发展情况,以及各种商品的性能、式样、价格、包装等。中国许多企业都是利用这种方法在"广交会"上进行调查的。

2）顾客动作观察形式

在设计新商品时,应当研究如何陈列能吸引顾客。调查者可以观察类似的商品,或用录像机摄下顾客在类似商品中的活动,作为设计新店的参考。

3）店铺观察形式

调查者亲自到零售店或参加展销会、陈列会等,观察并记录商品的销售情况。如调查者调查消费者的实际购买或询问商品的品种、商标、包装等,了解消费者需求,也可统计购买人次,观察客流量和客流规律。这种方法更适合于有条件自办店铺的企业。

观察法是通过实际观察,直接了解顾客反应,调查结果更接近实际。这种方法须长期坚持,结合统计资料进行。其缺点是只看表面现象,观察不到内在因素,不易分析原因。因此,这种方法需要调研人员具有较高的技术业务水平。例如,具有理解不同国家文化差异,并排除受本国参照标准影响的能力。为了弥补观察法的不足,可在观察的同时,结合运用访问法。

4. 实验法

实验法是从影响调查对象的若干因素中选出一个或几个作为实验因素,在其他因素不发生变化的条件下,了解实验因素变化对调研对象的影响。该实验限于小规模活动。实验法在市场调研中的主要形式有以下两种。

1）新产品销售实验

在试销中听取反映,改进设计,提高质量,定型生产经营。

2）产品展销会实验

调查者可通过分析展出产品的销售情况并实地听取顾客的反映意见,来预测新产品的发展情况和产品的销售量。

实验法所得资料来源于实践。这种方法科学,收集的原始资料可靠,但不宜选择社会经济因素类似的实验市场,且实验时间较长,成本较高。

6.2.4 国际营销的调研数据分析

1. 数据整理

数据收集之后,营销调研的重点应该转向数据的整理与分析。数据的整理过程包括编辑、编码和列表。

1) 编辑

编辑是对数据进行筛选,即发现、"挤出"收集的营销研究数据中的"水分",选择真正有用的数据。编辑通常分为实地编辑和办公室编辑。实地编辑是初步编辑,其主要任务是发现数据中非常明显的遗漏和错误,帮助控制和管理调查实施队伍,及时调整研究方向、程序,帮助消除误解及有关特殊问题的处理。办公室编辑要对不完整答卷、错误答卷和无兴趣答卷予以处理,并对次级数据进行审核。

2) 编码

编码是给问题的答案配上数字或符号的过程。编码出来后,还要编制编码明细单,以便计算机输入和分析。

3) 列表

列表是把相似的数据放在一起,以表格形式加以展示的过程,以进行数据的初步分析。

2. 数据分析

数据分析是利用企业内外的整理数据资料,运用统计原理,分析市场及销售变化情况,以使销售效果分派到最有利的途径上去。该方法所采用的主要形式有以下两种。

1) 趋势分析

将过去的资料累积起来,进行分析对比,加以合理延伸,以推测未来的发展方向。如通过某企业几年内的销售量都是递增5%左右,就可以推测出近两年的增加额和增长速度。这种方法只能分析一个变量,如销售量与时间的关系。

2) 相关因素分析

分析统计资料中各变量彼此是否有关,以及相关程度的大小。也就是以一个变量分析另一个变量的发展情况,如人口的增长率与销售变量的关系,价格与供求的关系等。

统计分析法简便易行,可以经常运用,以弥补其他调研法的不足。但这种方法依据史料,现实发生变化的因素没有包括在内,调研中应给予注意。

3. 数据解释

数据分析是把每组数据以某种形式重新组合起来,以便从中发现有用的信息。数据解释是在数据分析的基础上进行的,即把已经分析过的数据与其他一些现存的数据放在一起,通过比较,得到与研究目的有关的信息。如从各种分散数据中归纳出结论,然后根据结论提出各种备选的国际营销策划方案。

研究者进行研究时的客观态度对数据的收集是非常重要的,这种对客观性的要求在对数据的解释中更重要。由于研究者控制着要解释的数据,他们可能把那些和他们预计结果相悖的数据搁在一边。

6.2.5 国际营销的调研过程

由于时间、成本及当前技术手段的限制,市场调研人员进行调研时就不得不有所放弃。调研人员必须在现有限制条件下努力争取最精确可靠的信息。调研取得成功的一个关键是要系统地、有条理地收集、分析资料。不管调研计划是在纽约还是在新德里实施,其过程都应由下述五个步骤组成(图6-2)。

图6-2 营销调研过程

(1) 确定问题和调研目标:明确要进行调研的问题,确立调研目标。问题的定义既不要太宽,也不要太窄。调研目标要尽可能具体。调研有探索性(exploratory)调研、描述性(descriptive)调研、因果性(causal)调研。

(2) 制订调研计划:要制订一个收集所需信息的最有效的计划。营销经理在批准计划以前需要估计该调研计划的成本。在设计一个调研计划时,要求作出如下决定。

① 资料来源:决定达到调研目标的信息来源,第一手资料(primary data)和第二手资料(second data)。

② 调研方法:访问法、观察法、实验法、统计分析法。

③ 调研工具:调查表(questionnaires)和仪器(mechanical instruments)。

④ 抽样计划:抽样单位、样本大小、抽样程序。

⑤ 接触方法:邮寄调查表(mail questionnaire)、电话访问(telephone interviewing)、人员面谈访问(personal interviewing)[包括安排访问(arranged interviews)和拦截访问(intercept interviews)]、在线访问(on-line interviewing)。

(3) 收集信息:收集有关的第二手或第一手资料。影响信息收集的因素包括:被调查者不在位,被调查者拒绝合作,被调查者的偏见或不诚实的回答,调查者的偏见或不诚实。

(4) 分析信息:利用先进的统计技术和决策模型,对结果进行分析、解释与总结。

(5) 陈述研究发现:陈述调研人员对相关问题的研究发现。调研人员不应该造成使管理层埋头于大量的数字和复杂的统计技术中去的局面,否则他们会丧失存在的必要性。最后,将结果成功地传递给决策者。

尽管调研过程在所有国家都很相似,但是由于文化与经济发展的不同,在实施过程中会出现差异及问题。虽然在英国或加拿大调研的问题可能类似于美国,但是在德国、南非或墨西哥的调研可能具有难以应对的不同特点。这些特点会明显地体现在调研过程的第一步——问题的确定上。

即测即练6.2

本章小结

国际营销信息系统包括内部记录系统、市场营销情报系统、市场营销调研系统、市场营销决策支持系统。

国际营销信息源的位置有组织内部和组织外部；信息源的类型有人、文件和感觉；各种信息源的相互关系有亲身关系和非亲身关系。

国际营销调查的对象包括国际市场营销环境信息、国际市场产品信息、国际市场营销组合信息、国际市场竞争对手的信息；国际营销调研方法包括定性研究方法、访问法、观察法、实验法；国际营销调研过程由五个步骤组成。

关键术语

国际营销信息系统（international marketing information system）

营销决策支持系统（marketing decision support system，MDSS）

国际营销信息来源（the source of international marketing information）

国际营销调查（international marketing research）

国际营销调查对象（international marketing research object）

课后习题

1. 国际营销信息系统包括哪些内容？
2. 国际营销调研的方法都有哪些？
3. 国际营销调研过程的步骤都有哪些？

印度手机市场的现状和发展趋势

2024年8月13日，知名数据调研公司IDC正式发布了2024年印度市场报告。报告显示，2024年上半年印度智能手机整体出货量为6 900万台，同比增长7.2%；第二季度出货量为3 500万台，同比增长3.2%。连续两个季度的同比增长，无疑是一个积极的信号。在品牌竞争方面，vivo以16.5%的市场份额夺得冠军宝座，同比增长6.7%。小米紧随其后，以13.5%的份额位居亚军，同比增长高达26.8%，增长势头强劲。三星则以12.9%的份额位列第三，但同比下滑了15.4%。realme以12.6%的份额排名第四，同比增长3.4%。OPPO以11.5%的份额位居第五，同比增长7.9%。苹果以6.7%的份额排名第六，同比增长24.2%。摩托罗拉以6.2%的份额排名第七，同比增长幅度惊人，达到179.7%。POCO以5.7%的份额排名第八，同比增长17.0%。一加排名第九，市场份额为4.4%，同比下滑37.3%，成为下滑幅度最大的品牌。iQOO以2.7%的份额排名第十，同比增长31.6%。

作为全球第二大人口国，印度拥有超过14亿的潜在用户，这为手机市场提供了巨大的消费基础。随着经济的发展,越来越多的印度消费者开始追求更高的生活质量,对智能手机的需求不断上升。尤其是在年轻一代中,智能手机已经成为生活中不可或缺的一部分,与其获取信息、娱乐和社交息息相关。随着印度5G建设的推进,从功能机到智能机、智能机到5G的更新换代也为智能手机行业的整体增长奠定了基础。爱立信移动报告指出,到2028年底,印度5G用户可能将占该国移动用户的57%左右,印度将成为全球"增长最快"的5G区域。

让我们具体看看中国手机的竞争优势。与国际知名品牌相比,中国厂商能够提供价格在5 000卢比(约合人民币400元)至20 000卢比(约合人民币1 600元)之间的多种产品,极大地满足了不同消费者的需求。在功能上,中国手机也不断创新,具备高清摄像头、长续航能力和快速充电等特点。这些强大的功能使得它在印度市场上受到热爱摄影和追求新技术的年轻人青睐。以小米和vivo为代表的品牌,通过优良的散热设计和个性化定制功能,使用户体验上升到了一个新高度。

在实际使用中,消费者的反馈进一步证实了中国手机的实力。不论是在游戏深度使用时的稳定性,还是在日常社交生活中的拍照表现,这些手机都能够提供令人满意的体验。例如,vivo手机在夜拍方面的优势使其在社交分享时获得了更多用户的认可。年轻人尤为青睐的高刷新率屏幕也为游戏体验提供了极强的舒适感,使得其在高强度使用场景中表现出色。vivo在产品设计上一直注重细节和品质,其CMF(颜色、材料、表面处理)定位也为其在印度市场赢得了良好的口碑。

总结来看,中国手机品牌在印度市场的成功绝非偶然,而是多个因素相互作用的结果。得益于经济环境的改善、用户需求的变化以及高性价比的产品特性,中国品牌不仅迎来了发展的机遇,同时也推动了整个行业的进步。对消费者来说,低价优质的手机选择更加丰富,而对企业而言,保持创新及合法经营将是未来发展的关键策略。因此,中国手机品牌在印度市场的热销现象不仅展示了其强大的市场潜力,也为其他品牌提供了借鉴。

讨论题

1. 印度手机市场的特点是什么?
2. 我国手机进入印度市场,需要调研哪些方面的内容?

(考核点:国际营销的调研对象和调研方法)

第三篇

国际营销战略

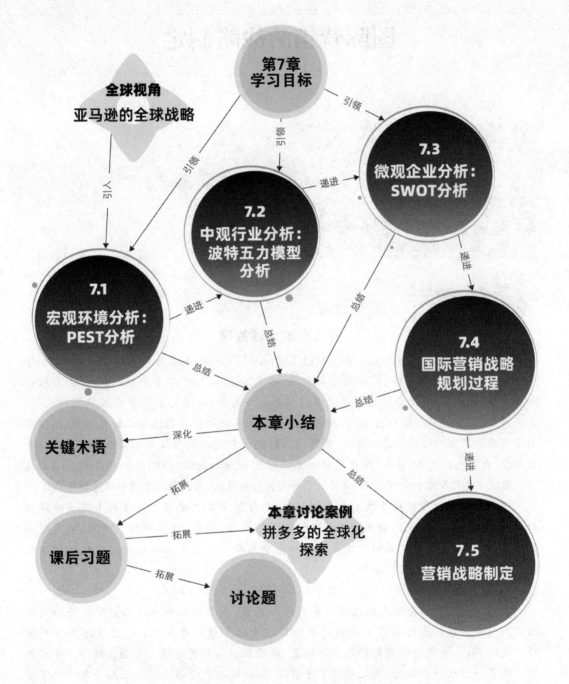

第 7 章

国际营销的战略制定

学完本章,你应该能够:
1. 了解企业营销战略规划的主要步骤;
2. 掌握企业的使命、愿景、价值观;
3. 掌握宏观、中观、微观营销环境分析的方法;
4. 掌握常见的竞争战略类型;
5. 熟悉营销战略制定的三项主要任务。

全球视角

亚马逊的全球战略

亚马逊(Amazon)由杰夫·贝佐斯(Jeff Bezos)于1994年在西雅图创立,最初是一家在线书店。凭借低价策略、广泛的商品种类,以及推出第三方卖家平台、Prime会员服务和Kindle等产品,亚马逊迅速扩展为全球领先的电商平台,奠定了其在内容市场的地位。2006年,亚马逊推出AWS(Amazon Web Services,亚马逊云服务),进军云计算领域,迅速成为全球云计算市场的领导者。其后,亚马逊继续拓展智能硬件与线下零售业务。随着业务全球化,亚马逊在欧洲、日本、印度等地布局本地化仓储和物流网络,进一步支撑其电商生态。通过多元化战略和持续创新,亚马逊已转型为科技巨头,并在全球市场中保持领先地位。

亚马逊的成功不仅源于技术和市场创新,更得益于其在全球扩展过程中对宏观环境的精准分析和快速反应。亚马逊深入了解各国的政治、经济、社会和技术环境,制定适应性战略,确保在复杂多变的国际市场中保持竞争优势。以下是亚马逊应对宏观环境变化作出战略、策略制定的案例分享。

1. 政治因素方面

亚马逊的全球业务遍布超过200个国家和地区,各个国家和地区的监管政策和政府态度对其运营和扩张具有深远影响。政治环境中的关键因素包括:①监管与反垄断挑战。在欧盟,亚马逊面临严格的反垄断调查,政府担心其利用市场主导地位排挤中小零售商。为了应对这一挑战,亚马逊调整了平台政策,确保在电子商务平台上给予中小卖家公平的展示机会。②税收政策差异。各国(地区)的税收政策不同,例如,印度和巴西对进口商品征收较高的关税。为了减轻税务负担,亚马逊投资建立本地化仓库和配送中心,实现产品的本地销售与配送。③政府对新兴产业的支持。在印度,政府大力推动数字经济,鼓励跨国企业参与本地电子商务发展。亚马逊顺势而为,推出"Amazon India",并通过扶持本地商家和提供培训增强本地化服务。

通过分析不同国家和地区的政治环境,亚马逊在合规中寻找业务机会,避免监管风险,并利用政府支持推动市场快速扩张。

2. 经济因素方面

各国(地区)经济发展水平不尽相同,亚马逊的成功也得益于其对全球经济环境的深入理解和适应。经济环境中的关键因素包括:①经济周期转变。新冠疫情导致全球消费者更倾向于线上购物,亚马逊的订单量在疫情期间激增。为了应对这一需求,亚马逊增加了仓储设施,并招聘了超过10万名临时员工,以满足快速增长的物流需求。②汇率波动。由于亚马逊的业务遍布全球,不同国家(地区)之间的汇率波动会影响其利润。亚马逊通过在多个国家(地区)建立本地运营,减小跨境汇率波动的影响,同时实现业务的风险对冲。③居民可支配收入。居民随着可支配收入增加,开始追求更高品质的服务,亚马逊顺势扩展其 Prime 会员服务,使会员享受免费配送和流媒体服务。这一策略提升了用户忠诚度,并提高了平均消费金额,减少了因经济不确定性带来的客户流失。

通过分析经济因素,亚马逊把握了市场中的新机遇、优化了全球布局,并以多元化策略成功应对经济波动。

3. 社会因素方面

消费者的生活方式、环保意识和社会责任感的提升,正在重塑全球电子商务的运营模式。亚马逊通过对社会因素的分析,调整其业务运营模式和企业责任战略,以应对不断变化的消费者需求,包括:①消费者生活方式的改变。随着消费者对即日达和次日达的期待越来越高,亚马逊加大了在"最后一公里"配送上的投入,推出了无人机配送和本地微型仓储网络。②环保意识增强。面对全球范围内的环保呼声,亚马逊承诺在2040年前实现碳中和,并通过"Climate Pledge"计划减少供应链中的碳排放。同时,亚马逊开发了可重复使用的包装材料,减少一次性塑料的使用,赢得消费者的信任。③文化适应。在不同国家和地区,亚马逊根据消费者的文化背景和购物习惯推出定制化服务与多语言用户界面,并针对传统节日推出特别促销活动。

通过分析社会因素,亚马逊不仅满足了消费者对服务质量和环保的需求,还强化了其社会责任形象,提升了品牌美誉度。

4. 技术因素方面

技术的快速发展为亚马逊的业务创新和扩展提供了强有力的支持,包括但不限于:①自动化仓储与智能物流。亚马逊大规模投资于自动化仓库,使用机器人和AI技术提高订单处理速度。这不仅降低了人工成本,还提升了供应链的响应速度和可靠性。②个性化推荐与大数据分析。亚马逊利用大数据分析技术,根据客户的历史购买记录和浏览行为进行个性化推荐,提升了用户体验和销售转化率。③云计算的市场扩张。AWS 已经成为全球云计算市场的领导者,为企业提供灵活的云计算服务,并支持亚马逊自身的技术需求。AWS 的成功不仅增强了亚马逊的财务实力,也提升了其在高科技领域的品牌形象。

通过分析技术因素,亚马逊成功实现了业务创新和供应链优化,并通过 AWS 开辟了新的利润增长点。

亚马逊通过系统的外部宏观环境分析,在全球范围内适应了不同国家和地区的政治、经济、社会和技术环境。它不仅展示了如何应对各类宏观环境变化,还通过合规、经济布局、社会责任和技术创新,实现了业务的可持续增长。在 7.1 节中,我们就将学习本案例所展示的四个维度的宏观分析方法——PEST 分析法,用于帮助企业理解市场环境、规避风险并抓住机遇。

资料来源:亚马逊如何将其商业模式适应印度市场[EB/OL].(2016-07-21). https://hbr.org/2016/07/how-amazon-adapted-its-business-model-to-india.

每个企业所拥有的资源和能力都是有限的,这就意味着企业不得不统筹规划自己的资源和能力,以便在当今瞬息万变的市场条件下建立起自己的竞争优势,从事国际营销的企业更应如此。因此,企业赢得市场竞争的关键除了让顾客满意之外,还有进行市场导向的营销战略规划。本章将从宏观到中观到微观,阐述国际化企业在战略制定过程中的主要程序和内容。

7.1 宏观环境分析:PEST 分析

国际市场环境纷繁复杂,企业在制定营销战略前,要对自身所处的环境进行准确的评估。PEST 分析是全球营销中必不可少的工具,帮助企业系统地分析进入新市场时可能面对的宏观环境因素。这些因素位于企业外部,并且通常难以直接控制,但对企业的市场表现和战略制定具有重大影响。PEST 分析通过识别和评估政治、经济、社会和技术四个关键维度,帮助企业进行风险识别与规避、调整营销战略,以适应不同市场环境的需求,确保企业作出有效的市场进入决策,抓住潜在的市场机会。

PEST 分析的四个组成部分如图 7-1 所示。

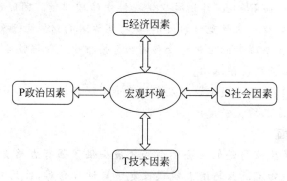

图 7-1 PEST 分析的四个组成部分

1. 政治因素

政治因素(political factors)包括:①政治稳定性。频繁的政权更迭或社会动荡可能导致市场不确定性。例如,中东地区的政治动荡常常使跨国公司面临运营风险。②当地政府系列法规,包括关税与贸易协定、劳动法等。例如,RCEP 为参与方提供了降低关税的机会,从而使区域内的贸易更具吸引力。③政府对外资的态度。某些国家的政府可能鼓励外商投资,提供优惠政策,而另一些国家可能通过严格的审查和法规对外资设置限制等。这些因素对企业的运营、市场准入和成本产生直接影响。特别是在跨国业务中,不同国家的政治环境可能给企业的全球战略制定带来不同的挑战。

2. 经济因素

经济因素(economic factors)包括:①经济增长率与经济周期。企业进入一个国家时需要考虑该国当前的经济周期。处于衰退期的市场可能意味着较低的销售额和消费者支出,而快速增长的市场则意味着更多的扩展机会。②物价与通货膨胀率。高通胀率削弱了消费者的购买力,也增加了企业的运营成本。例如,阿根廷的通货膨胀导致了当地市场对价格波动的敏感性,企业不得不频繁调整价格以保持竞争力。③汇率波动。汇率的变动可能影响跨国企业的利润。当美元对其他货币升值时,出口到美国的商品价格可能变得更具竞争力,但也可能导致进口成本上升。此外,还应该考虑诸如消费者收入水平、就业率、贫富差距等指标。经济环境决定了一个国家市场的整体健康状况,这些因素对跨国企业的市场前景及盈利空间产生直接影响,是制定营销战略前必须要考虑的部分。

3. 社会因素

社会因素(social factors)包括:①人口结构。不同国家的年龄分布会影响对产品和服务的需求。例如,老龄化社会会更倾向于购买医疗、健康相关产品,而年轻人口则对科技和时尚产品有更大需求。②文化和宗教差异。文化和宗教差异深刻影响消费者的购买决策。例如,耐克在伊斯兰国家推出符合伊斯兰教文化的运动服,赢得了当地市场的好评。星巴克在中国推出了茶饮,获得了部分中国人的青睐。③生活方式与价值观。随着全球化和技术进步,消费者的生活方式不断变化,企业需要适应这些变化。例如,随着全球环保意识的提升,消费者更倾向于选择环保产品。此外,诸如教育水平、民族特征等指标也不应被忽略。这些因素影响了消费者的购买习惯和品牌偏好,是制定市场细分和定位策略的重要依据。

4. 技术因素

技术因素(technological factors)包括:①技术基础设施。如自动化率、互联网渗透率、物流和通信基础设施等,这些基础设施的缺失会影响企业的营销方式和供应链管理。例如,非洲的互联网普及率较低,这限制了跨国企业利用电子商务开展业务的潜力。②技术普及。企业进入某个市场时,需要了解当地的技术发展水平。例如,数字支付技术在印度的普及使得像 Paytm 这样的电子支付企业迅速崛起,推动了数字经济的增长。③创新支持。政府对技术研发的支持,如提供科创企业减税降费,更加适合高科技企业进入。像德国这样的国家为科技公司提供了强有力的创新支持,吸引了大量跨国企业设立研发中心。这些因素决定了企业在特定市场上的运营效率、营销渠道以及客户服务的方式,通过识别社会因素和技术因素,企业可以定制化其产品或服务,建立独特的市场优势。

即测即练7.1

7.2 中观行业分析：波特五力模型分析

7.2.1 波特五力模型

PEST分析帮助企业了解目标市场中的政治、经济、社会和技术环境，从整体上识别影响市场进入和运营的外部因素。然而，进入市场后，企业不仅需要适应宏观环境，还必须深入理解其所在行业的竞争格局和盈利潜力。

分析行业总体竞争强度的一个非常有效的工具是波特五力模型（Porter's five forces model），其由哈佛大学教授波特在1979年提出，旨在帮助企业系统化地分析行业竞争强度和盈利潜力。这一模型从行业层面深入探讨市场结构和竞争态势，为企业的市场进入、定位和竞争策略提供支持。它填补了宏观环境分析的不足，将企业的视角从外部市场扩展到具体行业的微观竞争因素。

波特认为，特定行业的竞争强度由五种力量决定，如图7-2所示。

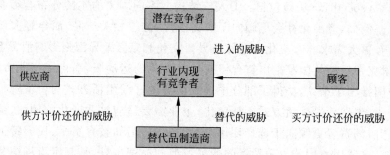

图7-2 影响行业竞争强度的五种力量

1. 行业内现有竞争者

现有企业之间的竞争往往是五种力量中最重要的一种。企业间的竞争在这几种情况下会加剧：竞争者数量增加、竞争者在规模和能力方面更为势均力敌、各竞争者投入增加、产品需求下降、降价策略被普遍采用、市场退出壁垒高、固定成本高、产品易变质、合并和收购在行业中很流行等。

2. 潜在竞争者

如果新竞争者可以很容易地进入某特定行业，则该行业内的竞争强度将加剧。当然，很多因素可以构成壁垒，包括技术、专利、经验、最小经济规模、顾客对原来产品的忠诚度、品牌偏好、销售渠道、政府的控制、原材料等。

3. 替代品制造商

替代品的存在客观上给企业产品的价格规定了上限，因为如果超过这个价格，消费者将转向替代品。替代品之间的替代关系越接近，替代品的价格越有吸引力，或用户改用替代品能降低成本时，替代品带来的竞争压力将会增大。

4. 供应商

如果供应商的讨价还价能力强，会加剧行业的竞争；反之，则会使行业的竞争强度减弱。容易理解，如果主要原材料都集中在有限的几个供应商手里，那么为了保持生产的稳定性,行业里的企业都会争着去讨好供应商,原材料的价格很可能被抬高。

5. 顾客

如果顾客的讨价还价能力强,这会加剧行业的竞争;反之,则会减弱行业的竞争强度。在以下几种情况下顾客的讨价还价能力强:顾客集中、购买量大;购买本产品的支出在顾客全部支出中所占的比例大;由于顾客的利润低,因此对价格敏感;行业中的产品标准化程度高,相互之间差别不大;存在后向一体化可能性;市场上存在替代品。

在确定了企业所在行业的整体竞争强度之后,波特五力模型的分析结果可以进一步深化到具体的竞争对手分析。

7.2.2 竞争对手分析

在今天的市场上,竞争是商业活动的现实,很少有企业能回避竞争,因此,要想在市场上立足,企业必须懂得如何有效地应对竞争。而应对竞争首先要研究竞争对手,因此,行业竞争强度分析和竞争对手分析往往构成竞争战略设计的起点。一般来说,可以从以下五个方面来分析竞争对手。

1. 分析竞争对手的战略

企业要分析竞争对手的战略,包括其企业层战略、业务层战略和职能层战略,因为它们之间具有密切的内在联系。在企业层,企业要确定竞争对手采用的是一体化战略、多元化战略还是防御式战略;在业务层,要明确竞争对手采用的是差别化战略(differentiation strategy)、总成本领先战略(overall cost leadership strategy)还是集中战略(focus strategy);在职能层,要了解竞争对手的目标市场、定位和营销组合策略等。此外,企业不能静态地看待问题,而是要关注竞争对手的战略动向,尤其是监视竞争对手的扩张计划。

例如,在零售市场中,亚马逊的全球扩张战略不仅包括低价策略,还依赖于全球物流系统的高效运营。对这一战略的了解能帮助竞争者避免在配送网络上与亚马逊直接竞争,从而造成不必要的投入损失。

2. 分析竞争对手的长远目标

战略只是手段,竞争对手想利用战略获得某些目标,因此,企业一旦了解主要竞争对手及其战略,必须进一步弄清楚每个主要竞争对手在市场上追求什么,即竞争对手的长远目标是什么。竞争对手可能致力于成为市场领导者,集中资源进行市场扩展;竞争对手也可能是想建立强大的品牌忠诚度;竞争对手还可能是想把长期目标放在技术研发上,走颠覆式创新路线等。

例如,小米的目标是通过建立智能生态系统提升其品牌影响力。这一目标使其在全球市场中不断扩展产品线,包括智能手表、家居设备等。

3. 分析竞争对手的假设

竞争对手之所以有这样那样的目标,除了与其拥有的资源和能力有关之外,还与其经营理念密不可分,因此,为了更深入地了解竞争对手,有必要分析竞争对手的各种假设。首先,要分析竞争对手所信奉的理念。通过对竞争对手假设的检验,可以发现竞争对手在认识环境方面存在的偏见和盲点。竞争对手的盲点可能是根本没有看清楚重大问题之所在,从而忽略了问题,把市场拱手让给了新进入者;一些竞争对手也可能是没有正确地认识自己,高估了自身的市场优势,从而在竞争中采取激进策略,进入难以掌控的新市场。找出这些盲点可以使竞争对手对企业制定的战略无力作出反应或不想作出反应,以提高自己战略的成功率。

例如,诺基亚在智能手机市场的失败,部分源于其对市场趋势的错误假设,未能及时转向触屏智能手机,而被苹果和三星抢占手机市场。

4. 分析竞争对手的优势和劣势

优劣势分析有多种方法,这里从常用的资源和能力两个方面来分析一个竞争对手相对于企业自身的竞争优势和劣势。

1) 资源

资源指的是企业用来为顾客提供有价值的产品或服务的生产要素。从大的方面来讲,资源可以分为有形资源和无形资源两大类(表 7-1)。有形资源易于识别,也容易评价,因而容易通过外部市场获得。无形资源的识别和评价相对就困难得多,因此也就难以从外部市场获得。如果企业拥有的资源,其他企业也很容易拥有,那么企业的持久竞争优势就很难建立起来;相反,如果企业拥有其他企业很难拥有的资源,那么,这些资源就可以成为企业持久竞争优势的重要来源。很显然,有形资源容易获得,而无形资源很难获得,因此,构建企业持久竞争优势的重点应当放在无形资源而不是有形资源的获取上。一些企业对无形资源的认识还相当肤浅,突出表现在:重设备和厂房等硬件投资,轻技术等软件投资;重企业的外表,轻内部管理建设;重组织程序、制度等硬性规定,轻学习和创新氛围。这种状况如果不改变的话,企业的持久竞争优势就很难建立起来。

表 7-1 资源的类别

资源类别	内容
有形资源	实物资源、财务资源
无形资源	组织资源、技术资源、人力资源、企业形象、企业文化、品牌、客户关系

2) 能力

我们将能够把企业的资源加以统筹整合以完成预期任务和目标的技能称为企业的资源转换能力,简称能力。企业的能力主要有三种类型(表 7-2)。竞争优势的基础是企业拥有的资源,但是,单靠资源通常并不能直接形成竞争优势,没有能力,资源很难发挥作用,也很难增值。就像一支拥有众多球星的球队,如果不能对这些"大腕"进行有效的组织,球队还是赢不了比赛。从此意义上说,资源和利用资源的能力一道构成企业竞争优势的基础。

表 7-2 企业能力的三种类型

企业能力类型	内容
管理能力	计划、组织、领导、控制
职能领域能力	营销、人力资源、研发、制造、管理信息系统、财务、供应链
跨职能的综合能力	学习、创新、战略性整合、知识管理、数字化、敏捷响应

5. 分析竞争对手的反应模式

一般来说,竞争对手的反应模式有四种:①从容型竞争者。这类竞争者对竞争举措反应不迅速或不强烈,原因可能包括:它相信顾客是忠诚于自己的,是不会为竞争对手的行为所动的;反应迟钝;缺乏作出反应的资源。这类竞争者难以捉摸,因此,企业要加倍小心。②选择型竞争者。这类竞争者只对特定类型的竞争举措作出反应。壳牌和埃克森公司(Exxon)就是这类竞争者,它们只对降价作出反应,而对同行的其他促销活动不予理睬。③凶猛型竞争者。这类竞争者对任何竞争举措都会迅速地作出强烈的反应。宝洁公司就是一个典型的例子,它绝不会轻易让竞争对手的任何一种新产品成功上市。④随机型竞争者。这类竞争者的反应模式具有随机性,对同样的一种竞争举措,它可能会也可能不会作出反应。许多小型公司都是这类竞争者,它们的竞争行踪捉摸不定。

7.2.3 竞争战略

完成了行业分析与竞争对手分析后,企业已经掌握了市场中的关键竞争态势、潜在威胁以及主要竞争者的战略目标和优势、劣势。这些分析结果为企业提供了全面的行业动态洞察,但分析本身只是战略制定的基础。接下来,企业需要将这些洞察转化为可执行的业务层竞争战略,以在市场中建立和保持竞争优势。

谷歌的竞争战略

谷歌成立于1998年,由拉里·佩奇(Larry Page)和谢尔盖·布林(Sergey Brin)创立,最初是作为一家搜索引擎公司进入市场。凭借强大的技术优势和创新能力,谷歌迅速成长为全球领先的科技公司。

如今,谷歌的业务覆盖搜索引擎、数字广告、云计算、移动操作系统(安卓Android)、硬件产品和人工智能等多个领域。作为母公司Alphabet的一部分,谷歌在全球数字经济中的地位无可撼动。然而,谷歌所处的互联网和科技行业竞争异常激烈,其不仅需要面对亚马逊和微软在云计算市场的挑战,还需要应对Meta(Facebook)和苹果在广告、硬件及生态系统构建方面的竞争压力。在这种高度动态的行业环境中,谷歌通过实施差异化战略和总成本领先战略相结合的竞争战略,在各核心业务领域建立了显著的市场优势。

1. 差异化战略的有效实施

谷歌的差异化战略集中体现在技术创新和多样化产品生态系统的构建上。谷歌以搜索引擎起家,通过其独特的PageRank算法提高了搜索结果的相关性和精确度,彻底改变了用户获取信息的方式,迅速成为全球最受欢迎的搜索工具,占据了超过90%的市场份额。这一技术创新奠定了谷歌在搜索领域不可撼动的地位。此外,谷歌通过AI和机器学习技术不断提升搜索引擎的能力,为用户提供更加个性化和智能化的搜索体验。在产品生态系统方面,谷歌创建了一系列互联互通的服务,包括Gmail、Google Drive、Google Maps、Google Photos等,不仅提高了用户的品牌依赖度,还通过整合各服务的数据资源,为广告业务提供了强大的支持。这种以用户体验为核心的产品差异化策略,使得谷歌的广告平台在精准投放和转化率方面持续领先,为其带来了稳定的收入来源。

2. 总成本领先战略的有效实施

与此同时,谷歌降本增效的表现同样出色。作为全球最大的互联网公司之一,谷歌通过自主研发和大规模投资,构建了全球领先的数据中心网络和云计算基础设施。这种垂直整合的模式不仅帮助谷歌降低了运营成本,还使其能够以更低的价格向企业和开发者提供 Google Cloud 云服务,从而与亚马逊云 AWS 和微软云 Azure 展开竞争。谷歌还通过优化服务器效率和能源使用率,实现了大规模经济效益。例如,其数据中心采用了高度自动化的管理系统和人工智能技术,大幅降低了冷却成本和能源消耗。通过降低基础设施运营成本,谷歌既保持了高利润率,又通过更具竞争力的定价策略扩大市场份额。

谷歌通过差异化战略、总成本领先战略和集中战略的有机结合,在全球互联网和科技领域建立了强大的竞争优势。其技术创新和产品生态系统实现了品牌差异化,全球数据中心网络和优化运营确保了成本竞争力,而对核心市场的专注则提高了用户黏性和强化了市场地位。这种多维度的竞争战略使谷歌在瞬息万变的行业环境中始终保持领先,为其未来的持续发展奠定了坚实的基础。

资料来源:谷歌 2024 年度财报。

扩展阅读 7-1 沃尔玛总成本领先战略分析

如国际营销案例 7-1 所分享的,谷歌在应对国际化竞争时,采用了适合自己的竞争战略与策略,最终实现了增长与突破。那么在本节中,我们将学习在 20 世纪 80 年代最为广泛流传的竞争战略理论,出自波特的著作《竞争战略》《竞争优势》和《国家竞争优势》,波特也因此被公认为世界上最著名的竞争战略专家。波特认为,各种战略使企业获得竞争优势的三个基点是:总成本领先、差别化和集中于一点。据此,他把竞争战略分为三类:总成本领先战略、差别化战略和集中战略。

1. 总成本领先战略

总成本领先战略强调以很低的单位成本向价格敏感的顾客提供标准化的产品。根据波特的定义,所有有助于企业降低成本,从而建立成本优势的战略都可以称为总成本领先战略,比如零库存管理、准时化生产(just-in-time)。采用这种竞争战略的企业很多,在我国空调行业采用总成本领先战略的典范是"奥克斯",在微波炉行业是"格兰仕"。

在以下几种情况下,企业可能会考虑采用总成本领先战略:①市场上有很多价格敏感的顾客;②实现产品差别化的途径很少;③顾客不太在意品牌间的差别;④企业生产具有明显的规模经济效应和经验效应;⑤竞争者很难以更低的价格提供同样的产品。这里的关键是使自己的成本和价格低于竞争对手,从而提高市场份额,将一些竞争对手彻底赶出市场。

采用总成本领先战略也有风险:①竞争对手可能会模仿企业的战略,这会压低整个行业的盈利水平,甚至使整个行业无利可图;②本行业技术上的突破可能会使这一战略失效;③顾客的兴趣可能会转移到价格以外的其他产品差别化特征上。

2. 差别化战略

差别化战略是指以较高的价格向那些对价格相对不敏感而对产品质量和特色敏感的顾客提供独特的产品或服务的战略。成功的差别化能够使企业以更高的价格出售产品,并通过产品的差别化特征赢得顾客的长期忠诚。

在考虑采用差别化战略的时候,企业必须仔细研究顾客的需求和偏好,以便决定将一种或多种差别化特征结合在一个产品中,构建产品的差别化竞争优势。成功的差别化意味着更大的产品灵活性、更高的兼容性、更好的服务、更高的方便性或更多的特性。因此,不难理解新产品开发就是一种差别化战略。

扩展阅读 7-2　海底捞差异化战略分析

同样,差别化战略也有风险:①顾客对产品价值的认同和偏好不足以使其接受该产品的高价格,在这种情况下,总成本领先战略会轻而易举地击败差别化战略。②竞争对手会模仿本企业产品的差别化特征。因此,要设置壁垒防止竞争对手的模仿,以保证产品具有长期的独特性。

3. 集中战略

所谓集中战略就是把企业所有的资源和能力集中在一个较小的细分市场上,以建立局部优势。集中战略的一个典型是"奥普浴霸",它的主要产品是浴室里洗澡时取暖用的灯,不管是从灯具行业还是从取暖器行业来看,都非常狭窄。根据波特的观点,总成本领先战略和差别化战略是雄霸一方的战略,一般适合大企业采用;而集中战略则是蜗居一隅之策,适合小企业或刚创办的企业。其原因是小企业或刚创办的企业由于资源和能力的制约,既无法成为成本领先战略者,也不能成为差别化战略者,而是介于其中。波特同时还指出,如果企业能够约束自己的经营领域,集中资源和能力于某一特殊的顾客群或者特定地理范围,那么企业也可以在一个较小的目标市场建立竞争优势。换言之,集中战略是对选定的目标市场进行专业化服务的战略,如定制服装、皮鞋等。

集中战略可以作为过渡战略,为企业的未来发展奠定基础。企业在采用集中战略的时候,有几个问题需要注意:①集中战略由于产量和销量较小,生产成本通常较高,这会影响企业的获利能力;②集中战略的利益可能会由于技术的变革或者顾客偏好的变化而突然消失;③采用这种战略的企业会始终面临成本领先战略者和差别化战略者的威胁。

需要注意的是,集中战略不是一种独立的基本战略,企业在集中于目标市场的同时,还要决定是倾向于通过产品差别化特征还是低成本建立竞争优势,也就是说,要把这种战略与总成本领先战略或差别化战略结合起来使用。

以上笼统介绍了竞争战略的三种基本类型。对企业来讲,在应对竞争的时候,除了决定所采用的竞争战略的类型之外,往往更需要制定更加具体的竞争策略。

即测即练7.2

7.3　微观企业分析:SWOT 分析

如果说 PEST 分析是从国家和市场层面分析政治、经济、社会和技术等外部大环境,确定企业所面临的总体市场环境,波特五力模型分析是从行业层面分析竞争结构与市场格局，探讨行业的竞争强度和盈利潜力，帮助企业了解所处行业的动态，那么接下来，本节聚焦于企业内部资源与能力，分析企业的优势（strengths）、劣势（weaknesses）以及外部的机会（opportunities）和威胁（threats），为企业制定可行的市场战略提供内部视角与外部视角的结合，这种分析方法叫SWOT分析法（图7-3）。

	优势	劣势
机会	SO战略 优势+机会组合 发挥优势，发展机会	WO战略 劣势+机会组合 抓住机会，弥补劣势
威胁	ST战略 优势+威胁组合 利用优势，降低威胁	WT战略 劣势+威胁组合 减少劣势，规避威胁

图7-3　SWOT分析法

如前所述，营销战略规划的基本出发点是利用机会和避开威胁。为此，要在第一步的基础上，详细而深入地分析企业面临哪些机会和威胁。SWOT分析是企业制定战略最常用的工具之一。SWOT分析包括外部环境分析和内部环境分析。

外部环境分析也称机会与威胁分析，这是因为企业往往是通过对外部环境的分析发现机会和威胁的。企业应监测那些影响其经营的主要宏观环境因素，包括人口环境、经济环境、技术环境、政治法律环境和社会文化环境。同时，其还必须监测重要的微观环境因素，包括顾客、竞争对手、分销渠道、供应商等，因为他们会直接影响企业的营销绩效。不管是宏观环境因素还是微观环境因素，其变化都会影响企业的经营，既可能给企业带来机会，也可能给企业带来威胁。

为了迅速地识别外部环境变化带来的机会和威胁，企业要建立营销情报系统以研究这些环境因素的重大变化趋势和规律，然后分析其对企业的影响，从而明确机会和威胁的所在。

内部环境分析也称优势与劣势分析，这是因为企业往往是通过对自己内部环境的分析，并将自己与竞争对手进行比较，以明确自己的优势和劣势的。企业之所以要在分析机会和威胁的基础上进一步分析自己的优势与劣势，是因为能否识别环境中有吸引力的机会是一回事，能否有效地加以利用又是另一回事。即便是企业发现一个很好的市场机会，但是如果企业缺乏服务于这个市场的资源和能力，这个市场机会也只能属于其他企业。

企业通过外部和内部分析明确自己的优势、劣势、机会和威胁之后，可以根据这四者之间的匹配，提出以下四种战略。

1. 优势＋机会（SO）战略

这是一种发挥企业内部优势以利用外部机会的战略。比如，一方面，中央电视台具有多方面优势，如资金、政府扶持、网络等；另一方面，有线电视最近几年发展迅速，因此，中央电视台完全可以进入这个行业。对企业来讲，SO战略可能不止一个，如中央电视台还可以凭借网络优势进入迅速发展的教育行业——开展网上教育。因此,要根据具体情况进行筛选。

2. 劣势＋机会(WO)战略

此即通过利用外部机会来弥补内部劣势的战略。适用于这一战略的基本情况是:存在一些外部机会,但企业有一些内部劣势妨碍它利用这些机会。比如,市场对一种可以控制汽车引擎注油时间的电子装置有巨大需求(机会),但是一家生产汽车配件的企业缺乏生产这种产品的技术(劣势)。一种可能的选择是通过与这一领域有生产能力的企业组建合资企业而获得这一技术;另一种战略是聘用所需的人才或者培养自己的技术人员,从而使自己具备这方面的技术能力。因此,可以选择的战略也可能不止一个,也涉及筛选问题。

3. 优势＋威胁(ST)战略

此即利用企业的优势来回避或者减小外部威胁的影响的战略。比如,伊拉克的一个服装厂,它的设计能力很强(优势),然而战后年轻人少,那么这个企业可以利用自己的设计能力去设计老人服装或者童装;或者凭借自己的营销能力去周边国家开辟市场。又比如,美国得州仪器公司拥有出色的法律顾问部门(优势),当9家日本和韩国公司侵害它的专利权时(威胁),该公司用优秀的律师赢了这场官司,挽回了近7亿美元的损失。

4. 劣势＋威胁(WT)战略

这是一种旨在减少内部劣势同时回避外部环境威胁的防御性战略。一个面临大量外部威胁,而自身又有众多劣势的企业面临被并购、收缩或清算的可能,因此不得不为自己的生存而奋斗。比如,雇员士气低落(劣势),而社会上到处是罢工的工人(威胁),企业的当务之急可能是调整薪酬制度。

可以说每个管理者都希望自己的企业处于这样一种状态:凭借自身的竞争优势去利用外部机会,但是,企业在经营中实际面临的往往不是这种理想的状态,而是后三种情况。这时,企业通常首先采用 WO、ST 或 WT 战略,然后达到能够采用 SO 战略的状态:当企业存在重大劣势时,它将努力克服这些劣势,将其变为优势;当企业面临巨大威胁时,它将努力回避这些威胁,以便集中精力利用机会。

即测即练7.3

7.4 国际营销战略规划过程

市场营销是企业最重要的职能之一,因此,就不难理解营销战略是企业中最重要的职能战略之一。企业的营销部门要制订各种营销计划:对每一个产品层次(产品线、品牌)必须制订一个营销计划,以实现它的目标;为了开拓某个国家的市场,要制定相应的战略;有时候,为了提高产品和品牌在某个国家或全球的知名度需

扩展阅读 7-3　百胜餐饮独到的营销策略

要开展促销活动,于是也相应地需要制订一个促销计划;等等。尽管这些营销计划的重要程度、涉及范围和对企业经营的影响程度等都不太一样,甚至连名称也不尽相同,有时叫"商业计划",有时叫"营销策划",有时又叫"营销计划",但是其制订过程和思路大致相同,因此,这里就笼统地介绍营销战略规划过程,它既适用于国内营销,也适用于国际营销。一般来讲,一个典型的营销战略规划过程包括以下步骤,如图 7-4 所示。

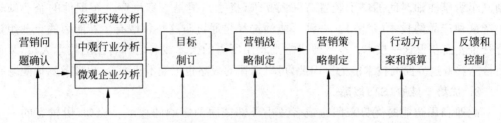

图 7-4 营销战略规划过程

1. 营销问题确认

企业的营销战略规划往往是从企业意识到其营销方面有某个或某些问题开始的。比如,竞争对手突然发起价格战或推出一种新产品,市场上出现一种替代品,一种新技术的产生可能导致现有产品更新换代等。这些问题既可能给企业带来机会,也可能给企业带来威胁,企业制定营销战略的基本出发点就是利用这些机会或避开威胁,从而达到盈利或发展的目的。鉴于此,营销战略规划的第一步是分析企业营销现状,以确定问题之所在。为此,要提出关于市场、产品、竞争、分销和宏观环境等方面的背景资料,包括企业最近几年的销售、利润、市场占有率、品牌知名度和美誉度情况,为第二步做资料收集准备。

2. 营销状况分析

其包括宏观环境分析、中观行业分析与微观企业分析,在 7.1 节至 7.3 节的内容中已做详细介绍。

3. 目标制订

在三个分析方法的基础上,营销主管就可以为自己的营销计划确定具体的目标,这在营销战略规划过程中被称为目标制订(goal formulation)。营销主管使用目标来定量和定时地描述营销活动指向的特定方向,量化的目标便于衡量,从而便于实施、执行和控制。通常情况下,营销战略规划追求的往往不是单个目标,而是一个目标体系,包括利润率、销售增长率、市场份额、品牌知名度和美誉度等方面的内容。

营销战略规划的目标必须符合 SMART 要求(specific:目标必须具体而有针对性;measurable:目标应是可以衡量、可以量化的;achievable:目标应是通过努力可以达成的;realistic:目标应是合乎实际的;timely:目标应该有时间限制)。除此之外,还应满足以下两个条件:①目标必须具有层次性。企业的各个层次,包括公司、业务单位和职能部门都需要有自己的长期目标,从而形成一个体系。②各项目标之间应该协调一致。有些目标之间往往是相互排斥的,因此,要注意目标之间的协调。比如,销售最大化和利润最大化要同时达到,一般是不可能的。另外一些需要认真权衡的关系有:短期利润与长期增长,现有市场渗透与新市场开发,利润目标与非利润目标,高增长与低风险。对各组目标的不同选择将会导致不同的营销战略。

4. 营销战略制定

如果说目标表明企业想到达何地,那么战略则说明如何到达这个目的地,因此,战略是实现目标的手段。具体来讲,营销战略包括如何细分市场、选择目标市场、差别化、定位、竞争战略、品牌战略、新产品开发战略等方面。

5. 营销策略制定

营销战略只是方向性的框架,还不够具体,因此,营销主管还要在营销战略的基础上,把战略具体化,以产生营销策略。营销策略主要包括四项策略,即产品策略、定价策略、渠道策略和促销策略,合在一起便是著名的4P营销策略组合(marketing mix)。

6. 行动方案和预算

在制定出营销策略之后,营销主管还应进一步把这些策略转化为具体的可以直接用于实施的行动方案,以实现既定的营销目标。对每个营销战略和营销策略都必须具体到能回答下列问题:将要做什么？什么时候做？由谁来做？成本为多少？衡量方法是什么？

在行动方案中,营销主管应该详细说明支持该方案的财务预算,包括收入和支出。在收入一方列出预计的销售数量和销售价格,两者结合在一起就是销售额。在开支一方列出生产成本、分销成本和营销费用,以及更详细的分类项目。收入和开支之差就是预计利润或亏损。预算一旦获批,它就是制订计划和材料采购、生产调度、人员配置、营销活动安排等的基础。

7. 反馈和控制

营销战略规划的最后一个环节是反馈和控制,用以监督行动方案的实施过程。在实施营销战略和策略的过程中,企业需要追踪方案的实施结果,并把这些结果反馈给有关人员。此外,企业还要监测内外环境的新变化。有些环境因素可能相当稳定,年复一年变化不大；有些环境因素基本按照预计的方式缓慢变化；同时,也有一些环境因素会发生迅速的、重大的和无法预料的变化。当环境发生变化时,企业既定的营销方案即使得到高效的执行也达不到预定的目标,因此,企业要重新审视和修订其营销方案,甚至营销目标。

一些影响重大的营销规划往往在控制这部分情况中包括一个应急计划(contingency plan),以便企业在遇到意外情况时能迅速启用,如遇到价格战或罢工时。

在营销战略制定和实施的过程中,营销主管应该与组织的其他部门保持沟通和协调,如与采购、制造、财务和人力资源部门磋商,以保证整个计划得到足够的支持。

即测即练7.4

7.5 营销战略制定

根据7.4节,当完成营销状况分析与目标制订后,接下来,企业还需要制定切实可行的营销战略,将这些目标转化为实际的市场行动。

公司营销战略制定前,需确立企业层的战略,主要包括三项任务:①明确公司使命(mission)、愿景(vision)和价值观(values);②确定战略业务单位(strategic business unit,SBU)并分配资源;③计划新业务和放弃老业务。只有确立了企业层的战略,各业务单元方可根据自身市场环境制定竞争战略。

7.5.1 明确公司使命、愿景和价值观

企业在明确营销战略方向之前,要先明确企业使命、愿景和价值观三要素,这些要素是企业的基石,它们不仅仅是口号,而是企业的行动指南,确保企业战略的一致性、凝聚力和品牌形象。

使命提供企业存在的根本意义和价值,指明核心方向,即企业"为什么存在,要为客户、员工和社会提供什么样的价值"。它通常是企业最根本、最核心的指导思想,具有高度的概括性和长久的稳定性,是企业所有行动的出发点和依据。

愿景是企业对未来的一种期望和设想,是企业在特定时期内希望达成的宏伟目标,它通常是使命的延伸。愿景能够激励员工,并向外界展示企业的未来前景和抱负,是企业奋斗的目标和动力来源。

价值观是企业在追求使命和愿景的过程中所遵循的基本信念与原则,是企业文化的核心,它规范了员工的行为方式,形成企业独特的文化氛围,确保所有人朝着同一个方向努力。价值观可以帮助企业在面临挑战和抉择时作出符合其长远利益的决定。

它们三者的关系是,使命是企业的"为什么",愿景是企业的"去哪里",价值观是企业的"怎么做",三者共同构成企业发展的指导框架。

超级链接7-1

表7-3 知名公司的使命、愿景及价值观

公司名称	使命	愿景	价值观
百事	为消费者、员工、股东创造最大的价值	成为全球领先的食品饮料公司,让人过上更健康的生活	持续增长、责任与信任、客户至上、赋能员工
宝洁	提供品质优良、价值卓越的品牌产品和服务,改善全球消费者的生活	成为并被公认为提供世界一流消费品和服务的公司	以人为本、诚信、创新
沃尔玛	天天低价;给普通百姓提供机会,使他们能与富人买到同样的东西	成为全球"节省开支"的零售领导者,帮助全世界的消费者获得更好的生活品质	服务顾客、尊重个人、追求卓越、诚信道德

续表

公司名称	使命	愿景	价值观
微软	致力于提供使工作、学习、生活更加方便、丰富的个人电脑软件	计算机进入家庭,放在每一张桌子上,使用微软的软件	诚实负责、伙伴与客户至上、追求创新
苹果电脑	设计出最好的个人计算机产品,帮助人们应对新的挑战并提升工作和生活的质量	让每人拥有一台计算机	注重用户体验和产品设计、推动创新、追求卓越
福特	通过设计智能车辆,为智能世界提供交通解决方案	创造一个更环保、更智能、更互联的未来交通方式	诚实正直、创新驱动
华为	聚焦客户关注的挑战和压力,提供有竞争力的通信解决方案和服务,持续为客户创造最大价值	将数字世界带入每个人、每个家庭、每个组织,构建万物互联的智能世界	以客户为中心、以奋斗者为本、长期艰苦奋斗
谷歌	组织全球信息,使人人皆可访问且受益	提供世界上最好的信息访问方式	关注用户并保持极致的用户体验、快速行动、做正确的事
星巴克	激励并滋养每一个人,让每一个咖啡杯都充满温暖	将星巴克打造成人们第三空间的选择,工作与家庭之外的心灵驿站	尊重、包容、可持续发展、激发人的潜力
特斯拉	加速全球可持续能源转变	创造一个通过电动车和可再生能源实现清洁能源的未来	勇于创新、挑战传统、环保与可持续、注重科技进步
耐克	让每一个拥有身体的人都成为运动员	带领全球运动爱好者和消费者实现自我突破	鼓励健康生活、尊重多元包容
阿里巴巴	让天下没有难做的生意	成为全球最大的商业基础设施服务公司,活102年	客户第一,员工第二,股东第三。诚信、激情、拥抱变化
迪士尼	为全球家庭带来欢乐	成为全球领先的娱乐公司	创新、质量、社区、故事

7.5.2 确定战略业务单位并分配资源

大公司往往同时在多个行业经营,即经营多项业务。如果一个业务单位符合以下三个特征,则称为一个战略业务单位或战略经营单位:①是一项独立业务或相关业务的集合体,在战略制定时能与公司其他业务分开而单独进行;②有自己的竞争对手;③有一位管理人员为其战略计划和利润业绩负责,同时他还控制影响利润的大多数因素。

确定战略业务单位可以使这些业务单位更加自主地制定自己的战略,并分配到适量的资源。波士顿矩阵(Boston Consulting Group Matrix,BCG Matrix)就是一个用于业务组合分析的经典模型,为高层管理者就如何确定企业的业务组合并有效地为各项业务分配资源提供了很好的思路。

波士顿矩阵是世界著名的咨询公司——波士顿咨询集团(Boston Consulting Group)开发的一个分析工具,因此得

扩展阅读7-4 宝洁公司波士顿矩阵案例分析

名。在波士顿矩阵中,横轴代表相对市场份额,即本企业的市场份额与行业中市场占有率最高的竞争对手的市场份额之比;纵轴表示市场增长率,见图7-5。

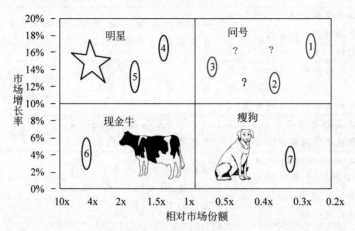

图7-5 波士顿矩阵

图7-5中每个圆圈代表一项独立的经营业务,即战略业务单位,圆圈的大小表示该项业务的收入占公司总收入的相对大小。波士顿矩阵上的各项业务可以根据其所处的位置进行分类。

(1) 明星(stars)类业务:处在波士顿矩阵的左上角,这类业务市场占有率很高,市场增长率也很高,可能是业务所在的行业处在引入期或成长期。长远来看,这类产品可能成长为企业的现金牛产品。企业应抓住市场机会,加大投资以支持其迅速发展,加强并巩固其竞争地位。

(2) 现金牛(cash cows)类业务:处在波士顿矩阵的左下角,这类业务市场占有率高,但是市场增长率低,可能是所在的行业处在成熟期或衰退期。也正因为如此,企业没必要继续加大投入,所以,这类业务往往能给企业带来大量的正现金流,是企业现金流的主要来源。

(3) 瘦狗(dogs)类业务:处在波士顿矩阵的右下角,这类业务市场占有率和市场增长率都低,一方面可能是因为企业所在的行业处于成熟期或衰退期,另一方面是因为企业自身不具备竞争优势。

(4) 问号(question marks)类业务:处在波士顿矩阵的右上角,这类业务市场占有率低,市场增长率却高,很可能是企业新进入一个处于成长期的行业。

企业可以根据以上四类业务的特征,进行以下的决策。

第一种是发展(grow and build):进一步投资,使其继续发展。这种决策适合明星类业务和部分问号类业务,其目的是为公司的未来发展奠定基础。需要指出的是,并不是所有的问号类业务都适合发展,因为,每个企业的现金流都是有限的,发展太多的问号类业务会导致企业投资的枯竭。

第二种是维持(hold and maintain):只做必要投入使之维持现状。这种策略适合强现金牛类业务,它们是企业当前现金流的主要来源,目的是保持其市场份额和现有市场地位,为明星类和部分问号类业务的发展提供现金流。

第三种是收获(harvest)：适合弱的现金牛类和部分瘦狗类业务。市场已过了成熟期，进入衰退期，因此，这时的目的是增加短期的现金收入，逐渐退出所经营的行业，把收获的资源投向明星类和部分问号类业务。

第四种是放弃(divest)：包括出售和清算，适合部分问题类和瘦狗类业务，以便把资源投向其他业务。

波士顿矩阵提供了一个很好的分析思路，但是，它也有明显的缺陷：①位于矩阵中部的业务不易被明确归类；②只反映某一时间点的市场情况，不能反映各经营部门所在行业在未来的增长情况；③市场增长率要与GDP增长水平和通货膨胀水平对照才有意义，而波士顿矩阵没考虑这两个因素；④变量数目不够，除相对市场份额和市场增长率以外的一些变量如竞争优势等缺失。

7.5.3　计划新业务和放弃老业务

在企业经营过程中，高层管理者经常会根据企业的目前状况来预测将来的销售量和利润，如果将各项业务预测的销售量和利润汇总，便是该企业的总销售量和总利润。然而，在很多时候，预期的销售量和利润会低于管理层所希望达到的水平。如果希望达到的销售水平与预计的销售水平之间存在差距，即存在战略规划缺口(strategic planning gap)，企业管理层就会想办法去填补这个差距。

为了填补这个战略规划缺口，公司有三条途径可以选择：第一，在公司现有的业务领域内部寻找发展机会，即采用密集增长战略。第二，建立或购买与目前业务有关的业务，即采用一体化增长战略。第三，增加与公司目前业务无关的富有吸引力的业务，即采用多元化经营战略。

1. 密集增长战略

"战略管理研究大师"伊戈尔·安索夫(Igor Ansoff)提出了一个思考密集增长战略的方法，称为"产品—市场扩展矩阵"，见图7-6。密集增长战略包括市场渗透战略、市场开发战略和产品开发战略。下面举例来说明这三种战略。

	现有产品	新产品
现有市场	市场渗透战略	产品开发战略
新市场	市场开发战略	多元化战略

图7-6　密集增长战略：安索夫的"产品—市场扩展矩阵"

1) 市场渗透战略

市场渗透战略通过加大营销力度来提高现有产品或服务在现有市场的份额。这一战略被广泛采用，或单独使用，或与其他战略结合使用。市场渗透的方式有三种：以方便面为例，第一种是公司鼓励现有市场上的顾客购买更多的方便面，这在大多数顾客不经常购买而且多消费方便面对顾客确有益处的时候才有效。第二种是设法吸引竞争对手的顾客，使他们转而购买本公司的产品。第三种是尝试说服那些现在只光顾面馆的消费者开始购买方便面。市场渗透的具体做法包括增加销售人员、增加广告开支、采取密集的促销手段和加大公关宣传力度等。适合采用市场渗透战略的情况有：①企业特定产品或服务在当前市场上还没有饱和；②现有用户对产品的使用率还可以显著提高；③规模的扩大可带来明显的规模经济或竞争优势。

2）市场开发战略

市场开发战略是将现有产品打入企业原来未开发的新市场，实现销售增长。比如公司的方便面原来只在纽约销售，现在还打入休斯敦和旧金山市场。适合采用市场开发战略的情况有：①可得到新的、盈利前景好的销售渠道；②企业在所经营的领域非常成功；③存在未开发或未饱和市场；④企业拥有扩大经营所需要的资金和人力资源；⑤企业存在过剩的生产力。

3）产品开发战略

产品开发战略是通过改进产品或服务，更好地满足现有市场需求，以实现销售增长。例如，公司除了现有畅销的红烧牛肉面之外，还可以开发鲜虾面；除了汤面之外，还可以开发拌面。适合采用产品开发战略的情况有：①企业所在的行业发展迅速；②主要竞争对手的产品性价比更高；③企业所在的行业是技术密集型行业；④企业拥有非常强的研发能力；⑤企业拥有成功但处于产品生命周期中成熟阶段的产品，此时可以吸引老用户购买经过改进的新产品，因为他们对企业原有产品已有满意的使用经验。

2. 一体化增长战略

一体化增长战略包括前向一体化战略、后向一体化战略和横向一体化战略。也有人把前面两种战略并称为纵向一体化战略。

1）前向一体化战略

前向一体化是指公司进入供应链的下游，即对产品进行深加工，或建立自己的销售组织来销售本公司的产品或服务，或获得分销商或零售商的所有权，或加强对他们的控制等。比如，生产服装面料的企业现在不但生产面料，还开始生产服装。

在前向一体化方面，有两种流行的做法特别值得关注：一种是通过电子商务的方式进行网上直销。越来越多的制造商通过网上直销来实现前向一体化，原因是网上直销本身成本低，加上免税，这对很多企业具有吸引力，尤其是大的制造商。另一种是特许经营（franchising）。在美国有超 2 000 家公司以特许经营方式销售其产品或服务。由于成本和机会分散到大量的个人身上，企业可通过特许经营方式迅速扩展业务。

当然，不是每个企业都适合采用前向一体化战略，适合采用前向一体化战略的情况有：①企业现有的销售商成本高、不可靠，或不能满足企业开拓市场的需要。②市场上可以利用的合格销售商数量很有限，在这种情况下，采用前向一体化的企业将获得竞争优势。③企业所在的行业快速增长或预计将快速增长。④企业具备销售自己产品所需要的资金和人力资源。⑤稳定的生产对企业十分重要。这是因为，通过前向一体化，企业可以更好地预测自己产品的市场需求。⑥企业现有的经销商有较高的利润。这意味着通过前向一体化，企业可以获得双重利润。

2）后向一体化战略

后向一体化是指企业进入供应链的上游。比如，企业自己供应生产所需要的原料、零配件和半成品。有效的后向一体化有时会大大减少经营成本,美国一项研究报告表明,如果实行有效的后向一体化,可使美国目前每年花在医疗用品上的1 000多亿美元的开支节省15%。

与前向一体化战略一样,后向一体化战略也有自己的适用条件:①企业当前的供应商供货成本高或不可靠或不能满足企业对零配件、组装件、原材料的需求。②供应商数量少,而需求方竞争激烈。③企业所在行业发展迅速。④企业具备生产原材料所需要的资金和人力资源。⑤价格的稳定性至关重要。这是因为通过后向一体化,企业可以稳定其原材料成本,从而稳定其产品价格。⑥上游产业利润高。这意味着通过后向一体化,企业可以获得高额利润。⑦企业需要尽快地获得所需资源,这对那些依靠速度建立竞争优势的企业尤为重要。

需要指出的是,后向一体化一度风行于西方国家,但是现在的趋势则是采用相反的战略,即外包(outsourcing),以便把精力集中于那些自己有优势的环节。其实外包也是有条件的,比如一个服装进出口公司打算把生产这一环节外包出去的时候,首先要能找到生产能力较好的服装厂,而实际情况往往是这样的企业本身经营得不错,不愿意为别人加工。

3) 横向一体化战略

横向一体化是指获得竞争对手的所有权,或者加强对其控制,包括收购(acquisition)、兼并(merger)和接管(takeover)。收购是指一家公司购买另一家公司。兼并是指两家规模相当的公司合并为一家。当收购或兼并不是出于双方共同的愿望时,可以称为接管。

适用横向一体化战略的条件包括:①在法律允许范围内,可以在特定领域获得一定程度的垄断;②企业在一个成长的行业中经营;③规模的扩大可以带来明显的竞争优势;④企业具有成功管理更大的组织所需要的资金与人才;⑤兼并对象由于缺乏管理经验或特定资源而停滞不前。也就是说,竞争对手的经营情况不好不是由于行业不景气引起的,而是由其自身的资源和能力不足引起的。当竞争对手是由于整个行业不景气导致经营困难时,不适合采用横向一体化战略对其兼并。

3. **多元化经营战略**

多元化经营战略也称多样化经营战略,是企业在现有业务之外寻求发展机会的战略,包括同心多元化(concentric diversification)战略、水平多元化(horizontal diversification)战略和混合多元化(conglomerate diversification)战略。有的教科书也把前两种并称为相关多元化,后一种称为非相关多元化。

1) 同心多元化战略

同心多元化战略是指增加新的但与原来业务有较强相关性的产品或服务的战略。例如,一家原来只生产收音机的企业利用多年积累的无线电技术,现在进入彩电行业。收音机和彩电是两项不同的业务,但是其核心技术是一样的,都是无线电技术。

适用同心多元化战略的情况包括:①企业参与竞争的行业停止增长或增长缓慢;②增加新的相关产品将会显著促进现有产品的销售;③企业能够以有竞争力的价格提供新的相关产品;④新产品的销售波动周期与现有产品的波动周期互补;⑤企业现有产品处于产品生命周期中的衰退期;⑥企业拥有强有力的管理队伍。

2) 水平多元化战略

水平多元化战略(也叫横向多元化战略)是指增加新的、与原有业务在技术上相关性不大但在市场上相关性很强的产品或服务的战略。比如,海尔公司从电冰箱起家,建立起庞大的销售网络并具有较高的品牌知名度之后,接着开展电视机、微波炉等业务,这些产品分属不同行业,产品本身互不相关,但是其顾客相似,主要都面向家庭,因此可以共用销售渠道。

适用水平多元化战略的情况包括:①通过增加新的不相关产品,企业从现有产品和服务中的盈利显著增加;②企业所在的行业属于高度竞争或停止增长的行业,其标志是盈利和投资回报率低;③企业可利用现有的销售渠道向用户营销新产品;④新产品的销售波动周期与企业现有产品的波动周期互补。

3) 混合多元化战略

混合多元化战略是指增加新的与原来业务不相关的产品或服务的战略。比如,一个电视机制造厂同时还经营酒店业务。这两个行业互不相关,属于典型的混合多元化战略。

适合采用混合多元化战略的情况包括:①企业的主营业务销售和盈利下降。②企业拥有在新的行业经营所需要的资金和管理人才。③企业有机会收购一个不相关但有良好投资机会的企业。④收购和被收购的企业存在资金上的融合。需要注意的是,同心多元化和水平多元化与混合多元化的主要区别在于前两者可基于市场、技术和产品等方面的共性,而后者则主要出于盈利方面的考虑,有的混合多元化的目的就是买卖公司。⑤企业现有产品市场已饱和。

4. 防御性战略

企业在经营过程中,除了计划新业务以外,有时也需要计划老业务。或者说,除了考虑采用增长战略之外,有时也不得不考虑防御性战略,包括收缩(retrenchment)、剥离(divestment or divestiture)和清算(liquidation)等。

1) 收缩

收缩是指企业通过减少资产来重组企业,以扭转销售和利润下降的不利局面。收缩的目的是使原来分散的资源和能力集中起来,以加强企业所具有的基本的和独特的竞争能力。在实行收缩战略的时候,战略制定者可利用的资源有限,并面临股东、雇员和新闻媒体的压力。

收缩的具体内容包括:出售土地和建筑物以获取现金、压缩产品系列、停止亏损业务、裁员和建立支出控制系统等。在一些场合,破产是一种有效的收缩战略形式,它可以使企业躲避掉大笔的债务,并可以使企业与工会的劳动合同无效。

适合采用收缩战略的情况包括:①企业有明显而独特的竞争力,但在一个相当长的时期内未能实现企业目标。②企业在特定行业的竞争对手较弱。③企业受低效率、低盈利、低雇员士气的困扰,并承受股东要求改进业绩的压力。④企业在长时间内未能做到利用外部机会、减少外部威胁、发挥内部优势以及克服内部弱点。也就是说,企业的战略管理者已经失败。⑤公司已经迅速地发展成为大企业,从而需要大规模的改组。

2) 剥离

剥离是指出售企业的分部、分公司或任何一部分。剥离经常被用来为下一步的战略性收购或投资筹款。剥离可能是全面收缩的一部分,其目的是使企业摆脱那些不盈利、需要太多资金或与企业其他业务不协调的业务。将剥离看作一项重要战略的范例是迪士尼公司,它剥离了曲棍球队和棒球队。在我国,国有企业一直在剥离,原来是企业办社会,现在逐步剥离,如剥离运输队,改用第三方物流等。

适合采用剥离战略的情况包括:①企业已经采取了收缩战略,但经营情况并没有得到明显改善;②企业无法为其主要业务提供保持其竞争力所需要的大量资源;③某项业务或某个分部经营不善,严重影响了企业的整体业绩;④某项业务或某个分部与企业其他部分无法融合;⑤企业急需大笔资金而无法从其他途径获得;⑥政府的反垄断政策对企业构成威胁。

3) 清算

清算是指为实现资产价值将企业全部资产分块售出。清算等于承认失败,因而是一种在感情上最难以接受的战略。然而,停止营业可能是比继续大量亏损更为明智的选择。

以下几种情况比较适合采用清算战略:①企业已经采用了收缩和剥离两种战略,但均未成功;②企业除清算外,别无选择;③企业股东可通过出售企业资产将损失降到最小。

即测即练7.5

本章小结

为了在市场竞争中建立竞争优势,企业除了让顾客满意之外,还要进行市场导向的营销战略规划。

一个典型的营销战略规划主要包括以下步骤:①营销问题确认;②营销状况分析;③目标制订;④营销战略制定;⑤营销策略制定;⑥行动方案和预算;⑦反馈和控制。

营销战略规划基于一系列对公司内外的分析,在第二步营销状况分析中,包括宏观环境分析(可采用 PEST 分析)、中观行业分析(可采用波特五力模型分析)、微观企业分析(可采用 SWOT 分析)。在竞争对手分析中,要重点考虑各自的资源与能力,并根据分析结果,视情况在第四步采用差别化战略、集中战略或总成本领先的竞争战略。

在第四步营销战略制定前,要确定三项任务:①明确公司使命、愿景和价值观;②确定战略业务单位并分配资源;③计划新业务和放弃老业务。

关键术语

PEST 分析(PEST analysis)

波特五力模型(Porter's five forces model)

企业资源与能力（enterprise resources and capabilities）
总成本领先战略（overall cost leadership strategy）
差别化战略（differentiation strategy）
集中战略（focus strategy）
营销战略规划（marketing strategic planning）
SWOT 分析（SWOT analysis）
使命（mission）
愿景（vision）
价值观（values）
波士顿矩阵（Boston Consulting Group Matrix）
横向一体化战略（horizontal integration strategy）
战略规划缺口（strategic planning gap）

课后习题

1. PEST 分析的"社会因素"不包括以下哪项？
   - A. 消费者生活方式
   - B. 环境保护意识
   - C. 政府法律法规
   - D. 人口结构
2. 波特五力模型中，"供应商讨价还价能力强"会导致什么结果？
   - A. 降低行业竞争强度
   - B. 提高企业运营效率
   - C. 提高行业进入壁垒
   - D. 提升供应商在行业内的影响力
3. 以下关于竞争战略的说法正确的是：
   - A. 总成本领先战略的重点是差异化产品
   - B. 差别化战略的目标是获取独特的市场份额
   - C. 集中战略适合资源丰富的大型企业
   - D. 竞争战略不适合国际化企业
4. 价值链分析的主要目的是：
   - A. 减少企业成本
   - B. 提高企业产品定价
   - C. 识别企业活动中可创造价值的环节
   - D. 增加产品的市场覆盖率
5. 以下哪项不是企业能力的类型？
   - A. 管理能力
   - B. 职能领域能力
   - C. 资源转换能力
   - D. 价格控制能力
6. 简述波特五力模型中的"潜在进入者"对行业的影响。
7. 解释宏观环境分析中的"技术因素"。
8. 如何通过资源整合能力提升企业竞争优势？
9. 简述企业进行竞争对手分析的五个步骤。
10. 什么是竞争战略？简要说明总成本领先战略与差别化战略的主要区别。

本章讨论案例

拼多多的全球化探索

拼多多，作为中国电子商务领域的后起之秀，于2015年创立，仅用短短几年便成长为国内最具影响力的电商平台之一。它通过微信等社交平台，利用"拼团"机制将购物与社交互动相结合，以极低的营销成本快速吸引大量用户。国内市场的爆发式增长为拼多多提供了坚实的用户和资金基础。2022年，拼多多正式开启了国际化的探索，其所要面对的是完全不同的环境。

拼多多在进入北美市场之初并非一帆风顺。作为中国企业，拼多多需要面对复杂的中美贸易关系和当地对中国企业技术渗透的疑虑。这使其在美国市场的品牌建设中更加注重"低调行事"，以避免引起过大的政治阻力。此外，拼多多深刻认识到北美消费者习惯与国内用户的不同，为此进行了大量本地化调整，如简化"拼团"模式、优化物流体系，并通过社交媒体的本地化营销迅速打开市场。

不仅如此，在进入国际市场的过程中，拼多多也不得不面对严峻的行业竞争态势。与国内电商市场不同，北美市场早已被亚马逊、eBay 等巨头占据，同时，新兴跨境电商平台如 SHEIN 的快速崛起，也进一步提高了市场竞争的复杂性。消费者对品牌和服务的高要求使得拼多多必须从价格竞争中突围，寻求差异化的竞争策略。拼多多观察到美国消费者的购买力和对高性价比产品的偏好，为其"低价高质"策略提供了可行性。拼多多通过其美国平台 TEMU 以"低价高质"的品牌形象切入北美市场，主打用户需求驱动的产品策略，一方面，利用强大的供应链整合能力，将中国制造商直接与海外消费者连接，消除中间环节，确保价格优势；另一方面，通过加大对物流基础设施的投资，提升跨境配送的速度和可靠性，以满足北美消费者对购物体验的高期待。初步站稳脚跟后，TEMU 利用社交媒体平台如 TikTok、Instagram 进行大规模的推广，结合拼团机制提升消费者的参与感，成功地吸引了年轻一代的消费者。

从发展历程来看，拼多多的成长充满了创新与挑战，其独特的商业模式在国内快速崛起的同时，也暴露出一些问题，比如低价产品的质量争议和假货问题，这些问题在进入更加规范的国际市场时成为不得不克服的挑战。此外，面对强大的行业巨头和新兴竞争对手，拼多多的品牌认知度相对较低，而这正是其在国际市场中需要快速弥补的劣势。但同时，拼多多也拥有不可忽视的机会，如其强大的技术能力和庞大的中国制造商资源，这些资源不仅为其提供了竞争优势，也为全球市场提供了更丰富的产品选择。不难看出，全球化进军的战略展现了拼多多对国际市场复杂环境的灵活适应能力。在跨越文化、经济和技术差异的同时，拼多多如何在竞争激烈的国际市场中站稳脚跟，值得我们拭目以待。

讨论题

1. 结合案例，尝试为拼多多作出 PEST 分析与波特五力模型分析。
2. 拼多多采用了什么营销战略以应对国际市场的挑战？

（考核点：①国际营销环境分析；②竞争战略）

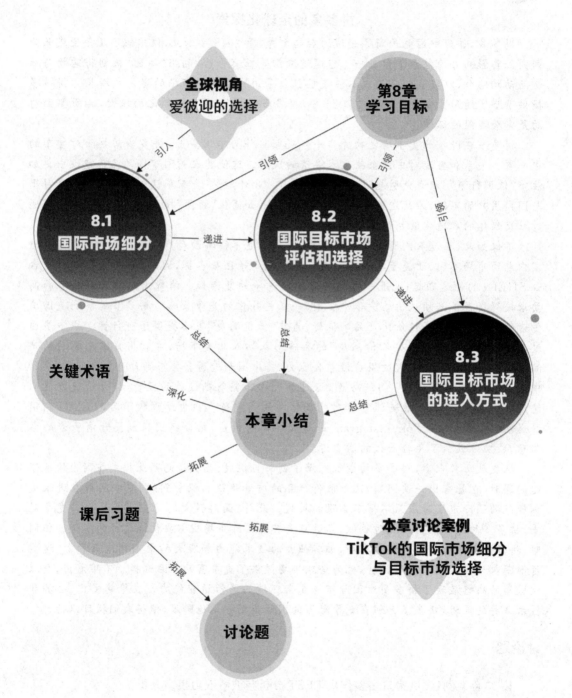

第 8 章

国际营销市场细分与目标市场选择

学完本章,你应该能够:
1. 掌握国际市场细分的定义;
2. 知悉国际市场细分的依据;
3. 知悉国际市场细分的程序;
4. 知悉国际市场细分的原则;
5. 知悉国际目标市场的评估基准;
6. 熟悉国际目标市场的进入方式。

全球视角

爱彼迎的选择

爱彼迎(Airbnb)成立于2008年,总部位于美国加州。最初,爱彼迎的创始人乔·吉比亚(Joe Gebbia)和布莱恩·切斯基(Brian Chesky)只是为了赚取额外收入,将他们的公寓部分空间租给有需要的人。然而,随着共享经济模式的兴起,爱彼迎迅速扩展,并成为全球短租市场的先行者。通过线上平台,爱彼迎为房东和房客提供了一个交流、预订和体验共享的空间。如今,爱彼迎在全球220多个国家和地区运营,成为旅游住宿行业的革新者。

爱彼迎通过多项创新和细化的市场策略应对全球旅游业的挑战和变化,进一步巩固了其在国际市场的地位。

作为全球领先的短租平台,爱彼迎通过对不同地区、文化和用户需求的精细化市场细分,成功在全球范围内拓展了业务。如果要概括爱彼迎的成功,不乏如下几点。

1. 基于目的地类型的差异化服务

爱彼迎将全球市场细分为不同类型的目的地,如城市、海滩、山区、乡村等,为不同类型的旅客提供针对性的住宿选项。在大城市,爱彼迎通常提供高端的公寓和民宿,吸引商务旅客和短期游客;在海滩或乡村地区,爱彼迎提供更多独特和本土化的住宿,如海滨别墅和农舍,满足休闲和度假需求。这一策略让爱彼迎不仅能满足多样化的旅行需求,还有效增强了用户的品牌忠诚度。

此外,爱彼迎还利用平台数据,设置了不同主题的推荐栏目,如"从未想过的住处"和"荒野小屋"等,利用平台上的特色房源来吸引用户,通过用户的不同目的来优化用户体验,确保用户能找到最适合的住宿和体验项目。2022年,爱彼迎还推出了独特的"怪奇物语之家"系列以及各类其他影视合作项目,使粉丝可以住进喜爱的影视场景中,增强了品牌互动性。

2. 基于用户需求的个性化体验

爱彼迎将用户分为不同的细分群体,如商务旅客、家庭旅客、冒险旅行者等,并根据每类群体的需求提供专属的功能和服务。对于商务旅客,爱彼迎推出"Airbnb for Work"计划,提供舒适的住宿选择和灵活的预订政策;对于偏好独特体验的用户,爱彼迎提供"Airbnb Experiences",包括与当地导游、手工艺人、烹饪达人等合作,推出了丰富的本地体验项目,如丛林探险、传统艺术工作坊等。

在全球疫情后期,爱彼迎还推出了"在线体验"功能,使用户能够通过视频连接参与全球范围的活动,用户不需要亲自前往便可感受不同地区的文化。此举让爱彼迎进一步渗透到用户的日常生活中,不仅拓展了受众,也强化了其全球化和本地化的品牌形象。

3. 基于文化偏好的本地化推广

爱彼迎在不同国家根据当地文化和节假日推出特色活动与推广策略。例如,在中国市场,爱彼迎特别推出符合本地审美的广告和产品界面,还增加了微信小程序和支付宝支付等本地化服务,使平台更易于中国用户使用。

爱彼迎还帮助一些国家的旅游业恢复,例如,在巴巴多斯等地设立了"工作签证"计划,为数字游牧民提供便利,吸引他们前往长期居住。这一举措满足了新兴市场的需求,使爱彼迎不仅仅是短租平台,也成为全球生活方式的倡导者。

爱彼迎通过精细的市场细分和本地化策略,成功地适应了全球不同类型消费者的需求,在短短十多年里,成为国际旅游住宿领域不可或缺的品牌。

资料来源:爱彼迎的全球战略:他们如何征服全球旅游市场[EB/OL]. https://www.accelingo.com/airbnbs-global-strategy/;爱彼迎的产品全球化与本地化战略[EB/OL]. (2023-08-23). https://www.productmonk.io/p/airbnb-globalization 等。

每个企业的资源和能力都是有限的,而市场是无限的。因此,无论是从事国内市场营销,还是从事国际市场营销,都必须有效规划自己的资源和能力,以便在局部市场建立竞争优势,即所谓的有所不为才能有所为。这就意味着企业必须有效地细分国际市场,在此基础上选择适合自己的目标市场,确定进入目标国家市场的方式,并通过差异化和定位在目标市场建立市场地位。

8.1 国际市场细分

8.1.1 国际市场细分的定义

市场细分是按照消费者在消费心理、消费模式、消费行为以及对营销手段的反应等方面的差异将消费者划分为不同的顾客群体的过程。市场细分确定的每个顾客群体都是一个子市场,不同子市场之间的需求具有显著的差异性,而在同一个子市场内部需求具有明显的同质性。国际目标市场细分是市场细分概念在国际营销中的应用。

很显然,市场细分不是目的,它是企业的目标市场选择

扩展阅读 8-1 只做最容易成功的事

的基础。尽管如此,市场细分在企业战略规划和市场营销过程中一直扮演着至关重要的角色。对于企业战略规划来说,它是判断公司专长与市场机会是否匹配的前提条件,是决定进入一个新市场或退出一个老市场的依据,是分析市场优先级与重要性的有效工具,是确切地描述竞争对手战略战术的先决条件。对于企业的市场营销运作来说,它是确定产品特征、定价、宣传、销售渠道的依据,是指引销售队伍主攻方向的有力工具,是分配人力、技术和资金的参考标准,是量化市场和用户、市场调查、把握市场趋势的关键。可以说,市场细分做好了,市场营销就成功了一半。

8.1.2 国际市场细分的依据

在对国际市场进行细分的时候,首先涉及细分因素的问题,也就是说,用什么因素进行市场细分。一般来讲,市场细分有以下几个因素。

1. 以地理环境因素细分国际市场

跨国公司在开展国际营销时,常用大洲、国家、州划分市场。比如,有的企业将世界市场划分为南半球市场和北半球市场,有的则将世界市场划分为北美、欧洲、亚洲、非洲等国家市场。在所有地理细分变量中,国家的意义最为重大,因为,一般来讲,不同国家往往意味着不同的民族,不同的文化,不同的风俗习惯,不同的经济、政治、法律和社会环境。跨国公司需要同时在多个国家开展业务,所以必须根据不同国家市场特点采取有针对性的营销策略。

按照地理特点进行市场细分有很多优点:一是各子市场界限分明,便于管理。二是处于同一区域的国家具有相似的经济、文化背景,可以从区域的角度制定通用的营销战略,可以在每一个地区设立一个分部来管理该地区的资源分配和具体的营销活动。但是,地理细分的局限性是地理的接近并不保证各国市场在政治、经济、文化等方面一定相似,有的时候甚至相去甚远,制定统一的营销战略不见得有效果。例如东盟成立后,将整个东盟看成一个市场就不可行,因为各国在宗教、文化、生活习惯上的差异仍然存在。因此,跨国公司在按照地理因素划分区域市场时,必须兼顾经济、文化等其他影响因素,以避免片面性。根据地理特点细分市场列表举例见表 8-1。

表 8-1 根据地理特点细分市场列表举例

细分标准	细分标准举例
洲际	非洲、美洲、欧洲、亚洲
地区	中东、东亚、加勒比地区
区域性经贸组织	东盟自由贸易区、北美自由贸易区、欧盟
国别	中国、日本、美国、英国
气候	热带、温带、寒带
地形	平原、山区、高原、丘陵
人口密度	城市、郊区、小镇、乡村
人口总数	10万~20万人、20万~30万人、50万~100万人
老龄化程度	高、中、低
城市化程度	超一线城市、二线城市、三线城市、乡镇地区
国家类型	高度发达国家、发达国家、发展中国家、欠发达国家
基础设施	完善、较完善、不完善

2. 以人口因素细分国际市场

根据人口统计特点如年龄、性别、收入、职业、教育程度等变量,可以把消费者划分成不同的群体(表8-2)。

表8-2 根据人口特点细分市场列表举例

细分标准	细分标准举例
年龄	青少年、壮年、银发族、Z世代
性别	男性、女性
收入	低收入人群、中等收入人群、超高净值人群
职业	学生、都市白领、蓝领工人、自由创作者
教育程度	小初高、大学生、研究生、无学历
家庭结构	单身、已婚有子、丁克家庭、空巢家庭
宗教信仰	佛教、基督教、伊斯兰教、印度教等
种族或民族	汉族、朝鲜族;亚裔、非裔、阿拉伯裔、拉丁裔

(1) 年龄。消费者的消费欲望和能力随年龄而变化。年龄影响了消费者的需求、购买偏好和消费能力,是市场细分中的关键因素。不同年龄段的消费者关注的产品特性和服务往往差异很大。宝洁公司有专门针对婴幼儿的护理用品,也生产专门供儿童使用的牙膏。

(2) 性别。性别细分一直运用于服装、美妆和杂志等领域。杂志是一个典型的例子,女性关注的问题与男性有很大的不同,男性关注政治、军事和体育,而女性则关注娱乐、休闲。

(3) 收入。不同收入水平所具有的消费欲望和消费能力有很大不同,较高收入的消费者通常更倾向于高端品牌,而低收入的消费者则关注性价比。不同收入群体对价格和质量的敏感度存在差异,在汽车、化妆品、旅游和服务行业尤其明显。中等收入的消费者群体在旅游、文体产品方面的支出较多,而低收入消费者群体在食品、服装和住房方面的支出较多。

(4) 种族或民族。不同种族的消费者消费习惯、文化喜好和产品需求会有较大差异,尤其是在化妆品、食品和服装领域。美妆品牌兰蔻(Lancôme)推出多种肤色的底妆产品,并根据种族特点推广护肤品,如推出针对深色皮肤的专用护肤产品。

这些详细的细分帮助企业更精准地理解不同人口特点群体的需求,从而定制营销策略,使品牌能够更加贴近消费者的生活方式和个性需求。

3. 以经济环境因素细分国际市场

以经济环境为因素来细分国际市场时,可以基于多个经济指标来划分不同市场。表8-3是一些常用的经济环境细分指标和具体的细分类别。

表8-3 根据经济特点细分市场列表

细分标准	细分标准举例
经济发展阶段	发达、发展中、欠发达
人均GDP	<10 000、10 000~40 000、>40 000(单位:美元)
失业率	低失业率(<5%)、中等失业率(5%~10%)、高失业率(>10%)

续表

细 分 标 准	细分标准举例
劳动生产率	高、中、低
对外部依赖性	高度依赖、中等依赖、低依赖
政府管制程度	高、中、低
市场化程度	高度市场化、部分市场化、低市场化
经济自由度	高、中、低
通货膨胀率	较低通胀(<2%)、中等通胀(2%～5%)、较高通胀(>5%)
收入平等指数	高不平等(>0.5)、中度不平等、低不平等(<0.3)(单位：Gini 系数)
货币稳定性	货币稳定、中等波动、高波动

（1）人均 GDP。人均 GDP 反映了平均收入水平，用于评估国家或地区的整体消费能力。高人均 GDP 的地区如新加坡、瑞士，市场对奢侈品、旅游和高端服务需求旺盛。而低人均 GDP 的地区，如越南、肯尼亚，倾向于低价基础产品和耐用消费品。

（2）市场化程度。市场化程度决定了市场对外资的接受度和开放度。开放的市场通常为跨国公司提供更多进入机会和较少的法规障碍。如美国，市场竞争激烈，对外资企业友好，创新型和差异化产品受欢迎。但有些国家市场基本封闭，对外企准入有严格控制，仅适合基础消费品或部分合作项目。

（3）货币稳定性。货币稳定性是跨国企业需要考量的重要风险因素之一，影响着企业的购买力和投资信心。货币波动大的市场需要更加灵活的价格策略。如阿根廷、委内瑞拉，货币贬值严重，消费者趋向于以美元计价的商品和必需品。而如瑞士、日本，价格稳定性高，企业可以长期价格规划。

4. 以心理因素细分国际市场

在以心理因素作为市场细分依据时，可以深入了解消费者的生活方式、兴趣爱好、个性特征、价值观等，这类细分能够帮助企业精准捕捉消费者内在的动机与需求。表 8-4 是心理因素细分的具体领域及其详细分类。

表 8-4 根据心理特点细分市场列表

细 分 标 准	细分标准举例
生活方式	健康爱好者、环保主义者、科技狂人、都市时尚、"夜猫子"
兴趣爱好	游戏、旅行、时尚、体育、艺术、美食、二次元爱好者
个性特征	冒险精神、内向安静、外向活跃、保守谨慎、独立自主
价值观	享乐、自我实现、社会责任、传统、创新
风险偏好	风险接受、风险厌恶、风险回避、风险中立型

通过这些心理因素的细分，企业可以深入洞察消费者的内在需求和偏好，从而开发更加符合心理特征的产品和服务，并设计出差异化的营销策略，增强品牌的吸引力和用户忠诚度。

5. 以消费行为因素细分国际市场

以消费行为因素作为市场细分依据时，主要关注消费者的购买时机、使用频率、品牌忠诚度、购买动机等行为特征。这种细分方式有助于企业了解消费者的购买习惯和使用场景，便于开发针对性更强的营销策略。表 8-5 是消费行为因素的具体细分领域及其详细分类。

表 8-5　根据消费行为特点细分市场列表

细分标准	细分标准举例
购买时机	节日购物者、日常购物者、情景驱动者、时令购物者
使用频率	高频用户、中频用户、低频用户
品牌忠诚度	高度忠诚、中度忠诚、低度忠诚、无品牌忠诚
购买动机	实用动机、情感动机、方便动机、炫耀动机
购买渠道	线下渠道、直播电商渠道、社交电商渠道、O2O（线上到线下）体验渠道
价格敏感度	高度敏感、中度敏感、低敏感
消费场景	日常消费、旅行使用、商务使用、运动使用

（1）品牌忠诚度。消费者对产品的忠诚度，或者说态度不同，决定了品牌需要采取的营销策略。基于消费者对品牌的忠诚度进行划分，帮助企业识别核心用户、潜在流失用户和竞争品牌吸引的用户。

（2）购买动机。消费者购买商品的原因多种多样，可根据动机细分出不同的消费群体，以便品牌提供相应的产品和服务以满足其动机。

（3）价格敏感度。根据消费者对价格的敏感度细分市场，帮助品牌制定定价策略和促销活动。对价格非常敏感的快消品消费者客群，注重优惠促销，倾向于薄利多销。对价格不敏感的高端消费群体，其愿意为更好质量或知名品牌付出一定溢价，为此，可针对性提升品牌和产品质量，满足其高端需求。

6．以其他因素细分国际市场

随着国际市场越发扩大，消费者的需求日益增长。国际市场细分的依据已拓展出更加多元和动态的因素，以应对全球市场的复杂性和不同消费群体的快速变化。如今的国际市场细分依据还可以考虑不同技术接受度的市场细分、不同环保与可持续发展意识的市场细分、不同道德观念的市场细分等。

8.1.3　国际市场细分的程序

国际市场细分的程序主要包括以下三个阶段。

（1）调查阶段。调研者可以开展推测性的面谈和小组访谈，通过专家或熟悉情况者初步了解消费者的购买动机、态度和购买行为等方面的基本情况，为接下来的调查问卷设计奠定基础。然后，准备调查问卷，国际市场应依据多维变量进行初步细分，也就是收集 8.1.2 节提到的各方面因素的信息，摘取顾客最需要的价值属性，并对其重要程度进行排列。

（2）分析阶段。这一步经常要用到一些统计方法和统计软件，如 SPSS。调研者采用因子分析法剔除一些高度相关的变量，然后采用聚类分析法来确定一定数目的明显不同的子市场。随着数据科学和大数据的普及,细分过程的起点还应加强对数据的整合和分析,建议结合在线调研、社交媒体数据分析、政府统计数据等多渠道获取信息。通过人工智能分析,可以更快速地识别消费者的潜在偏好。

(3) 描绘阶段。根据不同的顾客态度、购买行为、地理、心理和媒体传播方式等变量对每个子市场进行描绘。可能的话,还可以根据每个子市场的特征各取一个名字。

市场细分必须定期进行,因为子市场经常会发生变化。比如,计算机市场原来根据速度和功率细分为两个子市场——高端市场和低端市场,忽略了高速发展的中间部分。营销者后来才意识到迅速发展的 SOHO(小型办公室和家庭办公室)市场。戴尔公司用低价和用户友好吸引这个子市场并取得巨大成功。后来,PC(个人计算机)生产者发现 SOHO 市场又由更小的子市场组成,SO(小型办公室)和 HO(家庭办公室)的需求有很大的不同。

即测即练8.1

8.2 国际目标市场评估和选择

8.2.1 国际目标市场的评估基准

在企业参与经营或将要参与经营的市场上找出"市场机会与企业能力的平衡点",选出投资回报率高、有长期效益、与企业专长一致的目标市场,对企业的成败至关重要。评估目标市场的基准有以下几个。

1. 子市场当前的规模和增长潜力

公司必须考虑子市场是否对公司有吸引力,包括它的容量、成长性、盈利率、规模经济、低风险、消费者需求趋势和市场成熟度等。可以结合当地的经济增长率、人口结构变化及消费习惯变化,来预判市场的长期潜力。

2. 竞争态势

公司应避开竞争过于激烈的子市场。竞争态势评估不仅要考察市场中现有的竞争对手,还要分析潜在的竞争者进入可能性。可以借助市场份额集中度、品牌认知度及主要竞争者的财务实力等指标,来评估该市场的竞争难度。

3. 公司的目标和资源

公司必须考虑对子市场的投资与公司的目标和资源是否相一致。某些子市场虽然有较大的吸引力,但不符合公司长远目标,就应该放弃。另外,也必须考虑本公司是否具备在该子市场获胜所必需的技术和资源,技术指的是公司能够提供优质产品的诀窍,资源包括公司在分销和人力资源等方面的支撑能力。

4. 道德与价值观考虑

细分市场及随后的营销策略,有时会引起争议。例如,在美国和欧洲,许多人批评麦当劳对低收入的城市居民提供高脂肪、多盐的食品,因为低收入居民是麦当劳的常客。许多儿童产品的营销者也受到严厉的批评,因为他们通过煽动性的广告向孩子们推销含糖过多的食品,孩子的分辨和控制能力本来就弱,在这些广告的诱惑下,容易作出错误的选择。所以,立足长远发展的公司,在细分市场时要充分考虑道德因素。

例如,近年来,欧洲地区消费者对环保和社会责任的价值追求不断提升,因此选择欧洲作为目标市场的企业,社会责任意识也是评估的重要因素之一。企业在进入某一市场时,需评估其在环保、社会责任等方面的合规性,能否满足消费者的可持续发展诉求。

8.2.2 国际目标市场的选择

在对不同子市场进行评估后,公司必须决定为多少个子市场服务,即选择哪些子市场作为自己的目标市场。总的来说,有五种策略可供企业选择,见图8-1。

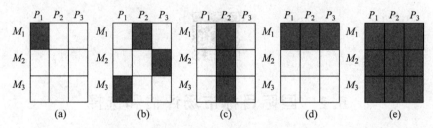

图8-1 选择国际目标市场策略图(P代表产品种类,M代表市场种类)
(a)选择单一子市场;(b)有选择的专门化;(c)产品专门化;(d)市场专门化;(e)完全市场覆盖

1. 选择单一子市场

选择一个子市场,提供一种非常有特色的产品或服务。很多中小型企业选择这种策略,这样既可以避免激烈的竞争,同时还可以集中优势兵力在很小的范围内或市场上专注经营,以形成竞争优势,如北大方正的中文电子排版系统和金利来的男士职业服装。

公司通过专注于单一子市场,能够深入了解子市场的需求,并树立起特别的声誉,因此可以在子市场建立并巩固自己的市场地位。另外,公司通过生产、销售和促销的专业化分工,可以使生产成本降低。

需要指出的是,选择一个单一子市场的风险较大,因为单一子市场可能出现不景气的情况。20世纪50年代,索尼公司最初的产品之一——磁带录音机一度在日本的九州地区非常畅销。该地区煤炭业的蓬勃发展使得当地的经济异常景气,人们都很富有。然而索尼的产品突然又都因为煤矿的纷纷破产、整个地区经济情况恶化而滞销了。当时索尼作为一个刚起步的小公司几乎完全依赖于该地区,那里销售的突然滑坡使公司一片大乱,但后来终于通过提高其他地区的销售渡过了难关。盛田先生开始意识到"仅仅依靠九州,索尼也许会垮台"。

2. 有选择的专门化

选择几个子市场,提供不同的产品和服务。各个子市场之间联系很少或没有任何联系,然而每个子市场都可能盈利。选择多个子市场可以分散公司的风险,即使在某个子市场失败了,公司仍可在其他子市场获取利润。

放弃一些市场,侧重一些市场,以便向主要的目标市场提供有特色的产品和服务,能够避免正面冲突和恶性竞争。对于大型集团企业来说,则可分成若干相对独立的实体,分别服务于不同的客户群,如香格里拉集团在北京国贸中心拥有中国大饭店和国贸饭店两个不同档次的饭店。

3. 产品专门化

公司集中生产一种产品,向几个子市场提供这种产品。例如,公司向各类顾客销售传统相机,而不去提供其他产品。公司通过这种战略,可以在某种产品方面树立起很高的声誉。但是,这种选择模式也有很大的风险。比如,如果传统相机被数码相机所代替,那么公司就会发生危机。

4. 市场专门化

选择一个子市场,提供这个子市场的顾客群体所需要的各种产品。例如,公司可以为大学实验室提供一系列产品,包括显微镜、化学烧瓶、试管等。公司通过专门为这个顾客群体服务而获得良好声誉,并成为这个顾客群体所需各种产品的代理商。但是,这种选择模式同样也有很大的风险:如果大学实验室突然削减经费预算,就会对企业产生很大影响。

5. 完全市场覆盖

公司想用各种产品满足各子市场的各种需求。世界上只有为数不多的大公司才能采取完全市场覆盖策略,如通用电气。大公司可用两种方法达到覆盖整个市场的目的,即无差异营销和差异营销。

1) 无差异营销

无差异营销也称无差别营销,是指公司不考虑细分市场之间的差别,仅推出一种产品来覆盖整个市场。它关注顾客需求中的相同之处,而非不同之处。为此,它设计一种产品和制订一个营销计划来迎合最大多数的购买者。凭借广泛的销售渠道和大规模的广告宣传攻势,以树立超级品牌形象。可口可乐公司早期营销,就是无差异营销的例子。

产品制造过程中的标准化生产和大批量生产可以降低生产、存货和运输成本,无差异的广告方案可以缩减广告成本,而不进行细分市场的营销调研和计划工作又可以降低营销调研和产品管理的成本。因此,无差异营销可以帮助企业建立低成本优势。

当行业中有多个公司采用这种战略时,就会使整个行业竞争加剧;与此同时,较小的子市场的需求得不到满足。这种追求整个市场的倾向被一些研究者称为"多数的谬误",认识到这一谬误,公司能增强进入较小的被忽视子市场的兴趣。

2) 差异营销

差异营销也称差别营销,是指公司同时在多个细分市场经营,并为每个细分市场设计不同的产品。例如,德国大众为"财富目的和个性"各不相同的顾客生产不同的小汽车。总的来说,差异营销一般要比无差异营销创造更大的总销售额,然而,差异营销也会增加经营成本,包括生产成本、管理成本、存货成本和促销成本。

过去几年中经常会听到这样的高论:"全国各地都是我们的市场,所有人都是我们的用户和潜在用户。"此话听起来很有企业家气魄,但违背了市场细分这一重要的市场经济原则,这也是在过去的几十年中出现大量重复建设、一窝蜂上同样项目,最后导致恶性竞争、资源浪费的根本原因之一。纵观10年前的中国市场,一个明显的特点就是少数产品成为社会的消费热点,产品差异性很小,所以价格战、广告战在所难免。与此同时,很多用户的深层次需求得不到满足。所以,在近几年,随着大数据技术和个性化推荐带来的精准营销分析,高明的企业越发重视市场细分,挖掘出用户需求最强烈、购买动力最大,有明显回报和影响的子市场,并分辨出谁是第一目标用户群,谁是第二、第三目标用户群,谁是相应的竞争对手,从而更有效地制定市场战略和策略,实现企业的经营目标。

值得注意的是,差异营销也要考虑"度"的问题,如果过分差异,将导致市场细分过度。在过去几年中,一些公司因为过度地细分了市场,结果并不划算,它们转向"反细分化"或拓宽顾客基础。

即测即练8.2

8.3 国际目标市场的进入方式

8.3.1 出口进入方式

出口进入方式是指生产企业把本国生产和加工的产品输往国际市场的方式。采用这种方式时,生产地点不变,劳动力、资本没有在国际市场流动,出口的产品与内销产品相同,也可以根据国外目标市场需要做些调整,甚至专门为国外顾客开发出新产品。企业选择出口的动机包括获取更多的利润、实现规模经济、企业拥有独特的产品和技术优势、有独享的信息,也有的是由于竞争压力、生产过剩、国内市场饱和等被动的情况所迫。出口可以是间接的,也可以是直接的。

1. 间接出口方式

间接出口方式是指企业出售产品给本国的代理商,后者再出口的方式。像沃尔玛等大型零售商和一些贸易公司都有采购商品后出口海外的业务。间接出口方式的具体做法有三类:一是生产企业把产品卖给出口经销商。出口经销商拥有商品所有权,在国际市场自主销售、自负盈亏。二是生产企业委托出口代理商代理出口产品。出口代理商不拥有产品所有权,受生产企业委托,在合同规定的条件下为生产企业出口牵线搭桥,寻找市场机会,出口销售成功后获取佣金,生产企业拥有经营出口产品的决策权。三是生产企业委托在目标市场设有销售机构的某个本国公司代销产品,或者由同行业多个制造商共同发起成立的外贸企业销售产品。

采用间接出口方式的多是起步阶段的中小企业,它们不熟悉国际市场情况,可以利用中间商的经验、信息和国际营销渠道,节省了国际市场调研、渠道建立等营销费用。但是,间接出口会导致对中间商的严重依赖,不利于企业自身国际营销经验的积累,也难以及时适应国际市场变化；另外，中间商的盘剥削减了企业的利润。

2．直接出口方式

直接出口方式是指生产企业绕过国内中间商，独立承担一切出口业务，直接向国外中间商、分销商乃至最终消费者销售产品的方式。直接出口是出口贸易的高级形式。一般来说，当企业通过间接出口取得国际营销经验后，可转向直接出口，使企业成为真正的国际营销企业。

直接出口分为两种情形：一种是设立出口部或国际业务部，向目标国的中间商出口产品，由后者在目标市场上进行产品经销或代销，或者向国外顾客或用户提供产品；另一种是在目标国设立专门的销售分支机构或子公司就地销售。

采用直接出口方式能够避免中间商的盘剥和控制，获取更高的利润，也能够积累丰富的国际营销经验，企业对国外目标市场的控制程度比较高，可以直接迅速取得市场信息。但是，企业设立国外销售机构，需要投入大量资源，并拥有一批熟悉国际营销的专才。

8.3.2 合同进入方式

合同进入方式是指从事国际营销的生产企业与目标国的法人通过签订协议，将自己的无形资产使用权授予对方，允许其制造、销售该企业产品或服务，或提供服务、设备、技术支持等，以获得报酬并进入国际市场的方式。可授予使用的无形资产包括各种工业产权（如专利、商标、专有技术、管理和营销技能等）和著作权。合同进入方式的类型主要有许可证贸易、特许经营、合同生产。

1．许可证贸易

许可证贸易是指企业（许可方）与对象国法人（被许可方）签订合同，允许其在合同期限内使用许可方的无形资产，并获得被许可方支付的报酬（提供费用或其他补偿）的进入方式。企业选择这种方式进入国际市场的动机或原因主要包括：①确保企业无形资产在对象国不受损失；②与合作方建立了利益联盟；③产品在本国处于衰退期而在对象国仍在成长阶段。

像可口可乐和迪士尼这种形象导向型的美国公司正在许可海外的饮料、服装、玩具等生产商使用它们的商标名称和标识，仅在中国就有数十家工厂在生产可口可乐授权的饮料。

许可证贸易能够避开进口国的贸易壁垒和投资限制，可以降低国际营销中的投资风险和政治风险，也不需要大量资金和人力资源投入。但是，被许可方可能以其低劣的产品质量破坏许可方的信誉和形象，另外，许可方把一部分技术的优势、独占的权力转让给被许可方，实际上培养了潜在竞争对手。日本公司宁愿把产品卖给中国，也不愿意授权中国公司生产，因为日本公司担心，中国公司一旦掌握了制造技术，再利用低工资的成本优势，就会成为日本公司强大的竞争对手。

2．特许经营

特许经营是指特许人将工业产权整个经营体系（包括专利、商标、企业标志、技术诀窍、经营理念、管理方法等）特许给对象国独立的公司或个人使用，被特许人必须按照特许人的政策和方法经营，并支付初始费用和销售提成的进入方式。特许方要给予被特许方以生产和管理方面的帮助，如提供设备、帮助培训、融通资金、参与一般管理等。

扩展阅读 8-2 特许经营的起源和发展

特许经营可极大程度地扩大特许商号、商标的影响力，用较少的资源便可迅速拓展国际市场并获得可观的收益，同时，这种合作方式政治风险较小。但是，这种方式要求特许人的商号、商标及其产品、服务必须具有较大的吸引力。那些在本行业内已建立起自己的品牌，产品较成熟，生产技术和经营模式有自己特色的企业，都在寻求资本的扩张和市场占有率的提高。特许经营可以帮助这些企业引入其他合作者的资金等各种经营资源，节省特许者本身的投入，以实现上述目的。对于那些初始创业的生意人或者是名气尚不响亮的中小企业，通过特许经营，获得先进的生产技术和经营经验，生产经营名牌产品，可以很快地积累资本和获取利润。正是在这种双向利益互动的驱使下，特许经营才有广阔的发展空间。

肯德基通过特许经营模式进入中国市场

肯德基成立于 1952 年，是全球最早采用特许经营模式扩展业务的快餐企业之一。随着全球化趋势的发展，肯德基将特许经营作为其主要的国际扩张方式，特别是在进入中国市场时，通过特许经营模式快速适应本地需求，成功打开了中国快餐市场。

（1）本地化适应。肯德基进入中国市场后，通过特许经营获得了与本地企业合作的机会。凭借这些合作，肯德基能够快速适应中国消费者的口味偏好，推出了诸如米饭、粥、油条等符合本地口味的中式餐点，并调整菜品组合来适应中国不同地区的需求。

（2）标准化管理与培训。肯德基对特许经营商提供严格的标准化管理和培训，以保证全球餐厅在质量、服务、卫生等方面的统一标准。这种严格的管理不仅确保了品牌的一致性，也为消费者提供了稳定的用餐体验，提高了顾客满意度。

（3）品牌效应和营销支持。肯德基在中国市场的推广依赖于品牌效应和特许经营合作伙伴的资源支持。公司向特许经营商提供全面的市场营销支持，包括广告推广、促销活动和品牌形象塑造等，帮助特许经营商快速打开市场。

特许经营模式帮助肯德基深度融入当地市场，适应本地口味，实现了产品的本地化创新，满足了不同消费群体的需求，以低风险和高效的方式扩大了市场份额。这让肯德基不仅在一线城市站稳脚跟，还成功渗透到二、三线城市，甚至乡镇市场，成为中国快餐行业的龙头品牌。其特许经营模式为其他企业进入国际市场提供了范例，展示了如何通过品牌授权与本地企业合作，快速融入新市场。

3. 合同生产

合同生产是指企业为了开拓对象国市场，与当地企业签订订货合同，要求对方按合同规定的质量、数量、时间生产本企业所需要的产品或零部件，交由本企业用本企业的品牌销售的进入方式。实际上，它是把生产厂设置在营销对象国，当地生产，当地销售，使国际生产和国际销售紧密结合。

这种方式可以充分利用当地的资源优势和劳动力成本低的优势。但是，企业要提供技术援助和管理支持，有可能培养出未来的竞争对手。

8.3.3 投资进入方式

投资进入方式是指生产企业将资本连同本企业的管理技术、销售、财务以及其他技能转移到目标国家或地区,建立受本企业控制的分公司或子公司,在当地生产产品,并在国际市场销售的方式。

企业选择对外直接投资方式进入国际市场,主要是为了扩大市场和促进公司成长的需要。另外,对外直接投资可以使公司绕开贸易壁垒,像当地公司一样运作,不受关税和其他进口方面的限制,如许多日本公司投资于欧洲以抵消日欧贸易摩擦的影响。此外,公司希望获得价格低廉的资源以确保其原料和劳动力的供应。在很多发展中国家,为了解决就业困难和资金短缺问题,政府制定了优惠的税收等政策吸引外国直接投资进入本国,这也是外国直接投资迅速增长的重要原因之一。

一般来说,通过投资进入国际市场必须解决好两大问题:一是在所有权类型方面,以独资还是合资的形式进入国际市场;二是在以独资方式进入国际市场时,是收购国外企业,还是在国外创建新的企业。

1. 在国外建立独资企业

独资是指公司对在海外建立的企业拥有100%股权。从公司自身角度看,采取独资形式可以牢固控制所投资的企业,维持企业在技术垄断、经营诀窍、产品品质和产品信誉等方面的优势,确保投资收益的最大化。

如果子公司和总部之间的关系非常密切,以至于任何协调的不到位都会导致公司的损失,那么独资是必要的。独资企业需要大量资金和管理人员的投入,以便最大限度地参与当地市场的经营。但是,不管是建立新的设施,还是采取并购的方式,都意味着公司要花费大量的财力、人力和物力。今天,日本在中国的子公司多采取独资的方式。

扩展阅读 8-3　沃尔玛10亿美元收购好又多

建立独资企业的方式包括并购和创建两种。

2. 在国外建立合资企业

合资是两个或多个组织在一个较长的时间内的合作,合作伙伴分享资源、共担风险、同享利润。合作者对合资企业的出资,可以是资金、技术、销售组织、设备和工厂。采用合资方式可以利用双方共同的资源,创造出比每个伙伴单干更好的产出。特别是在每个伙伴都有某一独特优势时,合资的优势就更加明显。例如,一家公司可能拥有新技术,但缺少资金,通过合资伙伴的加入,可以更快地推广新技术并抢占市场。合资经营的方式也有利于与当地政府、金融机构和其他组织保持良好的关系。

从东道国的角度看,吸引外资的同时,又要保护民族经济,特别是要避免国外企业控制本国经济命脉。所以,国际化经营企业采用合资方式,一方面确保对所投资的公司的控制权;另一方面也要满足对象国的要求,规避有关政策的限制,尽可能获得政策优惠,并在东道国树立良好形象。

合资关系的保持有时很困难,许多合资公司因此不能达到预期目标。意见的冲突反映在企业决策领域的各个方面,包括战略、管理风格、会计和控制、市场政策和实践、产品、研究、人事等。更为明显的是，在利润的分配方面，合作伙伴间常有分歧。

特斯拉打造德国"柏林超级工厂"

特斯拉(Tesla)在2008年发布了第一款电动车型Roadster，标志着其进入电动车市场的起点。经过数年的技术改进和市场积累，特斯拉在美国本土市场逐渐确立了其高端电动车的品牌地位。随着欧洲市场对清洁能源和电动车需求的快速增长，特斯拉将欧洲视为重要的扩展市场。然而，进入欧洲市场面临多样化法规、文化和技术准入门槛的挑战。因此，特斯拉决定先通过出口模式进入欧洲市场，以实现低风险和高灵活度的市场试探。

特斯拉将其在美国弗里蒙特工厂生产的Model S和Model X车型直接出口至欧洲多个国家。通过出口方式，特斯拉成功在德国、挪威、荷兰等环保意识较高的国家赢得了早期市场认可。特斯拉通过这种方式避免了前期投资建厂的高成本，这对于测试市场需求而言风险更低，也为后期的投资决策提供了更为可靠的数据支持。

随后，特斯拉并不只是出口车辆，还开始在欧洲铺设基础设施，如超级充电站(Supercharger)网络，为车主提供方便的充电服务，改善消费者的充电体验，增强品牌忠诚度。不久后，特斯拉成为该地区市场份额领先的电动车品牌之一。特斯拉的品牌形象也逐步与高科技和环保出行相联系，为后续的市场扩展奠定了良好的品牌基础。

出口模式取得了初步成功后，特斯拉决定加大在欧洲的投入。2020年，特斯拉宣布在德国柏林建设其欧洲首个生产基地"柏林超级工厂"，计划生产Model Y等主流车型。该工厂不仅将增强特斯拉在欧洲的供应链管理能力，还将缩短交付时间，降低成本。最终，特斯拉赢得了一批环保意识强、科技接受度高的用户，这些用户的认可为特斯拉赢得了较高的品牌忠诚度，并逐步在欧洲形成了用户群体和社区，使得品牌形象更加深入人心。

特斯拉先后通过出口试水、市场扩展到本地化生产，为我们提供了一个典型的国际市场进入路径，展示了出口模式如何在全球扩展初期帮助企业降低风险，随后的深度投资模式又是如何为其奠定了市场的领先地位。

8.3.4 国际战略联盟方式

国际战略联盟是两家或两家以上企业为了相互需要、分担风险并实现共同目的而建立的一种合作关系。国际战略联盟是弥补劣势、增强竞争优势的重要手段，可以迅速开拓新市场、获得新技术、提高生产效率、降低营销成本、谋求战略性竞争策略、寻求额外的资金来源等。

目前，最明显的国际战略联盟出现在航空业中。美国航空公司、英国航空公司、加拿大航空公司、澳洲航空公司是世界联盟(oneworld)的成员，该联盟整合了时刻表和里程计划。与之竞争的是以联合航空公司和汉莎航空公司为首的星空联盟(Star Alliance)以及由西北航空公司与KLM率领的飞翼联盟(Wings Alliance)。对单个公司来说，某些业务的成本太高、时间太长或风险太大,通过战略联盟的方式,可以把各自的优势联合起来,做原本无法做成的事情。例如,个别航空公司很难单独覆盖全球所有的主要城市和国家。通过战略联盟,各成员公司可以共享航线网络,使乘客能够通过联程航班到达更多目的地,而无须多次购票。还如,联盟成员可以共享机场登机口、值机台和飞机维修设施等。

阿拉斯加航空宣布将于 2021 年夏天加入 oneworld

对于已经"单身"40 多年的阿拉斯加航空而言,虽然在美国西海岸具有一定市场优势,也与包括海南航空与国泰航空等多家航司在常旅客方面多有合作,但在当前的市场环境下,还是走上了"选边站"和"抱大腿"的发展路线。2020 年初,阿拉斯加航空正式宣布即将加入 oneworld 航空联盟。

在国际市场,oneworld 虽然是三大航空联盟中规模最小的一家,但其成员共计约 1 200 个航点也将为阿拉斯加航空带来可观的中转旅客流量。再配合美国航空正拓展的西雅图—印度班加罗尔以及西雅图—伦敦航线,对阿拉斯加航空的竞争力都可谓极大的利好。

航空联盟模式起于 20 世纪 80 年代末,在发展初期的 10 年间获得了爆发式的增长,也逐渐形成了以天合联盟、星空联盟和 oneworld 为代表的商业航空三大联盟。目前,全球 70% 以上的国际客运都由该三大联盟成员完成。

通过战略联盟,航空公司在全球市场中实现了资源整合、服务优化和成本控制,这不仅有助于应对日益复杂的市场需求,还提升了品牌竞争力和客户忠诚度。

但与此同时,随着联盟成员的基本稳定,该模式的缺陷却也在逐渐显现。高昂的入盟费用,对中小航司而言增加了不少管理成本。由于需所有现有成员同意,时间上又拉长了新成员入盟进度。联盟内部成员的利益纠葛与矛盾愈演愈烈。近年来,随着航司间股权投资的兴起,跨联盟合作的代码共享与航线联营正对三大联盟模式提出了不小的挑战。部分成员或基于利益转投他家,或摆脱联盟自立门户。

以上介绍的四种进入国际市场的方式,实际上代表了国际营销从低到高的四个主要阶段,它们的目的和条件各不相同。出口进入方式主要被处于国际营销初始阶段的企业所采用,主要目的是消化过剩的生产能力,使产品赢得更广阔的市场,因此企业对国际营销的概念、意识是不自觉的、朦胧的,产品出口经营也带有不稳定和多变的特征。合同进入方式则前进了一步,有意识、有步骤、有针对性地在国际市场充分发挥企业的经营优势,对回避国际贸易壁垒也颇有心得,但对如何深入国际市场的战略性操作还在探索中,所以,基本上不涉及国际营销中关键的股权问题。投资进入方式属高级阶段,它以直接投资方式表明了国际化经营企业渴望在对象国市场上掌握自身命运,参与要素活动,瓜分国际市场,以使货币资本和技术资本获得更广阔的运作舞台。只有国际化很成熟的企业才采用国际战略联盟方式,在竞争激烈的国际市场上,企业之间协同竞争,实现优势互补。正由于此,任何一个企业在不同的发展阶段,所采用的进入方式也各不相同。

扩展阅读 8-4　七大国际酒庄联盟:开创全球品牌联合

本章小结

市场细分是企业根据不同的消费者特征、需求和行为将市场划分为若干子市场的过程。常用的细分标准包括：①地理环境因素；②人口因素；③经济环境因素；④心理因素；⑤消费行为因素等。通过市场细分，企业可以识别出具有独特需求的消费者群体，从而量身定制产品和营销策略，满足各个市场的特定需求。

在对各个子市场进行评估时，必须研究子市场的吸引力、成长性、盈利性、竞争态势是否与公司的目标和资源相一致。在目标市场确定后，公司可以选择单一子市场，也可以选择多个子市场，可以选择市场专门化，也可以选择产品专门化，这要根据公司的具体情况来确定。

国际市场细分后，对已经选定的目标市场，公司要考虑如何对自己的产品、设备、技术、商标、管理等资源进行组合，选择进入国际市场的方式。出口进入方式基本由处于国际营销初始阶段的企业采用，目的是消化过剩的生产能力；合同进入方式则是有意识、有针对性地在国际市场发挥企业的经营优势；投资进入方式属于高级阶段，直接投资方式表明企业渴望在对象国市场掌握自身的命运，参与要素活动；而国际化成熟的企业才采用国际战略联盟方式进入国际市场。

关键术语

市场细分（market segmentation）　　　目标市场选择（target market selection）
竞争态势（competitive landscape）　　　可进入性原则（accessibility principle）
市场专门化（market specialization）　　　产品专门化（product specialization）
特许经营（franchising）　　　战略联盟（strategic alliance）

课后习题

1. 以下哪项不是市场细分的依据？
   A. 心理因素　　　B. 地理因素　　　C. 产品生命周期　　　D. 人口统计因素
2. 以下哪项最能体现"差异性原则"在市场细分中的作用？
   A. 市场划分清晰，易于管理　　　B. 子市场对不同营销策略的反应不同
   C. 子市场规模足够大，企业能获利　　　D. 进入子市场所需资源较少
3. 以下哪项属于心理细分的范畴？
   A. 收入水平　　　B. 消费者价值观　　　C. 城市化程度　　　D. 人口密度
4. 以下哪种方式最适合细分高度老龄化社会的市场？

A. 地理因素细分 B. 心理因素细分
C. 人口统计因素细分 D. 经济因素细分
5. 目标市场选择的核心在于什么?
A. 确定每个细分市场的大小 B. 优化企业资源分配以集中竞争优势
C. 评估竞争对手的营销策略 D. 确定产品生命周期的阶段
6. 市场细分需要遵循哪些基本原则?
7. 请解释"地理细分"和"人口统计细分"的区别。
8. 为什么市场细分被认为是目标市场选择的基础?
9. 企业在细分国际市场时需要注意哪些常见的误区?
10. 试比较合同进入方式与投资进入方式。

本章讨论案例

TikTok 的国际市场细分与目标市场选择

TikTok 是由中国科技公司字节跳动在 2016 年推出的短视频平台,已成为全球最受欢迎的社交媒体之一。这个崛起于中国的应用,短短数年间便席卷全球市场,并成为年轻人热衷的社交平台。TikTok 的国际化扩张是一个典型的成功范例,通过一系列高效的策略,包括收购、智能技术、本地化内容和创新营销,TikTok 成功打开了全球市场并建立了强大的品牌影响力。

TikTok 的国际化进程始于 2017 年,当时字节跳动斥资 10 亿美元收购了北美的短视频平台 Musical.ly。这一收购为 TikTok 进军欧美市场提供了天然的用户基础,使 TikTok 无须从零开始便获得了在年轻人中的知名度。2018 年,字节跳动将 Musical.ly 与 TikTok 合并,并以"TikTok"这一品牌名称在全球范围内推广。通过这次战略收购,TikTok 迅速在北美、欧洲等市场站稳脚跟。通过智能推荐算法、丰富的本地化内容和社交互动功能,TikTok 迅速吸引了全球用户,成为最快突破亿级用户的超级应用之一。

TikTok 的用户以年轻人为主,尤其是 Z 世代(1997—2012 年出生)和千禧一代(1981—1996 年出生)。通过迎合年轻用户的娱乐偏好、创新性互动和社交分享功能,TikTok 进一步增强了品牌对这一群体的吸引力。为此,在目标市场选择时,TikTok 优先在数字基础设施发达、年轻人口占比高的市场投入资源,如美国、印度(禁用前)、日本和巴西等。这些市场的年轻用户具有较强的内容消费和分享习惯,成为 TikTok 的核心用户群体。

TikTok 在国际市场的成功,离不开其独特的智能推荐技术。该算法能够精准分析用户行为,基于用户的观看、点赞、分享和评论习惯,细分用户群体并定制化内容推荐。用户一进入 TikTok,就会看到符合他们偏好的短视频,这种个性化的推荐让用户停留在平台的时间显著增长,极大地提升了用户的观看体验、黏性和活跃度。TikTok 的"上瘾式"推荐体验,使得许多新用户迅速沉浸在平台中,形成了用户裂变效应。

在本地化方面,TikTok 也采取了高度适应当地文化的策略。TikTok 根据不同国家和地区的文化,针对每个国家和地区的用户习惯和文化特性,设计了不同的内容主题和推广活动。例如,在美国,主打创意视频和音乐类内容,与知名网红合作推出挑战赛;在日本则着重于动漫和二次元文化；在印度和东南亚市场则增加了贴合当地风俗的内容；在韩国推出 K-pop 舞蹈挑战。这些极具互动性的挑战活动，不仅增强了用户的参与感，还增加了用户之间的社交联系，让用户形成了更强的归属感。

字节跳动为支持全球扩张，不仅在多个国家设立了办事处，还组建了本地化团队，负责内容监管和文化适配。TikTok 在进入不同市场时，采取了谨慎的策略来确保符合当地法律和文化习惯，同时也通过本地团队的运营进一步推动内容的本土化。公司还积极与各地的内容创作者和政府机构合作，以确保其内容合规性并满足当地的监管要求。通过这种本地化策略，TikTok 吸引了各地用户的参与，增强了平台的亲和力。

短短几年，TikTok 便迅速建立了强大的品牌影响力，发展成为全球最受欢迎的社交媒体平台之一，特别是在年轻人群体中拥有极高的用户参与度和忠诚度。其展示了社交媒体平台在全球扩张过程中如何利用国际市场细分和跨国营销策略吸引用户，进而形成品牌全球化的有效路径。这一成功经验为其他企业的全球市场扩张提供了创新的启示与参考。

资料来源：《2024 上半年 TikTok 电商数据报告》解析＋美国市场深度透视[EB/OL]. (2024-07-23). https://www.cifnews.com/article/162017；品牌出海新篇章：TikTok 达人经济下的市场细分与精准触达[EB/OL]. (2024-08-07). https://www.cifnews.com/article/162667 等。

讨论题

1. 结合案例，字节跳动是怎样做国际市场细分的？
2. TikTok 是如何逐步进入目标市场的？

（考核点：①国际市场细分；②国际目标市场的进入方式）

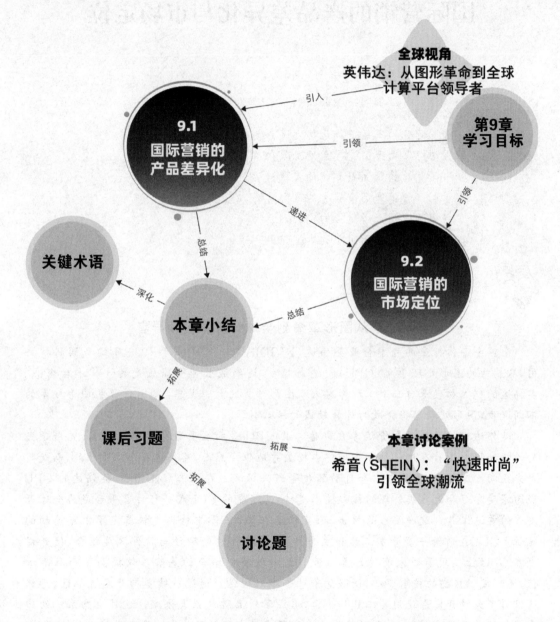

第 9 章

国际营销的产品差异化与市场定位

学完本章,你应该能够:
1. 掌握国际营销产品差异化的定义;
2. 掌握国际营销产品差异化的工具;
3. 知悉国际营销产品差异化的步骤;
4. 知悉国际营销产品差异化的原则;
5. 掌握国际营销市场定位的定义;
6. 熟悉国际营销市场定位的类型。

英伟达:从图形革命到全球计算平台领导者

  全球半导体行业的领军企业英伟达(NVIDIA),一家成立于1993年的美国科技公司,从最初的图形处理单元(GPU)制造商起步,逐渐成长为全球领先的计算平台企业。英伟达的创立初衷源自三个工程师对未来图形计算的大胆设想:随着计算机图形技术的不断进步,图形处理器将会成为计算领域的核心引擎。

  英伟达始终聚焦于高价值客户群体。其GPU最初主要服务于游戏玩家,凭借顶尖的性能和用户体验在这一细分市场中占据主导地位。然而,英伟达并未止步于此,而是将目光投向人工智能、数据中心和自动驾驶等新兴领域。在人工智能领域,英伟达的GPU成为深度学习和大数据处理的核心技术支持,其研发的CUDA并行计算平台成为全球开发者的首选工具。这一技术的推出,为英伟达在AI浪潮中抢占先机奠定了不可撼动的地位。CUDA作为一套开发工具和生态系统,将英伟达的硬件与软件深度结合,使开发者在GPU上实现前所未有的计算性能。这种软硬件结合的策略不仅提高了产品附加值,还形成了极高的技术壁垒,使得竞争对手难以模仿。通过持续支持开发者社区,英伟达吸引了大量开发者使用其工具和平台,形成了对品牌的强大依赖。这种生态系统的建立不仅提升了用户黏性,也帮助英伟达在国际市场中保持了长期的竞争优势。与此同时,英伟达通过与全球顶尖高校、研究机构和科技公司如Meta、特斯拉等的合作,进一步推动了AI技术的普及和发展。

  凭借其技术驱动的产品创新与精准的市场定位,如今,英伟达的产品和技术已经覆盖了游戏、影视制作、自动驾驶、医疗影像、金融分析、科学计算等多个领域。从最初的图形处理器制造商到如今的全球计算平台领导者，英伟达凭借其对未来计算需求的精准判断和不断创新的技术实力，塑造了一个多元化的产业生态。英伟达的故事不仅是技术进步的缩影，也是如何在不断变化的市场中抓住机遇、不断重塑自我的典范。

资料来源：金泰. 英伟达之道[M]. 北京：中信出版社，2024.

9.1 国际营销的产品差异化

科特勒明确指出："STP 是现代营销战略的关键要素。"STP 即市场细分（market segmentation）、目标市场选择（target market selection）和市场定位（positioning）。市场细分和目标市场选择已在第 8 章做了介绍，又考虑到产品差异化是市场定位的基础，因此，本章从介绍产品差异化开始。

9.1.1 产品差异化的定义

产品差异化也称产品差别化，就是设计一套有意义的差别，以便把本企业的产品同竞争产品区别开来的行动。

在当前竞争激烈的市场条件下，每一类产品都有无数个品牌在等着消费者的垂青，如果企业的产品没有任何特色，也不能以更低的价格销售同样的产品，可以说，从理论上讲这个产品就没有存在的意义。企业必须给消费者一个喜欢你的理由，为此，企业必须不断地对自己的产品进行差异化，以区别于竞争对手的产品。

差异化的必要性还可以从竞争的角度来理解。竞争优势主要有两种：一种是成本优势，即企业用比竞争对手更低的成本提供同样的顾客价值；另一种是价值优势，即用同样的成本创造更多的顾客价值。而差异化正是构建产品优势的基础，因此，也是构建竞争优势的重要方式之一。

9.1.2 产品差异化的工具

企业可以从五个方面对自己的产品进行差异化：实物产品、服务、人员、渠道和形象。

1. 实物产品差异化

1）形式

很多产品可以用形式进行差异化，形式包括大小、形状和实体结构。即便像阿司匹林这样的产品也可以用形状进行差异化，如颗粒的大小、糖衣的颜色等。

2）特色

所谓特色，就是产品基本功能以外的特征。很多产品都能够提供不同的特色，企业也可以据此对自己的产品进行差异化。在选择产品特色的时候，并不是越多越好，因为，每增加一样特色都会相应地增加成本，而且，不同顾客对同一个产品特色会有不同的价值判断。那么，企业应该如何选择合适的特色？首先，企业可以询问新近的购买者：你觉得这个产品怎么样？还能加上什么特色让你更满意？你打算为各种特色付多少钱？你对其他

扩展阅读9-1 一点儿的骄傲

顾客建议的特色怎么看？其次，确定哪些特色值得增加。企业应该计算出每种潜在特色对顾客的价值，以及增加这个特色的成本。比如，一个汽车制造厂正在考虑三种改进措施：后窗除雾器，成本100元而顾客价值200元；自动变速，成本800元而顾客价值2 400元；自动除渣，成本2 000元而顾客价值2 000元。由于第二种方案中每单位成本创造最大的顾客价值，因此，企业首先可以考虑增加自动变速这个特色。当然，企业在作出最终决策之前，还要考虑需要这个特色的顾客的人数以及竞争对手模仿这个特色的容易程度。最后，在综合考虑的基础上确定产品的特色组合。

3）性能质量

性能质量是指产品主要特征在产品使用过程中所表现出来的水准。

扩展阅读 9-2
Zippo：值得信赖的火薪

世界战略研究所的研究表明，在产品质量与投资回报之间存在明显的正相关。生产高质量产品的企业之所以带来高利润，是因为高质量的产品可以定更高的价格，此外，企业还从顾客重复购买、顾客忠诚、口碑中受益。需要指出的是，产品性能质量并不是越高越好，因为，到一定程度后，一方面提升性能的回报率会越来越低；另一方面，随着产品质量的提高，产品成本也会上升，到一定的程度会超出顾客的承受能力。因此，企业应该根据目标市场的需要和竞争产品的性能质量水平来决定本企业产品的性能质量水平。

4）一致性质量

质量包括两个维度，除了性能质量之外，另一个维度是一致性质量。所谓一致性质量是指所有产品的质量都很均匀，而且达到预期的水准。比如，如果联想公司生产的电脑每台质量都一样，而且都能达到顾客预期的标准，我们就说联想产品的一致性质量高。

5）耐用性

耐用性用来衡量一种产品在自然和高负荷情况下的使用寿命。耐用性对有些产品而言是一个重要的价值属性，比如消费者一般愿意为耐用的车辆和厨房设备等产品支付较高的价钱。一些企业也因此通过产品耐用性建立差异化优势，比如德国汽车。

6）可靠性

所谓可靠性是指产品在一定时期内正常使用或运转而不出故障的可能性。顾客一般愿意为更加可靠的产品支付更高的价格。比如，一些顾客愿意以较高的价格选购米其林轮胎，就是看中米其林轮胎的可靠性。它采用先进的技术和材料制造，具有出色的抓地力和操控性能，哪怕在恶劣天气中也能在紧急情况下缩短刹车距离。

7）修理方便程度

顾客喜欢容易维修的产品。理想的可维修性是当产品发生故障时，使用者自己就能修理，而且不用花太多时间和成本。比如，一辆用标准的、容易替换的零部件制造的车就具有很高的可维修性。

8）风格

风格描述的是产品的外观样子和购买者对产品的感觉。购买者往往愿意为一些有风格的产品支付更高的价钱，比如，摩托车爱好者就愿意为哈雷摩托的风格付高价（当然还有其他方面的原因）。风格的另一个优点是它创造的差异化难以被竞争对手模仿，因此，由此创造的差异化优势也就比较持久。包装是一种重要的创造风格的工具,尤其在食品、化妆品等行业。这是因为,消费者第一眼看到的往往是产品的包装,而这些包装有可能马上吸引住顾客,也有可能赶走顾客。

9)设计

设计是指把影响产品外观和功能的各项特征有机地组合在一起,因此,是一种综合性的差异化要素。设计是一种非常有效的差异化手段,在日趋激烈的市场竞争条件下,只靠价格和技术是不够的,还要靠设计,因为它常常能为企业提供竞争优势。美国哈佛大学的教授罗伯特·海斯(Robert Hayes)指出,15年前竞争靠价格,现在靠质量,未来的竞争要靠设计。在生产和营销耐用设备、服装和袋装产品时,设计尤其重要。在设计产品的时候,设计者必须确定在形式、特色、性能质量、一致性质量、耐用性、可靠性、可维修性和风格等方面各投入多少。

2. 服务差异化

当实物产品不易进行差异化的时候,在竞争中获得成功的关键是增加有价值的服务,并提高这些服务的质量。服务差异化主要包括订货方便性、交货、安装、顾客培训和顾客咨询、维修等方面的差异化。

1)订货方便性

订货方便性是指顾客向企业下订单的容易程度。很多企业通过订货方便性建立了差异化优势。美国巴斯特医疗器械公司为了方便各医院的订货,在各医院安装了电脑终端,通过这些终端,各医院能直接向它下订单。现在,一些银行纷纷向其顾客提供软件,帮助他们更加方便地获得信息,同时,还可以在网上进行交易。订货差异化的一个典型例子就是戴尔公司,顾客可以直接在其主页上根据自己的要求订购电脑,这极大地提升了戴尔公司的竞争能力,使戴尔公司在竞争激烈的电脑市场建立起自己的竞争优势。

2)交货

交货包括速度、准确和送货过程中的小心谨慎程度。美国一家支票印刷厂在过去的18年时间内总能在收到订单的第二天把货送出,从来没有耽误过,企业因此建立了很好的声誉。世界最大的牛仔服装公司——李维公司采用快速反应计算机系统把供应商、制造厂、分销中心和零售店连接起来,并由此建立起自己的差异化优势。

3)安装

安装是指使产品在指定的地方正常运转(也就是正常发挥作用)所做的工作。重型设备和复杂产品的购买者都需要好的安装服务。如果目标顾客在技术方面是个外行的话,容易安装的特点确实是一个卖点。因此,企业可以在这个方面建立起自己的差异化优势。

4)顾客培训和顾客咨询

顾客培训是指对顾客或顾客的雇员进行培训,教他们如何正确而有效地使用本企业的产品。顾客培训的最大好处是让顾客更好地了解企业产品的性能和特点,从而提高顾客满意度。消费者经常有这样的经历:一种产品买来以后,到要扔掉的时候才发现还有很多功能没用上,而这些功能原本会让消费者感到更满意、对企业更忠诚。因此,顾客培训会大大提高顾客的满意度。顾客咨询是指销售商向顾客提供数据、信息、信息系统和建议等服务。在一些行业,顾客咨询能大大地提高顾客满意度,从而使企业建立起差异化优势。在我国,外资银行和国内的股份制商业银行靠这一招向国有银行发起强烈的攻势,拉走了一大批基本客户。它们向顾客(特别是一些需要财务管理方面咨询的企业和个人)提供咨询服务,而国有银行做不到这一点,结果,很多好客户流失了。

5)维修

维修是指帮助顾客如何使其购买的产品处于正常的运转状态。很多产品,如家电产品、机械产品和电子产品,在使用过程中有时难免会发生故障,因此,如果企业提供好的维修服务,会大大地提高顾客的满意度。也正鉴于此,企业可以建立起差异化优势。同样是一台热水器,有的品牌出了问题,维修非常困难,甚至得不到维修,而海尔则实行 24 小时服务,随时召唤,随时上门解决,彬彬有礼和专业技术过硬的海尔服务人员给顾客留下了很好的印象,这也是海尔竞争优势的重要来源。

顺 丰 速 运

顺丰速运(SF Express)(以下简称"顺丰")是中国领先的物流和快递服务提供商,以其高效、可靠的服务差异化策略著称,在激烈的市场竞争中脱颖而出。顺丰不仅满足了顾客对速度和准时性的需求,还通过一系列创新服务,打造了独特的市场竞争优势。

顺丰一直以高端快递服务为定位,特别强调速度和准时性。通过自有的航空运输网络和高效的物流配送系统,顺丰实现了全国范围内"次日达"甚至"当日达"的承诺,满足了用户对快速送达的需求。这种高效的速度保障,使顺丰成为商务客户、个人用户以及电商企业在急需配送时的首选。

顺丰的冷链物流服务是其差异化的重要组成部分。该服务专为对温度和时间要求较高的生鲜、医药等产品而设计,通过专业的冷链设备和温控技术,顺丰能够保证在运输过程中温度的精准控制,确保货物的新鲜和安全。顺丰的冷链配送在医药和生鲜市场中非常受欢迎,尤其是疫苗、血液制品和冷冻食品等,这些产品的运输依赖顺丰提供的高品质冷链服务。

此外,顺丰还推出了"顺丰优选"和"顺丰同城"等多元化服务,以满足不同客户的个性化需求。"顺丰优选"提供高品质的生鲜电商平台,用户可以在线购买优质的生鲜食品,并通过顺丰冷链配送快速收到商品。而"顺丰同城"则提供了同城快递服务,满足用户的即时需求,如餐饮配送、文件快递、鲜花配送等。通过这些增值服务,顺丰不仅满足了消费者多样化的需求,还扩大了自身的服务覆盖面,进一步加强了品牌的差异化优势。

智能化和技术驱动的创新服务为顺丰进一步建立了高端、快速的品牌形象。顺丰在服务过程中采用了大量智能化技术,如无人机配送、自动分拣设备、智能快递柜和移动端应用。这些技术创新不仅提升了快递效率,还提升了客户的使用体验。顺丰的移动应用让用户可以实时查看包裹的物流信息、预约上门取件,甚至选择特定的配送时间,这种人性化和高效的服务让用户感到更加便捷和安心。

顺丰的服务差异化策略通过不断满足用户的多样化需求,帮助其在竞争激烈的物流行业中构建了难以复制的品牌优势。

3. 人员差异化

如果企业的人员更加训练有素,那么企业就更可能获得竞争优势。新加坡航空公司声名远播,主要就是因为它拥有训练有素的机组人员。成功的企业,它们的员工往往都有自己的特点,比如,麦当劳的服务人员特别有礼貌,IBM 的人非常专业,迪斯尼乐园(Disneyland)的人都很乐观等。

训练有素的人员有六大特点。①专业素养:他们具备所需要的技术和知识;②礼貌:他们友好,尊重别人,细心周到;③可信:他们值得信赖;④可靠:他们能够提供准确和一致的服务,能够为顾客解决问题;⑤反应力:他们对顾客的要求和问题反应很快;⑥沟通能力:他们努力去理解顾客的真正意思,而且能清楚地表达自己的意思。

在当前的市场条件下,企业的竞争者很快会推出高质量的产品和服务,因此,很多企业开始在人员方面下功夫。由于人员差异化比产品差异化和服务差异化更难以模仿,因此,由此建立的优势也更持久。

迪士尼乐园

迪士尼乐园以其员工高质量的服务和专业的培训闻名于世,尤其在全球主题乐园的管理和运营中,迪士尼乐园成功地通过人员差异化策略,提供了世界顶级的客户体验。迪士尼乐园的员工被称为"演职人员",从招聘、培训到上岗,每个环节都经过严格把控,以确保游客在乐园中获得无缝、愉悦的体验。

迪士尼乐园的"演职人员"不仅是员工,更是乐园中不可或缺的角色扮演者。其员工在上岗前都需要接受系统的礼仪和行为培训,学习微笑、眼神接触和言行举止等细节。迪士尼乐园对于每个细节的关注可谓精益求精,比如要求员工必须时刻保持微笑,即使遇到突发状况,也要保持冷静。他们将自己融入迪士尼乐园的品牌文化中,真正扮演每一个角色,以此带给游客真实的沉浸式体验。每位员工的工作行为都围绕"创造魔法、带来欢乐"展开,他们会主动热情地为游客指路、解答问题,甚至在任何游客遇到困难时主动提供帮助。"演职人员"的角色意识使游客在园内的每时每刻都能感受到迪士尼乐园的温暖和关怀,营造出"梦幻世界"的氛围。此外,迪士尼乐园"演职人员"被严格要求不能随便与游客互动或泄露角色身份,以确保游客对"梦幻"的体验不会被打破。通过这样的礼仪培训,迪士尼乐园的员工不仅提供了高质量的服务,还通过自己的行为成为品牌形象的一部分。

正是这些细致的人员差异化,让迪士尼乐园在全球主题乐园中保持了极高的顾客满意度和忠诚度,使其成为世界级的客户体验标杆。

4. 渠道差异化

企业可以通过设计有效的分销渠道来赢得竞争优势,这种优势的来源包括渠道广阔的覆盖面和优良绩效。世界著名的卡特彼勒公司在建筑设备行业中的成功主要得益于其成功的渠道开发,它的经销商分布更广,而且比竞争对手的经销商更加训练有素。戴尔公司和雅芳公司通过开发与管理直销渠道,使自己区别于竞争者,形成自己独特的竞争能力。沃尔玛也是通过渠道构建竞争优势。

5. 形象差异化

购买者对不同企业或品牌的形象有不同的反应。万宝路香烟占据全球香烟市场约

30%的市场份额,营销专家对万宝路公司进行分析,发现其成功主要得益于其与众不同的形象:西部牛仔这个品牌形象引起了很多吸烟者的共鸣。很多酒类和化妆品制造商纷纷为自己的品牌开发产品形象。

一个独特而有效的形象能起三个方面的作用:第一,它建立起产品的特征。第二,它以一种特殊的方式来传递这个特征,使之不与竞争产品的特征相混淆。第三,它除了传递形象之外,还传递情感的力量,比如可口可乐使人热情奔放。企业为了使自己的形象起作用,必须利用每一个能利用的传播工具,包括标志、媒体、气氛、事件,它们既是建立形象差异化的工具,又是传播形象差异化的工具。

1)标志

形象可以用标志进行强化。企业可以选择一个标志物,比如苹果(苹果公司);也可以用名人,比如雷达表用辛迪·克劳馥(Cindy Crawford)、罗蒙西装用濮存昕;也可以用颜色,比如IBM用蓝色、农夫山泉用红色、秦池用绿色;也可以用一种声音或音乐,比如英特尔奔腾电脑。

2)媒体

企业选择的标志要通过广告和媒体来传达一种心情、一个主张或者一个故事。当然,这个要表达的内容不但要明显,而且应该是与众不同的。这个标志应该出现在电视、报纸、杂志、年度报表、各种宣传小册子、产品目录、企业信纸信封和名片上。

3)气氛

企业所占据的实体空间是产生和传达形象的一种强有力的方式。比如,银行通过自己的建筑物、内部装潢设计、布局、颜色、家具和各种陈设来营造出一种气氛,向顾客传达一个安全银行的形象。也正因为此,银行(特别是大银行)往往倾向于购买奔驰或者凯迪拉克而不是宝马,因为这两个品牌象征经典、稳健,象征事业已经成功,而宝马象征一种拼搏的冲劲,象征一种敢于冒险的精神,银行不能给储户留下喜欢冒险的形象,以免吓走存户。

4)事件

企业可以通过赞助和支持某类事件来建立自己的形象。AT&T(美国电话电报公司)和IBM经常赞助交响乐节目和艺术展,洛克菲勒公司经常向医院捐钱。这样,IBM通过与交响乐的联系,在公众心目中建立起一种高雅的形象。

9.1.3 产品差异化的步骤

在了解了以上五种常用的差异化工具之后,自然会涉及如何进行差异化的问题。这个过程可由Kano模型(图9-1)进行介绍,包括三个步骤。

1. 确定顾客价值模型

在产品差异化的过程中需要清晰了解目标客户的需求。Kano模型可以分为五类需求。

(1)基本需求。这些是产品必须具备的基本特性,满足基本需求不会让客户特别满意,但无法满足时,客户会极度不满。因此,基本需求是产品质量的基础,尤其适用于市场中同类产品普遍具备的功能。差异化设计时,企业必须确保这些基本需求充分实现。

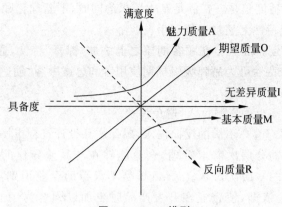

图 9-1　Kano 模型

（2）期望需求。这些是顾客明确表达的需求，对他们非常重要。随着产品的差异化开发，期望需求呈线性关系——满足越高，客户越满意；反之亦然。这种需求在行业中通常是核心竞争要素，且可以作为衡量产品性能的关键指标。企业可以适度满足顾客期望需求，并提升产品的市场竞争力。

（3）魅力需求。这些是超出顾客预期的特性，不满足不会产生不满，但满足时会极大地提升顾客满意度。魅力需求为产品创新带来了空间。这类需求在某些情况下属于"黑马"特性，可以为产品带来极高的差异化优势和品牌附加值，使产品在市场中脱颖而出。

（4）无差异需求。无差异需求对客户满意度影响不大，无论产品是否提供此类需求，客户的满意度几乎不会变化。在做差异化时，往往可以不予优先考虑。

（5）反向需求。反向需求是指某些客户认为产品具备某个特性反而会导致不满，这种需求的存在可能是因为个人偏好或特定市场的文化差异。反向需求提醒企业谨慎开发可能"误踩雷"的特性。

2. 建立顾客价值等级

差异化程序的第二步是将顾客需求分为多个等级层次（以餐厅用餐为例）。

（1）基本。食物还吃得下，菜也上得及时。如果这一点做不到，顾客会很失望。

（2）期望。使用好的餐具和桌布，服务周到，饭菜可口，尽管进餐的人不少，但是热闹而不嘈杂。这些因素使顾客觉得各方面还可接受，但还不算有多特别。

（3）魅力。餐厅气氛好，食物特别可口，使人胃口大开。有小提琴伴奏，免费上了一道餐厅的招牌菜，最后，还免费上了高级水果拼盘。

（4）无差异。厨房的墙纸是金色还是白色，没有太大区别。

（5）反向。餐厅主打特别风味的食物，却让部分顾客感到味道奇怪。

3. 确定顾客价值组合

差异化的最终目标是找到成本和顾客满意度的最佳平衡点，以实现有效的顾客价值组合。这就要求在产品中找寻包含哪些顾客价值属性才能比竞争对手有产品优势，才能使顾客高兴，并赢得顾客忠诚。

（1）基本需求的优先满足。将资源优先用于满足基本需求，确保产品具备竞争的基本条件。

（2）期望需求的适度超越。在满足基本需求的同时，不断优化顾客体验，让产品在某些本企业优势的领域特性上超越竞争对手。

（3）魅力需求的创新加入。在顾客期望之上添加"惊喜"特性，通过创新来增强产品的独特性。这些创新特性可为品牌吸引早期使用者和忠诚顾客，创造出"哇哦"时刻，进一步拉开与竞争对手的差距。

（4）减少无差异需求的资源投入，避免浪费。

谨慎处理可能引起客户不满的反向需求，确保产品设计符合市场需求。

通过 Kano 模型的分层次需求管理，企业能够在产品差异化的过程中有效地分配资源，以此满足顾客的多层次需求。Kano 模型不仅帮助企业识别需求优先级，也为差异化设计提供了理论依据，使企业在开发产品时更加以顾客为中心，同时提高投入产出比。

即测即练9.1

9.2 国际营销的市场定位

9.2.1 市场定位的定义

企业选择目标市场之后，它必须考虑要在这个目标市场占据什么地位。所谓产品的地位是产品在消费者的心目中相对于竞争产品而言所占的位置。在汽车方面，奔驰和凯迪拉克是豪华车，宝马和保时捷性能好，而瑞典沃尔沃是安全型车。企业产品在消费者心目中占据一个什么位置，这好像是消费者自己的事，然而，企业也不是无所作为，更不能甩手不管，企业必须规划一种能使自己的产品在目标市场上有最大优势的定位，然后设计营销组合去支持这个定位。

扩展阅读 9-3　飞到天上去

那么，什么是定位呢？所谓定位就是设计企业的产品和形象，使之在目标顾客的心目中占据一个独特的位置的活动。从这个定义可以看出来，差异化为定位奠定了基础，因为，如果没有差异化，即在实物产品、服务、渠道、形象和人员等方面和竞争对手都一样，那么就无法在目标顾客的心目中占据一个独特的位置。

这个位置一旦确立起来，就会使人们在有某种需求或需要解决某个问题时，首先考虑某一定位于此的事物。

9.2.2 市场定位的必要性

在竞争日趋激烈的市场上，众多新品牌不断涌现，产品间的差别越来越小，产品同质性现象越来越严重，使得市场争夺日益困难。消费者在商品的"汪洋大海"中选择越来越不容易。面对这些千篇一律的产品,消费者没工夫去一一识别,而往往只会选择那些在他们的心目中占据一定位置的品牌。于是,企业面临的问题就是如何才能使自己的产品在消费者的心目中占据一定的位置,这就是定位所要解决的问题。

营销的一个基本观念是:一种产品不可能满足所有消费者的需求,一个企业只有以部分特定顾客为其服务对象,才能充分发挥其优势,提供更有效的服务。因而,明智的企业会根据消费者需求的不同进行市场细分,并从中选出有一定规模和发展前景并符合企业的目标和能力的细分市场作为企业的目标市场。但仅仅确定了目标消费者是远远不够的,因为这时企业还是处于"一厢情愿"的阶段,如何使目标消费者也同样以你的产品作为他们的购买目标才更为关键。为此,企业需要将市场定位在目标消费者所偏爱的位置上,并通过一系列营销活动向目标消费者传达这一定位信息,让消费者注意到这一品牌并感到它就是他们所需要的。只有这样,才能真正占据消费者的心,使你所选定的目标市场真正成为你的市场。因此,市场细分和目标市场抉择是寻找"靶子",而定位就是将"箭"射向"靶子"。例如,喜力以喜爱清新感受的消费者作为其目标市场,该品牌以"使人心旷神怡的啤酒"为定位以令目标消费者觉得喜力正是满足他们所需要的啤酒,从而赢得了目标消费者的青睐。

通过向消费者传达定位信息,产品的差异化特征清晰地凸显于消费者面前,从而使消费者注意你的品牌和产品。若定位与消费者的需要相吻合,那么你的品牌就可以留驻消费者心中。例如,在品牌多如牛毛的洗发水市场上,海飞丝洗发水定位为去头屑的洗发水,这在当时是独树一帜的,因而海飞丝一推出就立即引起消费者的注意,并认定它不是普通的洗发水,而是一种具有去头屑功能的洗发水,当消费者需要解决头屑烦恼时,便自然第一个想到它。

9.2.3 市场定位的类型

根据定位变量的不同,可以把市场定位分为以下七种类型。

1. 利益定位(benefit positioning)

此即把市场定位在某一特定利益上,这里的利益既包括顾客购买产品时所追求的核心利益,也包括附加利益。例如,欧莱雅推出一种"去除死皮"的产品,使用后能去除皮肤表面坏死的表皮,改善皮肤对化妆品的吸收功能,该公司依靠为顾客提供这种利益获得了巨大的成功。还有,"博世冰箱省电",给顾客提供"省电"的利益;舒肤佳宣传其杀菌能力,它提供的利益是"促进全家健康"。这几种产品都是根据利益定位。

2. 属性定位(attribute positioning)

企业可以用产品属性为自己的市场定位。属性包括制造技术、设备、生产流程、产品功能、产品的原料、产地、企业的历史、规模等。比如,可口可乐可以把自己定位为世界最大的饮料生产商;巴黎 palace 级别的各大酒店用独特的调料配方来定位;瑞士军刀、泸州老窖、西湖龙井等用产地定位;大地之选公司生产的洗发水、洗洁精、清洗剂等产品均突出其"浓缩"这个特性。

3. 产品用途定位(application positioning)

这种定位方式非常普遍,尤其是在对工业品定位的时候。比如,在定制西装的时候,

"阳光面料是你最理想的选择",无印良品就是根据产品的用途进行定位的。

4. 产品档次定位(product grade positioning)

企业可以根据档次进行市场定位。比如,服装饰品市场可以划分为高、中、低档,路易威登、古驰(GUCCI)把自己定位为奢侈、高端产品,ZARA、太平鸟则是时尚设计、更新快的中档产品,而美特斯邦威、优衣库、森马等品牌把自己定位为休闲简约、经济实惠的产品。

5. 价格—质量定位(price-quality positioning)

企业可以根据价格和质量两个维度进行定位。一种是质量和价格相符,通俗地讲就是"一分钱一分货";另一种是"优质高价",比如,海尔很少卷入价格战,其价格一直维持在同类产品中的较高水平,但其销售却一直稳步增长,这就体现了其产品"优质价高"的定位;还有一种是"价廉物美",如格兰仕微波炉。

6. 使用者类型定位(user positioning)

这种定位法把自己的市场定位成最适合某种顾客群体的产品。比如,报喜鸟把自己的市场定位在文化人首选的西装;皮尔卡丹是都市白领首选的西装;而老板牌干脆定位在老板使用的产品。

7. 竞争地位定位(competitor positioning)

这种定位方式主要包括三种:①迎头定位。比如,美国的安飞士(AVIS)公司把自己定位为出租车行业的第二,强调"我是第二,但是我们会迎头赶上"。②避опр定位。有利的位置已经让别人占据了,比如,主要竞争对手已经定位于优质高价,你可以避开它,把自己定位为价廉物美。③俱乐部式的定位。把自己定位为在某方面最优秀者之一,比如,克莱斯勒公司把自己定位为世界三大汽车公司之一。

9.2.4 市场定位的步骤

一般来说,定位包括以下三个步骤。

1. 确定定位变量的数量

企业可以突出其某一方面的差异化特征,即采用单一变量定位,尽管企业具有的差异化特征可能不止一个。很多人提倡这种做法。例如,宝洁公司的"舒肤佳"香皂始终宣传其杀菌功能,"促进全家健康",尽管"舒肤佳"可能还有其他很多功能;奔驰宣传其强劲的动力,尽管奔驰的安全性也不差。这种做法的关键是保持连贯一致的定位,不要轻易改变,并且选择能使自己成为"第一名"的差异化属性。这是因为在当今信息爆炸的社会,在人们头脑中首次接触到的信息比较稳固,不容易受排挤,这与人脑记忆机能是密切联系的。

那么,有哪些第一名的属性值得宣传呢?前面已经讲了定位的七组变量,主要有"最好的质量""最低的价格""最高的价值""最好的服务""最快""最安全""最舒适""最个性化""最先进的技术""最悠久的历史"等。如果能在某一属性上获胜,并加以宣传,那么企业的产品就会给顾客留下深刻的印象。

也有企业采用双重变量进行定位,尤其是当企业产品的某种差异化属性已经被其他企业用于定位的时候,这种定位尤显必要。沃尔沃汽车定位为"最安全"和"最耐用";伊莱克斯冰箱在中国市场也采用双重变量定位：可靠——10年免修，超静音——冰箱运行时声音仅相当于撕一张纸发出的声音；由于"佳洁士"已经定位于"防止蛀牙"（也就是牙齿更坚固），那么高露洁牙膏就强调使牙齿"更坚固，更洁白"。

还有成功的多重变量定位的例子。例如，Aquafresh牙膏看到"佳洁士"已经定位于"防止蛀牙"（即牙齿更坚固），高露洁牙膏强调使牙齿"更坚固，更洁白"，就采用多重变量定位，强调"防止蛀牙，口味清新，洁白牙齿"三重功效。但是，值得注意的是，如果企业宣传的差异化特征过多，反而会降低可信度，也影响市场定位的明确性。

2．确定具体的定位变量

企业确定了定位变量的数量之后，接下来要明确具体采用哪几个变量。为此，企业要综合考虑目标市场、目标市场上的主要竞争者和企业自身的情况。

首先，要看目标市场对每个属性的重视程度。企业用以定位的属性应该是目标市场所追求的，或者最起码是重要的和有意义的，如果企业用以定位的属性对顾客不重要，那么这种定位就不可能会打动目标顾客，定位也就失去了意义。其次，要考虑企业自身的情况，看企业是否在这方面具有优势，或有能力在这方面建立优势，比如，沃尔沃汽车定位为"最安全"和"最耐用"，前提条件是该车确实安全和耐用；此外，还要考虑竞争对手的情况，看企业拟用来定位的属性是否已经被竞争对手占用，以及竞争对手在这个属性上现有和潜在的能力，比如，如果有其他品牌的汽车很容易就能做到比沃尔沃更安全和更耐用，沃尔沃就不宜定位于安全和耐用。

3．传播定位

当企业制定出定位战略以后，还要有效地传播这个定位战略。假使一家企业选择了"质量最好"的定位战略，那么它就应该选择各种有效的信号和暗示，使顾客意识到企业产品的质量确实是最好的。比如，一个割草机制造商声称自己的产品"强劲有力"，为了向顾客传达这个信号，其选择声音很响的马达，因为顾客习惯

扩展阅读9-4　养生堂成功解密

认为声音大的割草机马力大；一个拖拉机制造商把拖拉机的底盘也刷上油漆，不是因为底盘需要油漆，而是要向顾客传达一个信息：我们很讲究质量；一个轿车制造商把车门造得特别好，又牢固，又容易开，因为在汽车展示的时候，顾客都会开一下门，如果门很容易开，看起来又结实，这就向顾客暗示：质量好。

Olé 精品超市

Olé，取自西班牙语，意为快乐、兴奋，Olé希望顾客一步入Olé就能感受到快乐的氛围。在舒适、快乐的基础上，Olé倡导一种自然、健康的品质生活，引领一种时尚、高端的生活潮流，传递缤纷多彩的世界文化和风土人情，将世界的生活带到顾客面前。闲暇之余，漫步Olé，耳旁音乐袅袅，鼻尖咖香四溢，眼前商品琳琅，一步一惊喜，一步一生活。Olé不仅仅是一个超市，更是一种精致时尚的生活态度。

Olé的特色如下。

专业级酒窖中心：珍藏来自法国五大酒庄的产品，汇集世界各国 400 多种优质葡萄酒。

有机食品中心：源源不断地提供新鲜、有机的生鲜商品。

有机天然护理中心：产品来源于原始生长或有机耕种的植物，不添加任何人工成分。

概念厨房：每周的烹饪课堂由专业厨师现场演绎，体验式分享，感受全新小资生活情节。

欧式面包坊：纯进口原料，独家食谱，精心烘焙。

进口食品：香醇的巧克力、美味诱惑的饼干以及糖果小吃，各国风味多样的调味料、酱料、进口冷冻食品，并精心打造专业的 cafe、私家小厨等特殊专柜。

Olé 超市是华润万家集团的一次尝试。华润万家主营日常便民型超市，且已在全国各地都有一定的知名度。曾经超市的顾客大多是中低端消费人群，华润万家超市也基本满足了对口人群的需求，然而随着中国经济社会的快速发展，共同富裕理想的逐步实现，人们的消费观和消费能力也相应提升。华润万家集团观察到市场中的机遇，于是推出了 Olé 精品超市。Olé 超市的对口人群是数量逐渐增加的富裕人群，考虑到富裕程度的不同，超市也进了各种不同价位的商品。除此之外，Olé 超市也进口相当数量的境外商品以满足中高端消费人群的需求。

Olé 超市定时地推出各种类型的生活体验活动吸引顾客。因 Olé 超市有较大的空间，与无印良品的会员活动相比，Olé 的活动营销更胜一筹，活动种类也更为丰富，一项生态鱼缸 DIY（自己动手制作）活动更是吸引了相当数量的消费者，以此解决了部分商品的滞销问题。

总体来看，Olé 超市是华润万家集团的一次成功的尝试，精准的目标市场定位及兼顾更多消费者的需求是 Olé 超市的成功法宝。

资料来源：华润万家集团官网。

前面已经强调过，定位完成之后，要保持稳定性和持续性，不能轻易改变自己的定位。但是，是否在任何情况下都不能改变原有的定位呢？答案是否定的。定位是否恰当，需要在激烈的市场竞争中经受检验。而且，市场环境是不断变化的，消费者的需求和偏好也不是一成不变的，何况企业和竞争者的经营情况也不断地发生变化，因此，原有的定位有可能不适应新的市场形势，在这样的情况下，企业确实需要考虑是否重新进行定位。不过，企业重新定位也冒很大的风险，必须慎重。

即测即练9.2

本章小结

本章探讨了企业在竞争激烈的市场中，通过差异化和精准定位来获得竞争优势的策略。差异化是指企业通过设计和实施独特的产品特性，使其在市场上区别于竞争对手。

主要差异化工具包括实物产品、服务、人员、渠道、形象等，帮助企业在顾客心中形成独特的印象。通过差异化，企业可以建立产品优势，从而提升市场竞争力。

为了让产品差异化的效果更加明显，在设计差异化之前要先对顾客价值进行一个需求分析，这里可以用到 Kano 模型，针对顾客的基本需求、期望需求、魅力需求、无差异需求、反向需求制定层级，以寻找差异化的最佳平衡点。

市场定位则是将企业的产品或品牌在顾客心目中占据一个独特的位置。定位策略的核心在于明确产品的目标市场并突出产品优势，使之满足特定顾客群体的需求。在定位过程中，企业需要结合市场细分和目标市场选择，设计独特的产品形象，使顾客明确认知其价值。市场定位通常包括利益定位、属性定位、产品用途定位、产品档次定位、价格—质量定位、使用者类型定位、竞争地位定位等多种类型，最终形成清晰的品牌形象。

差异化和定位是现代营销策略的关键。差异化为定位奠定基础，而定位则帮助企业在顾客心中实现独特的竞争优势，最终达到顾客忠诚度的提升和市场份额的扩大，为企业在目标市场中建立长期的品牌认知和竞争壁垒。

关键术语

产品差异化（product differentiation）　　Kano 模型（Kano Model）
市场定位（market positioning）　　利益定位（benefit positioning）
使用者类型定位（user positioning）　　价格—质量定位（price-quality positioning）
属性定位（attribute positioning）　　产品用途定位（application positioning）
竞争地位定位（competitor positioning）

课后习题

1. 以下哪项不是产品差异化的方式？
   A. 性能质量　　B. 品牌故事
   C. 货币稳定性　　D. 设计风格
2. 市场定位的核心是什么？
   A. 巩固品牌忠诚度　　B. 差异化产品特性
   C. 塑造品牌在消费者心中的独特形象　　D. 提高销售额
3. 以下哪项最能体现高端市场定位策略？
   A. 提供大规模折扣优惠　　B. 突出产品价格竞争力
   C. 提升产品价值感和稀缺性　　D. 通过多渠道提高市场覆盖率
4. 在差异化竞争中，企业最应该避免的错误是什么？
   A. 差异化特性成本过高而无法盈利　　B. 选择目标市场过于分散
   C. 定位偏向中低端市场　　D. 忽略市场需求变化
5. 以下哪项指标对提高品牌忠诚度最重要？
   A. 消费者生活习惯　　B. 产品可靠性和服务质量

C. 竞争对手的广告策略　　　　　　　D. 企业的历史和规模

6. 产品差异化如何帮助企业在激烈的国际竞争中脱颖而出？
7. 请解释"市场定位"的核心内涵。
8. 差异化营销策略的实施有哪些主要步骤？
9. 品牌忠诚度在国际市场营销中的重要性表现在哪些方面？
10. 企业如何通过高质量服务实现产品差异化？

本章讨论案例

希音（SHEIN）："快速时尚"引领全球潮流

希音是一家全球知名的快时尚电商平台，总部位于中国南京，成立于2008年。它的核心业务是通过网站和移动应用向全球消费者提供时尚服饰、鞋履、配饰、家居用品等产品。其凭借高性价比和快速响应时尚趋势的独特定位，迅速崛起为全球最受欢迎的快时尚品牌之一，尤其深受年轻消费者的青睐。如今，希音已经在200多个国家和地区拥有了庞大的用户群体，业务遍及美国、欧洲、中东、东南亚等市场，是全球时尚零售领域增长最快的品牌之一。

希音的核心定位在于让消费者以相对低廉的价格享受到时下最潮流的服饰，主打"高性价比"策略。通过规模化生产、供应链优化和数据驱动的选品方式，希音能够有效控制成本，将最新的流行趋势转化为实惠的商品，迅速上架。这一定位特别吸引年轻的、对价格敏感的消费者群体，使希音成为他们紧跟时尚的便捷之选。

希音采用数据驱动的设计模式，通过分析用户行为、时尚趋势和社交媒体的热门元素，迅速推出符合潮流的新品。希音的供应链系统非常灵活，支持小批量试销，以测试市场反应，再根据反馈决定是否批量生产，这种"快速反应"模式大大缩短了从设计到上架的周期，使希音能够快速抓住时尚风向、灵活应对市场需求。同时，希音拥有一个自主研发的数据平台，能够准确预测消费者需求，从而将产品更新速度提升至几乎"实时"——通常不到一周即可从设计到上架，每次上新都经过精确的数据分析，使其产品更符合消费者的口味和偏好，大大领先传统快时尚品牌。这种以数据为核心的创新机制让希音在年轻消费者中拥有极高的吸引力，尤其在全球社交媒体平台上，希音积累了大批忠实粉丝，形成了一种"追随希音新品"的时尚现象。此外，希音提供了种类繁多的服饰、配饰和鞋履，满足不同风格的多样化需求，让消费者可以轻松实现个性化装扮。

希音在全球扩张中也注重采用本地化运营策略来增强市场渗透。例如，在不同国家的节假日或文化庆典期间，希音会推出特定的营销活动和主题产品，以更贴合本地消费者的喜好。这种本地化策略不仅使希音在各大市场中快速站稳脚跟，也增强了品牌的用户黏性和认同感。通过本地化的促销活动、快速的物流配送和符合当地消费习惯的购物体验，希音成功将自己打造成了一个国际化品牌，在全球市场上持续扩大影响力。

希音十分重视社交媒体的推广，通过与Instagram、TikTok等平台上的网红和KOL（关键意见领袖）合作，借助社交媒体广泛传播产品，形成"话题性"并带动销量。消费者也乐于在社交媒体上分享希音的购物体验和穿搭推荐，进一步推动了品牌的传播与口碑。

通过这种"社交媒体＋用户分享"的模式,希音成功积累了大量年轻粉丝,并使品牌成为全球范围内的时尚潮流标杆。如今,它的品牌形象已深入人心,希音不仅是一个时尚平台,更逐渐发展为一个充满活力的全球化社群。

希音的成功展示了新型快时尚电商模式的潜力,通过精准的市场定位、数据驱动的创新设计和差异化,快速抓住年轻消费者的需求并建立深厚的品牌认同。希音的高性价比、潮流敏锐度和用户黏性让它在全球时尚市场中脱颖而出,为其他品牌提供了一个优秀的借鉴案例。

资料来源:北京大学光华管理学院案例中心. SHEIN快速崛起的背后[EB/OL]. (2023-11-09). https://www.gsm.pku.edu.cn/case/info/1048/2201.htm.

讨论题

1. 希音的市场定位是怎样的?
2. 希音的案例可以为其他快时尚电商品牌带来哪些启发?试结合Kano模型论述。

(考核点:①国际市场定位;②国际产品差异化的步骤)

第四篇

国际营销组合策略

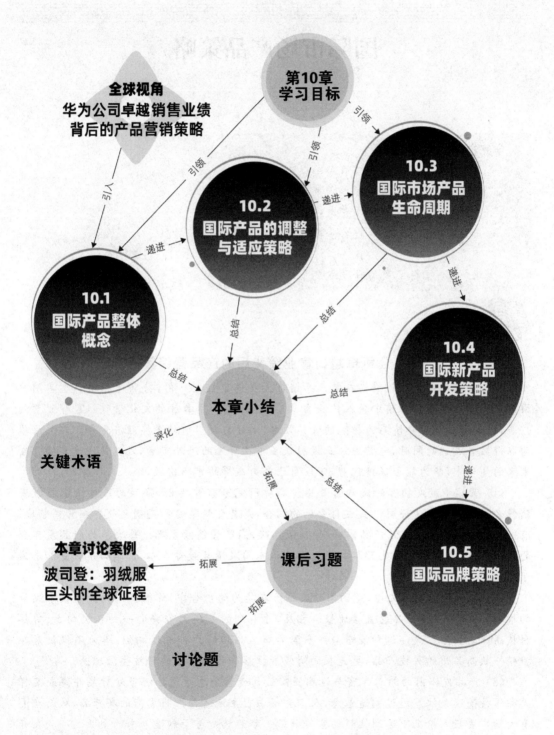

第 10 章

国际市场产品策略

学完本章,你应该能够:
1. 掌握国际产品整体概念;
2. 理解国际产品的标准化策略和差异化策略;
3. 理解国际产品的调整策略和适应策略;
4. 掌握产品生命周期各阶段的国际营销策略;
5. 了解新产品开发程序;
6. 了解国际品牌管理及发展全球性品牌的步骤。

华为公司卓越销售业绩背后的产品营销策略

华为公司独特的营销策略在其产品销售上发挥了巨大作用,特别是在培养忠实用户群方面。华为通过在营销中融入民族自豪感,超越了产品本身的文化营销;富有创意的广告,以及以触动用户情感为核心的营销策略,十分契合当前的世界经济形势。在关注华为取得显著成就的同时,也需关注正吸引众多企业目光的海外市场,尤其是欧美市场。在未来的竞争中,华为能否保持优势,守住自己努力赢得的市场份额,令人充满期待。

(1) 营销中激发顾客的民族自豪感。品牌研究专家曾指出,强烈的民族情感能激发消费者的共鸣。华为公司与民族自豪感的结合,是其营销策略的高明之处。在营销领域,有一种说法:低等营销做产品,中等营销做品牌,高等营销做文化。每次华为新品发布会的演讲,都能找到这种文化营销的痕迹。演讲充满激情且鼓舞人心,使华为用户更加忠诚于品牌。

(2) 华为营销的是文化,是国家的荣耀。在华为的广告中,你很少看到关于技术细节的堆砌,或者与同类产品的直接比较。相反,你看到的是华为宣扬的一种积极向上、勇攀科技高峰的生活方式。这种策略与许多国际知名品牌的广告原理相似,华为不仅仅是在推销一款高品质的科技产品,更是在向消费者推荐一种华为式的科技生活理念。

(3) 产品发布前的精心保密与适度泄露。制造悬念总是能让消费者对某件事或某样产品保持高度关注。通过制造悬念,人们会不由自主地讨论即将发布的新产品,从而在没有大量广告投入情况下达到良好的宣传效果。华为就是善于制造悬念的企业之一。在开发新产品时,华为会透露一些关键信息,但同时又保留足够神秘感,引发媒体和消费者的广泛猜测和讨论。

（4）重视用户体验，让用户成为华为的自发传播者。华为品牌的用户是所有品牌用户中忠诚度极高的群体之一。这种口口相传的营销模式具有强大的传播力，信息像病毒一样迅速扩散。而且，这种用户之间的传播往往比企业的官方宣传更加真实有效，能够深刻影响消费者的购买决策。

产品是维系企业生命力的基石。随着国际市场融合与全球经济一体化的步伐日益加速，信息技术的迅猛进步与制造技术的持续革新，国际市场中企业围绕产品展开的角逐变得越发激烈，其背后蕴含的意义也更为深远。在市场营销策略组合（即4Ps）的框架内，产品占据着核心位置，它是渠道、促销与定价策略得以有效实施的基础。若脱离产品这一核心，其余策略将失去其存在的价值。因此，企业要在国际市场的激烈竞争中脱颖而出，关键在于推出具有强大竞争力的优质产品，并持续进行产品改进与创新，同时辅以恰当的促销与定价策略，以确保企业的长远发展。

在国际营销的实际操作中，企业需深入剖析目标市场的经济状况与文化差异，准确把握消费者需求的动态变化。通过精心制定产品策略，企业能够及时推出新产品，有效延长产品的市场寿命，同时在全球品牌的建设与管理上投入更多精力。此外，加强产品促销也是企业成功开拓国际市场不可或缺的一环。综上所述，企业只有在这些方面做足功课，方能在国际舞台上站稳脚跟，赢得持久的竞争优势。

10.1 国际产品整体概念

在当代市场营销理论框架下，产品认知已突破传统有形实体的局限，转而拥抱科特勒所倡导的广义定义：凡能吸引关注、实现获取与使用，并满足消费者欲望或需求之物，皆为产品。此定义下，产品范畴既含智能电视、高端耳机等实体商品，亦囊括个性化咨询、线上音乐会、云演唱会等无形服务。同时，公众人物如斯蒂芬·库里（Stephen Curry）、玛格特·罗比（Margot Robbie），旅游胜地如马尔代夫、京都，乃至国际数字营销协会等新兴组织，以及可持续发展、数字化转型等现代理念，均被纳入产品广义范畴，极大拓展了产品概念的深度与广度。

扩展阅读10-1　产品的整体概念的五个层次

10.1.1　产品整体概念

国际营销学的产品整体概念，是广义的产品概念。它除了指具有特定物质形态和用途的物体之外，也包括一切能满足购买者某种需求和利益的非物质形态的服务。如消费者购买的住房，不仅是指住房本身，同时包括住房朝向、地段环境、物业管理服务、周边的教育设施、升值的可能性和所体现的身份等。一般来说，产品整体概念包括三个层次：核心产品、形式产品及附加产品，如图10-1所示。

核心产品，作为产品整体概念的核心，指的是产品或服务中能满足消费者基本需求的利益。它是消费者购买行为的驱动力，也是产品最基础、最关键的部分。比如，化妆品消费者购买的不仅是产品本身，更是对美丽的追求；摄像机消费者则是在寻求对美好回忆

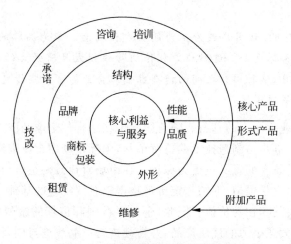

图 10-1　产品整体概念的组成部分

的珍藏。因此，产品能否在国际市场获得认可，不仅仅取决于产品的提供，更在于它能否为消费者带来实际利益，满足其需求。营销人员需深刻理解并传达给国际市场消费者，自己企业所提供的产品或服务的核心利益。

形式产品，是核心产品得以实现的外在表现形式，包括产品的质量、特色、设计、标准、品牌及包装等。消费者在选购商品时，除了关注其基本功能外，还会考虑其质量、外观、款式及颜色等多种因素。因此，企业在设计产品时，应既关注国际消费者所追求的核心利益，又注重如何以最佳形式呈现这种利益。

附加产品，是指消费者在购买有形产品时所获得的全部附加服务和利益，通常包括售后服务、产品使用说明书、保修、安装、维修、送货及技术培训等。随着国际市场需求和企业间竞争的日益多样化，消费者对产品附加利益的要求也越来越高。因此，在产品附加价值方面的竞争也变得越来越激烈。哈佛大学教授西奥多·莱维特（Theodore Levitt）指出："未来竞争的关键，不在于工厂能生产什么产品，而在于产品所能提供的附加价值，包括包装、服务、广告、用户咨询、购买信贷、及时交货等一切以价值衡量的因素。"

10.1.2　产品整体概念的意义

产品整体概念是以顾客需求为核心的现代市场营销观念。树立产品整体概念，有助于企业抓住消费者的核心利益，把握自己的产品策略，从各个层面全面满足他们的需求。

那些忽视消费者需求、盲目生产的企业，往往会遭遇市场的冷遇。因此，及时、准确地捕捉消费者的动态需求，是企业保持高市场占有率和利润率的关键。

以近年来的国际市场为例，某些知名手机品牌在面对消费者对性价比和创新的双重需求时，未能及时调整策略，导致市场份额被新兴品牌蚕食。而另一些品牌，如华为和小米，凭借"高性价比、技术创新、优质服务"等策略，成功吸引了大量消费者，显著提升了市场竞争力。这正如日本"经营之神"松下幸之助所言，顾客导向是企业成功的关键。通用汽车公司的创始人查理·凯瑟琳也曾强调，要给予消费者他们真正需要的，避免提供他们不需要的。

产品整体概念将产品的实体特性和实质性效用紧密结合,为企业在国际市场上采取标准化策略或差异化策略提供了有力支持,成为企业获取竞争优势的重要途径。企业应根据产品整体概念,从三个层面满足消费者需求,特别是在附加利益方面要做出更多努力。以全球智能手机市场为例,华为作为全球知名的手机品牌,凭借其先进的5G、卓越的摄影功能以及优质的售后服务,给国际用户留下了深刻印象。然而,有些企业虽然承诺提供附加利益,如免费退换货、保修等,但在实际操作中却存在诸多限制和不合理收费,这不仅损害了企业形象,也削弱了其竞争优势。

即测即练10.1

10.2 国际产品的调整与适应策略

10.2.1 国际产品的标准化和差异化分析

国际市场营销面临的首要问题是:是以标准化产品向外国消费者推销,还是针对当地市场的特点推出修改后的产品?

标准化策略的优势在于能显著削减成本,并促进全球统一品牌形象的塑造,但其有效性建立在全球市场对标准化产品有广泛需求的基础之上。相反,根据当地市场特色调整产品的企业,更能契合营销理念,使产品适应多样的市场环境及消费者行为,进而在当地市场获得更高的成功率。

以近年来的国际化品牌为例,雅诗兰黛通过精准定位都市白领女性,强调其产品的"高端、专业、尊贵",结合明确的独特销售主张(USP)和目标市场定位,成功在激烈的市场竞争中脱颖而出。而星巴克在进入某些新市场时,曾因对产品口味、店面设计等未做充分本地化调整,导致初期消费者接受度不高。众多跨国企业也意识到,全面进行产品适应性调整是一项艰巨的任务。以苹果公司为例,其在全球多个国家和地区销售众多产品,若要实现完全差异化,其复杂性和挑战性不言而喻。因此,苹果及其他跨国公司均倾向于在全球或地区范围内实现产品标准化,以期降低成本并构建全球或地区性的品牌影响力。

全球性企业倾向于采取一致的策略,向全球消费者推销标准化的产品,它们聚焦于全球市场中的共性,而非个性差异。这些企业深知,产品、分销、促销及管理的标准化能带来显著的经济利益。通过提供高质量、可靠且价格实惠的产品,它们成功地将效率转化为市场优势。事实上,诸如天福茗茶、欧米茄和索尼等品牌,已经在全球范围内成功销售了高度一致的产品。尽管整体标准化是主流,但在某些情况下,对产品进行适度调整仍是必要的。

超级链接10-1 "字节跳动"的全球征程

研究显示,80%的企业在针对海外市场时,会对其产品进行某些调整,有时这种调整甚至是东道国强制要求的,无论企业是否愿意。例如,由于德国禁止使用某种化学物质,一家玩具制造商不得不更改其玩具的原材料。因此,虽然全球营销是企业拓展市场的重要手段,但标准化并非绝对必要。更明智的做法是在特定地区内适度实施标准化。

扩展阅读10-2 生鲜电商的"共赢链"

产品的标准化或差异化程度,直接决定了其在全球市场中的潜力。国际市场营销人员在制定产品策略时,需综合考虑以下四个关键因素。

1. 消费者偏好

营销者在设计产品策略时,必须充分考虑当地消费者的行为、口味、态度及传统习俗;否则,可能会面临风险。例如,欧米茄手表融合了传统与现代风格,没有全新设计的产品,其正是因传统特色而深受消费者喜爱。若改变这一特色,可能会损害品牌形象,降低市场竞争力。又如,丰田汽车通过调研发现,美国人将汽车视为交通工具,更注重实用性、舒适性、经济性和便利性。因此,丰田汽车针对这些需求提供了相应的产品和服务,成功在美国市场站稳脚跟。

2. 成本

在产品设计过程中,企业经理人员必须考虑成本因素。不同的产品设计可能导致制造商的服务成本和最终用户的使用成本产生差异。这种影响在英国和美国飞机设计中体现得尤为明显。英国式设计将发动机置于机翼内部,以降低空气阻力和油耗,但发动机不易拆换,增加了修理维护时间。而美国式设计则将发动机悬在机翼外部,虽油耗较大,但易于修理维护。这两种设计都基于当地劳动力成本的不同考虑。

3. 非关税壁垒

非关税壁垒主要包括产品技术标准、健康安全标准及测试审批程序等。这些规定通常非常详细且严格。例如,美国佛罗里达州的西红柿商曾成功说服美国农业部制定西红柿最小尺寸的规定,从而排挤了墨西哥西红柿生产者。此外,法国要求所有广告、标签、使用说明、发票和收据都必须使用法语。非关税壁垒也适用于服务领域,如英国要求北海油田项目的设计和工程必须由英国承包商承担。在葡萄牙,外国酒店的雇员招聘也面临困难。在欧洲,非关税壁垒阻碍了标准化产品的全欧销售。在食品工业方面,欧盟内部200多类产品存在200多种跨国贸易的法律障碍。德国严格的食品法也使外来者难以进入其健康食品市场。

4. 环境及标准的一致性

企业经理人员还需注意产品设计与其使用环境之间的协调性。若用户手册未译成多种语言,可能会影响产品在非本国语言使用国的销售。全球电视行业存在三种不同的视频系统:美国的NTSC系统、法国的SECAM系统和德国的PAL系统。若产品仅针对国内市场设计,则只需考虑一种系统;但若面向全球市场,则需适应不同系统的要求。此外,全球气候差异也会影响产品设计。例如,英国和意大利的汽车可能不适应北美大部分地区的寒冷气候。度量系统的不一致性也会给产品营销带来障碍。美国是世界上唯一的非米制国家,以米和公斤为单位的产品在以英尺和磅为单位的市场可能会遇到很大麻烦。

10.2.2 国际产品的调整策略

产品系列的选择方案是指将国际产品的标准化策略和差异化策略与国际产品的促销策略相结合产生的各种营销组合策略。基坎教授把适用于国际市场的产品和促销的组合分为五种,如图 10-2 所示。

图 10-2　国际营销中五种产品与促销策略的组合

1. 直接延伸

企业在未对产品进行任何适应性调整的情况下,选择直接将其推向国际市场,并且在这些国际市场上沿用了与本国市场相同的促销策略。这种直接延伸的产品策略,因能够简化操作流程并降低成本,而受到许多全球知名大公司的青睐。可口可乐公司便是这一策略的成功实践者,它通过实施标准化策略,确保产品和广告在全球范围内一致,从而成功地树立了鲜明且统一的产品形象。然而,尽管直接延伸产品策略具有诸多优势,但并非所有公司都能因此取得成功。例如,金宝汤料公司曾尝试将未经任何改进的浓缩汤料引入英国市场,结果却遭遇了重大的挫败,损失了约 3 000 万美元。这一失败的主要原因在于,英国消费者并不习惯使用浓缩汤料,而金宝汤料公司又未能及时向消费者说明使用该产品时应加水稀释,导致消费者在面对这款看似价格高昂的浓缩小罐头汤时,产生了抵触情绪,进而失去了购买的意愿。这一案例充分说明了,在采用直接延伸产品策略时,企业必须充分考虑目标市场的消费者习惯和需求,以确保策略的成功实施。

2. 改变沟通方式

当企业决定将同一产品推向国际市场时,它们面临着如何有效吸引并满足不同目标市场消费者需求的挑战。为了克服这一挑战,企业会根据各国际市场的消费者对产品的特定需求,采用针对性强、贴合消费者需求特征的宣传与促销方式,以期达到最佳的促销效果。以法国的一家企业为例,该企业成功研发出一种新药,这种药具有松弛肌肉、解热镇痛的多重功效。尽管其药品成分并不复杂,也并非昂贵的特效药,但企业在进入国际市场时,巧妙地采取了差异化的促销策略,从而使这款新药在国际市场上大放异彩。在法国,鉴于饮酒过量者众多,企业着重宣传该药有助于酒后恢复体力的特点;而在美国,由于人们普遍担心感冒,企业则强调该药的感冒头痛治疗功效。此外,针对芬兰人热爱滑雪运动的特点,企业突出该药有助于消除运动后的疲劳;对于意大利市场,考虑到胃病患者较多,企业则重点宣传该药的止痛效果。这种根据各国消费者需求特征进行相适宜宣传的策略,使得这款成分简单的药品在多个国家畅销。通常,保健品、食品饮料及药品等类产品非常适合采用这种策略,因为这些产品的功效往往不止一种,所以可以根据不同消费者的偏好和需求进行有针对性的宣传,从而更好地满足他们的期望。

3. 改变产品

针对国际目标市场中顾客需求的差异性,企业会对现有的国内产品进行部分调整,而促销策略则保持不变。对于某些产品而言，它们对国际消费者的用途和功效是大致相同的；然而，由于消费习惯和使用条件的差异，企业需要对产品进行适度的改进，以契合各国市场的特定需求。这些改进可能涵盖产品的式样、功能、包装、品牌以及服务等多个方面。例如，埃克森公司就坚定地遵循了这一战略：其根据不同市场上常见的气候状况，对汽油配方进行了相应的调整，以适应这些差异。与此同时，其保持了宣传诉求的一致性，即"让老虎进入你的油罐"，这一基本宣传点并未发生改变。

4. 双重改变

针对进入国际市场的产品和所采用的促销方式，企业会根据各国际市场的独特需求特点，进行相应的调整与改变。这不仅涉及对产品某些方面的改进，同时也包括对促销策略的灵活调整，以确保产品和促销方式更好地适应并满足国际市场的特定需求。

5. 产品创新

在国际市场环境中，企业的产品创新策略着重于针对特定的目标市场进行深入研究和开发新产品，同时设计并执行与之相匹配的广告宣传计划。一旦新产品成功推向市场，其带来的利润回报将是相当可观的。然而，采用这一策略时必须格外谨慎，因为新产品开发的成功率即便在国内市场也相对较低，而在更为复杂的国际市场中，影响新产品成功的因素既包含可控因素也涉及不可控因素，使得企业面临的挑战更为艰巨。因此，企业通常只有在发现对现有产品进行改进已无法满足目标市场的需求，同时目标市场展现出良好的发展前景，并且企业自身具备足够的实力去开发新产品的情况下，才会选择实施产品创新策略。

10.2.3 国际产品的适应策略

在从事国际营销时，企业产品策略的核心导向是适应目标市场消费者的独特需求。这些需求深受消费者所在国家多种环境因素的影响，尤其是社会文化状况，且随着营销环境的变化，消费者对产品各层次的需求也会相应变化。在某些营销环境中，产品的某一特定层次可能至关重要，而在其他环境中则可能变得不那么重要。因此，销往国际市场的产品必须灵活适应各国不同的营销环境要求。一项针对出口企业调整计划的研究揭示，出口企业对其 80% 的出口产品都进行了一项或多项修改，以更好地满足市场需求。这些修改涵盖了产品特点、名称、标签、包装、颜色、材料、价格以及促销和广告的多个方面，包括广告主题、广告媒体和广告技巧等 11 个可调整要素。平均而言，每种产品需要进行 4 项修改以适应目标市场。尽管对产品进行改进并非企业的初衷，因为这样做可能会削弱规模经济效益、增加成本并提升营销风险，但某些因素仍会促使或吸引企业对出口产品进行调整。这些因素可以归纳为两类：一类是强制性适应导致的产品改进，另一类则是非强制性适应驱动的产品调整。

1. 强制性适应改进产品

强制性适应改进产品指的是企业因国外市场存在的某些强制性要求，而不得不对其产品进行适应性调整。这些强制性因素往往源自各国政府为保护本国消费者利益及维持既有商业习惯所制定的特殊法律、规则或临时性要求。其中，影响产品调整的主要强制性因素体现在以下几个方面。

(1) 各国对进口产品的标准所做的特殊规定：各国政府在质量标准、包装规范、商标使用以及安全要求等方面，对进口产品均有着独特的规定。产品欲进入这些国家市场，必须严格遵守这些要求，尤其发达国家，对产品的质量技术要求及安全性能标准往往极为严格。面对这些规定，出口企业别无选择，只能调整原有产品，以确保符合各国市场的规则与标准。

(2) 各国度量衡制度不同而导致计量单位上的差异：由于世界各国的度量衡制度不同，同一计量单位所表示的数量不一。在国际贸易中，通常采用公制（The Metric System）、英制（The British System）、美制（The U. S. System）和国际标准计量组织在公制基础上颁布的国际单位制（The International System of Unit）。上述不同的度量衡制度导致同一计量单位所表示的数量有差异。例如，就表示重量的吨而言，实行公制的国家一般采用公吨，每公吨为 1 000 千克；实行英制的国家一般采用长吨，每长吨为 1 016 千克；实行美制的国家一般采用短吨，每短吨为 907 千克。此外，有些国家对某些商品还规定有自己习惯使用的或法定的计量单位。如匈牙利采用 60 赫兹、150～260 伏的电力计量制度，而泰国则采用 50 赫兹、220～380 伏的电力计量制度，这就要求出口的电器产品必须根据目标市场的电力计量制度做相应调整，否则根本就无法使用。

超级链接 10-2　美国 FDA 全方位加强对进口食品监管

扩展阅读 10-3　百雀羚的"韧"性成长

超级链接 10-3

《中华人民共和国计量法》中的规定

国家采用国际单位制。国际单位制计量单位和国家选定的其他计量单位，为国家法定计量单位。目前，除个别特殊领域外，一般不许再使用非法定计量单位。我国出口商品，除照顾对方国家贸易习惯约定采用公制、英制或美制计量单位外，应使用我国法定计量单位。我国进口的机器设备和仪器等应要求使用法定计量单位。否则，一般不许进口。如确有特殊需要，也必须经有关标准计量管理部门批准。

资料来源：中华人民共和国计量法（2018 年 10 月）。

(3) 各国气候等自然条件的特殊性：目标市场的气候、地理资源等条件也是企业必须改变原有产品的强制性因素之一。如加拿大是一个寒冷的国家，出口到该国的汽车轮胎就必须采用与出口到热带国家的汽车轮胎不同的原料成分进行生产。又如日本松下电视机厂对出口到不同国家或地区的电视机进行专门的磁场校正，以确保获得最好的接收效果。

此外，有些国家政府为保护本国利益，针对外资企业进口商品而专门制定的一些条款、规定，也促使企业改进产品的某些方面。如有的国家要求外资企业或合资企业的产品必须使用当地零配件，中国政府就对合资企业产品零部件国产率有一定的要求。为满足这种要求，外资企业或合资企业便不得不进行适当的调整。

2．非强制性适应改进产品

非强制性适应改进产品指的是企业为增强在国际市场上的竞争力，针对目标市场的非强制性影响因素,对产品进行各种优化调整。相较于强制性改进产品,非强制性改进产品对企业而言更具吸引力,但同时也面临更大的挑战,因为强制性改进通常源于各国市场对产品的具体要求,如技术标准、政府法规、气候条件等,出口企业必须严格遵守这些要求进行产品调整。而非强制性改进则因企业策略和目标市场需求的不同而有所差异,企业是否改进产品、如何改进以及改进到何种程度,取决于其对目标市场需求的深入理解和把握,以及企业营销能力的强弱。由于促使企业改变产品的非强制性因素具有较大的弹性,因此很难有现成的指导原则可供遵循。企业产品能否适应目标市场,关键在于能否根据这些非强制性因素作出相应的调整。因此,非强制性因素对产品改进的影响成为企业国际市场营销成败的关键。非强制性产品改进的影响因素主要包括以下几种。

（1）文化的适应性改变：各国或地区间文化环境的差异是推动企业改进产品以适应国际市场的重要因素。不同文化背景下的消费者,在产品需求上存在差异,主要体现在价值观、道德规范、行为准则、宗教信仰、消费偏好以及使用模式等方面。国际目标市场的消费者接受新产品和新行为方式的主要障碍,并非收入水平或自然环境的差异,而是产品所面对的目标市场的文化模式。例如,将一种产品投放到并不需要甚至禁忌该物品的文化环境中,无论产品性价比多高,品牌知名度多大,都难以赢得消费者的喜爱。如伊斯兰教禁止饮酒,因此,无论是法国的葡萄酒还是中国的茅台酒,在伊斯兰国家销售都是无效的。

在销售适应国际目标市场需求的产品时,应更多考虑目标市场消费者的习惯、生活方式以及消费价值导向等方面。当企业将一种文化背景下的畅销产品销售到另一种文化背景中时,若需改变该文化背景中消费者的某些价值观、生活方式和消费习惯,必须注意克服阻碍改变的阻力。此外,企业还需深入了解目标市场的文化背景,以确保产品作出符合当地消费者需求的建议。

星巴克制胜法宝

1999年,星巴克进入中国,在北京开设了第一家门店。那时,中国正逐步开放市场,消费环境与顾客认知均呈现积极态势。至今,星巴克已在中国运营超过20年,在中国的230多个城市开设了超过6 000家门店(根据星巴克官方及新京报2022年报道数据),超越了众多咖啡品牌,稳居中国咖啡市场领先地位。

作为国际品牌,星巴克在中国市场的成功,离不开紧密结合当地的市场特性和消费者的口味偏好。星巴克初入中国时,其独特的咖啡文化和高品质的咖啡迅速吸引了中国消费者的关注。然而,中国作为一个茶文化深厚的国家,消费者对饮品口味的期待远不止于咖啡。为了保持新鲜感,星巴克开始根据中国消费者的饮食习惯和口味偏好,不断研发新产品,推出更适合中国本土的饮品,以此寻找新的增长点并扩大市场份额。星巴克不仅对西式咖啡进行了中式口味的改良,还推出了如早餐的茶饮、中式点心等符合中国人口味的产品。此外,星巴克还根据地域特色开发了许多新产品,如具有中国特色的月饼、粽子等,深受消费者的喜爱。

这些不断的创新使得星巴克的营业额持续增长。根据星巴克官方发布的2022财年报告,星巴克中国市场的营业额达到了25.797亿美元,同比增长显著,其中部分增长得益于新产品的推出以及门店数量的扩张。

星巴克还根据中国消费者消费习惯的变化进行了相应的调整。随着互联网的普及和消费者对于便捷消费方式的喜爱，星巴克不仅扩大了外卖服务的范围、增加了门店数量，还开发了手机App，提供在线点餐服务，大大减少了顾客的排队等候时间。这些举措进一步提升了星巴克在中国市场的竞争力和品牌影响力。

在进入中国市场之前，星巴克就开始深入了解和熟悉中国的文化，探究影响中国消费者购买产品的因素。星巴克在选择进入中国市场之前，先在与中国消费者生活习惯相近的市场进行了试点，显示出对中国市场的高度重视。星巴克还专门成立了"中国星巴克产品创新团队"，专注于开发适合中国消费者口味的产品。这些努力使得星巴克更好地适应中国市场，满足消费者的需求。

资料来源：星巴克官方网站、新京报、财经新闻报道等。

（2）各国消费者的收入水平：收入水平的高低直接决定了消费者对产品效用、功能、质量、包装及品牌等方面的要求。收入水平较低的消费者，往往更加注重产品的基础性能，如价格实惠、经久耐用，而对于产品的包装、品牌则相对 扩展阅读10-4 金龙鱼的一比一比一策略

不那么关注。相反，收入水平较高的消费者则更倾向于追求产品的优质、精美的包装以及品牌的知名度。例如，通用汽车公司在不发达国家并不直接销售其标准的凯迪拉克汽车，而是针对这些国家的实际需求，专门开发一种更为实用、经济的"基本运输工具"。同样，世界各大汽车公司也纷纷瞄准中国这个庞大的家用小汽车市场，它们根据中国家庭的收入水平状况，精心开发研制适合家用的汽车，以满足中国消费者的多样化需求。

（3）消费者的不同偏好：消费者的不同偏好成为国际市场营销企业调整产品策略的重要驱动力。这些偏好差异主要源自各国社会文化的不同。文化影响导致的消费者偏好差异，通常体现在对产品外观、包装、商标、品牌名称及使用方式的偏好上，而较少涉及产品的物理性能或机械性能。对于国际市场营销导向的企业而言，在涉及产品外观设计、口味选择，以及包装中的颜色、图案和文字等要素时，遵循"入乡随俗"的原则是成功的关键，同时，企业也需要深入理解并尊重当地的文化习俗和消费者偏好。

超级链接10-4

国际"差异"

在英文语境下，"peacock"一词指代"孔雀"，然而这一鸟类在中西方文化中的寓意却形成了鲜明的对比。在中国传统文化中，孔雀被视为美丽、优雅与富贵的象征，其华丽的羽毛和优雅的姿态常被用来形容人的美貌或高贵气质。孔雀的出现往往预示着吉祥与好运，是深受人们喜爱的动物之一。

相比之下，在西方文化中，"peacock"虽然同样指孔雀，但其形象却往往与虚荣、傲慢联系在一起。在西方的一些寓言和故事中，孔雀常被描绘为自以为是、爱炫耀的角色，其美丽的羽毛成为虚荣心的象征。这种文化差异使得中西方在对待孔雀这一动物时，产生

了截然不同的情感和态度。

（4）国外市场的教育水平：在发达国家，消费者普遍接受长达10年的正规教育，且置身于一个高度商业化、工业化及技术化的社会环境之中，因此他们不仅文化水平较高，还更容易辨识、掌握并熟练运用技术复杂的产品。相反，在一些发展滞后的国家，消费者的受教育程度相对有限，更有甚者目不识丁，这使得他们难以理解和掌握技术复杂产品的使用方法。

即测即练10.2

10.3 国际市场产品生命周期

10.3.1 产品生命周期的含义

产品自投放市场至最终退出市场的整个历程，被定义为产品的生命周期，这一过程通常涵盖导入期、成长期、成熟期和衰退期这四个关键阶段。我们必须明确区分产品生命周期与产品使用寿命这两个概念。产品生命周期，即产品的市场寿命或经济寿命，指的是产品在市场上存在的时间长度，其长短主要受市场因素的影响，包括科技发展水平、产品更新换代的速度、消费者偏好的变化以及市场竞争的激烈程度等。而产品使用寿命，即产品的自然寿命，是指产品从开始使用到损坏直至报废所经历的时间，其长短则受产品的自然属性、使用强度、维修保养程度以及自然磨损等多重因素的共同影响。

产品的生命周期与其自然寿命之间并无直接关联，有些产品市场生命周期虽长，但使用寿命却相对较短；相反，有些产品市场生命周期虽短，但使用寿命却很长。

产品的生命周期揭示了任何产品的市场生命都是有限的，产品的更新换代是市场发展的必然规律。在产品生命周期的不同阶段，产品的市场占有率、销售额和利润额都会有所不同。因此，企业需要仔细分析和判断产品当前所处的生命周期阶段，并根据不同阶段的特点，制定相应的营销组合策略。

产品生命周期的形态可以划分为典型和非典型两种。典型的产品生命周期会经历导入期、成长期、成熟期和衰退期，呈现出一个S形的曲线，如图10-3所示。

然而，并非所有产品都遵循S形的生命周期模式。另外几种常见的非典型形态包括"循环—再循环型""扇型"和"非连续循环型"，如图10-4所示。其中，"循环—再循环型"通常出现在企业针对销量下滑的产品采取强有力的促销措施后，产品销售出现第二个周期，但规模和持续时间都较第一个周期有所缩减。而"扇型"生命周期则源于企业不断发掘产品的新特征、新用途，或发现新的市场或目标顾客群，从而不断延长产品的生命周期。时髦品的生命周期则往往呈现出"非连续循环型"的特点，如呼啦圈、跳舞毯等产品，在极短的时间内迅速风靡市场，销售量攀升至顶峰，但随后也会迅速在市场上消失。

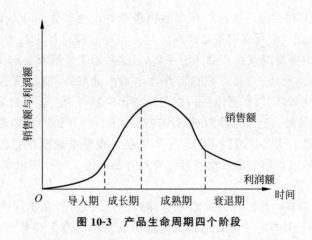

图 10-3　产品生命周期四个阶段

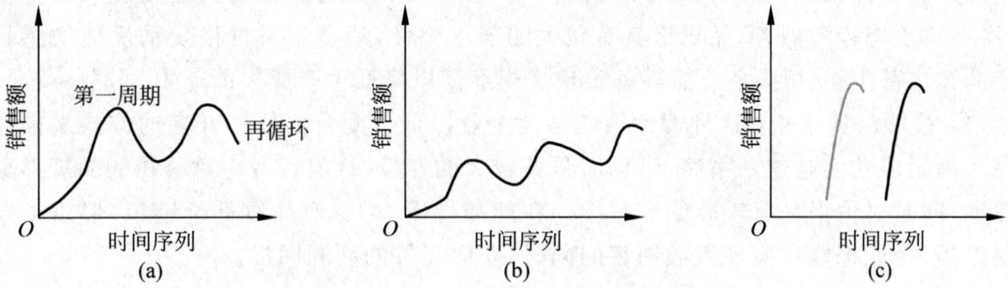

图 10-4　三种非典型产品生命周期形态

(a)"循环—再循环型"形态；(b)"扇型"形态；(c)"非连续循环型"形态

10.3.2　产品生命周期各阶段的营销策略

由于消费者需求和当代社会政治经济与科技日新月异，国际产品生命周期具有变化迅速、周期不断缩短等特征。同时，产品处在生命周期的不同阶段，在产品、购买者和消费者、销售额、利润、竞争者与竞争形式、促销手段等各个方面均具有不同的特征，企业应根据自己产品在市场上的特征，灵活地制定相应的营销策略，使产品在市场销售中获取最佳的收益，并尽可能地延长产品市场生命周期。

1. 导入期的营销策略

导入期的营销策略主要有四种，即快速撇脂策略、缓慢撇脂策略、快速渗透策略和缓慢渗透策略。新产品推向市场之后，国际营销人员必须就其价格、促销、分销及品质对产品进行定位，以便让市场尽快知晓、认同或接受企业的产品。以上四种策略主要考虑价格和促销两种因素（图10-5）。

价格	促销	
	高	低
高	快速撇脂策略	缓慢撇脂策略
低	快速渗透策略	缓慢渗透策略

图 10-5　产品导入期营销策略

（1）快速撇脂策略：为了快速提升产品销售额并占据较大的市场份额，企业可以选择采用高价格结合高促销开支的策略。实施这一策略需满足特定的市场条件，即目标市场中，大部分潜在消费者对该新产品尚不了解，且这些消费者既具备购买能力又愿意以较高价格尝试新产品。此外，当企业面临潜在竞争对手的威胁，或期望迅速建立品牌形象时，也可能会采用此策略，以在竞争中占据先机或迅速赢得消费者对自家品牌的青睐。

（2）缓慢撇脂策略：企业选择同时运用较高的定价与较低的促销费用来开展营销活动，旨在实现利润最大化并尽可能节约开支。当企业在某个规模相对较小但品牌形象良好的市场上运营，且该市场上多数消费者已对新产品有所了解并愿意支付高价时，此策略能够产生理想的效果。

（3）快速渗透策略：此种营销策略带有强烈的进攻性，旨在迅速渗透市场并夺取尽可能大的市场份额。其核心手段是通过设定低价格与投入高促销费用，以最大限度地提升产品知名度并激发消费者的购买欲望。该策略在以下情形中尤为适用：市场容量广阔，潜在竞争态势激烈，产品价格具有较大的需求弹性，消费者对价格变动反应敏感且对新产品知之甚少；同时，企业需具备实现规模经济以降低生产成本的能力。

（4）缓慢渗透策略：这种营销策略涉及企业以低价配合低促销开支的方式来推广新产品。为了成功实施这一策略，市场需具备较大的容量，且消费者应对公司的品牌形象有所熟悉，同时对价格具有较高的敏感性。在此条件下，尽管产品以低价销售，但由于成本控制得当，企业仍能在实现大额销售的同时，获取良好的利润回报。

2. 成长期的营销策略

随着产品步入成长期，早期的使用者已对企业的产品有了深入的了解，同时，大部分的追随者也开始加入购买者的行列中来，这使产品的销售量实现了大幅度的增长，企业的销售利润也呈现出强劲的上升趋势。与此同时，市场所蕴含的巨大利润潜力也吸引了新的竞争对手纷纷加入。由于这些新进入者在产品特性和分销方式上带来了新的变化，市场竞争因此呈现出多样化的态势。所以，在这一阶段，策略的重点主要集中在通过多种方式来增强产品的竞争力，以应对日益激烈的市场竞争，从而尽可能地保持市场的成长。

然而，在这一阶段，企业会面临一个两难的抉择：是追求更高的市场占有率，还是致力于实现比当前更高的利润水平。如果企业决定投入巨额资金用于产品改进、促销活动和销售渠道的优化，那么它就有可能在市场竞争中占据优势地位。但这样的决策往往意味着企业需要承担额外的成本，从而可能会牺牲掉当前的最大化利润。在市场的成长期，企业主要有以下几种营销策略可供选择。

（1）提升产品质量：企业需要持续提升产品质量，增添新功能，变换或推出新的产品款式，以增强产品的竞争力，更好地满足消费者多样化的需求，从而吸引更多消费者选购本企业产品。

（2）扩大规模降低价格：企业通过扩大生产规模，可实现规模效应并降低成本，从而在适当时机采取降价策略，激发需求增长，吸引对价格敏感的消费者购买。此外，在行业竞争加剧、市场平均利润下滑的背景下，此策略能有效阻挡新竞争者进入，同时使企业有余力探索并渗透新的未饱和细分市场。

(3) 建立品牌形象：此阶段的重点之一在于，企业应将广告宣传的重心从产品介绍转向塑造品牌形象，以创造产品的差异化优势，增强顾客的购买信心。这样不仅能稳固老顾客群体，还能吸引新顾客，进而提升企业在社会中的声誉和美誉度。

3. 成熟期的营销策略

当产品销售量达到某一临界点后，其销售增长率会逐渐放缓并呈现下降趋势，标志着产品进入了成熟期。此时期可细分为三个阶段：首先是成熟期中的成长阶段，此时后期使用者开始加入购买行列，但销售增长速度已不及以往；其次是成熟期中的稳定阶段，此期间几乎所有潜在消费者都已购买并使用了企业产品，销售量的增长与人口增长保持同步，若人口零增长，则销售量将达到峰值；最后是成熟期中的衰退阶段，早期顾客开始尝试购买其他企业的新产品，导致销售量下降。通常，这一阶段相比前两个阶段会持续更长时间。因此，企业需根据成熟期各阶段的特点，采取适当措施和策略，以尽量延长产品的成熟期。

(1) 市场改良策略。此策略旨在通过市场扩张来提升成熟产品的销售额，而无须对产品本身进行改动。具体策略包括四种选择：①发掘新使用者。企业可探寻具有潜在需求的新顾客群体，或拓展至新的细分市场，如地理和人口细分市场，从而显著增加产品销售量。②吸引竞争对手的顾客。企业通过促使竞争对手的顾客试用或采用本企业产品，引导他们转向购买自家产品。③鼓励增加使用频次或用量。通过激励措施，促使现有用户提高产品的使用频率或增加使用量。④探索新用途。协助消费者发掘产品的多种用途，增强他们对产品各种应用方式的认识，进而促进销售。

(2) 产品改良策略。产品改良策略着重于满足不同顾客需求，通过创新性地优化产品内涵来吸引多样化顾客群体。在销售过程中，企业面临竞争者以更高品质产品争夺顾客的情况，同时顾客也往往倾向于选择性能更优的产品。因此，为了在竞争中脱颖而出，企业必须持续改进产品质量，并有效传达品质提升的信息给购买者。在成本允许的情况下，企业可采取定制方式，根据消费者需求对产品进行改良，如增添新特性、涉及规格、重量、材质及附属品等方面，从而增强产品的多样性、安全性和便利性。服务在当今国际市场中扮演着日益重要的角色，它既是产品的重要附加值，也是产品的核心组成部分。优化或增加新服务是企业改进产品策略的关键举措，这有助于提升产品的市场竞争力，确保顾客购买放心、使用满意，对扩大产品销售具有显著的推动作用。

(3) 改变市场营销组合策略。市场营销环境的变迁要求企业有针对性地调整市场营销组合要素，以有效延长产品的成熟周期。其具体方法包括调整定价策略、优化分销渠道以及创新促销方式，从而提升产品竞争力，刺激市场需求增长。常见的实施措施有：采取降价、优惠和折扣等促销手段，加大广告投入，调整广告媒体组合，提升销售人员的数量与素质，加快产品交付速度，以及提高服务质量等。然而，这一策略易于被竞争者模仿，特别是在价格降低和增值服务方面，可能导致企业的努力难以达到预期效果。因此，企业必须充分利用自身优势，并结合当地实际情况，制定出难以被模仿的营销组合策略，以确保实现预期的营销效果和利润目标。

4. 衰退期的营销策略

当产品步入衰退期，其主要标志是产品成熟后期销售量缓慢下降后急剧下滑，价格在激烈的市场竞争中已跌至最低水平，几乎无法产生利润。即便如此，企业仍需仔细分析市场状况，采取恰当的策略，确保产品以合理的方式退出市场。

扩展阅读10-5 产品生命周期管理的演变历程

国际营销案例10-2 四维生态的植物工厂项目的生命周期

（1）继续维持策略。继续使用以往的策略，按照原来的细分市场，使用相同的分销渠道，保持合理的定价和促销方式，利用恰当的时机，使这种产品"全身而退"。

（2）收缩榨取策略。产品进入衰退期以后，这种产品在某些细分市场上尚有一定的需求。企业可以收缩战线，把资源集中在这些尚有利可图的细分市场和产品上，把促销水平大幅度降低，尽量减少开支，以尽可能地增加利润。

（3）放弃撤离策略。对于市场上确已无利可图的产品，企业应该当机立断，停止生产经营该产品。

即测即练10.3

10.4 国际新产品开发策略

扩展阅读10-6 新产品开发的基本方式

国际新产品开发的基本目标是在国际市场寻找投资报酬率最佳的产品，开发最能发挥本企业生产、营销、财务及管理方面优势的产品。国际新产品开发程序如图10-6所示。

10.4.1 国际新产品开发的目标和战略

随着企业外部环境的演变和战略方向的调整，阶段性新产品开发的目标会有所差异，但追求销售额与利润的增长作为核心目标，是长期且普遍存在于多数企业中的。在此核心目标下，企业应根据自身内外部环境的特性，制订相应的新产品开发目标。

国际新产品开发战略主要划分为因应型和预应型两大类。因应型战略是跟随环境变化而研发新产品；预应型战略则强调主动出击，把握环境变化的趋势，因势利导，适时推出新产品。选择哪种战略，与市场的规模、成长性、创新产品的保护力度、竞争力的强弱以及企业的市场定位紧密相关。此外，不同的企业战略也需要匹配不同的新产品开发战略。例如，开拓型企业战略倾向于采用预应型新产品开发战略，而防御型企业战略则更适合运用因应型新产品开发战略。接下来，将详细阐述这两种不同的新产品开发战略。

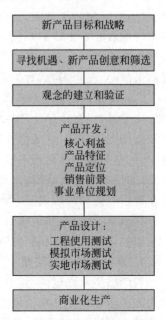
图10-6 国际新产品开发程序

1. 因应型新产品开发战略

(1) 调整和改进企业现有产品以便更好地与竞争对手的新一代产品竞争市场。

(2) 迅速模仿竞争对手推出的新产品。

(3) 绝不率先推出新产品,但对手一旦推出新产品,马上推出比对手产品更好的产品。

(4) 根据消费者要求和偏好的变化,不断研制新产品。

2. 预应型新产品开发战略

(1) 全力开发高新技术产品。如美国 3M 公司明文规定,业务部门销售额的 30% 必须来自上市时间少于 5 年的产品,业务部门销售额的 6.5% 必须用于新产品的研究与开发活动。

(2) 研究消费者需求并开发新产品来满足这一需求。

(3) 建立新产品创新机制,使企业拥有永续创新能力,而不仅是研发一两件新产品。

(4) 借助资本市场和资本运营的力量,兼并或收购新产品开发能力优秀的企业。

10.4.2 新产品创意及创意的筛选过程

新产品创意的可行性紧密关联着企业资源、行业竞争态势及企业自身的优劣势。若企业缺乏新产品创意所需的技术实力、生产能力及营销技巧,即便创意再出色,也难以实现其实际价值。在特定条件下,成功孕育并筛选出新产品创意,关键在于精心组织、周密规划以及资源的合理运用。

1. 新产品创意的来源

新产品创意的来源,依企业、行业、产品的新颖性不同而各异。一般来讲,创意主要出自以下几个方面。

(1) 用户。用户构成了产品创意的关键源泉,尤其在工业品领域,例如科学仪器与生产流程,其创新主要依托于使用者的反馈信息及建议。部分使用者甚至会投资支持企业进行创新产品的研发。此外,企业还能通过市场调研、销售数据分析、消费者研讨会及售后跟踪调查等途径,洞悉消费者对产品的新需求。但需留意的是,源自用户的新产品创意多倾向于产品改良,而鲜少涉及全新产品的创意构思。

(2) 企业员工。企业员工同样构成创意的重要来源,尤其在产品改良与产品线扩展的建议方面。需特别关注那些直接与产品互动的员工,包括研发部、工程部成员,以及销售人员、产品经理、广告人员和营销研究人员的新产品创意。

(3) 分销渠道。流通领域的批发商与零售商,因掌握产品市场行情及消费者总体反馈,故能提出具代表性的产品改进与扩展建议。但企业在采纳这些建议前,必须从最终消费者处获得确认。

(4) 竞争对手。竞争对手乃企业产品创意的关键来源之一。多数企业,尤其是处于激烈竞争行业中的,均对竞争对手的新产品保持高度关注,并常通过推出更先进的产品来与对手展开市场份额的争夺。

(5)政府机构。专利行政管理部门负责专利的申请、注册及发布工作,而科学研究机构则广泛从事基础与应用研究,发表众多论文及研究报告,并时常为新研发成果寻求商业化合作机会。这两者均构成企业产品创意的重要来源。

(6)老字号及传统产品。老字号及传统产品历经漫长岁月,方能在市场稳固立足,尽管部分已衰败,但深入探究其内在缘由,可发现问题所在,并从中激发创新的灵感。

(7)其他来源。其他来源包括行业杂志、行业协会、广告中介、咨询机构、商业实验室、大学和科研机构、国外新产品创新信息等。

2．新产品创意的筛选

创意筛选阶段至关重要,多数未能成功的新产品项目均在此阶段被否决。若成功通过此阶段,即标志着创意进入实质实施阶段,企业将为此倾注大量资源。此外,筛选决策过程极为艰难,因决策者此时对产品市场前景、成本及所需投资尚无法完全把握。然而,决策者必须作出明智选择:既要防止筛选过于宽松,导致劣质项目蒙混过关,给企业带来资源上的巨大损耗;又不能筛选过于严苛,使企业错失众多本可把握的良机。

3．创意筛选模型

筛选模型有许多优点:引导管理者从系统和全面的角度去考虑新产品创意的取舍;使主观臆断性降低;使用简便且成本很低。但其缺点是:给分的高低直接受管理者主观意识的影响;给分标准可能重叠导致重复给分。目前国际流行的一种创意筛选模型如表10-1所示。

表 10-1　创意筛选模型

(1)要素	(2)权重	(3)很好 (10)		(4)好 (8)		(5)一般 (6)		(6)差 (4)		(7)很差 (2)		(8)总计 EV	(9)要素评估
		EP	EV	EP	EV	EP	EV	EP	EV	EP	EV		
产品的卓越性	1.0	0.1	1.0	0.2	1.6	0.5	3.0	0.2	0.8	—		6.4	6.4
产品独特性	1.0	0.1	1.0	0.2	1.6	0.4	2.4	0.2	0.8	0.1	0.2	6.0	6.0
降低消费者成本	3.0	0.3	3.0	0.4	3.2	0.2	1.2	0.1	0.4	—		7.8	23.4
质量优于对手	1.0	0.1	1.0	0.2	1.6	0.5	3.0	0.2	0.8	—		6.4	6.4
给使用者独特帮助	2.0	0.5	5.0	0.4	3.2	0.1	0.6	—		—		8.8	17.6
价格低于对手	2.0	—		0.2	1.6	0.5	3.0	0.3	1.2	—		5.8	11.6
	10.0											总值	71.4

注:EP代表预期利润水平;EV代表预期价值,它是预期利润乘以等级数值的积。

表10-1的创意筛选模型由七个步骤组成。

(1)制定创意筛选标准。如市场前景标准、市场吸引力标准、项目与企业资源的一致性标准、产品范围标准等。

(2)标准细目化。如市场前景标准细分为:产品与对手产品相比的卓越性,产品的独特性,产品使消费者降低成本的程度,产品质量与对手产品质量的对比等。

(3)根据每个细目的重要性给予不同的权数。如降低消费者成本直接关系到新产品的成功上市,所以给其的权重最大。

(4) 针对每一个要素,预测产品达到"很好""好""一般""差""很差"的概率。将预测的概率值分别记在第3~7栏的EP栏下。

(5) 用所得的各个概率值分别乘以第3~7栏下的数字值。如产品的卓越性落在"很好"栏的概率是0.1,用其乘以"很好"栏下的数字10得1.0,并记在EV栏下。

(6) 用每个要素预期价值总和(第8栏)乘以该要素的权重(第2栏)得该要素的评估值。再将各要素评估值相加就是该产品的市场前景得分。

(7) 用上述方法对第(1)步中的其他标准进行细化、计算、打分。最后将每次的结果汇总,并与其他产品创意的打分结果对比,挑选最理想的创意。

10.4.3　国际新产品的开发

新产品创意一经入选,便步入产品开发阶段,此阶段涵盖确定产品核心利益等关键环节,并最终需完成事业单位规划的撰写,如图10-6中间的长方形框所示。核心利益指的是新产品能给消费者带来的最主要益处,例如,美国泰莱诺公司在研发镇痛片时,将其核心利益界定为"有效、迅速且持久地缓解疼痛,同时避免胃部不适"。实际上,核心利益是产品开发与工程设计的核心理念,它也直接决定了产品的特性。然而,企业为新产品确定的核心利益能否获得消费者的认同至关重要。因此,生产者应深入研究消费者如何看待新产品、如何比较新旧产品,以及他们购买新产品的可能性。

1. **消费者感知**

企业相关人员可依据产品的核心利益,构思出产品的主要特性,随后利用问卷法来评估消费者对这些特性的接受程度。以新款电冰箱为例,其特征包括:电脑控温以实现节能;低噪声运行;透明门设计,便于用户无须开门即可查看箱内食物;轻巧便携,方便移动等。通过对目标细分市场消费者的问卷调查,企业能够掌握不同产品特性的受欢迎程度,同时还能了解消费者对竞争对手产品的反馈。

2. **消费者的偏好和选择**

在了解消费者感知的基础上,还需深入探究消费者如何对比新旧产品,即明确消费者偏好的产品功能或特征,以及他们选择新产品的可能性。调查人员可采用矩阵图法,将产品的两项关键特性分别设为横、纵坐标,根据新产品的特性将其准确定位在图中,随后再将消费者心目中的理想产品标注于图上,通过对比找出两者之间的差距,并据此对企业的新产品进行改进和完善。

3. **销售潜力**

在完成消费者感知与偏好分析后,调研人员可设定产品生命周期、定价策略及竞争对手可能的反应等条件,据此预测新产品的销售潜力。此外,相关人员还能通过考察与本企业产品定位相似或相近的竞争对手产品的市场表现,来推测本企业产品的市场前景及潜力。

4. **产品上市行动规划**

产品上市行动规划统筹各职能部门为确保新产品顺利上市所需开展的各项工作,发挥着协调与整体规划的关键作用,特别是要将市场调研团队所明确的产品特性转化为各相关部门的具体工作目标。以药品企业为例，若调研团队确定新产品的镇痛片应"有效、迅速且持久地缓解疼痛"，则技术及工程部门需深入研究实现这一目标所需的具体时间及可持续的缓解时长。经过各部门间的多轮讨论与协商，最终确定各部门为新产品成功上市所需完成的任务与职责。

产品上市行动规划应全面涵盖产品开发阶段的各项内容，包括为目标市场消费者提供的核心利益、新产品的特性及市场定位。这一点尤为关键，因为新产品的营销策略，尤其是促销策略的选择，将紧密围绕这些产品特性和利益来制定与进行。产品上市行动规划的尾声部分应包含新产品开发项目的总体成本及预期的总收益，其呈现方式可参照损益表格式，按年度进行编制。规划完成后，需提交至公司管理层进行审批，经批准后的规划将成为新产品开发的指导依据及实施蓝图。

超级链接10-5

阿里巴巴成功的背后

近年来，国外科技巨头纷纷在中国设立研发机构以吸引中国优秀人才。而阿里巴巴，作为中国的科技巨头，除了在国内设立多个研发中心外，也积极在海外布局研发机构。无论是在新加坡、以色列、美国硅谷还是在英国伦敦，都能看到阿里巴巴的研发身影。在新加坡，阿里巴巴设立了专注于人工智能和大数据的研究中心；在以色列，阿里巴巴则设立了创新研发中心，聚焦于前沿技术的研究；在美国硅谷，阿里巴巴的研发团队致力于云计算和物联网技术的探索；而在英国伦敦，阿里巴巴则设立了专注于金融科技的研究中心。

阿里巴巴在和国际巨头争夺优秀人才方面同样不惜重金。目前，阿里巴巴在全球设有多个研究院和联合创新中心，这些机构为阿里巴巴的技术创新提供了源源不断的动力。比如，阿里巴巴达摩院的一名算法专家，通过优化算法模型，成功提升了电商平台的推荐精准度，从而大幅提升了用户满意度和销售额。无论是"阿里巴巴云 OS 实现跨设备、跨平台的无缝连接，为用户提供一致的体验"，还是"阿里巴巴双十一购物节期间，阿里云支撑了全球最大规模的在线交易"，都彰显了阿里巴巴海外研发机构的巨大贡献。

此外，阿里巴巴也积极通过海外收购和合作来增强自身的技术实力。近年来，阿里巴巴收购了多家国外科技公司，这些收购不仅为阿里巴巴带来了先进的技术和人才，也为其在全球市场的拓展提供了有力支持。比如，阿里巴巴收购了一家专注于物联网技术的美国公司，并以此为基础成立了物联网研究中心。从阿里云 OS 到物联网技术，阿里巴巴不断在技术创新上取得突破，这些成果都离不开其海外研发机构的贡献。

10.4.4 国际新产品设计

产品设计是将向消费者提供的核心价值具体化的过程，对新产品成功至关重要。首先，它决定了所用材料及外观，直接关联到成本高低与生产流程。其次，设计的优劣直接关乎产品对目标顾客的吸引力，如瑞士 Swatch 手表的独特外观便是其巨大魅力的关键。再次，合理的设计能激发消费者的美好联想，例如计算机及其辅助设备因简便、紧凑的设计，给人以量身定制的亲切感。最后，高质量且艺术化的设计还能满足使用者的精神与心理需求。

回顾产品设计的发展历程,其焦点逐渐从仅利用企业现有资源转向强调产品的安全、可靠、易用及舒适性。例如,美国库柏工业公司紧跟家庭生活现代化趋势,对原有笨重且外观不佳的榔头进行了革新设计:手柄采用发荧光的橘黄色,激发人们急于使用的欲望;重量调整至头部,使敲击铁钉更为便捷准确。这两项改进使榔头销量较上一年增长了20%。此外,产品设计史亦表明,人为复杂化产品功能与使用,必将导致产品失去市场青睐。

1. 产品使用测试

产品使用测试旨在印证产品是否确实提供了顾客所追求的利益,同时收集改进产品和降低成本的信息和建议。测试的方法很多,关键是其结果是否能够真实反映产品在未来实际市场销售的情况。下面介绍三种广泛使用的测试方法。

(1) 实验室测试法。该方法通常能有效评估新产品在各种条件下的性能表现。例如,通过让电冰箱门持续数小时不断开合以收集相关数据,或让卡车发动机在测试平台上进行长时间的高速运行试验。实验室测试的优势在于其过程的可控性强、成本较低且时间效率高,然而,其局限性在于缺乏最终用户的直接参与,因此可能无法完全贴合实际使用场景的需求。

(2) 专家测试法。食品生产企业在生产过程中,经常会采用一种测试方式,即邀请专家对食品的外观、味道、香气及颜色进行评估,以确保产品能满足消费者的期望和需求。这种方法的优势在于操作简单方便、成本相对较低,然而,它也存在一定的局限性,即专家的评价观点可能并不总是与最终消费者的实际感受吻合。

(3) 消费者测试法。这包括常规的家庭使用测试,即选择一定数量的顾客试用产品,并要求他们填写问卷;同时也涵盖更为复杂的匿名对比测试,即让消费者在不了解品牌的情况下,同时试用多种相似产品,并分别给出反馈。通常,对于意在取代现有产品的新品,可采用匿名对比测试,让消费者在不知情的状态下同时使用新旧产品,并指出偏好及原因。然而,匿名对比测试也存在不足:它无法完全模拟市场上可能出现的所有情形;某些人为设置的条件在市场上未必会出现,如同时试用两种相似产品,这时某些测试结果可能难以明确解释关键问题。例如,有25%的受试者偏好某产品,若这些受试者对该产品有强烈的偏好,则该产品可视为成功;但若他们只是被动或随意地从两种产品中选择了该产品,则该产品可能被视为失败。

2. 模拟销售测试

模拟销售测试是通过观察应试者使用新产品的完整流程(涵盖认知、试用、再次购买三个阶段)来预测新产品的市场潜力。举例来说,研究人员会从目标市场中选取一定数量的应试者,让他们观看插入新产品广告的电视节目,之后邀请他们到模拟商店购物,店内既有广告中的产品,也有其他同类但品牌不同的商品。如果应试者选择了广告中的产品,研究人员会进行后续的跟踪回访,以了解应试者的满意度及再次购买的意愿。这种测试方法的优势在于成本低廉、结果可信。近年来,采用此法测试的数百种产品的市场占有率预测数据,与实际市场销售数据的差距仅在1~2个百分点之间。然而,这种方法的局限

扩展阅读10-7 瑞幸×茅台跨界合作 VS 长城汽车全球化战略

性在于无法获取产品分销渠道和中间商的反馈及需求。

3. 实地销售测试

实地销售测试的性质及其涵盖范围,直接受到新产品营销规划的影响。当企业对新产品的定价策略缺乏把握时,可采用实地销售测试,在小范围内进行市场试销,以获取市场的真实反馈。在此过程中,需特别注意:应首先制定新产品的整体营销规划,随后针对其中不确定的部分进行实地销售测试,并基于测试结果对营销规划进行必要的修正与调整。然而,有些企业却采取了相反的步骤,即先进行实地销售测试,再制定整体营销规划,结果往往发现,小规模测试所获得的经验并不能有效地指导后续的市场销售。例如,在实地销售测试中采用的直销方式,在后续的大规模市场销售中可能无法持续使用,因为直销的成本较高,对于中小企业而言难以承受预计销售量。企业通过估算目标市场中新产品购买者的比例及其再次购买的频率,来预测产品的销售量。同时,企业还需探究不同价格水平、促销手段对消费者购买行为的具体影响,以及竞争对手可能作出的反应。此外,充分运用高科技手段,尤其是计算机网络与数字技术,已成为实地销售测试领域的主流发展方向。在美国,许多市场调研机构仅要求被调查者在每次购物刷卡时出示身份证,即可记录其购物行为,并将数据传输至机构计算机主机进行分类与分析。

10.4.5 商业化生产

商业化生产是国际新产品开发全过程中的最后一个阶段,需要企业内部各职能部门的全力合作。特别是营销部门更是责任重大,负责新产品的上市、树立独特形象、引导大众购买、鼓励重复购买等。具体讲,新产品商业化的方法包括以下三种。

1. 直接商业化

新产品直接商业化策略,意味着跳过实地销售测试环节,直接将产品投放市场。此策略通常适用于风险相对较低的新产品,例如对现有产品的改进版本,或是对竞争对手成功产品的模仿。此外,对于工业品而言,也可以借助互联网及电子邮件等渠道,直接与目标客户进行沟通,从而省略实地销售测试阶段。

2. 以点带面法

此方法指的是,尽管会进行实地销售测试,但并非在所有目标市场都开展,而是在某一地进行测试并积累经验后,便在其他地方直接推广产品。多数消费品均可采用此策略,其理论基础在于,随着经济全球化及各国(地区)人民交流的增多,消费品市场的趋同化已成为显著趋势。例如,美国考尔盖特公司先在菲律宾、墨西哥、中国香港试点其新型洗发水并取得成功后,便直接将其推向欧洲、亚洲、拉丁美洲及非洲市场,且反响良好。

3. 渠道优选法

此方法指的是,对于采用多个分销渠道的企业,仅选择其中一个渠道进行产品试销,随后直接在其他渠道进行销售。需要指出的是,不同渠道所覆盖的消费者群体应对新产品有相似的偏好,否则可能会导致产品销售不畅等问题。总的来说,在商业化生产阶段,企业既要加速产品上市,以防止竞争对手迅速推出类似产品,又要尽量规避风险,最大限度地减少失败所带来的损失。以美国通用电气公司为例,该公司研发了一种新型防火塑料,若要进行大规模生产,需要巨额的固定资产投资;若利用现有设备,则只能进行小规模生产。该公司选择了小规模生产方式,虽然销售量有限,但却获得了高额的利润。实践表明,在商业化阶段,合理权衡利弊是成功的关键所在。

即测即练10.4

10.5 国际品牌策略

在国际营销实践中,实施合理的品牌策略,有助于突出产品的差异化,对国际产品在消费者心目中树立良好的产品形象,促进产品在国际市场上的销售,起着极为重要的作用。

10.5.1 国际品牌的内涵

1. 品牌的概念及意义

美国营销协会对品牌的定义是:品牌是用来识别一个或一些销售者的产品或服务的,并用以与竞争者的产品或服务进行区别的一个名称、符号、标志、设计或它们的组合。

品牌由品牌名称和品牌标志两个部分组成。品牌名称是企业给自己的商品或服务起的一个名称,使自己生产或出售的商品或服务易于识别,并与竞争者生产或销售的商品或服务区别开来。品牌名称是品牌中用语言称呼的部分,如 IBM、联想都是著名电脑的品牌名称。品牌标志是品牌中不能直接用语言称呼,但可以被识别的部分,如符号、图案、颜色等。例如,可口可乐以红色作为品牌的部分标志,而百事可乐则以蓝色作为品牌的部分标志。

商标是一个具有法律意义的名词,是品牌名称和品牌标志在政府有关部门登记注册之后,获得专用权而受到法律保护的品牌或品牌的一部分,通常被称为注册商标。

品牌是企业宝贵的无形资产,优质的品牌形象反映商品的质量和内涵,有助于吸引国际消费者,扩大国际市场占有率,在竞争中发挥重要的作用。国际品牌的具体意义表现如下。

(1) 提升企业形象认知。国际市场产品种类繁多且参差。品牌作为识别标志,有助于企业展现高端形象,维护企业名声,让消费者能清晰区分本企业产品与竞争对手产品的优劣。

(2) 培养顾客忠诚度。卓越的品牌象征着过硬的产品质量,一旦在顾客心中树立起优良的形象与名声,品牌便化作强有力的广告,激发顾客的购买意愿,促使他们争相选购该品牌产品;而名牌产品则更进一步推动企业提升管理、技术、质量及服务水平,以在市场上维持良好形象,强化产品的市场竞争力,从而提高顾客的忠诚度。

(3) 法律保护。品牌经注册后(即商标)享有专用权,避免伪劣产品冒牌行为,保护企业正当的合法权益。

2. 国际品牌的建立原则

超级链接 10-6
表 10-2 全球排名前十品牌

品牌可以向消费者传达产品的六种信息：属性、利益、价值、文化、个性、使用者。如奔驰品牌使消费者联想到的汽车产品形象中包含快速、昂贵、制造优良、设计良好的属性和性能高、安全性好及声望高的价值等。这充分反映了其品牌中的意义。

建立优秀的国际品牌要遵循如下原则。

(1) 合法性。品牌名称及标志应符合当地政府的法律法规，并向当地专利和商标管理部门申请注册，取得合法销售的地位，使企业的权益得到保护。

(2) 独特性。品牌应别具一格，富于创意，易于识别，有别于其他企业的品牌。

(3) 适应性。国际品牌要符合所在国当地市场的文化习俗，否则容易在意义上引起误解而造成国际营销的困难。

(4) 提示性。品牌名称应向消费者暗示产品所含的某种意义或效用。如欧美一种名为 Maidenform 的品牌女用内衣，在亚洲华人市场上销售时，译名为"美婵芳"，体现出少女丰姿玉立芬芳的含义，深受消费者欢迎。

(5) 稳定性。国际品牌要具有稳定的品质，一方面有利于企业在国际上进一步延伸品牌，另一方面也容易让消费者记住。世界上的著名品牌如"飞利浦"等都具有极高的稳定性。

(6) 简明性。品牌如能易于记忆、易于读取和易于理解，就有利于消费者识别，对企业而言也便于宣传，降低宣传成本。

3. 国际品牌决策

1) 品牌化策略

国际化经营企业首先要决定是否给产品规定品牌名称、设计标志，这称作品牌化策略。历史上最初的商品是没有牌子的，品牌和商标是商品经济发展到一定阶段的产物。尽管品牌化是商品市场发展的趋势，但对于单个国际化经营企业而言，是否要使用品牌还必须考虑产品的实际情况，因为在获得品牌带来好处的同时，建立、维持、保护品牌也要付出巨大成本，所以国际化经营企业要认真分析利弊。

2) 品牌使用者策略

国际化经营企业决定给其产品规定品牌之后，下一步要考虑的是品牌使用者问题，在这方面，企业有三种可供选择的策略。

(1) 采用自己的品牌，如索尼、通用汽车等公司使用的都是自己公司的品牌。

(2) 把产品批发给中间商，让中间商使用自己的品牌销售产品，称为中间商品牌或经销商品牌，如美国麦克斯公司销售的"皮尔·卡丹"成衣，采用的就是特许品牌。

(3) 混合品牌，即企业将一部分产品使用自己的品牌，另一部分产品采用中间商的品牌。长期以来，制造商品牌在市场上是占主导地位的，但目前中间商品牌已经变成品牌竞争的一个重要因素。中间商使用私人品牌的好处有：①可以更好地控制价格，并且可以在某种程度上控制供应商；②进货成本较低，因而销售价格较低，竞争力较强，可以得到较高的利润。因此，越来越多的中间商特别是大批发商、大零售商都使用自己的品牌。

3）品牌名称策略

企业决定采用自己的品牌还需要做进一步的选择，在这个问题上可供选择的策略至少有四种。

（1）个别品牌。企业对不同产品采用不同品牌策略，其优势在于：能保护企业整体声誉不受单一产品声誉波动的影响，同时可为各新产品找到最适合的品牌定位。然而，多品牌也意味着新产品进入市场时，所需费用相对较高。

（2）统一品牌。企业选择所有产品统一使用一个品牌，其主要优势体现在：能降低新产品宣传推广的费用，若品牌声誉良好，则所有产品均易畅销，有助于塑造企业整体形象。但需注意，若有质量不佳的产品，将损害企业整体信誉。

（3）分类品牌。企业依据产品大类进行区分，并对同一大类下的产品采用统一品牌，旨在不同产品领域中分别树立鲜明的品牌形象。有时，即便在同一类产品中，因品质差异也会采用不同品牌。此策略融合了个别品牌与统一品牌的双重优势。

（4）企业名称与个别品牌并用。这是一种将个别品牌与统一品牌相结合的策略，即企业为不同产品分别设立独立品牌，并在各品牌前统一加上企业名称。采用此策略的主要益处在于：既能使产品线系统化，借助企业既有信誉，又能凸显各产品的独特之处。

当企业决定了品牌名称策略后，还要进行选择特定品牌名称的工作。企业可选择人名、地点、质量、效用、制法、生活方式或艺术名字作为品牌名称。一般来说，企业在选择时，应考虑这样几个因素：它应该使人联想到产品的利益；应该使人联想到产品的作用和颜色等品质；应该易读、易认和易记；应该与众不同。

4）品牌延伸策略

所谓品牌延伸是指一个品牌从原有的业务或产品延伸到新业务或产品上，多项业务或产品共享同一品牌。

企业适时适地地推出延伸策略，可以把市场做大，锻造出成功的品牌。品牌延伸有许多优点，一个受人注意的好品牌能使新产品即刻被认知和较容易地被接受，使新产品迅速、顺利地打入市场，新产品失败的风险有所减小；而且品牌延伸节约了大量广告费用。但品牌延伸也有它的风险性，某一产品出现问题就会损害原有品牌形象，一损俱损。品牌名称滥用会失去它在消费者心目中的特定地位。

5）多品牌策略

多品牌策略，是指企业决定同时经营两种或两种以上相互竞争的品牌。一个品牌只适合于一种产品、一个市场定位，多品牌策略强调品牌特色，最大限度地显示品牌的差异化与个性。企业采取多品牌策略的好处在于以下几方面。

（1）多品牌策略适合零售商的行为特性。多种不同的品牌只要被零售商接受，就可占用更大的货架面积，增加销售机会。

（2）多品牌策略可吸引更多的顾客，提高市场占有率。一般来说，大多数消费者都是品牌转换者，品牌的坚定忠诚消费者是很少的，因此发展多种不同的品牌，才能赢得这些品牌转换者。

（3）多品牌策略有助于企业内部各个产品部门、产品经理之间开展竞争，提高效率。

（4）多品牌策略可使企业深入各个不同的市场部分，占领更大的市场。多品牌策略可以满足不同偏好消费群的需要,一个品牌有一个市场定位,可以赢得某一消费群体,多个品牌各有特色,就可以赢得众多消费者,广泛占领市场。

多品牌策略虽有众多好处,但其对企业实力、管理能力要求很高,市场规模也要求较大,因此,企业采取此品牌策略时应慎重。

6) 品牌重新定位策略

即便品牌在市场上的初始定位颇为成功,随着时间推移,重新定位也势在必行。其原因在于,竞争者可能会推出新品牌,紧邻本品牌定位,从而蚕食本品牌市场份额,导致品牌占有率下滑。此外,消费者偏好的变化也可能导致原本喜爱本品牌的顾客转向其他品牌,进而减少对本品牌的市场需求。这些情况均要求企业对品牌进行重新定位。

在作出品牌重新定位决策时,企业需全面审视两大方面:一是充分考虑品牌从一个市场细分转移至另一个市场细分的成本。通常,重新定位的距离越远,所需成本就越高。二是评估品牌在新定位上的潜在收入。这主要取决于新市场的消费者数量、平均购买率、竞争对手数量以及本品牌在该市场的定价策略。企业必须综合权衡重新定位的成本与收益,以作出明智的品牌重新定位决策。

10.5.2 国际品牌管理

国际品牌管理构成了国际营销的核心环节。在若干市场中,全球性规模已成为参与竞争的基础条件。打造国际品牌能带来多重显著优势:实现规模经济,有效降低成本;塑造鲜明的品牌联想,彰显品牌实力;降低竞争风险,把握更多盈利机遇。美国宝洁公司发现,若成功品牌在创立 12 年后仍未进军主要国际市场,其初始优势或将消失殆尽。

因此,众多跨国公司倾向于在产品和品牌问世之初,就将全球市场作为目标。此类品牌和产品的典型代表有丰田的凌志汽车、惠普的桌面喷墨打印机、IBM 的网络产品以及宝洁公司的玉兰油等。那么,品牌全球化的具体操作应如何进行呢?

1. 国际品牌经营模型

1991 年,朱迪·伦农(Judie Lennon)提出了一个模型,用以描绘国际品牌的经营方式,具体见图 10-7。伦农指出,随着时间的推移,品牌特性的各组成要素会逐渐被正式或非正式地整合与梳理,并传达给一系列的品牌管理者与执行人员。经过进一步的时间沉淀,这个成功的品牌便会形成独特的品牌识别度和个性。这些特性体现在对以下问题的解答之中。

(1) 产品是什么?这种产品在各个不同的市场都是完全相同的吗?它的制造符合有关国家的规范吗?这种产品能给顾客提供哪些功能?

(2) 品牌是什么?如果我们把这个品牌作为一个人来看待,我们如何描述它?当这个品牌的特性超越国界后,会产生什么影响?

(3) 在广告的理念中,用什么词语来表达"谁"和"什么"这两个概念?所有成功的国际品牌都有一套规则、规范与准则,用以指导如何表现品牌。全球性识别(global recognition)是指在使用颜色、标语、词语表达方式、音乐广告用语等方面时统一化。

(4) 在战略方面,广告应该做些什么?目前我们品牌的市场定位是什么?需要怎样对它进行改动?当广告制作中要求对品牌宣传有不同的侧重点时,品牌的核心特征应保

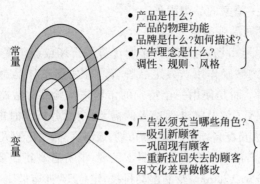

图 10-7　国际品牌的模型

持不变。

(5) 为了适应文化方面的差异,需要在实际操作中做哪些修改?

由此可见,品牌国际化并非全然遵循全球标准化的营销策略。当企业向全球市场推介其产品时,所面临的挑战不仅仅限于与同类产品的竞争,还包括如何克服消费者固有的消费习惯及其文化禁忌。可口可乐与高露洁两家公司,虽在全球近 200 个国家和地区销售产品,却并未采取高度标准化的产品策略。具体而言,可口可乐仅对三种品牌实施了标准化,而其中的雪碧在日本还采用了独特的配方。高露洁牙膏虽在全球采用统一的市场营销手段,但其先进的牙龈保护配方却仅在 27 个国家推出。国际品牌虽代表着全球市场定位,但在具体的营销与传播决策上,仍需充分考量当地特殊情况。因此,在国际沟通中,企业需面对三大核心课题。

(1) 创意因素。在创意中最普遍的错误就是简单地误译口号和习惯用语。

(2) 媒体因素。不同国家的媒体在受众偏爱、广告效力以及时间和空间的成本上与其本国的情况是不同的。

(3) 文化因素。全球沟通面临的最为困难的问题是确定如何在品牌传播中吸收当地的社会准则。忽视这一点,将导致沟通的失败甚至会产生负面的影响。

2. 发展国际品牌的步骤

1) 准备基本条件

将一个弱小的地区性品牌转变成一个国际品牌需要一些基本的条件。在这些条件成熟之后,可以向品牌全球化方向迈进。

(1) 持久的竞争优势。企业需客观评估本品牌与全球市场中潜在竞争对手的差异优势。

(2) 一定的经济规模。生产成本函数并不是线性的,也就是说,成本并不总是随着产量的上升而稳定地下降。在短期内,成本会急剧上升。因此,需明确当国际销售量达到何种水平时,成本能具有竞争力。

(3) 细分市场的规模。各地细分市场规模不必相同,但每个市场都必须足够大,以支持品牌进入多个市场。

(4) 全球化组织的保障。实施全球营销需调整企业组织结构,无论是集权还是分权,都需集中组织资源。集权组织中,中心品牌小组制定战略,并在各目标国家实施。分权组织中,品牌小组可负责单一国家的品牌发展。

2) 界定品牌资产,发展品牌战略

在企业全面理解的本地市场、能够发挥企业优势的市场或竞争最激烈的市场(能产生对企业创造、发明和效率的激励作用),界定品牌资产并发展整体品牌战略。这并不意味着忽视全球市场的消费者,而是使用一个特定的市场来检验品牌战略的有效性。

(1) 了解消费者。深入了解及瞄准消费者的需要,全面分析当时市场上的竞争对手形势。这也涉及企业组织的人员配备,必须要由懂市场、懂语言、懂文化的人组成。1985年,美国宝洁公司对亚洲市场进行广泛的消费者调查测试发现,消费者真正需要的是健康亮丽的头发,于是"潘婷"品牌结合 Pro-Vitamin 及润湿高科技,定位于"拥有健康,当然亮泽"的主张。

(2) 定义品牌资产。准确了解品牌所代表的东西所能延伸的范围与界限。"护舒宝"是宝洁公司所拥有的世界强势品牌之一,它确定的基本性能资产是"一种更清洁更干爽的呵护感觉"。

(3) 设计整体品牌战略。其包括界定品牌价值观、特点、差异性、定位、个性、目标市场区域和营销组合。

3) 检查目标市场

需对所有关键目标市场进行深入分析,以识别哪些要素会对品牌的营销组合产生制约及影响。例如,消费者的既有偏好可能会阻碍新品牌短期的销售增长,已占据本土市场的企业会对外部竞争作出强烈反应,以及地方政府可能存在某些不可通融的政策法规等。"潘婷"在品牌全球化的初期阶段,选择了若干国家和地区进行实地市场测试,首先在美国和中国台湾启动了广告活动,以汲取当地市场的实践经验。

4) 检查营销组合

为了适应市场而做必要的变通时,要检查重要市场中所有的营销组合要素,视情况对产品特色、品牌要素、标签、包装、颜色、材料、价格、销售促进、广告(主题、媒介和执行)等方面做相应的调整。

所有的调整要以市场测试结果为前提,不能主观臆断。多芬(Dove)香皂曾打入许多国家,公司很清楚这个词在意大利语中是"哪儿"的意思,这看上去好像不太合适。但市场反应表明,这并不是一个障碍。

在调整营销组合要素时要注意品牌识别系统的金字塔结构,品牌价值是最根本的要素,不能随意变动。

5) 挑选国家和地区,迅速扩张

这是一个繁复的抉择流程,涵盖对众多国家和地区的详尽剖析。其核心目标是确保品牌在国际市场上取得显著的市场份额。例如,若以欧洲作为整体市场,则必须首先进入德国、法国、意大利、英国及西班牙;而若从一开始就将全球视为整体市场,则应优先考虑进入美国、亚洲及欧洲市场。

关于品牌首次发布是在本国还是在其他国家,以及进入的国家(地区)数量和具体选择等策略问题,需根据产品特性、市场状况及竞争环境进行综合考虑。然而,为实现利润最大化,关键在于尽快将品牌同时推向尽可能多的国家(地区),以缩短竞争者可能的"模仿"时间,这一点至关重要。

6）不断创新，维护品牌资产优势

不断深入地了解消费者的内在心理和需要，开发更新的技术和生产方法。宝洁公司的经验表明，这一点对维护品牌的持久生命力十分重要。它通过更深的消费者洞察、新的技术或新的制造科学等，不断推出更新产品。

海尔集团的多品牌战略

海尔集团，创立于1984年，是中国知名的家电制造企业，总部位于山东省青岛市。经过数十年的发展，海尔已成为全球领先的家电品牌之一，产品涵盖冰箱、洗衣机、空调、热水器等多个领域，并在全球拥有多个研发中心和制造基地，员工总数超过8万人。海尔集团旗下的主要品牌包括"海尔（Haier）""卡萨帝（Casarte）""统帅（Leader）""斐雪派克（Fisher & Paykel）"等。

海尔集团的成功，很大程度上得益于其多品牌战略的有效实施。这一战略思想，即在同一产品领域内推出多个品牌，以满足不同消费者的多样化需求。海尔集团通过不断的技术创新和品牌建设，已在全球市场上建立了广泛的品牌影响力。目前，海尔集团在全球拥有多个知名品牌，每个品牌都有其独特的定位和市场策略。例如，海尔品牌主打中高端市场，强调产品的质量和性价比；卡萨帝品牌定位高端市场，以奢华设计和卓越性能吸引消费者；统帅品牌则聚焦年轻消费群体，以时尚设计和智能功能为卖点。

海尔集团的多品牌营销策略，对市场进行了细致的划分，并根据不同品牌的特点和目标消费人群的差异，制定了相应的市场策略。以冰箱为例，海尔冰箱注重节能和环保，而卡萨帝冰箱则强调艺术设计和高端材质。然而，这种策略也可能导致品牌间的竞争重叠，如海尔和卡萨帝在某些高端产品上可能存在相似之处。因此，海尔需要对品牌的细分标准进行更加明确的细化分析，让每个品牌的产品都有更精确的市场定位，以确保每个品牌都精准地满足特定消费群体的需求。

尽管多品牌运营策略具有灵活性，有助于市场细分，但同时也伴随着风险。海尔集团需要对目标市场进行持续的分析和重新定位，以科学的态度审视市场动态。公司必须清晰了解每个品牌的市场定位，明确品牌间的异同，并通过深入的消费者调研，确保产品在功能、设计等方面给消费者带来独特的体验。针对不断变化的消费者需求，海尔集团持续推出新产品，填补市场空白，为消费者提供更多选择，满足更广泛的需求。

资料来源：海尔集团官方发布的数据及公开报道，具体可参考海尔集团官网（https://www.haier.com/）及相关财经、家电行业新闻网站。

本章小结

　　产品是营销策略中不可或缺的核心要素。国际营销人员面临的挑战在于，如何为公司制定出一个既统一又连贯的国际产品战略。深刻理解产品的整体概念，无疑能够帮助国际营销企业精准捕捉消费者的核心利益，明确自身的产品策略，并全方位满足消费者的各类需求。产品策略的制定，需要对企业当前及潜在市场的基本需求和使用环境进行全面评估。国际营销者必须时刻保持警觉，密切关注可能促使产品调整的各种外部因素。一些营销商选择提供标准化的产品，而另一些则根据特定市场的需求来调整其产品。

　　企业在形成产品实体的要素上或提供产品的过程中，造成足以区别于其他同类产品的特殊性，从而激发消费者需求。这也进一步说明，通过始终围绕"用户需求"，挖掘竞争对手尚未很好满足消费者需求的领域，保持差异化能力，可以让企业在激烈的竞争中保持持久的生存能力。

　　国际营销公司在进行地理扩张时，可采用五种不同的战略，即产品与促销策略的延伸、产品延伸与促销调整、产品调整与促销策略延伸、产品与促销策略的全面调整，以及产品创新。全球竞争给公司带来了巨大压力，迫使其深入研究产品生命周期，并针对各阶段制定相应的营销策略。同时，这也促使公司在产品开发方面不断追求领先。尽管对于"新"产品的定义存在差异，但就新产品上市而言，最大的挑战无疑是将全新的产品引入一个几乎没有任何经验的市场。而一个成功的国际产品，必然需要强大的品牌作为支撑。品牌的建设需要不断积累和传播真实的价值与知识。对于国际品牌的开发，是提升国际产品在全球营销策划活动中有效性的重要保障。

关键术语

产品（product）
标准化（standardization）
产品差异（product differentiation）
产品系列（product line）
产品生命周期（product life cycle）
革新（innovation）
新产品开发（new product development）
品牌形象（brand image）

产品种类（product class）
产品管理（product management）
产品市场（product market）
跨国公司（transnational corporation）
品牌（brand）
经销商品牌（dealer brand）
品牌经营（brand management）

课后习题

1. 国际产品整体概念不包括以下哪个层次？
   A. 核心产品　　　B. 形式产品　　　C. 附加产品　　　D. 促销产品
2. 在国际市场营销中，产品标准化策略的主要优势不包括：
   A. 降低成本　　　　　　　　　　　B. 提升品牌形象
   C. 促进全球统一品牌形象的塑造　　D. 适应各国市场的差异性需求

3. 以下哪项不属于国际产品生命周期的阶段？
   A. 导入期　　　B. 成长期　　　C. 成熟期　　　D. 休眠期
4. 在国际新产品开发中，因应型战略主要关注的是：
   A. 领先市场推出全新产品　　　B. 跟随环境变化研发新产品
   C. 通过技术创新赢得市场　　　D. 利用品牌优势扩大市场份额
5. 下列哪项不属于国际品牌策略的内容？
   A. 品牌化策略　　　　　　　　B. 品牌使用者策略
   C. 品牌名称策略　　　　　　　D. 产品定价策略
6. 简述国际产品整体概念及其意义。
7. 阐述国际产品生命周期各阶段的营销策略。
8. 解释国际品牌策略中的多品牌策略，并举例说明其优缺点。
9. 结合案例，分析国际新产品开发中如何运用预应型战略。
10. 分析国际产品标准化与差异化策略的优缺点，并给出适用情境。

本章讨论案例

波司登：羽绒服巨头的全球征程

波司登，这个始于1972年的中国羽绒服品牌，如今已发展成为全球知名的羽绒服生产商。作为中国羽绒服行业的领军者，波司登在全球范围内经营着高品质的羽绒服产品，其品牌影响力和市场份额均处于行业领先地位。根据波司登公布的24/25上半财年报告，公司的营收和净利润均实现了高质量增长，其中权益股东应占溢利上升超过20个百分点，创下了历史新高。

波司登的成功，同样得益于其独特的供应链管理模式和快速的市场反应能力。公司紧抓时代脉搏，聚焦核心主业，坚持品牌引领，强化创新驱动，通过品类迭代创新、增量业务拓展，为非旺季业绩增长注入动力。例如，在24/25上半财年，波司登聚焦防晒衣、单壳冲锋衣等功能性外套的打造，通过一系列破圈活动，持续赢得市场及消费者对功能性外套的关注热度和青睐。

在品牌建设方面，波司登连续入选全球五大品牌价值评估权威机构之一Brand Finance的"全球最具价值服饰品牌榜50强"，位列服饰品牌榜第46名。同时，公司还上榜世界品牌实验室（World Brand Lab）的"亚洲品牌500强排行榜"，名列第268位。这些荣誉不仅彰显了波司登的品牌实力，也为其在全球市场的拓展提供了有力支持。

波司登的供应链同样高效灵活。公司注重技术研发和产品创新，通过智能制造、智能物流等领域的数字化实践，提升了供应链的效率和响应速度。在数字化转型方面，波司登智慧运营案例甚至入选了工业和信息化部《2024年度制造业数字化转型典型案例集》，成为纺织服装行业唯一入选的企业案例。

在市场拓展方面，波司登坚持"聚焦"战略，挖掘羽绒品类需求潜力，将品牌势能向上提升至"羽绒服第一品牌"。公司不仅在中国市场拥有广泛的销售网络，还积极拓展国际市场，与全球多个知名品牌和零售商建立了合作关系。

与 ZARA 类似，波司登也注重快速响应市场变化。公司能够迅速捕捉时尚趋势和消费者需求，通过灵活调整产品设计和生产计划，满足市场的多样化需求。同时，波司登还注重库存管理和成本控制，通过优化库存结构和提高库存周转率，降低了运营成本和风险。

波司登凭借其坚实的品牌基础、创新的产品设计和稳健的经营策略，在全球羽绒服市场上占据了重要地位。未来，随着公司继续深化品牌建设和市场拓展，波司登有望成为全球羽绒服行业的领军者之一。

资料来源：波司登官方财报、Brand Finance、世界品牌实验室、工业和信息化部《2024 年度制造业数字化转型典型案例集》等公开资料。

讨论题

是什么原因让波司登能够在短时间内成长为极富竞争力的国际品牌呢？

（考核点：新产品的研发方式、发售策略、品牌建立）

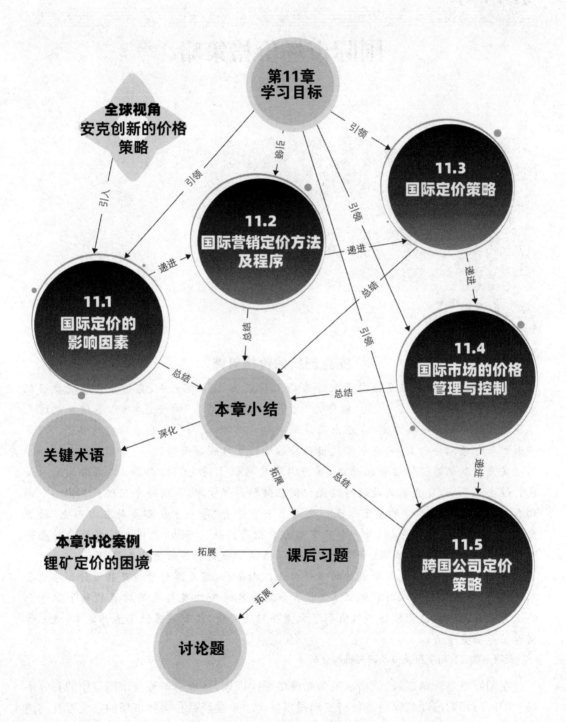

第 11 章

国际市场价格策略

学完本章,你应该能够:
1. 掌握影响国际定价的各因素;
2. 掌握国际产品的定价方法及程序;
3. 掌握国际营销企业经常使用的定价策略;
4. 理解各种对策对国际价格加强管理并提高控制程度;
5. 了解平行输入问题;
6. 了解跨国公司的转移定价问题。

全球视角

安克创新的价格策略

近年来,安克创新在全球电子配件市场上崭露头角。2021年,其年销售额突破百亿元人民币,同比增长超过30%。被誉为"电子配件界的黑马"的安克创新,不仅深刻改变了消费者的充电与连接方式,还在电商浪潮中稳健前行,成为传统企业转型的典范。在竞争激烈的电子配件行业,安克创新凭借独特的价格策略脱颖而出。

安克创新始终坚持性价比路线,其产品定价远低于同类国际品牌,但品质却毫不逊色。过去几年间,安克创新通过持续优化供应链和内部管理,平均每年实现产品价格下调约5%,同时保持利润率的稳定增长。公司上下秉持着"每一分钱都要花在刀刃上"的理念,从产品研发到市场营销,每一个环节都力求精简高效。据传,公司高层在出差时也会选择经济实惠的交通方式,这种节俭文化深深植根于安克创新的企业基因中。

然而,低价并非安克创新成功的唯一秘诀。近年来,随着消费者对产品设计和品质要求的提升,安克创新紧跟时代潮流,推出了多款兼具时尚外观与实用功能的电子配件产品。其简洁大方的设计风格不仅吸引了大量年轻消费者,还有效降低了生产成本,进一步提升了市场竞争力。

资料来源:公司年报及市场研究机构分析。

在国际市场营销领域,价格被视为高度敏感的因素,且价格调整是市场竞争的有效手段。国际市场的波动频繁通过价格变动得以体现。企业产品在国际市场的接受度及其能否获得有利的竞争态势和市场份额,很大程度上依赖于企业是否能制定并执行恰当的价格策略以参与国际竞争。

11.1 国际定价的影响因素

国际定价决策颇具复杂性,在敲定国际产品的售价之前,企业最好对影响国际定价的各因素有一个了解。

11.1.1 企业目标

企业开展任何活动,都是为了助力其实现既定目标,产品定价活动亦不例外。在国际市场中,企业的经营目标相较于国内市场往往存在显著差异,同时,这些目标在各异的外国市场间亦可能有所不同。此类目标差异会促使企业在定价时采取差异化的战略。通常,企业视国内市场为主导,而将国外市场视为国内市场的

扩展阅读 11-1 企业的定价目标

拓展或补充。若国外市场被视为次要市场,企业的定价战略可能显得较为保守。相反,那些对国际市场与国内市场同等重视,甚至视国内市场为国际市场组成部分的企业,其定价战略则往往更为积极进取。

此外,企业为各国外市场设定的不同目标,亦会对其定价战略产生深远影响。在快速发展的市场中,企业可能倾向于通过低价渗透策略来扩大市场占有率。而在竞争相对缓和的市场中,企业则可能采取高价取脂策略。与当地厂商合资的国际企业,在定价时除了需要考虑自身目标外,还需兼顾合作伙伴的意愿和要求。

11.1.2 成本

为确保持续运营,企业需及时弥补成本,因此,在定价过程中,成本核算扮演着至关重要的角色。不同的产品流向伴随着各异的成本构成。具体而言,出口产品与内销产品在国内的生产成本并非完全一致。当出口产品需调整以适应外国的度量标准、电力体系或其他特定要求时,其成本可能会相应增加。相反,若出口产品在设计上有所简化或功能减少,其生产成本则可能会下降。

尽管国际营销与国内营销在成本项目上大致相似,但各成本项目所占的比例可能存在显著差异。例如,运费、保险费和包装费在国际营销成本中占据较大份额。此外,国际营销还涉及一些特有的成本项目,如关税、报关费用以及文件处理费用等。接下来,我们将详细阐述这些对国际营销具有特殊意义的成本项目。

1. 关税及其他税负

关税是国际贸易中的一个普遍特征,对进出口商品价格产生直接影响。它不仅能够增加政府的财政收入,还起到保护本国市场的作用。实际上,进口签证和其他行政管理费用也可能相当可观,从而实质上构成了额外的关税负担。

此外,各国还可能对交易、增值或零售等环节征税,这些税负往往会显著提升产品的最终售价。不过,这些税收一般并不仅仅只针对进口产品。

2. 中间商毛利

各国市场分销结构的成熟度差异显著。在某些市场,企业能够通过较为直接的渠道

将产品送达目标市场,中间商以较低成本承担储运、推销等功能。然而,在其他市场,由于缺乏合适的中间商,商品分销的成本可能相对较高。

3. 融资、通货膨胀及汇率波动成本

国际营销中,从接收订单到交货、付款的周期通常比国内营销长得多,这增加了融资、通货膨胀和汇率波动等成本。

在某些国家,进口商为申请进口许可证需缴纳保证金,而收到货物并出售或使用的时间可能相隔半年以上。在高利率国家,这种融资成本尤为显著,国际企业是不会忽视这样可观的融资成本的。

此外,通货膨胀和汇率波动等风险成本也必须纳入考虑。多数国家都面临通货膨胀的挑战。在高通胀率国家,成本上涨可能快于价格上涨,且政府为抑制通胀可能会对价格和外汇交易等实施严格限制。因此,国际企业应做好成本、价格和通胀率的预测,在长期合同中明确价格调整条款,并尽量缩短向买方提供的信用期限。

当前,国际主要货币间汇率浮动,无人能准确预测未来某一时期某种货币的确切价值。如果长期合同中未考虑汇率变化,企业可能在不知不觉中承担高达 20%~25% 的额外成本。因此,许多西方国际企业在签订合同时越来越倾向于以卖方国家货币计价,同时,以保值为目的的外汇期货交易也变得越来越普遍。

11.1.3 市场需求

在定价策略中,需求的影响至关重要,它由对产品有偏好的消费者数量及其收入水平共同决定。即便对于低收入群体,若其对某产品有强烈需求,该产品仍可能以较高价格售出。因此,国际企业需进行详尽的市场调研,以准确把握消费者需求动态,并据此灵活调整价格。

然而,仅凭购买意愿并不足以促成交易,消费者的支付能力同样关键。人均收入是衡量支付能力的重要指标,但需注意,国家整体的人均收入并不等同于目标市场顾客的人均收入。若定价无法满足国外消费者期望的降价幅度,企业可通过调整产品,如削减功能、简化设计或注重实用性而非奢华感等方式,来增强价格竞争力。

扩展阅读 11-2
竞争

11.1.4 竞争

国际营销人员通常对竞争给定价自由度带来的制约有着深刻的理解。企业往往需要遵循行业内的价格规范。在竞争者较少的市场环境中,企业可能享有更大的定价自主权。然而,在充分竞争的市场中,企业的定价策略必然受到其他竞争者定价行为的影响。举例来说,当某个汽车制造商下调汽车价格时,其竞争对手可能会跟随降价,最终导致该制造商未能实现销售增长的目标。国外竞争与国内竞争对定价的影响存在差异。与国内市场相比,企业在不同的海外市场会面临不同的竞争态势和对手,竞争者的定价策略也各不相同。因此,企业可能需要根据具体的竞争情况,制定差异化的定价策略。

国际营销案例 11-1
高端科技产品的价格差异现象

11.1.5 营销组合

营销组合是一个相互关联的整体,其中产品、渠道、促销等要素均会对价格策略产生影响。

1. 产品策略

企业对于不同类型的产品,会采用不同的定价策略。产品的性质,如工业品与消费品、便利品与选购品或特殊品、标准化产品与差异化产品,均对定价有显著影响。例如,生活必需品通常定价较低,而奢侈品则可能定价远高于其实际价值。此外,产品的独特吸引力、需求的价格弹性以及需求的季节性等因素,也是定价时需要考虑的重点。

2. 渠道策略

渠道策略同样会影响企业在国际市场上的定价。不同渠道的成本可能有所不同,但相同的渠道在两个国家内也可能会导致成本不同。各中间商的成本与利润率因国家而异,这意味着渠道策略的调整往往伴随着定价策略的调整。

3. 促销策略

企业加大广告促销力度,能够增进消费者对产品的认识与了解,然而,这一举措也伴随着成本的增加,有可能引发产品价格的上涨。另外,广告内容中是否突出低价信息,以及是否明确展示统一的零售价格,都会对产品的定价策略产生重要影响。举例来说,小米公司在进入欧洲市场时,通过在当地主流媒体上大力宣传其高性价比的产品,并明确标示出具有竞争力的零售价格,有效推动了品牌在当地的快速渗透和市场份额的提升。

值得注意的是,价格因素也会反过来影响产品、渠道和促销等营销组合的其他要素。有些企业在综合考虑市场需求、竞争态势等因素后确定产品价格,并以此为基础来进一步规划渠道布局和促销策略。

11.1.6 政府干预

政府的介入往往对企业的定价自主权构成限制,且此类干预措施在全球范围内呈现出多样性。关税、配额、价格上限等多种手段均能对国际企业的定价策略产生影响。

扩展阅读11-3 疫情时期规范医疗物品定价的政策

众多国家通过公平交易法规(或称为反不正当竞争法规)明确禁止价格串通行为。同时,各国的消费者保护组织对于不合理的价格上涨,通常会形成强大的社会制约力量,这种社会压力不容忽视。此外,企业的出口价格还可能因进口国进口许可审批机构的判断而受阻,若价格过高,可能被视为浪费进口国外汇资源或利用转移定价(transfer pricing)逃避税收、转移利润;若价格过低,则可能被指控为倾销,进而对本国产业造成冲击。

中国增加稀土出口配额

在经历一段时间的严格控制后,中国自2023年12月15日开始显著增加了稀土出口配额,这一举措立即引起了国际市场的广泛关注。市场担忧的稀土供应紧张情绪有所缓解,稀土相关产品价格随之出现积极反应。据统计,上海期货交易所的稀土氧化物期货价格在消息公布后首个交易日上涨了约3%,报收于每吨72 000元人民币;同时,伦敦金属交易所的钕金属期货价格也上涨了约2.5%。尽管在之前的一个季度里,稀土氧化物价格下跌了约4%,钕金属价格保持相对稳定,但此次配额增加无疑为市场注入了新的活力。

近期,全球对高科技产品需求的持续增长推动了稀土元素的需求,而中国作为全球稀土资源的主要供应国,其政策调整对国际市场具有重要影响。此前,由于环保和资源保护的需要,中国对稀土开采和出口实施了严格的管控措施。然而,随着国际市场对稀土需求的不断增加,中国政府适时调整了出口政策,以满足市场需求并促进国际贸易平衡。

11.1.7 国际价格协定

为避免在国外市场中发生恶性竞争,特别是价格削减战,同业间有时会采用价格协定的策略。这些协定有的由政府推动形成,有的由企业自主达成,还有的则是通过国际会议协商确定,诸如近年来中国稀土产业在国际市场上通过协商确定价格。不论哪种形式的价格协定均能影响国际营销中的定价决策。国际市场上常见的价格协定包括以下几类。

(1) 专利授权协定(patent licensing agreements)。此类协定中,专利持有人需界定市场区域,授权使用者在特定地区享有独家生产和销售权,从而也掌握了定价的主导权。

(2) 卡特尔(Cartels)协定。卡特尔由生产同类或相似产品的多个生产者组成,通过签订协定来设定价格、划分市场,甚至分配利润。

(3) 联合(combines)协定。联合协定相较于卡特尔协定具有更强的约束力。其参与企业共同组成理事会,对外实施统一定价,并对违反协定的成员进行罚款处罚。

(4) 同业公会(trade associations)协定。同业公会负责调控其成员产品的价格水平,以确保所有会员都从中受益。例如,中国某些行业和同业公会有核算制度,对出口价格进行管制。

(5) 国际协定。对于许多农产品和矿产品,如咖啡、可可、糖、小麦、煤炭以及稀土等,其价格往往需要通过生产国与消费国的谈判来确定。这些产品的出口国多为发展中国家,它们通过协商,能够设定出更为有利的价格。

11.2 国际营销定价方法及程序

11.2.1 国际营销定价方法

1. 成本导向定价法

成本导向定价法,指的是国际化企业在设定产品价格时,主要依据产品的成本构成,即以成本为基础来制定价格。

这种定价方法计算简便,且能确保企业基本不亏损。对于初涉国际市场的企业,在逐步建立全球市场地位的过程中,往往倾向于采用这种定价方法。企业在定价时,会首先考虑覆盖生产经营中的所有成本,随后再设定一定的利润空间。成本导向定价法主要包括以下两种具体方法。

1) 成本加成定价法

成本加成定价法,是企业在确定产品价格时,以单位产品的成本(包括生产成本、运输成本等所有成本)为基础,再加上一定比例的销售利润的定价方法。其计算公式为

$$单位产品价格 = 单位产品成本 \times (1 + 预期利润率)$$

2) 目标利润定价法

目标利润定价法旨在确保企业实现既定的目标利润,使企业的目标利润率得以实现。其具体操作是:企业根据总投资资本设定一个目标利润率,然后据此计算出目标利润额,最后再根据总成本、预测销售量及目标利润额来确定单位产品的价格。这种定价方法常被市场占有率较高或具有垄断地位的企业所采用,也适用于大型公用事业型企业,因为这类企业投资额大且业务具有一定的垄断性,采用此方法通常能保证稳定的利润率。其计算公式为

$$单位产品价格 = (产品总成本 + 目标总利润) \div 预测销售量$$
$$= 产品总成本 \div 预测销售量 \times (1 + 目标利润率)$$

一般来说,在市场环境相对稳定的情况下,企业可以采用这种定价策略,以确保获得稳定的利润率。然而,成本导向定价法未从消费者角度出发考虑定价,忽略了市场竞争,仅从企业自身利益出发,属于生产导向型定价方式,因此难以保证销售量的实现。在当前激烈的市场竞争环境下,企业还需根据供需双方的实际情况,灵活运用这种定价方法。

2. 需求导向定价法

企业根据消费者对产品价值的认知、评价及偏好程度,灵活调整市场价格。在相同条件下,若消费者认为企业产品价值高、满意度高,因而市场需求旺盛,企业可设定较高价格;反之,则需适当调低价格。

需求导向定价法主要包括以下两种方法。

1) 价值认同定价法

此方法的关键不在于产品成本,而在于消费者对产品价值的感知。因此,企业在定价时,需首先调研并确定产品在消费者心中的价值及由此激发的市场需求,然后设定初步的市场销售价格。接着,根据此价格下的产品成本和预测销量,计算销售收益。

价值认同定价法的步骤如下。

(1) 根据产品特性、质量及市场营销策略,评估消费者对产品的价值感知,确定初步价格。

(2) 根据初步价格和预计市场需求,预测可能实现的销售额。

(3) 计算预测目标成本,公式为

$$单位产品目标成本 = 单位产品价格 - 单位产品目标利润 - 单位产品税金$$

(4) 定价决策。需考虑两种情况：若预测目标成本高于实际成本，则实际销售目标利润可实现，初步价格合理；若实际成本高于预测目标成本，则初步价格无法保证目标利润，企业需调整目标利润、实际成本或重新评估生产和销售计划。

2）需求差别定价法

在国际市场上，不同购买时间或地点的消费者对同一产品可能有不同的需求强度和购买力。企业可根据这种市场条件，制定不同的价格策略。需求差别定价法主要体现在以下几个方面。

（1）针对不同顾客群制定不同的价格。
（2）针对不同顾客对产品特征、性能及用途等不同心理需要制定不同的价格。
（3）针对同一产品在不同的地区具有不同效用的特点制定不同的价格。
（4）针对产品在不同的时间阶段具有不同市场需求特征制定不同的价格。

需求差别定价法在各国市场可能受到限制，企业应依据当地市场法规灵活应用。

3. 竞争导向定价法

竞争导向定价法在考虑市场供需关系的同时，也密切关注竞争对手的定价，并随时调整自身定价策略，以应对激烈的市场竞争。

竞争导向定价法一般有两种具体形式。

1）参与竞争定价法

参与竞争定价法，是指企业在与生产销售同类同质产品的竞争者竞争时，以较低价格参与竞争，提升产品竞争力的方法。许多实力强大的企业常采用此方法，利用价格优势击败竞争对手，扩大市场占有率。

2）追随定价法

追随定价法，是指企业根据行业内其他企业的定价标准或行业领导者的价格水平设定来确定自身产品的价格的方法，旨在降低因价格竞争带来的企业间风险，促进市场的长期稳定与运营。

11.2.2 国际营销定价程序

国际营销企业定价需遵循一套既定的基本程序，以新产品的定价为例，如图 11-1 所示。

此定价模型的一个基本假设是，最终价格会直接影响用户的需求。同时，企业需确保对最终用户设定的价格与其国际营销的整体目标和计划相契合。为了实现有效的定价，企业必须对国外市场的定价环境有深入的了解，以便确定采取何种行动来影响当地市场。除了为不同层级的分销商设定价格外，企业还应向零售商提供最终市场价格的建议，同时还应决定在多大程度上对分销渠道实施管理和控制，这也是在定价决策中应解决的问题。

国际营销企业的总体框架和程序应在企业总体战略和地方营销战略之后确定。在定价决策过程中，需考虑的关键营销环境与变量包括销售额和利润（特别是市场长期销售额和利润潜力）、市场占有率目标、市场细分、市场定位，以及产品的促销、分销和服务政策。

一旦国际营销企业全面评估了市场环境，就可以根据企业的全球战略框架和当地市场的特定因素来制定产品的初始价格。这个初始价格应至少确保企业在产品生命周期的

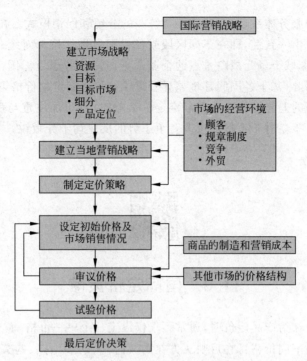

图 11-1 国际营销新产品定价决策过程

前期或中期获得满意的利润回报。对于从事出口业务的国际营销企业来说,还需要将初始价格的预期收入与成本进行比较,以评估盈利情况。

成本要素是定价决策中的一个关键变量。一般而言,国际营销企业能够从生产部门、采购部门以及营销团队获取相对精确的成本信息。然而,在不同的海外市场预测销售收入时,由于需考虑不同价格策略,这一过程变得颇为复杂。其原因在于,海外市场的竞争格局受多种因素影响,其中部分因素难以准确预见。

当然,初始价格设定后,在执行一段时间后往往需要根据各种条件的变化进行必要的修正和调整。调整后的价格仍需经过市场测试,因为价格及其他营销变量需接受实际市场环境的检验。这种测试相当复杂,因为所有营销要素及外部环境都处于动态变化之中,这种动态性会在不同程度上干扰我们对价格变动与需求变化之间关系的单项检测。即便如此,我们仍能通过这种方式获取一些有关价格与需求关系的数据,用于验证调整后的价格策略。

国际营销企业还应特别关注环境变化或成本变动,并据此作出相应反应,从而更深入地了解海外市场。同时,企业也需留意价格变动对竞争对手及当地政府可能产生的影响。

无论是全球市场型企业还是国家市场型企业,在价格决策过程中都会遵循上述定价战略的框架及程序。然而,由于这两类国际营销企业在追求全球目标时所采用的战略和方法存在差异,因此它们对定价决策框架的理解和执行也会有所侧重。对于以全球市场为战略重点的企业来说,定价决策会更加注重考虑那些具有一致性的市场因素。例如,针对那些具有普遍性和共同性的全球性需求,全球市场型企业会开发一系列适用于全球市场的标准化产品和服务体系,并在各国采用统一的分销和促销模式。在这种情况下,定价决策将更多地体现出一致性,即在不同区域或目标国市场保持相对统一的价格或价格区间。相反,以国际区域市场为战略重点的企业则更加注重考虑目标国市场的环境特殊性和需求差异性。因此,基于各国间环境差异及需求差异所制定的价格策略,在各自市场上将展现出更为显著的差异性。企业在制定定价策略时,将更加注重与所在国家环境及需求的契合度。价格策略对于市场需求及竞争态势的反应均十分敏锐。

11.3 国际定价策略

国际营销企业在为产品定价时,通常不仅仅设定一个单一价格,而是构建一个价格体系。这一体系中的不同价格旨在反映买方在购买时间、购买地点、购买数量、购买频率以及所需服务等方面的差异。一般而言,国际营销企业常采用的定价策略主要包括产品组合定价、差别定价、折扣定价、心理定价以及新产品定价等。

11.3.1 产品组合定价

产品组合定价是指根据特定标准将产品细分,并为每个组成部分设定单独价格,进而形成一个组合价格,而非单一固定价格。组合价格是市场竞争加剧的产物,也是企业长期分析、适应及引导消费者需求的经验积累,因而备受众多大型企业的青睐。

1. 产品线定价

产品线定价是指企业针对同一品牌下功能相似但外观特征不同的产品系列,设定不同的价格。例如,为同一内容的书籍提供平装与精装版本,并分别定价。此策略在耐用消费品领域应用广泛。以中国品牌华为为例,其 Mate 系列智能手机,通过不断增加新功能形成产品系列,价格从基础版的约 600 美元到高端版的约 1 500 美元不等,以满足消费者的多样化需求。实施产品线定价时,关键在于确定合理的价格区间,这需考虑产品成本差异、消费者对不同档次产品的接受度以及竞争对手的产品定价。若价格区间过小,消费者可能偏好某一特定档次,但只要价差大于成本差,企业整体利润仍可增加。然而,当价差较大时,消费者更可能选择低价产品。因此,产品的盈利能力直接决定企业的利润水平。此外,对于某些耐用品和服装,消费者心中已形成价格与质量的固定认知,如男士西装,300~500 元被视为经济型、1 000~2 000 元为中档、3 000~5 000 元则为高档。在此情况下,企业的任务是建立并维护产品在消费者心中的质量形象。

2. 任选功能定价

众多企业在销售产品时,会附带提供多种额外功能,让消费者有权选择是仅购买核心产品,还是同时获取某些附加功能。例如,在计算机或智能手机领域,厂商在提供基础设备的同时,也会推销如防蓝光贴膜等配件。企业采取这种任选功能定价策略,意在提升整体销售额与利润。然而,成功实施此策略的关键在于恰当平衡产品的基础功能与附加功能,并明智地界定哪些应属于基础范畴、哪些则为附加。以中国汽车市场为例,某些知名国产品牌在广告宣传中突出基础版车型的亲民价格,如某款车型标称价格为 10 万元人民币,但在实际销售中,展厅内展示的多为该品牌的功能增强版车型,起售价自 13 万元人民币起,而真正 10 万元的基础版车型要么缺货,要么因配置简陋而让消费者感觉不尽如人意。此外,餐饮行业也广泛采用任选功能定价策略。主打餐食的餐厅,往往将主食定价较低,而将饮品定价较高;相反,以酒水为主的酒吧或酒馆,则倾向于将酒水定价较低,而将提供的餐食定价较高。

3. **制约产品定价**

部分产品因其设计特性,某些组件需定期更换,例如剃须刀需更换刀头,灯具需更换灯泡。生产这类产品的企业,往往会通过频繁更换的部件来实现利润最大化。如中国小米公司的电动牙刷利润率很低,主要是靠替换刷头赚钱。当前,企业在定价策略上遭遇的主要挑战之一,便是非法仿造与盗版行为。尽管相关企业尝试通过专属销售渠道来抵御仿制品的冲击,但这一措施并未能彻底解决问题。高额的利润持续吸引着假冒产品制造者不断变换策略,从而使得市场竞争态势越发复杂多变。

4. **两部分定价**

服务业企业经常使用两部分定价策略,即针对所提供的服务,在征收固定的周期性费用的基础上,再根据具体情况加收额外的变动费用。例如,电信运营商会每月向每部电话用户收取一笔固定的基础费用,并依据用户的实际通话时长或频率来加计变动费用。同样,大型娱乐设施或景点也普遍采用这种策略,即先收取一定数额的固定门票费用,随后在园区内的特定区域或项目中再额外收取观赏或体验费用。企业在实施此类策略时,核心挑战在于如何在两部分价格之间找到利润总额最大点。普遍的做法是将固定费用设定在较低水平以吸引顾客,而将变动费用设定得相对较高,以确保盈利。

5. **副产品定价**

众多农牧渔业及矿业企业在生产过程中产生的副产品或废弃物,实际上蕴含着巨大的开发潜力,能够作为生产其他商品的资源。如石油精炼过程中产生的某些废料,可作为生产特定化工产品的原料。

国际营销案例 11-3 中国铁路的品牌票价策略

这些企业能够通过销售这些副产品来获得额外收入,进而降低主导产品的成本及售价,增强其市场竞争力。不过,这类企业面临的一个核心难题是:未能认识到自身产品副产品和废弃物的实际价值,导致浪费。为扭转这一状况,企业需加大对这一问题的研究力度,特别是在消费者与各国政府均高度重视环境保护的当下,此领域的投资不仅能带来显著成效,还能产生事半功倍的效果。

11.3.2 差别定价

差别定价由弹性定价、一揽子定价和组合定价构成。

1. 弹性定价

弹性定价,指的是企业针对同一品质与数量的产品,根据目标顾客的不同,设定不同的价格。这一策略在集团市场中尤为普遍,企业会根据市场竞争环境的特性来制定产品价格。弹性定价主要包括以下三种类型。

(1) 市场弹性定价。企业将整个市场按照地理区域或其他划分标准,细分为若干个子市场,并为每个子市场分别设定产品价格。例如,近年来中国某知名电子产品制造商,针对全球不同地区的市场,对同一款产品设定了不同的价格。又如,某种用于工业生产的原材料销售给国内大型制造企业与出口至国外高端市场,在成本相近的情况下,可能每个单位的售价存在显著差异。

(2) 产品弹性定价。这种定价方式基于顾客从同一产品中获取的不同价值来分别确定产品价格。比如,在集团市场中,由于买方产品的运输成本、关税政策等因素各不相同,企业可能会为不同客户设定不同的产品价格,以体现这种价值差异。

(3) 时间弹性定价。在集团市场中,由于产品采购周期可能长达数月,其间各种成本因素均有可能发生变动,因此,企业能够根据这些变化的特点,适时地调整产品价格。此外,针对某些具有强时效性的专有技术产品,企业应根据该技术相对于市场同类技术的先进性,随时间推移不断调整产品价格,以保持其市场竞争力。

2. 一揽子定价

一揽子定价,指的是将多种服务费用整合进产品价格中,从而实现从单一产品销售向整套系统销售的转变。这种策略在技术和资金密集型产品的营销中尤为常见。举例来说,中国的华为公司在销售其通信设备时,不仅会提供设备本身,还会配套提供软件支持、技术咨询、员工培训以及设备安装等一系列服务,从而将单纯的设备销售转变为整套通信系统的解决方案提供。

对于卖方而言,这种策略有助于巩固和扩大市场份额。相比之下,那些仅提供单一产品的企业,由于无法满足客户的全方位需求,往往难以与提供整套解决方案的企业竞争。此外,一揽子定价还使卖方能够更及时地捕捉到客户的新需求,为新产品的设计提供有力依据。然而,在经济周期的下行阶段,由于一揽子定价通常高于市场价格水平,因此可能不太适用。此时,企业可以考虑采用分项收费的方式。以电商平台为例,在经济不景气的时期,它们可能会将物流费、礼品包装费等单独列出,由消费者自行选择是否支付,从而为消费者提供降低成本的选项。

3. 组合定价

从事国际化运营的企业,在稳固国际市场地位后,往往寻求通过增加产品线来满足多样化消费者需求并扩大市场份额。这一过程中,如何为各类产品设定价格以实现总体利润最大化,成为企业面临的重大挑战。

组合定价策略旨在优化企业整体利润结构,其实施需把握以下几个关键点。

(1) 企业需根据产品对固定成本和间接费用的覆盖能力,将其划分为三类:第一类产品在完全覆盖其应承担的成本的同时,还能有余裕;第二类产品恰好能覆盖其成本;而第三类产品则无法覆盖成本。

(2) 企业应深入分析各产品在细分市场中的位置及所面临的竞争态势。对于竞争环境有利的产品,可适当设定较高价格,以维持企业的总体利润水平。例如,近年来,中国某知名汽车制造商推出的高端电动汽车与普通车型之间的价格差异显著扩大,从原先的2倍增长至3倍以上,高端车型售价接近甚至超过百万元人民币,而普通车型则保持在几十万元人民币的价位。

(3)企业应关注产品线内部的关系,尤其是对于那些具有替代性质的产品,更要平衡新、旧产品的价格策略。例如,在引入速溶咖啡时,需充分考虑其对现有传统咖啡产品销售的潜在影响,以确保两者共同为企业实现利润最大化。

(4)针对面向整体市场而非特定细分市场的产品,企业在定价时需参照行业内的最低与最高价格水平。若企业意图扩大市场份额,可采取低价策略;而若旨在塑造高端产品形象,则可选择高价策略。

11.3.3 折扣定价

在多数情境下,企业需依赖中间商作为间接途径,以确保其产品触达海外的最终消费者。为了有效调控产品的终端售价,企业必须设定给予中间商的价格折扣比率,以此激励中间商积极推广并销售企业的产品。企业通常采用以下三种折扣定价策略。

1. 数量折扣定价

数量折扣是指,当买方进行大批量采购时,卖方会在标价基础上给予一定比例的折扣优惠。这种折扣政策既适用于中间商,也适用于最终消费者,而折扣的具体比例则依据购买数量的多少来确定。数量折扣的优势在于,它不仅能够为企业节省在订货、运输、搬运及仓储等方面的成本,还能够吸引更多的买家,从而实现销售量的增长。

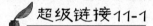
超级链接11-1

SHEIN快时尚品牌折扣定价策略

SHEIN在产品定价上同样采取平价策略,以亲民的价格吸引大量消费者。其产品线极为丰富,从服装到配饰,应有尽有,且每款产品的供应量都经过精心策划,保持限量供应。这种策略不仅提升了产品的独特性和稀缺感,还通过电子邮件向订阅用户发送新品上市及限时促销信息,进一步营造出购买的紧迫感。

当然,SHEIN的产品也并非一上架就被抢购一空。对于那些销售相对较慢或库存积压的产品,SHEIN会采取灵活的折扣减价策略,在特定的时间段(如季中、季末或节假日前夕)进行促销,并通过电子邮件及时向订阅用户传达这一信息。

SHEIN快时尚品牌的价格策略为:

(1)产品限时供应与限时促销,给客户营造紧张感,让客户尽快购买;

(2)部分产品折扣减价,吸引客户,解决库存剩余的产品。

2. 功能折扣定价

功能折扣代表卖方给予买方因提供流通服务所获得的报酬,其额度依据买方所提供的商业流通服务范围及深度而定。通常情况下,这一折扣率保持相对稳定,基于买卖双方均能实现平均利润的原则来设定。

3. 现金折扣定价

现金折扣则是设定买方在指定时限内（例如 10 日内）完成付款，即可享受一定比例的价格优惠（例如原价的 2%），超出时限则优惠取消。此折扣旨在激励买方提前支付。现金折扣对交易双方均有益处，既能让买方以更优惠的价格购买商品，也助力卖方加快资金流转，提升资金利润率。

11.3.4　心理定价

心理定价指的是依据不同目标市场国家消费者的心理特性和需求，采用多种灵活定价方法，以迎合消费者的心理接受度，旨在满足其心理需求并促进销售增长。其主要包括以下几种形式。

1. 尾数定价

尾数定价又称奇数定价，指的是将商品价格设定为奇数结尾，尤其是以"9"结尾。例如，原定价 50 元的商品，调整为 49.99 元。普遍而言，消费者在购买日常用品时，往往感觉单数尾价比双数尾价更为实惠，且零数尾价比整数尾价显得更为精确。因此，即便是像将 10 元商品调整为 9.99 元这样仅 1% 的降价，也能给消费者带来价格更优惠的感知，从而有效激发和促进消费。当然，实施尾数定价时，还需充分考虑目标市场的文化环境因素，比如中国消费者传统上偏爱以"8"结尾的商品，因其寓意发财。

2. 整数定价

与尾数定价相对，整数定价策略则是舍去零数，直接取整数。这种定价方式主要应用于名牌产品、高档消费品或礼品等领域。它能赋予消费者一种高端的感觉，满足其彰显尊贵地位的心理需求。例如，一款高档相机原定价为 1 865 元，采用整数定价策略后，可调整为 1 900 元。

3. 声望定价

这种定价策略利用了消费者"价高质优"的心理认知，并依托企业或商店在消费者群体中建立的高声望，通过设定较高的价格来吸引顾客购买。通常，采用此策略需满足以下条件：①商店拥有高度的声望，并赢得消费者的信任，使他们相信在此购物能确保物有所值，避免受骗；②产品本身享有盛誉，例如瑞士的高级手表、法国的高档服装等。然而，采用声望定价的产品，其价格必须真正与其声望和质量相匹配，否则可能导致产品滞销并损害声望。

4. 习惯定价

习惯定价即按照消费者长期习惯的价格定价。许多日常消费品因长期以固定价格出售，已在消费者心中形成了固定的价格认知。若企业以高于此习惯价格出售产品，很可能引起消费者的不满和抵制，导致产品难以打开市场。生产这类产品的企业，通常会采取降低产品质量或减少产品分量的方式来应对成本上升的压力。

11.3.5　新产品定价

新产品通常指的是企业的创新成果，或是经过改进的产品，也可能是在国内市场热销的产品。一般而言，新产品定价既要有助于扩大其市场份额，也要能起到避免直接竞争的作用。新产品定价策略主要包括取脂定价和渗透定价两种。

1. 取脂定价

所谓取脂定价,即在新产品进入目标市场时,设定较高的价格。这种策略旨在在竞争对手以更低价格推出类似产品之前,快速获取利润,以回收产品开发和投资的成本。由于这种定价方式与从牛奶中撇取奶油的做法相似,因此被称为取脂定价。

取脂定价策略适用于那些市场潜力大、需求价格弹性较小、功能独具特色、时尚感强或受到专利权保护的产品。其主要优势体现在:产品价格显著高于其实际价值,这使企业在新产品推出初期即有可能实现投资回报,并为后续与替代品的竞争奠定有利的价格基础;同时,此策略倾向于吸引高收入、购买力强的消费者群体,激发他们的即时购买意愿,并可能进一步带动中等收入群体参与消费。然而,取脂定价也伴随着显著的局限性:若企业无法在目标市场稳固其份额,长期来看,这种策略可能会给企业带来更高的风险。此外,过高的定价也可能阻碍市场的拓展,并难以吸引低收入消费者进入消费市场。

2. 渗透定价

所谓渗透定价,是指将新推入市场的产品定价尽可能设定得较低,旨在快速占据市场份额,排挤竞争对手,并获得市场领先地位。实施此策略的企业通常需要满足以下条件:① 国际营销案例 11-4 宁德时代海外布局

产品需求的价格弹性较大,低价能显著促进销量与利润的增长,进而提升总收入;②企业拥有雄厚的财务实力,足以承受新产品上市初期可能产生的亏损;③企业具备快速扩大产品生产和销售规模的能力。

渗透定价的主要优势体现在:①能加速消费者对新产品的接纳过程,拓宽销售渠道,同时随着产量的增加,企业的生产成本会逐步降低;②能有效阻止竞争对手大量涌入市场,有助于企业维护和扩大其现有市场份额;③便于企业将产品渗透进购买力相对较弱的市场。不过,渗透定价也存在一定的局限性:①新产品低价上市可能会对企业现有产品的市场前景及生命周期产生负面影响;②若日后因市场条件变化而需调高价格,可能会遭遇消费者理解上的困难,甚至导致销量的大幅下滑。

 国际营销案例 11-5 小米国际化降价策略显成效

 即测即练11.3

11.4 国际市场的价格管理与控制

在国内市场营销中,价格被视为企业可直接操控的因素,这一观点较为准确。然而,在国际市场营销的语境下,情况则更为复杂,因为国际营销价格策略的制定受到多种因素的交织影响。尽管国际营销企业能够控制其出厂价,但目标市场的最终零售价格却往往

难以把握。鉴于最终价格直接关联到产品在国际市场上的竞争力和市场份额的提升,因此,采取多种策略以加强管理和提升控制力度显得尤为必要。

11.4.1 外销产品的报价

外销产品的报价细节通常在国际销售合同的价格条款中得以体现,这些条款需清晰界定商品运输过程中各方的责任范畴,例如运费支付方及支付起点、商品数量、质量标准、单价计量单位、贸易术语、单价、计价货币等,同时,若涉及佣金或折扣,也应明确其百分比。这些具体内容在国际贸易实务等相关领域已有详尽阐述,在此重点讨论的是出厂价的确定及报价策略的运用。

外销产品报价可采取工厂交货价、装运港船边交货价、装运港船上交货价、完税后交货价等多种形式,而这些报价的基础均为工厂交货价,即出厂价。出厂价同样构成目标市场最终价格的基础,因此,要控制最终价格,首先需从控制出厂价着手。出厂价的确定可遵循成本导向定价、需求导向定价和竞争导向定价这三种定价原则。

众多对国际营销业务不够熟悉的企业,包括我国的外销企业,通常倾向于采用简单直接的成本导向定价法。然而,在国际市场价格机制的作用下,产品的售价实际上是由国际市场价值所决定的。由于各国生产成本存在差异,这是难以避免的,因此,如果仅仅基于成本来定价,可能会导致价格设定过低,从而错失盈利机会;相反,如果价格设定过高,则可能会削弱产品的价格竞争力。采用成本导向定价法所确定的固定价格,往往难以灵活应对各国不同的竞争价格水平、市场需求、价格波动、通货膨胀以及汇率变动等复杂因素,甚至可能受到各国相关法律法规的制约。以我国企业的外销产品为例,由于大多采用成本导向定价法,因此我国产品在国际市场上的售价普遍偏低。例如,在法国市场上,即便是品质上乘的中国米酒,售价也仅为 40 法郎一瓶,这一价格甚至低于法国市场上一瓶普通酒的价格;同样,中国制造的胶鞋和绣花拖鞋,每双的售价仅为 10 法郎,这一价格比观看一场电影的票价还要低 20 法郎。在发达国家市场,如此低廉的价格不仅可能让消费者将这些产品视为"低质商品",从而影响产品的销售和盈利,甚至可能让企业面临倾销的指控。

综上所述,国际营销企业在确定产品出厂价时,不能单一地依赖成本导向定价法,而应当依据各目标国家市场的实际情况,更多地采用需求导向和竞争导向的定价策略,以确保出厂价在国内、外市场间存在合理的差异。鉴于我国外销产品的快速增长以及我国企业在国际市场上日益提升的地位,进行这样的定价策略调整显得尤为必要。

当然,相较于成本导向定价,需求导向和竞争导向的定价方法无疑更为复杂且具挑战性。它们要求企业必须通过深入的国际市场调研,全面了解各目标国家市场的需求状况、竞争态势、价格水平以及法律法规等信息。但是,只要企业的目标不仅仅是实现一次性外销,而是致力于执行长远的国际市场营销战略,稳固并持续占领特定的外国市场,那么投入更多精力来制定具有竞争力的价格,无疑是值得的。

外销产品的报价不仅关系到目标国家市场的最终售价,还体现了国际营销企业与外国中间商的合作关系,因此,报价这一定价行为应当兼具原则性与灵活性,并可视为一种策略性技巧。国际营销企业在运用报价技巧时,需重点考量以下几个关键因素。

1. 与客户的关系

对于作为本企业的国际销售渠道系统成员的老客户,在常规情况下可按原有的价格条款进行报价,以此巩固与老客户的稳固关系,并维护国际营销企业的声誉;对于新客户,可参考与老客户交易的当时价格报价,确保渠道系统内的价格政策保持一致性。

扩展阅读 11-4　探寻:海外名企转战印度降成本,为何渐生悔意?

2. 产品的竞争力

产品的竞争力可通过与同一市场上相同、相似或替代产品的对比来展现。这就要求国际营销企业在报价时,灵活调整价格条款(涵盖单价、支付条件、交货期限等),以确保本企业产品在对比中展现出更强的竞争力。若目标市场已存在处于垄断地位的同类产品,则应参考其价格进行报价。若本企业产品在目标市场畅销且占据垄断地位,则应依据垄断产品的定价原则进行对外报价。

3. 市场环境变化

当目标国家市场的供需状况对买方有利时,可参考竞争对手的价格进行报价,或采取适度降价的策略,或在原有报价的基础上提供更优惠的交易条件,以维护渠道系统的稳定和原有市场份额。相反,当市场供需状况对卖方有利时,应及时提出涨价要求,以确保获取应得的利润。

4. 新产品

刚进入国际市场的新产品难以准确合理报价。当发现报价过高,买方难以接受时,卖方应展现出一定的灵活性,如提供更优惠的价格条件,甚至适度降低价格,以确保新产品顺利渗透进目标国家市场。若报价过低,买方急于促成交易,可通过调整交易优惠条件、限制交易数量等手段来弥补潜在的损失,待在未来将价格调整至更为合理的水平。总之,新产品报价偏高或偏低是正常现象,关键在于在谈判初期保持交易条件的模糊性,从而在谈判进程中掌握议价的主导权。

5. 有效期限

由于受到通货膨胀、市场竞争、价格波动以及汇率变动等多重因素的影响,合理的价格应随这些因素的变动而相应调整。在国际营销实践中,应谨防买方利用这些因素大做文章。买方可能会在市场趋势不明朗时,故意拖延对报价的回应,利用时间因素来评估有利或不利的时机,进而决定是否接受报价,试图将各种因素变化所带来的风险转嫁给卖方。因此,在报价时,务必注明有效期限,以确保卖方掌握主动权。

11.4.2　价格扬升的控制

在国际营销领域,同一产品在出口国与进口国之间价格存在的不合理差异,通常被称作价格扬升现象。人们往往会惊讶地注意到,某些在本土市场上价格相当亲民的商品在其他国家却贵得惊人。不了解事实真相的人可能会认为这是营销企业通过提高价格来获取高额利润的行为,甚至有些生产企业看到这种诱人的价格差异后,也跃跃欲试想要进军国际市场。事实上,在这显著的价差中,生产企业所真正获得的利润只是一小部分。绝大部分的价差是由将商品从一国出口到另一国所产生的额外费用构成的,商品的装运、保险、包装、关税以及由于销售渠道较长、中间商利润、特殊税费、管理成本和汇率波动等因素所带来的附加成本,足以将目标市场的最终价格推高到一个相当可观的水平。表 11-1 说明了各种因素对最终价格的影响。

表 11-1 价格扬升的因素分析　　　　　　　　　　　　　　　　　美元

项　　目	国内销售价	国外销售价
出厂价	100.00	100.00
对当地市场批发商运费保险	6.00	
对出口商的运费、保险、证明等费用		22.00
进口关税(到岸价格的 15%)		18.30
从进口港至进口商的手续费和运费		1.00
进口商的毛利(成本的 12%)		17.60
批发商毛利(成本的 10%)	10.60	16.40
零售商毛利(成本的 35%)	40.80	63.10
零售价格	165.30	253.60

价格扬升是国际营销企业定价时主要的障碍之一,高价策略仅适用于对价格敏感度低的高收入群体,这一市场细分相对较小。当产品从高成本国家出口至低购买力国家时,难以吸引顾客。同时,高价导致销量不佳,中间商为保自身利益会提升毛利率,进一步推高价格。国际营销企业需采取措施有效控制国外市场终端价格,力求减小价格扬升幅度,以在国际竞争中取得成功。

1. 降低商品生产成本

若能降低商品生产成本进而调低出厂价,就能有效地抑制价格上扬的幅度,这是解决价格扬升问题的根本途径。国际营销企业可选择在海外进行产品生产来降低生产成本,这亦是跨国公司快速发展的必然趋势。表 11-2 给出了美、韩生产微波烤炉的成本对比。

表 11-2 美、韩生产微波烤炉的成本对比

成本和生产数	美国通用电气公司	韩国三星公司
每个产品的生产成本	218 美元	155 美元
其中:装配工工资成本	8 美元	63 美分
监督、维护等间接劳动成本	30 美元	73 美分
管理成本	20 美元	2 美分
工人每日生产数	4 个	9 个

削减高成本功能或适度调整产品质量,是降低生产成本的又一策略。在发达国家备受追捧的某些品质与附加功能,在出口至发展中国家市场时可能显得多余。例如,高端洗衣机配备的自动添加漂白剂、肥皂分配、精准温控及定时提醒等功能,在欧美市场可能大受欢迎,但众多新兴市场国家则可能并无此实际需求。同样,近年来中国企业在国际化进程中,如某知名品牌手机在出口至东南亚市场时,减少价格约 1 500 元人民币的某些高端摄影功能,也被视为合理的市场适应策略。降低生产成本不仅能直接降低出厂价,还可能

因报价降低而减少从价关税,从而实现成本与税收的双重节约。

2. 降低关税

关税是导致价格上扬的重要因素之一,降低关税自然能有效减小价格上扬的幅度。在国际市场营销中,企业可采取多种策略人为地降低关税负担。

1)产品重新分类

鉴于不同产品类别适用不同的税率,且某些产品归类存在模糊性,国际营销企业可积极争取将自家产品归入税率较低的类别中。

11-6

自贸协议推动消费品质提升

商务部举行的新闻发布会上,新闻发言人通报称,截至2021年8月24日,中国已与全球26个国家和地区签署了共计19个自由贸易协定,范围横跨亚洲、欧洲、非洲及拉丁美洲。审视已签署的自贸协议,中国与协议伙伴在货物贸易自由化方面取得了显著进展,实现最终零关税的产品税目占比普遍超过90%的门槛。截至2022年,我国已有18个自贸协议正式生效,惠及25个国家和地区,涵盖了超过9 000种享受零关税待遇的进口商品。在此自贸协议框架下,我国近1/3的进口总额得以享受自贸协议下的关税优惠,其中多为直接面向消费者的终端产品。这一举措极大拓宽了国内消费者的选择范围,为消费者带来了切实的利益。

资料来源:官方数据及相关报道,详情参见中国自由贸易区服务网动态。

2)修改产品

针对产品特性调整以适用更低税率。在鞋业领域,运动鞋的"鞋面皮革"与"类鞋面皮革"在关税征收上存在显著差异。为保护本国鞋业免受廉价进口胶底帆布鞋的冲击,美国关税规定:若鞋面使用皮革面积超过1/4,则征收48%的关税;若低于1/4,则作为"类鞋面皮革"征收6%的关税。因此,许多出口企业在设计鞋面时,会刻意将皮革使用比例控制在1/4以下,以享受较低的关税进入美国市场。

3)改变商品形式

通常,零部件和半成品的关税税率相对较低。为此,可以出口零部件和半成品,在进口国进行组装和深加工,从而降低关税成本。有时简单地重新包装也能有效降低关税。

中国茶叶出口商采取了一种策略:将散装茶叶出口到目标国家,然后在当地进行重新包装,当中国茶叶以散装形式出口时,其关税税率相对较低。一旦茶叶到达进口国,当地经销商或分销商会根据市场需求和消费者偏好,将散装茶叶重新包装成不同规格和款式的小包装。这种重新包装的过程通常在进口国完成,因此可避免在茶叶进口时支付高额的包装成品关税。

3. 降低渠道成本

缩短销售渠道有潜力控制价格上涨。构建一个中间环节较少的渠道,既能缩小中间商的加价空间,又能降低总体税负。众多国家对进入分销体系的商品征收增值税,这种税可能是累加的,也可能是非累加的。累加增值税基于总销售额征收,商品每次转手都需缴税;非累加增值税则依据中间商进货成本与销售价格之间的差额来征收。因此,在实行累加税制的国家,为减轻税收负担,人们倾向于缩短分销渠道。然而,缩短分销渠道并非在所有情况下都能节约成本,也并非渠道越短越理想,因为某些中间商在特定市场中可能扮演着独特且重要的角色。此时,需细致分析取消这些中间商后可能带来的额外成本,或对比取消前后的成本,方能作出明智决策。

4. 利用特殊区域政策降低成本

为促进国际贸易,一些国家设立了国外贸易区、自由贸易区或自由港等特殊区域,我国也存在类似的保税区、出口加工区等。产品进入这些区域时,无须缴税,只有在其离开并正式进入所在国时,才需缴纳全部关税。国际营销企业将未组装的零部件运至进口国的自由贸易区,以降低成本的考量主要包括:

(1) 零部件与半成品通常享有较低的税率,因此关税可以降低;
(2) 若进口国生产成本较低,最终产品的成本也会相应下降;
(3) 未组装商品的运输费用可能更为经济;
(4) 可减少因预先缴税而产生的资金占用和利息支出,进而降低出口成本;
(5) 若利用进口国的包装材料或部分组件进行最终组装,关税可能会得到进一步减免。

11.4.3 平行输入的管制

所谓平行输入,指的是同一生产企业的相同产品通过正规与非正规两种分销渠道进入某一国家市场。此现象的根本驱动力在于同一产品在不同国家间的价格差异,当这一差异超过了两个市场之间运输、关税等跨市场成本时,便可能触发此类贸易活动。

1. 各国间币值的变动

当德国奔驰汽车在美国市场的供应受限,导致其售价飙升至 2.4 万美元时,而在德国,由于美元升值和马克贬值等因素,美国人仅需 1.2 万美元即可购得同款车。这一显著的价格差异,部分归因于配销限制及美元币值上升而马克币值下降。因此,许多美国人选择从德国购买奔驰汽车,并在美国以接近德国两倍的价格转售,这一现象持续了一段时间,直至美元对马克的汇率回调才逐渐消失。

2. 国际营销企业实行价格差异化策略

日本企业采取的价格差异化策略,使得同一产品在国内的售价高于国外。例如,Sony 公司的 VAIO 14 英寸笔记本在纽约售价为 649.99 美元,而在东京则高达 750 美元。这种价格差异使得商品回流至日本后仍有盈利空间。日本企业的这一策略也促使外国企业在日本市场提高售价,进而引发了外国产品的平行输入。例如,从洛杉矶进口的可口可乐液浆,其成本甚至低于日本正规渠道的价格。

3. 各国税率与中间商毛利的差异

如前所述,各国在增值税的征收上存在多样性,既可能征税也可能免税;税率的高低也各不相同;并且,可能采用累积性或非累积性的增值税制度。同时,各国中间商的利润水平存在显著差异。这些因素共同作用,使得同一生产企业的同一产品在不同国家的最终售价大相径庭。这种价格差异往往成为平行输入的诱因。以中国市场为例,近年来,某些高端电子产品的零售价相比其他国家高出约20%,这使得一些未经授权的国外经销商有机会以远低于中国正规渠道的价格,将产品转售给中国的非授权零售商,从中获取丰厚利润。

平行输入现象会对目标国家市场造成负面影响,引发恶性价格竞争,不仅损害正规分销渠道成员的利益,也损害消费者的权益。消费者若不慎购买了非授权进口的商品,将无法享受产品的质量保证、售后服务以及零部件更换的保障。当产品维护服务无法得到保障时,消费者往往会归咎于出口生产企业,进而损害产品的品牌形象。因此,国际营销企业必须加强对平行输入的监管,建立健全的监控体系,以保护正规分销渠道成员的利益。其中,最为有效的措施是实施授权经营制度,明确界定各国持证人的业务范围,一旦发现持证人超出业务范围或非持证人存在侵权行为,即可通过法律手段解决问题。此外,还应堵塞商品流通中的漏洞,一方面避免将外销产品交由信誉不佳的中间商经营,另一方面加强对持证人下属层级的管理与监督,以缩小平行输入的影响范围和降低其影响程度。

即测即练11.4

11.5 跨国公司定价策略

随着跨国企业的快速扩张,其采取的定价方针已对全球市场产生了显著影响,并日益受到广泛关注。

11.5.1 统一、多元与协调的定价策略

1. 统一定价策略

统一定价策略指跨国企业在国际市场上对其同一产品实行统一价格的策略。所谓"统一定价",意味着母公司与各海外分支机构的同一产品,在出厂时折算为相同数额的母国货币或等值的可自由兑换货币。举例来说,如果一个跨国企业在中国生产的产品出厂价为每单位10元人民币,那么其在德国和日本的分支机构生产相同产品的出厂价,将分别对应与美元市场汇率相等的马克和日元,从而实现价格统一。

实施这一策略的优势在于:其简洁明了,企业无须深入调研市场竞争等信息;有助于在全球范围内树立企业及产品的统一品牌形象;便于企业总部对全球营销活动进行统一管理,有效减少因内部产品竞争而引发的困扰。

统一定价策略的缺陷显而易见:在现实市场中,汇率波动频繁,因此难以设定一个统一且适用的价格;当各子公司产品出口至不同国家时,由于各国税制、税赋、税种及中间

商利润水平的差异,最终售价会出现实质性偏差,难以实现价格的统一;各国生产成本、市场需求、竞争态势各不相同,统一定价可能在某些东道主国家丧失最大化利润的机会,而在其他东道主国家则可能削弱市场竞争力。

综上所述,跨国公司较少采用统一定价策略,当产品的竞争力强且竞争地位稳定,或所生产的产品是国际市场的新产品,或不通过任何中间环节直接销售产品时,则有可能采用这一策略。

2. 多元定价策略

多元定价策略指跨国公司允许其海外子公司根据当地市场情况为同一产品设定不同价格的策略。在此策略下,跨国公司不对子公司定价进行干涉,子公司可依据当地市场实际情况自主决策。此策略兼顾了各子公司的利益。除独资方式外,在跨国公司持股比例不一,母子公司及子公司间利益不完全一致的情况下,子公司自主定价能更好地按预定的目标实现自己应得的利益。

多元定价的最大优势在于它反映了各国市场的实际差异,充分考虑了生产成本、竞争环境、供需状况及税收等定价因素,有助于实现利润最大化。例如,在低成本国家定低价、高成本国家定高价,既合理又可行。若强行统一价格,可能导致价格与成本不匹配,最终失去市场或应得利润。

多元定价的致命弱点是可能导致平行输入。例如,中国华为公司在本国市场以优惠的价格销售其最新款智能手机,而其位于欧洲的子公司对同款手机却定价较高。因此,中国的批发商开始将手机批量出口至欧洲市场,即便在计算了运输成本、关税以及批发商的利润后,欧洲零售商从中国进口华为手机的最终售价,仍比直接从欧洲子公司采购低15%~20%。这种跨地域的价格差异导致的内部竞争,不仅给华为的欧洲子公司带来了销售上的挑战,也对华为全球的整体利润结构和品牌形象造成了不利影响。

3. 协调定价策略

协调定价策略是指跨国公司对同一产品既不采用完全统一的价格,也不完全放任子公司自主定价的策略。此策略旨在结合统一定价与多元定价的优点,避免其缺点,通过跨国公司的价格政策协调各子公司的定价行为,使同一产品的定价既具有计划性又具备灵活性,以维护跨国公司的整体利益及各子公司的特殊利益。

此策略允许子公司根据当地生产成本、收入水平、竞争态势及营销目标等灵活定价,以提高产品竞争力。但同时,跨国公司会对子公司间的价格竞争进行必要管理,如划分商圈、统一分销渠道政策、调整可能引发平行进口的子公司定价方法等。有时,还会要求某些子公司执行公司总部的政策,如在某国市场实施低价渗透策略以开拓并长期占据市场;而在另一国家市场则实行高价销售策略,以短期内占据特殊市场,待该产业成熟后适时降价或撤出市场。采用此策略时,跨国公司需面临更大的管理挑战并投入更多精力。

前述的三种定价策略对出口生产企业同样具有适用性,区别仅在于:对于出口生产企业而言,它们将国内生产的产品分销至全球各市场,若国内外销售产品的出厂价格保持一致,则视为统一定价;若出厂价格有所差异,则属于多元定价。相比之下,跨国公司则在各个东道国进行产品生产,并在当地销售或出口至其他国家时,根据具体情况采用统一定价、多元定价或协调定价的策略。

11.5.2 跨国公司的转移价格

1. 转移定价及其产生

转移定价指跨国公司母公司与各子公司间或各子公司相互之间在进行产品和劳务转移时所采用的价格确定方式。

第二次世界大战结束后,发达国家企业间的兼并与联合迅速崛起,企业规模不断扩大,同时,对外投资迅速增长,导致跨国公司大量出现。在此背景下,企业间的分工逐渐转变为公司内部的分工,催生了大规模的公司内贸易。据估算,当前国际贸易中有 1/3 属于跨国公司内部贸易,这也促使了转移定价的产生。

2. 转移定价的目的

随着跨国公司内部管理的日益分散,转移定价成为公司实现全球利益最大化的关键调节手段。其主要目标包括以下几点。

1) 减少税负

跨国公司利用转移定价,可以策略性地降低在高税率国家的纳税基础,同时提高在低税率国家的纳税基础,从而实现整体税负的减少。

从所得税的视角来看,全球各国的税率存在显著差异。某些国家和地区因其低税率而被视为"避税天堂",例如巴拿马、列支敦士登以及巴哈马群岛等,这些地方吸引了众多大型跨国公司设立子公司。在进行国际子公司贸易时,跨国公司会采取一种策略:先将商品以较低价格卖给位于避税区的子公司,随后再由该子公司以较高价格转售给其他子公司。值得注意的是,实际商品并未真正流经避税区的子公司,而是通过转移定价的方式在公司内部进行财务转账。这种操作即便没有在避税区设立控股公司,也能有效减轻税负。此外,跨国公司还会通过调整关联交易中的原材料和零部件购进价格以及成品销售价格来避税。具体来说,高税率国家的子公司会从关联企业以较高价格购买原材料和零部件,而以较低价格销售成品;低税率国家的子公司则采取相反的做法。

从关税的角度来看,跨国公司同样能够通过转移定价策略来降低税负。但需注意,这种策略仅在征收从价税或混合税的情况下才有效。当跨国公司的国外子公司向关联企业销售产品时,它们可以选择以较低的价格发货,从而降低公司的纳税基数和应纳税额。

然而,值得注意的是,降低关税和所得税的目标有时可能会冲突。举例来说,如果进口国的所得税税率高于出口国,企业可能会倾向于提高价格以降低所得税负担。但这样做的后果是,关税税额会随之增加。因此,跨国公司需要从整体利益出发,综合考虑各种税率因素,进行详细的计算、比较和分析,最终确定一个能够使公司整体利益最大化的转移价格。

2) 攫取利润

众多跨国公司在海外设立的子公司,通过与当地企业合作,投资建立合资企业。跨国公司有能力利用转移定价手段,将利润转移至其他国外子公司,这一行为可能会损害其合资伙伴的利益。以一家跨国公司持有 60% 股权的合资企业为例,该企业原本在某年度应实现盈利 100 万美元。然而,由于跨国公司通过转移定价将利润转至其海外其他子公司,该合资企业当年并未实现任何盈利。如此一来,跨国公司独享了这 100 万美元的利润,实际上相当于将本应属于其合作伙伴的 40 万美元利润据为己有。

当然,在进行利润转移时,跨国公司要考虑其在利润接收公司所持有的股份比例,还要评估所得税和关税方面的得失。国际企业只有在经过综合比较后才能制订出价格。

3) 规避风险

跨国公司在海外开展生产经营活动时,会面临诸如政治风险、经济风险、外汇风险、通货膨胀风险等多种风险。为了规避这些风险,跨国公司可以运用转移定价策略,将资金转移出国,从而最大限度地减少潜在损失。例如,当当地公司面临较大的政治风险时,跨国公司可以通过低价将易被没收的物资转移至国外,或高价购买其他子公司的物品,以实现资金从东道国的转移。

4) 应对价格控制

多数国家对外国公司的产品或服务价格都设有一定的限制。然而,跨国公司可以利用转移定价来规避东道国政府的这种管制。当东道国认为跨国公司的产品或服务以低于成本的价格进行"倾销"时,公司可以降低原材料和零部件的供应价格,降低成本,使低价变得"合理",从而逃避东道国的限制和监督。相反,当东道国认为跨国公司的产品或服务价格过高、利润过多时,公司提高对海外子公司的原材料和零部件供应价格,增加成本,使高价变得"合理",同样有效地规避了东道国的限制和监督。

5) 提高竞争力

为了提高海外子公司在国际市场或东道国市场的竞争力,跨国公司在向子公司供应原材料和零部件时,往往会设定极低的转移价格。这使子公司能够以低价击败竞争对手,并显示出较高的利润率,从而提升其资信水平和市场形象。

6) 减小配额限制的影响

如果配额是针对产品数量而非产品金额,跨国公司可以通过转移定价在一定程度上减轻限制。出口国子公司降低转移价格,而进口国的配额保持不变,这样相当于在不增加配额的情况下,扩大了进口国子公司实际进口量,从而达到了扩大销售的目的。

3. 转移定价采取的手段

转移定价采取的手段多种多样,既涉及有形货物的转移,也涵盖无形资产的转让;在支付方式上,既包括贸易性支付,也涉及非贸易性支付。其具体有以下几种方法。

(1) 在货物购销环节,跨国公司常采用"高进低出"或"低进高出"的策略。当子公司从国外关联企业购进原材料、零部件或机器设备时,若定价高于市场价格,而在向国外子公司出口产品时定价低于市场价格,这被称为"高进低出",通过这种方式,利润可以从国内转移到国外。相反,通过"低进高出"的策略,利润则可以从国外转移到国内。

(2) 支付高额的管理费、广告费、咨询费以及劳务费等也是常见手段,有时还包括支付高额的佣金和折扣。

(3) 通过调整专利、专有技术、商标以及商誉等无形资产转让的费用,外商可以对各子公司的成本和利润产生影响。

通过调节与子公司之间的贷款利息以及设备租金的高低,外商还能够将利润转移至国外。

4. 转移定价的特点

转移定价的形成和作用机制与市场价格存在显著差异。

（1）转移定价是在公司有计划、有意识的参与下形成的。自第二次世界大战以来，跨国公司多采用集中领导模式，为推行内部机构的计划管理，总公司通常根据公司的战略目标和长期计划，直接参与并制定、协调其内部的转移价格。

（2）转移定价是公司实现内部资源有效配置的关键工具。在全球竞争和经济利益的驱动下，为了提高自身的竞争能力，跨国公司近年来已从"金字塔"形管理转变为"森林"型管理，对内部实施严格的责任制，各子公司往往成为硬预算约束的利润中心或半利润中心。制定有利的转移价格既能确保这些利润中心或半利润中心的最终生产和经济效益，也有助于资源的合理分配，进而引导利润中心或半利润中心不断优化生产和经营。

（3）转移定价是实现公司长远目标和利润最大化的重要手段。转移定价服从总公司整体利益、长远目标以及公司利润最大化目标。它不完全取决于外部市场供求情况，常常与外部市场价格相背离。跨国公司为使其利润最大化和达到长远目标，经常利用转移定价来调节资金流量和转移利润。

5. 转移定价的确定与限制

转移定价通常是根据公司的总体目标来最终确定的，如增加公司利润、便于对整个公司实施控制以确保总战略的贯彻执行，以及使各子公司的经营实绩在公司总利润中得到合理体现，从而保护和提高它们的积极性。

对转移定价的制约主要来自两大方面：一是跨国公司体系内部。虽然通过高低价格的策略运用能最大化公司整体利益，但这往往以牺牲部分子公司业绩为代价。在跨国公司采取高度分权管理的背景下，部分子公司可能会反对某些转移定价政策。在国外的合资企业中，由于东道国合作伙伴拥有决策权，实施转移定价以追求公司整体最优利益变得更加复杂。为调和公司集中管控与分散运营之间的矛盾，大型跨国公司倾向于设立结算中心进行统一调控。二是东道国政府的监管。各国政府密切关注外国公司利用转移定价避税的行为，因此通过税务、审计、海关等机构加强审查与监控，并在法律法规层面采取多项措施，旨在消除利用转移定价避税的现象。

当前，国际广泛采纳"比较定价"原则，也称"一臂长"（arm's length）定价原则，即对比同一行业内同类产品的交易价格和利润率，若发现某跨国公司子公司的进口商品价格偏高，未能达到行业平均利润率，东道国税务部门有权要求按"正常价格"补缴税款。此外，众多国家政府还通过调整税制、建立严密的审计体系及强化海关监管等手段，防止或限制跨国公司对转移定价的不当使用。

6. 转移定价的方法

跨国公司在设定转移价格时，首要步骤是确立一个基准价格，随后根据具体情况在此基准上进行上调或下调。常见的基准价格确定策略有三种。

国际营销案例 11-7　跨国造纸企业转移定价反避税

（1）市场导向定价或外销价定价，这是最为普遍采用的方法。

（2）协商定价。考虑到中间产品供需双方各自的利益诉求与预期目标，企业可通过双方协商，达成一个双方均可接受的转移价格，以实现利益均衡且不影响公司整体目标与利益。

(3) 以成本为基础定价。该方法包含四种形式：①完全成本定价，即直接以中间产品的完全成本作为定价依据，不包含企业利润。②成本加利润定价，即在中间产品成本的基础上加计一定比例的利润作为转移价格，如基于生产效率最高单位的制造成本加标准利润，或基于相关生产单位的制造成本加标准利润。③变动成本定价，当中间产品供应方存在设备闲置、原材料积压或产能不足时，可按变动成本确定价格。④边际成本定价，即根据中间产品的边际收入与边际成本相等的原则来确定转移价格。

上述四种成本导向的转移定价方法，其成本基础通常为标准成本或定额成本，假设在一定销售范围内单位产品成本保持不变。然而，实际成本会随产量变化而呈现 U 形曲线。因此，边际成本定价更贴近企业的实际情况。

在确立基准价格后，跨国公司需综合考虑关税税率、所得税税率、子公司持股比例及市场竞争等因素，对基准价格进行适当调整，以最大化自身利益。

在制定转移价格时，跨国公司必须充分了解并遵守各相关国家的法律法规对转移定价的规定。鉴于各国政府对转移定价的监管日益严格，企业有必要熟悉并遵循这些规定，以避免陷入不利境地。

即测即练11.5

本章小结

定价策略是国际营销领域中最错综复杂的决策之一。国际营销人员面临的不仅仅是单一市场状况、一组竞争对手、一类成本要素或一套政府规章的考量，他们需要全面审视所有相关因素。这包括深入分析每个业务所在国家的具体情况，有时甚至需细化至国家内部各个市场的独特环境。

营销组合策略必须兼顾成本结构与市场竞争态势。虽然不存在绝对的最高限价，但对任何消费者群体而言，价格必须与其对产品价值的认知相匹配。多数营销策略的目的在于，确定一个既能反映消费者感知价值，又确保处于"不挣钱"的价格点。简而言之，目标是在确保覆盖所有成本的同时，向消费者收取合理的费用，并从中实现边际利润。因此，如何精准定价及制定有效的定价策略显得尤为重要。

相较于国内市场，国际市场上控制最终价格的难度显著增大。尽管如此，国际营销人员仍需根据既定的目标和政策来制定价格，并为战略性的价格调整预留足够的空间。这要求国际营销人员具备深厚的销售成本控制知识、精通各类法规条例、对细节保持高度的耐心，以及具备敏锐的市场战略洞察力。

跨国公司内部交易中的转移价格具有灵活性、保密性、规划性和普遍性的特点。跨国公司运用转移定价策略，旨在实现利润最大化的总体目标，这往往导致利润的转移与集中,进而牵涉到公司内部各方、母国及东道国政府的利益,从而可能引发纠纷。因此,对转移价格进行有效的监管显得尤为重要。

关键术语

定价(pricing)　　　　　　　　　　成本加成定价法(cost-plus pricing)
目标利润定价法(target profit pricing)　价值认同定价法(value identification pricing)
需求差别定价法(demand differentiation pricing)
参与竞争定价法(competitive entry pricing)
追随定价法(follow-the-leader pricing)　统一定价(uniform pricing)
多元定价(differentiated pricing)　　　转移定价(transfer pricing)

课后习题

1. 哪些因素会对国际定价产生影响?
2. 政府干预会对国际定价产生哪些影响?
3. 对比分析国际营销中的各种定价方法。
4. 小组研讨,通过实际案例对比解析国际定价策略。
5. 国际市场的价格管理措施与控制该如何落实?
6. 如何进行平行输入的管制?
7. 跨国公司内部的转移定价问题应如何看待?

本章讨论案例

锂矿定价的困境

锂矿价格的大幅攀升,使中国下游买家——电动车及电池制造商陷入困境,购买与否均成难题。在此背景下,国外锂矿供应商与国内企业的博弈再次显现,锂矿定价问题又一次成为矛盾的核心。

此前,有观点认为"锂矿价格上涨主要受期货市场资金炒作影响,基本面并未出现供应短缺",错误地将矛头指向了价格发现机制。这种论断在商品价格大幅波动时常常出现,将"温度计"误认为是"病因"。

对于这一尴尬局面,早在2021年初,某知名券商的新能源分析师就在其发表的《锂矿定价:难以回避的困境》一文中指出,若高锂价、产能过剩和高昂的财务成本是压在中国电动车行业头上的"三座大山",那么在锂产业链期货市场已初步形成的背景下,电动车及电池制造商如果不能有效利用期货市场与现货市场,期货市场上的投机者可能成为压在其头上的"第四座大山"。

该分析师强调,即便没有期货市场,中国本身就是全球锂矿现货市场的关键参与者。中国主流电池制造商在指数定价中的失声,部分原因也在于对现货市场的参与度不足。若主流制造商继续远离期货市场,期货价格中仍将缺乏主流制造商的声音。

众所周知,全球锂矿供应主要掌握在少数几家供应商手中,如澳大利亚的泰利森锂业、美国雅保公司等,它们的市场份额占据市场的主导地位。近年来,随着中国电动车行业的快速发展,中国已成为全球最大的锂矿进口国之一,中国企业自然而然地与这些主要供应商展开了谈判。

每年年初,中国电池制造商与主要锂矿供应商进行年度定价谈判,决定下一财年锂矿的离岸价格长协机制,这几乎是近年来中国进口锂矿定价的主要途径。尽管上海有色金属网的锂价指数作为国内锂矿定价的参考基准,但国际市场的价格变动仍对国内价格产生重要影响。期货市场虽然提供了透明的价格机制,但并未能完全改变这一格局。

统计数据显示,2022年1月至3月,中国锂矿期货主力合约结算价呈现上涨趋势,但中国锂矿期货的涨幅和绝对价格均低于国际市场价格。据测算,如果以锂矿期货主力合约指数的月均价替代国际市场价格进行定价,中国电池制造商在上半年进口锂矿时可累计节省数亿美元。

"主要锂矿供应商的价格垄断地位正出现动摇。"业内人士分析指出,最直观表现在三个方面:一是国内电池制造商在锂矿采购上的长协订单占比下降,更多选择直接从港口采购现货;二是国内企业、贸易商在议价时不仅会参考国际市场价格、新加坡掉期价格,同时也会参考中国锂矿期货价格,且锂矿期货走势往往具有前瞻性;三是新加坡掉期市场的弊端逐渐显现,产业客户开始回流国内进行套期保值操作。

讨论题

1. 哪些因素会对锂矿石的定价产生影响?
2. 供求双方在定价时分别采用了哪些策略?
3. 供求双方在报价时采取了什么样的策略?

(考核点:①全球定价影响因素;②国际定价策略;③国际市场价格调控与管理的实践)

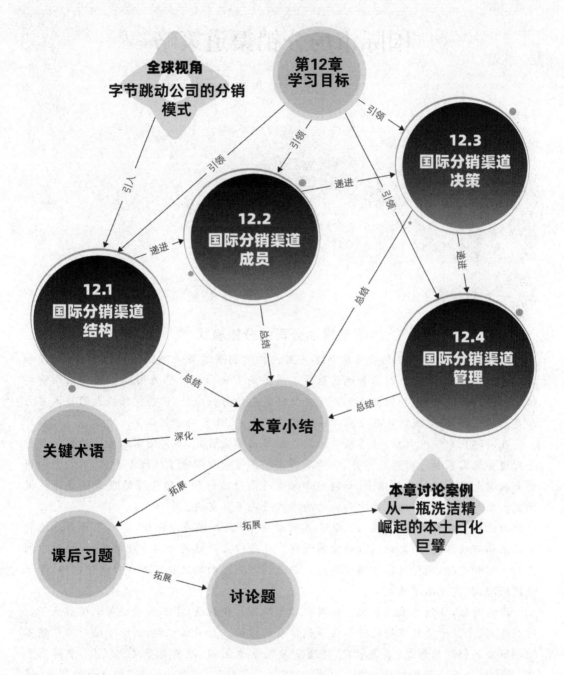

第 12 章

国际市场分销渠道策略

学完本章,你应该能够:
1. 掌握国际分销渠道的构成框架;
2. 熟知各国及各类产品的国际分销渠道特点;
3. 明确国际分销渠道中各类成员的特性;
4. 熟练决定国际分销渠道的长度与宽度;
5. 学会如何有效管理国际分销渠道。

全球视角

字节跳动公司的分销模式

2022 年以来,字节跳动公司在全球范围内持续拓展其业务版图,特别是在短视频和社交媒体领域,已在多个国家和地区取得了显著的市场份额。作为国际市场营销的重要组成部分,字节跳动深知国际市场产品分销的复杂性与挑战性,但其凭借强大的技术实力和灵活的市场策略,成功地在全球范围内构建了高效、稳定的分销体系。

在国际化分销过程中,字节跳动遇到了诸多困难。首先,不同国家和地区的文化差异导致消费者需求和行为模式各异,给产品推广和渠道管理带来了挑战。其次,国外中间商的介入增大了管理控制的难度,如何确保渠道的高效运作和合作伙伴的忠诚度成为关键问题。此外,商品在跨国流通中面临的物流风险也不容忽视。

为应对这些挑战,字节跳动采取了多项措施:一是加强市场调研,深入了解当地消费者需求和市场环境,制定针对性的营销策略。二是建立严格的分销管理制度,加强对中间商的培训和支持,确保渠道的高效运作。三是利用先进的物流技术和合作伙伴网络,降低物流风险,提高产品流通效率。

战略升级,分销体系国际化。面对全球市场的广阔机遇,字节跳动公司迅速成立了国际业务部,专注于海外市场的开拓与分销体系的建设。公司认识到,国际市场产品分销不仅要解决产销联结形式、渠道长度、渠道宽度等基本问题,还要克服文化差异、中间商管理、物流风险等一系列复杂挑战。因此,字节跳动采取了"直销+分销"相结合的模式,通过与当地合作伙伴的紧密协作,构建覆盖全球的分销网络。

构建联盟,和谐共赢。字节跳动深知,在全球市场中孤军作战难以长久。因此,公司积极寻求与国际产业伙伴的合作,构建产业链联盟。通过资源共享、协同创新,字节跳动与合作伙伴共同开拓市场,实现互利共赢。这种开放合作的态度,不仅提升了字节跳动在全球市场的竞争力,也为合作伙伴带来了更多的商业机会。

高端引领,整体演进。在分销策略的实施过程中,字节跳动始终坚持"高端引领,整体演进"的原则。通过不断推出创新的产品和服务,字节跳动提升了品牌形象和市场竞争力。同时,公司也注重将部分非高端市场的利益让渡给分销伙伴和产业链上的其他合作伙伴,共同推动整个生态体系的健康发展。这种战略选择,不仅有助于字节跳动在全球市场的持续拓展,也为合作伙伴带来了更大的成长空间。

国际市场产品分销,作为国际市场营销的关键环节,与国内市场分销相似,都需要妥善处理产销结合方式、渠道结构的深度与广度,以及产品实际配送等一系列策略问题。然而,国际市场分销的复杂性与挑战性更为突出,原因在于商品从生产到消费的整个流程,包括最终产权的转移,均跨越国界进行。这导致国际营销企业需应对文化背景迥异的外国消费者或工业客户,从而引发沟通障碍;同时,国外中间商的一环或多环参与,无疑加大了管理与控制的复杂度;此外,商品在多个国家间的实体流动,不仅增添了物流环节的风险,也给渠道选择增添了诸多难题。综上所述,深入探究国际市场产品分销渠道的特性和策略显得尤为重要,这也正是本章的核心议题。

12.1 国际分销渠道结构

12.1.1 国际分销渠道结构类型

国际分销渠道由位于出口国与进口国的各类参与者(即渠道成员)共同组成。在实际的国际市场营销操作中,出口生产企业能够通过少数或多数渠道成员,直接将产品传递给进口国的工业用户或最终消费者。这一过程中,可能会利用多种类型的中间商来促成商品的流通。同时,当产品进入进口国市场后,还需面对各国不

扩展阅读12-1 国际分销渠道的渠道组织形式

同的商业惯例和产品分销模式。因此,国际分销渠道的结构往往显得极为复杂。为了更好地进行分析与研究,帮助人们更直观地理解出口国产品如何抵达进口国消费者手中,有必要将国际分销渠道的结构简化为若干种模式,如图12-1所示。

第①种渠道结构代表着最简洁的国际分销路径,商品直接从出口生产企业流向最终消费者,无须经过任何中间环节。第⑨种渠道结构则是国际分销中路径最长的,它需要产品依次经过出口中间商、进口中间商、批发商以及零售商等多个层级的中间商,才能实现所有权的最终转移。

第④、⑥种渠道结构是指出口生产企业、出口中间商通过国际邮购或在进口国设立销售机构等方式把产品卖给最终消费者,或外国工业用户直接向出口者订购商品的一种渠道形式。

第②、③、⑦、⑧种渠道结构说明,进口国的一部分批发商、零售商也可直接进口产品,兼营进口业务。

出口生产企业的产品不通过出口中间商直接进入进口国的渠道形式可称为直接出口

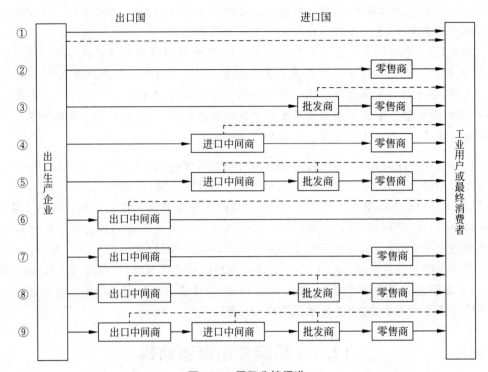

图 12-1 国际分销渠道

注：虚线表示面向工业用户的分销渠道；实线表示面向最终消费者的分销渠道。

形式；而通过出口中间商进入进口国的渠道形式则可称为间接出口形式。因此，第①~⑤种渠道结构是直接出口形式，第⑥~⑨种是间接出口形式。

跨国公司在进行产品分销时，其基本原理与上述讨论保持一致。在此情境下，可将出口国看作跨国公司的母国或其生产产品的所在国（东道国），而进口国则被视为第三国或是跨国公司的另一母国。当跨国公司选择在东道国同时进行产品的生产和销售时，便不涉及产品跨国界的分销问题。然而，这依然属于国际营销的范畴，只不过其采取的是通过技术转移、服务提供以及资本投资等手段来间接推动产品输出的国际营销策略。

在国际分销渠道中，出口中间商与进口中间商包括多种不同性质的渠道参与者。

12.1.2 国际渠道结构比较

上述所描述的国际渠道模式揭示了这样一个事实：各国间的国际渠道架构存在着一定的共通性。具体来说，这些渠道中的参与者往往由出口生产企业、出口中间商、进口中间商以及进口国家的批发商、零售商、工业用户和最终消费者等组成，且他们的活动特性和流向相对固定。这种共通性为国际渠道结构的模式化奠定了基础。然而，我们也必须认识到，在现实的国际市场中，不同国家和不同产品的国际渠道结构展现出了极大的差异性和多样性。对这些差异进行典型的分析和对比，将有助于我们更深入地理解国际渠道结构的复杂性和多元性。

1. 同一目标国家同一产品的分销渠道比较

同一目标国家同一产品的分销,可以采用不同的渠道系统。

扩展阅读12-2 国际分销渠道的功能

如图12-2所示,外国的手提袋、皮件进入美国市场,其渠道系统就有宽窄、长短的不同选择:"外国供应商(包括外国制造商、中间商等)→零售商→消费者"这一渠道相对较短,"外国供应商→专业进口商或兼营进口商(包括制造商、批发商等)→零售商→消费者"这两条分销渠道则较长;外国供应商可在专业进口商、兼营进口商、零售商中选择一个或多个中间商来分销自己的产品,因此便有宽窄渠道之分。

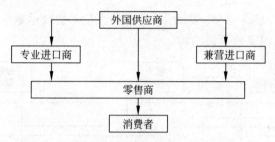

图 12-2　美国市场手提袋、皮件的分销渠道

2. 同一目标国家不同产品的分销渠道比较

在同一目标国家内,不同产品的分销渠道展现出显著的差异。

如图12-3、图12-4所示,由于各国的商业历史背景、商业惯例以及商业发展趋势等多种因素不同,不同产品倾向于采用不同的中间商进行分销。因此,对于国际市场营销人员而言,深入调查并了解在特定国家中某一产品应选用哪些中间商是极为关键的任务。一旦中间商选择不当,将无法有效且广泛地分销产品,进而阻碍国际市场的开发。

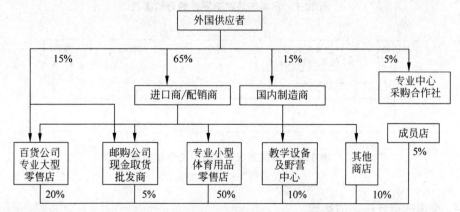

图 12-3　比利时市场体育用品的分销渠道

3. 不同目标国家同一产品的分销渠道比较

不同目标国家同一产品的分销更具差异性与复杂性。

图12-5和图12-6表明,同一商品在不同国家的分销渠道,无论是数量、长度还是参

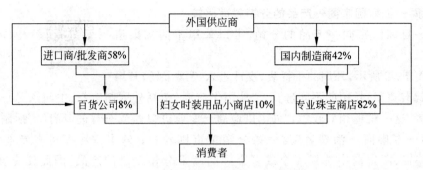

图 12-4　比利时市场珠宝的分销渠道

与其中的各方，均存在显著差异。因此，国际营销人员不能简单地依据本国产品分销的习惯来评判或套用其他国家的渠道结构。

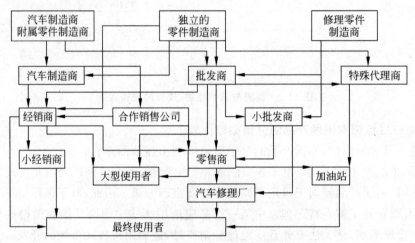

图 12-5　日本市场汽车零件的分销渠道

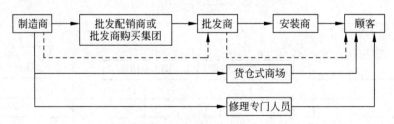

图 12-6　美国市场汽车零件的分销渠道

注：虚线为次要分销渠道。

4. 渠道成员分销率的比较

在渠道系统中，尽管所有渠道成员都参与产品的分销，但在不同国家和不同产品的分销过程中，它们所扮演的角色和所占的比重却大相径庭。以比利时为例，体育用品的进口中，进口商和配销商占据了65%的比例；而在零售环节，情况更为复杂，约55%的销售额是由众多小零售商完成的，其中还有5%的销售额来自采购合作社的成员店。相比之下，比利时的珠宝市场则呈现出另一番景象,超过 80％的零售额是由专业零售店实现的,这些零售店总数超过 2 500 家,且多为独立经营的单店。至于百货公司,则主要在专门设置的珠宝部门和服饰配件部门销售价格较为亲民的珠宝和人造珠宝。在意大利,进口商和批发商占进口手织地毯的 95％,并大部分由专业零售商分销,在渠道系统中还存在大量作用不同的参与者(图 12-7)。

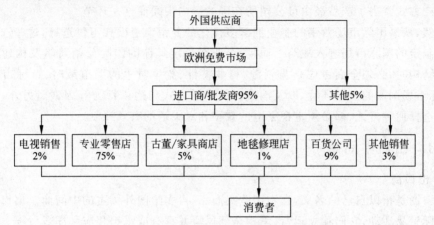

图 12-7　意大利市场手织地毯的分销渠道

12.2　国际分销渠道成员

　　企业在进入国际市场时,若采取不同的战略,则会面临各异的分销决策挑战。国际分销渠道的结构决策主要涉及两个核心方面:一是确定哪些实体将成为渠道的成员;二是明确在渠道的各个层级中,各合作伙伴的身份以及它们所扮演的角色和承担的功能。

　　当企业采纳不同的分销策略时,其产品或服务在从生产者传递到消费者的过程中,会历经多样的营销中介机构,进而构建出多样化的国际分销体系。这一国际分销体系囊括了营销中介机构、生产者以及消费者或终端用户。营销中介机构种类繁多,主要依据其所履行的功能来划分;而代理中间商则不获取商品所有权,而是作为委托人的代表,负责寻找客户并促进商品销售;此外,还有营销辅助机构,它们虽不直接参与商品交易(此处的交易指的是买卖双方为达成购买协议而进行的协商过程),但为交易的实现提供必要的支持。另外,根据营销中介机构在国际市场分销中所处的地理位置不同,国际分销渠道机构还可以进一步细分为国内中介机构和国外中介机构。

　　当企业以出口方式进入国际市场时,产品不但要经过国内的分销渠道,而且要经过进口国的分销渠道,才能最终到达目标市场国家的消费者和用户手中。在这种情况下,一次分销的完成必须经过三个环节:第一个环节是本国的分销渠道;第二个环节是由本国进入进口国的分销渠道;第三个环节是进口国的分销渠道。

当企业在国际市场营销中采取在国外设立工厂进行生产并直接在当地销售的模式时,其产品或服务的分销流程相较于出口方式可能会更为简洁。最显著的区别在于,这种国外生产方式省去了产品经由母公司所在国的国内中间商这一环节。

显然,从事国际市场营销的企业拥有多样化的分销渠道模式可供选择,这些选择基于企业已制定的国际市场进入战略。而且,企业在决定具体的国际分销策略及构建国际分销渠道结构时,必须全面考虑自身资源、行业特性、竞争对手的渠道策略、目标市场的特征、目标市场国家的法律环境,以及消费者的生活方式和购买行为等因素。另外,无论企业最终选择何种方式,都必须重视渠道的效率和对渠道的有效控制。

12.2.1 出口中间商

1. 出口商

出口商是指以自己的名义,在本国购买商品,再卖给国外买主的中间商。出口商专门从事国际贸易活动,它们独立运营、承担全部风险并享有或承担相应利润或亏损。在与卖方进行商品交易时,商品的所有权已经发生了转移。其可分为以下两种主要类型。

1)进出口公司

进出口公司肩负着既进口商品又出口商品的双重职责。在日本,综合商社是主导国际市场进出口业务的关键力量。同样,我国的各类国有专业进出口公司也构成了我国商品进出口的重要渠道。

出口生产企业主要依赖进出口公司的出口功能。通常,进出口公司在海外建立了广泛的分销和信息网络,积累了深厚的国际营销知识、实战经验,并享有良好的商业信誉和公共关系,同时配备了完善的设施和其他必要的物质资源。这些优势为那些无法独立进军国际市场以及首次尝试进入国际市场的中小企业提供了宝贵的"桥梁"作用。

2)出口行

出口行实质上是本国专注于出口贸易的批发商角色。以美国的出口经销商为例,它就是典型的出口行代表。其运营模式为:从多家出口生产企业采购商品后,远销至海外市场,并直接参与营销活动;其分销渠道既可以是自营机构,也可以是其他中间商;它能够经营来自不同企业、具有竞争性的产品;它会根据利润水平来选择供应商的商品,而不追求与某一特定供应商建立长久的合作关系。

对于那些偶尔进行出口贸易的企业以及中小型的出口生产企业而言,通过出口商来销售产品,相较于自己直接开拓国际市场,往往能带来更多的益处。

(1)可利用出口商的特长为自己的产品在国际市场上打开销路。出口商具有国际营销的经验、信誉、信息、分销网络和专门人才,这些正是某些出口生产企业所不具备的有利条件。由它为自己出口产品,成功的机会就多得多。

(2)出口企业能够减轻国际营销带来的资金压力,因为无须直接投入资金去海外开拓销售渠道。

(3) 通过与出口商合作，出口企业能够降低国际营销的经营风险。双方之间构成的是买卖关系，一旦商品所有权转移，相关的国际营销风险即由出口商承担。

(4) 出口企业能够及时收回货款，因为买卖交易发生在本国，避免了外汇风险，并且商品售出后，资金能够迅速回笼，解决资金周转问题。

(5) 出口企业能够更专注于生产活动。将产品卖给出口商，相当于在国内市场增加了一个销售渠道，由这个中间商负责商品流通，从而使企业能够集中力量进行产品生产。

但利用出口商外销产品也不能忽视如下缺陷。

(1) 企业难以掌握并主导国际市场营销活动。采用此种出口模式，出口生产企业与国际市场的直接联系被切断，国际营销的全部业务均交由出口商负责。因此，企业对于自身产品在国际市场的销售状况无法实施有效控制，也难以利用来自国际市场的反馈信息来开发符合市场需求的产品。

(2) 企业在国际市场上难以树立自身的商誉。在此模式下，经营权由出口商掌控，它们在国际市场上宣传的是自身品牌而非出口生产企业的品牌。有时，出口生产企业的产品甚至会被冠以出口商的品牌商标进行销售。因此，出口生产企业在国际市场上难以提升自身的知名度，更难以建立属于自己的商誉。

(3) 企业的产品难以获得足够的关注。出口商通常会经营多家企业的产品，其中甚至可能包括竞争性产品。除非企业能够提供特殊的利益，否则出口商不会不惜一切代价去特别关照某一企业的产品。

2. 出口代理商

出口代理商是指不拥有产品所有权，只在合同规定的条件下代理本国委托人向国外市场销售商品，收取佣金的中间商。出口代理商的主要类型有以下四种。

(1) 销售代理商：销售代理商与生产企业之间建立的是一种委托代理关系，其中代理商并不拥有商品的所有权，因此不具备决策权。代理商所有的业务活动均需遵循生产企业的指示，但其通常对出口产品的定价、销售渠道及促销策略拥有一定的控制权。基于此，销售代理商可视作生产企业的一个销售经营部门，全面负责生产企业的销售任务。

(2) 厂商出口代理：厂商出口代理的市场覆盖面相对有限，通常仅涉及一两个市场。它并不作为出口生产企业的分支机构存在，与出口生产企业的合作关系往往是短期的，合同期限一般不超过两年。此外，厂商出口代理是以自己的名义开展业务活动的。因此，当出口生产企业计划进入多个外国市场时，可能需要与多家厂商出口代理建立合作关系。

(3) 本国经纪人：经纪人主要作为买主和卖主之间的中介，负责牵线搭桥，并不直接参与具体的促销活动。经纪人与服务对象之间的关系通常不是长期稳定的，且大多数经纪人专注于经营一种或几种大宗商品。此外，经纪人所收取的佣金相对较低。

(4) 联合外销机构：是代表多家联合出口生产企业的代理机构。这些代理机构可以处理竞争性产品、互补性产品或非竞争性产品的出口。多家企业通过共享一个外销机构，能够实现规模经济效益，有效规避在国外市场上的恶性竞争，降低市场调研、产品出口及促销等方面的开支，并且有助于避免或减少贸易壁垒。

通过出口商和出口代理商外销产品同属间接出口形式。出口生产企业利用出口代理商外销产品,相对于利用出口商来说,具有以下优点。

(1) 企业能够在一定程度上掌控国际市场营销活动。特别是在利用出口帮办和独家外销代理进行产品出口时,可以将它们视为自己的分支机构,根据自己的战略意图来指导商品在目标市场的销售。

(2) 企业能够在国际市场上树立自己的商誉。出口帮办、独家外销代理以及联合外销机构都可以使用委托企业的名义在国际市场上开展业务,这有助于加强委托企业与国外用户之间的联系,并在广大用户中树立委托企业的良好声誉。

(3) 企业能够得到代理商的紧密协作。代理商的佣金收入与其外销产品的数量或销售额直接相关,这有助于激发代理商的积极性。同时,由于多数代理商经营的是非竞争性产品,因此它们之间不会产生内部竞争,每个产品都能得到充分的重视。

(4) 企业能够灵活地进行出口经营活动。出口商无兴趣经营的某些产品,能借助代理商顺利进入国际市场;暂时无法直接进入国际市场的企业,也可先采用代理方式,待打开国际市场销路后再转向直接进入的方式。

利用出口代理商的缺点如下。

(1) 由于商品所有权并未转移,因此企业必须承担国际市场营销中的所有风险。

(2) 所需资金庞大,涵盖商品出口业务活动的各项开支,如商品售出前的库存成本、运输费用、促销支出以及支付给代理商的佣金等。

12.2.2 进口中间商

1. 进口经销商

进口经销商是指从出口国购进商品向进口国市场出售的中间商。在经营过程中,进口经销商会获取商品的所有权,实现对商品的实际占有,并承担与之相关的经营风险。其主要类型有以下两种。

1) 进出口公司

从商品流通的角度来看,出口生产企业主要借助本国的进出口公司来履行商品出口的功能,同时利用外国的进出口公司来执行商品进口的功能。因此,出口国与进口国的进出口公司在性质上属于同一类中间商。

2) 国外经销商

这是一种通过缔结合约,在特定地域及时间段内,负责经营出口生产企业(即委托者)所指定商品,并自行承担盈亏责任的中间商模式。在此情境下,委托者专指出口生产企业。国外经销商与出口生产企业之间构成买卖关系,意味着商品的所有权已发生转移。采取经销模式时,双方需签订正式合同,明确界定各自的责任与权益。此模式特别适合那些需要大量宣传推广及提供售后服务的商品。国外经销商可分为以下两种类型。

(1) 国外包销商。包销商在特定的时间和区域内,对委托人指定的产品享有独家经营权。这意味着,在此期间和地区,包销商不能经营来自其他渠道的竞争性产品,也不能将商品转售至其他地区。同时,包销商需承诺在此期间完成特定数量或金额的订购,并为委托人提供情报服务和宣传服务。相应地,委托人也不得在同一时间和地区自行销售或向其他中间商出售该商品。

对于出口生产企业而言，采用包销商拓展国际市场具有多重优势。包销商的订购任务确保了生产的计划性和出口的稳定性。包销商的专营权激励其积极排斥竞争性产品，提升市场竞争力。委托人避免在同一市场与其他中间商产生盲目竞争，从而减少损失。此外，包销商的独家经营权有助于出口商品的控制与管理。然而，包销方式也存在不足。若包销商销售困难或通过压价迫使委托人妥协，可能会带来经营风险甚至市场损失。同时，在美国、西欧等国家和地区，由于反对限制自由贸易和垄断的法律，包销方式可能面临法律挑战。

扩展阅读12-3　包销方式的应用

（2）国外定销商。与国外包销商相比，国外定销商的不同之处在于其并不拥有独家经营权。这意味着，委托人在相同的时间和地点，既可以选择自行经营，也可以委托多个定销商来经营指定的产品。定销这种方式能够有效地解决包销商因独家经营所产生的各种问题，以及"包而难销"的困境。然而，由于定销商的经营积极性相对较低，因此，挑选并采用合适的定销商就显得尤为关键。

2. 进口代理商

进口代理商与出口代理商是同一性质的中间商，只是所在国不同而已。它可分为以下几个主要类型。

1）独家代理商

独家代理合同与包销合同在许多方面相似，但它们之间最显著的区别在于独家代理商与委托人之间建立的是委托代理关系。独家代理商并不拥有商品的所有权，因此也不承担经营风险。其收入主要来源于按照一定比例提取的佣金。此外，独家代理合同允许委托人在合同约定的区域内自行销售商品，但前提是必须向独家代理商支付佣金。进口国的独家代理商负责全国范围内的销售工作时，通常被称为"总代理"。

2）一般代理商

一般代理商并不拥有独家经营权，也不需承担特定的销售定额责任。在某一特定区域，委托人可以选择自行经营，或者委托多家代理商来销售特定的商品。一般代理商的主要职责是代表委托人寻找和吸引客户。交易合同的签订通常由委托人直接与买家进行，或者根据委托人设定的条件，由一般代理商与买家协商达成交易。这种模式对委托人而言具有显著优势，因为它能够控制自己的商品在进口国的销售情况。然而，一般代理商的经营积极性可能相对较低，有时会出现"代理但不积极管理"的消极情况。

3）国外经纪人

它与本国经纪人属于同一类型的中间商，区别仅在于它们所在的国家不同。对于出口生产企业而言，它们所提供的服务内容相似，只是分别涉及出口商品和进口商品的不同领域。

12.2.3　批发商和零售商

这里所指的是那些兼营进口业务的批发商与零售商。如图12-1所示，第②、③、⑦、⑧四种渠道结构说明，进口国的一部分批发商、零售商也可直接进口产品，兼营进口业务，其也是出口生产企业或出口中间商分销产品的重要力量。

1. 兼营进口批发商

兼营进口批发商从国内外采购商品,并将这些商品批发给生产者、零售商或其他批发商。为了降低流通成本并增加利润,进口国的批发商有时会选择跳过进口中间商或绕过出口中间商,直接从国外采购商品。

批发商的种类繁多,可按不同标准来分类。

(1) 按是否拥有商品所有权可分为经销批发商和代理批发商。

(2) 按经营范围可分为综合批发商和专业批发商。综合批发商主要服务于零售商,其备有各类花色品种的充足库存,雇用推销员进行销售,提供赊销和送货服务,并协助客户的经营管理。而专业批发商则主要针对生产厂家进行销售,其经营品种相对集中,但这些品种之间存在较强的消费替代性和关联性。其通常进行同一产品或同一品种的大批量购销,并仅提供有限的服务。

(3) 按经营形式可分为自购自营批发商、代购自运批发商、货架批发商、邮购邮寄批发商和货车批发商五类。自购自营批发商直接从生产企业或进口商处采购商品,经过运输和储存等环节后,再批发给零售商。代购自运批发商则不设立自己的仓库,不直接储存货物,而是负责将货物运送给委托人。货架批发商租赁超级市场的场地,并设置或租用货架,以此作为自己开展批发业务的场所。邮购邮寄批发商会将商品目录寄送给边远地区的客户,在收到订单后,通过邮寄或其他运输方式将商品交付给客户。而货车批发商则是将货物全部装载在货车上,迅速地将货物供应给零售商或用户。

(4) 按其所提供的服务可分为全面服务型批发商和有限服务型批发商。全面服务型批发商执行批发商业的全部职能,如预测顾客需求、分类、分装、仓储、运输、资金融通、信息咨询等。有限服务型批发商专门执行批发商业的某一部分职能。

2. 兼营进口零售商

大型零售商兼营进口业务,能够显著减少流通成本,并与生产者直接交流市场信息,从而采购到符合市场需求的商品。这类零售商主要有以下四种。

1) 百货公司

诸如印度尼西亚的乐宾百货、日本的三越(TYO)、美国的沃尔玛以及中国的高鑫集团(包括大润发和欧尚)等,这些均为大规模的零售企业,它们以较大的经营范围、丰富的商品种类以及庞大的市场覆盖面而著称。在这些知名的百货及零售企业中,通常都设有专门的进口采购部门或进口部,它们是与出口生产企业进行联系和谈判的重要接口。

2) 超级市场

全球范围内的大型超级市场均具备直接进口商品的能力。以美国为例,超级市场公司总部通常设立采购委员会,该委员会由各部门的经理以及商品经理(即负责产品线采购的人员)组成。他们的主要职责是商讨并确定商品采购决策,而在这个过程中,商品经理起着至关重要的决定性作用。因此,对于出口生产企业而言,商品经理往往是其主要的谈判对象。此外,各分店经理也享有直接为本店采购商品的权限。

3) 邮购公司

邮购业务在欧美国家非常流行。邮购公司库存量大且商品种类繁多,经营规模与百货商店不相上下。为了降低成本,邮购公司经常采取直接从国外进口商品的方式。由于邮购公司主要依靠商品目录来吸引顾客,因此出口生产企业需要严格遵守合同,在商品的质量、规格、包装和交货期等方面与邮购公司紧密合作。同时,报价也需要保持相对稳定,并且报价的有效期可以设定得长一些。在同一地区市场,为了避免内部竞争,出口生产企业最好只与一家邮购公司建立业务关系。

4)连锁商店

连锁商店以庞大的规模和广泛的网点为特点,其中日本的"7-11"便民连锁店在全球拥有 84 000 家分店。在中国,苏宁电器和国美电器等连锁企业也拥有大量的分店。连锁商店通常倾向于直接向国内外的生产者采购商品,以获取更优惠的价格并降低商品流通费用。

国际营销案例 12-1
TCL 中环控股 Maxeon Solar,引领光伏产品国际分销新篇章

即测即练12.2

12.3 国际分销渠道决策

12.3.1 影响企业选择国际分销渠道的因素

营销者在选择国际分销渠道时一般要考虑六个因素:成本(cost)、资金(capital)、控制(control)、覆盖(coverage)、特征(character)和连续性(continuity)。这六个因素被称为渠道决策的 6 个"C"。

1. 成本

这里是指分销渠道的成本,即开发渠道的投资成本和维持渠道的维持成本。在这两种成本中,维持成本占据核心且持续的地位。它涵盖了维持企业内部销售团队的直接费用、向中间商支付的佣金、物流过程中涉及的运输、储存、装卸等费用,以及各类单据和文书处理成本;此外,还包括为中间商提供的信贷支持、广告宣传、促销活动等辅助费用,加之商务谈判、通信联络等开支。

对于任何企业而言,支付渠道成本都是一项无法回避的任务,这就要求营销决策者在成本控制与效益提升之间作出审慎的权衡与抉择。通常而言,只要增加的效益能够抵消成本的增长,那么所选的渠道策略在经济层面便是合理的。然而,高昂的渠道成本往往成为企业进军国际市场的一大阻碍。因此,评估渠道成本的基本准则在于,能否以最低的成本达成既定的销售目标,或者在给定的费用预算下,最大限度地增加其他 5 个"C"所带来的利益。

2. 资金

这是指建立分销渠道的资本要求。当制造商着手构建自身的国际市场分销网络,并选择依赖自家的销售团队时,往往需要大量的资金投入。而选择与独家中间商合作,虽然

能在一定程度上减轻即时的现金流压力,但有时也需对中间商给予财务上的援助。一般而言,在渠道规划的过程中,资金并非决定性因素,除非企业正处于快速扩张期,或是决定自建并投资国际分销渠道。相比之下,其他几个因素才是影响渠道设计的主导因素。

3. 控制

渠道设计会直接影响企业对国际市场营销的控制程度。当企业选择自主投资构建国际分销体系时,将最大限度地确保对渠道的有效掌控,但这同时也意味着分销成本的相应增加。相比之下,若依赖中间商,企业对渠道的控制力则会相对削弱,且这种控制力的强弱还会受到中间商配合意愿的影响。通常,渠道的层级越多、覆盖越广,企业对定价、促销策略及顾客服务等方面的掌控力就越弱。对渠道的控制力与产品特性紧密相关。对于工业品而言,由于其用户群体相对较小,分销路径较短,且中间商往往高度依赖制造商的产品支持与服务,因此制造商对分销渠道的控制力相对较强。反观消费品,由于消费者基数庞大,市场分布广泛,分销渠道既长且宽,制造商对渠道的控制力相对较弱。表12-1显示了具体的指标。

表 12-1 市场营销渠道控制成效的评价指标

营销控制因素	指标
市场销售	销售量;不同产品、不同市场的销售量;老客户和新客户销售的比例;新、老产品的销售比例;市场份额
产品及质量	产品质量;市场接受程度;产品的功能;产品外观;包装;新鲜程度;产品库存;产品规格;售前、售中、售后服务;周转率
价格	不同产品、不同市场的盈利情况;其他财务指数
产品促销及广告	促销及广告的对象;主要媒体;其他促销形式的目标;产品的诉求;产品广告、促销的地点及时间
渠道时间	时机的掌握程度、速度、周期、规律、事前、顺序
渠道费用	运输费用;销售费用与折扣;人员费;行政管理经费

4. 覆盖

这是指渠道的市场覆盖面,即企业通过一定的分销渠道所能到达或影响的市场。营销者在考虑市场覆盖时应注意以下三点。

(1) 每个渠道所触及的市场是否能够实现销售潜力的最大化。

(2) 该市场覆盖策略是否能够保证获得恰当的市场份额。

(3) 此市场覆盖方式是否能够达成令人满意的市场渗透效果。

国际营销案例 12-2
长城汽车与比亚迪深化全面战略合作

对企业而言,市场覆盖的广度并非衡量优劣的唯一标准,关键在于其是否合理、高效,并能否为企业带来可观的经济回报。众多国外企业在挑选分销渠道时,并不一味追求地理版图的扩张,而是专注于在核心市场内深耕细作,力求实现最大渗透。此外,企业在开展国际市场营销活动时,还需充分评估不同类型及个体中间商的市场覆盖实力,以作为决策依据。

5. 特征

营销者在进行国际市场分销渠道设计时,必须考虑自身的企业特征、产品特征以及进口国的市场特征、环境特征等因素。

扩展阅读12-4 影响国际分销渠道策略制订的因素——企业特征

1) 企业特征

企业特征涵盖了诸如规模、财务状态、产品线构成及营销策略等多个方面。通常而言,企业规模越大,其与中间商建立合作关系的可能性就越高,从而拥有更多的渠道选择方案。对于财务状况良好、资金雄厚的企业来说,它们有能力自主建立销售网络,减少对中间商的依赖;相反,资金实力较弱的企业,则往往需要依靠中间商的力量来开拓国际市场。当企业的产品种类繁多且差异显著时,通常需要借助更多的中间商来实现广泛的市场覆盖;而如果企业的产品线精简且深入,那么采用独家分销模式可能更为合适。企业产品组合之间的关联性越强,就越应当考虑采用性质相同或相近的分销渠道。除此之外,企业的营销策略也会对分销渠道的选择产生重要影响。例如,如果企业追求快速响应客户需求,那么就需要选择尽可能短的分销路径,以确保产品能够迅速送达客户手中。

2) 产品特征

各类产品对分销渠道的需求往往各有差异。通常,对于鲜活易腐、生命周期短暂的产品,应采用较短的分销路径,以减少损耗;而单位价值较低、标准化程度高的产品,则分销渠道可以适当延长,以便更广泛地覆盖市场。对于那些技术复杂、需要较多售后支持的产品,如汽车和机电设备,直销模式或精选少量合适的中间商进行销售会更为恰当。至于原材料和初级产品,它们通常更适合直接销售给进口国的生产厂家,这与国内市场的分销原则大致相同。

3) 市场特征

由于全球经济、文化、政治法律、物质资源及技术水平的多样性,各国市场展现出独特的本土特征。市场特征的分析主要聚焦于市场集中度、潜在消费者数量、消费者的购物习惯与频率、分销渠道结构以及竞争者的分销渠道等方面。

市场集中度体现了市场及消费者在地理分布上的紧密或分散状态。市场集中时,倾向于采用更直接或短链条的分销路径,甚至直接销售;市场分散则更适合间接销售模式。

当潜在消费者众多,市场规模庞大且分布广泛时,较长的分销链条成为优选。

消费者的购物习惯与频率同样影响分销决策。日常用品因消费者倾向于就近购买,故适合广泛分布的分销网络。对于特殊商品,消费者通常偏好专业店铺,因此不宜过度扩散分销点。对于购买频次高但单次购买量小的商品,利用中间商更为合适;而消费者一次性大批量购买的商品,则直接销售更为高效。销售量小的产品一般选用代理商较好,以避免经销环节过多而提高零售价格。

在国际市场营销实践中,制定渠道策略及其他营销策略时,必须充分考量各目标市场国家分销渠道结构的独特性。面对那些分销路径过于繁复的目标市场,采取直销模式或仅通过零售商这一单一渠道层次进行销售,有时会成为更为明智的选择。

竞争者的分销渠道是渠道决策时需要考虑的另一重要因素。针对某些出口商品,制造商在保障品质及提供优质服务的基础上,通常倾向于采用与竞争对手相似或相同的分销路径进行销售。这种做法旨在利用既有渠道的市场渗透力和中间商的专业经验,同时作为与竞争对手争夺市场份额的一种策略。在市场竞争尤为激烈的环境下,若制造商的渠道预算有限,或强行渗透竞争对手的市场需承担高昂成本,又或竞争对手的渠道无法满足制造商的特定需求,制造商则可能选择开发或利用其他分销渠道。另外,在特定情境下,如进口国的竞争对手采取各种措施封锁分销渠道,这将给出口国制造商带来不小的挑战。

扩展阅读12-5　政治法律环境对营销的影响

4）环境特征

目标市场所在国的政府可能会实施禁令或限制,影响特定分销渠道的布局。例如,某些发展中国家会规定,特定进口商品必须由获得授权的企业来经营。而在一些区域,代理商需缴纳代销税,因此其倾向于采用表面上的买断方式,实则抽取代理佣金,以此为制造商提供分销服务。从经济环境的角度看,当经济陷入衰退时,通常建议采用更短的分销路径,以便以更低的价格迅速将产品送达最终用户或消费者手中。

6. 连续性

企业在国际市场构建分销渠道往往需要投入巨额成本和大量营销努力,而一个高效的分销渠道系统,既是企业宝贵的外部资源,也是其在国际市场中塑造差异化优势的重要基石。因此,对于企业营销人员而言,保持渠道的稳定性是一项既重要又具挑战性的任务。渠道的连续性可能会受到三方面的威胁:首先是中间商的不稳定性,其可能因为领导层或业务人员的变动而改变业务方向,甚至因经营不当而倒闭,这在国际市场上的代理中间商中尤为常见;其次是激烈的市场竞争,当市场竞争激烈、产品销售不畅或利润微薄时,原有的渠道成员可能会选择退出;最后是技术与营销的不断创新,随着现代技术尤其是信息技术的飞速发展,以及营销策略的不断创新,新的分销渠道模式可能涌现,而传统模式可能会丧失竞争力。

为了维护分销渠道的连续性,企业应采取以下措施:首先,要谨慎选择中间商,并提供有效的支持和服务,同时在消费者心中树立品牌信誉,增强中间商的忠诚度;其次,对于已加入企业分销系统的中间商,只要其仍有意愿并符合企业的要求,就不应轻易更换,而应努力与其建立长期的良好关系;再次,对于可能退出企业经营的中间商,企业应预判,并准备好潜在的替代者;最后,企业应密切关注竞争对手的渠道策略、现代技术的发展以及消费者购买习惯和模式的变化,以便不断优化自身的分销渠道。

12.3.2　国际分销的长度决策

产品自生产企业流转至国际市场消费者或用户的过程中,所历经的渠道层级数量决定了分销渠道的长短。层级越多,渠道越长;层级越少,则渠道越短。在国际市场中,产品分销的层级可能多达十几个,也可能精简至仅两个,即实现直接销售。

在确定分销层级时,生产企业需全面考量进出口条件、国际市场(尤其是目标市场)的容量、中间商的销售能力、产品特性、企业自身状况及需求、消费者购买需求以及其他国际市场环境因素。然而,有时根据国家法律、政策及国际惯例,生产企业可能必须采用特定的分销渠道。

12.3.3 国际分销的宽度决策

分销渠道的宽度指的是在渠道的各个层级中,所采用的中间商数量的多少。根据这一特征,国际分销策略可以划分为宽渠道策略和窄渠道策略两种。当制造商在同一层级选择较多数量、相同类型的中间商(例如批发商或零售商)来分销其产品时,这种策略就被称为宽渠道策略;相反,如果选择的中间商数量较少,则被称为窄渠道策略。具体来说,国际营销企业在渠道宽度上可以有三种选择。

1. 广泛分销策略

这表示在相同的渠道层级中,企业会利用尽可能多的中间商来分销其产品,而对于每个中间商所负责的地域范围,企业并不做明确划分,同时对其资质要求也相对宽松。此策略的核心目标是让国际市场上的消费者能够更便捷、更多地接触并购买到企业的产品或服务。在国际市场实践中,对于价格亲民、购买频次高、单次购买量小的商品,如日用品、食品,以及高度标准化的产品,如小五金工具、润滑油等,通常采用这种广泛分销的策略。然而,实施广泛分销策略往往需要伴以大量的广告宣传,这会增加企业的成本负担。此外,该策略还可能使价格控制、整合沟通等方面的难度加大。

2. 选择分销策略

这指的是,在特定的时间段内和明确的市场区域里,企业会挑选少量的中间商来负责产品的分销工作。对于消费品中的选购品、特殊品,以及工业品中专业性较强、用户群体相对固定的设备等,这种选择性的分销策略更为适用。有些产品为了快速打入国际市场,初期可能会采用广泛分销策略。一段时间后,为了降低成本、维护声誉,企业可能会转向选择分销策略,逐步淘汰那些贡献小、效率低的中间商。对于缺乏经验的生产企业而言,在进入国际市场的初期,可以选择与几家中间商合作进行试探性的分销,等到积累了一定的国际市场经验或条件相对成熟后,再据实际情况调整市场分销策略。

3. 独家分销策略

这指的是,在特定的时间段和明确的市场区域内,企业仅选择一家中间商来分销其产品。通常情况下,双方会签订正式的书面合同,明确这家中间商不得经营其他竞争性产品,同时制造商也承诺在该地区内不会直接销售产品或通过其他中间商进行分销。这种独家分销策略常被用于消费品中的特殊品,尤其是知名品牌产品。此外,对于需要现场操作演示、介绍使用方法或加强售后服务的工业品和耐用消费品,这种策略也较为适用。

对制造商而言,独家分销有助于激发中间商的积极性,促使其提高营销效率和售后服务质量;同时,制造商也能更好地控制渠道成员,如决定价格和销售方式等。然而,这种策略也存在一定风险。在一定时期和地区内,仅有一家经销商可能导致部分潜在消费者流失,因为顾客可能不知道这家独家经销商,或者不愿意长途跋涉去寻找它。更为关键的是,如果独家经销商选择不当,如在国际市场上信誉不佳、经营作风不正、工作能力差或效率低,可能会给企业带来巨大的市场风险,甚至导致市场丢失。

12.4 国际分销渠道管理

12.4.1 国际分销渠道管理的含义

国际分销渠道管理,从广义上讲包括:制订渠道目标和选择渠道策略,选择、激励、评价、控制渠道成员,渠道改进等。

在国际分销中,若制造商将产品直接销售给海外的最终用户或消费者,绕过目标市场国家的中间商,便无须顾虑国外中间商的管理事宜,从而让国际分销过程相对简化。然而,一旦涉及利用国外中间商来执行部分营销任务,营销人员就必须全面审视从制造商到最终用户或消费者的整个分销流程,并重视对国外中间商的控制与管理。在这种情况下,产品从生产者流转到最终用户或消费者的每一步效率,都会对整个分销渠道的效能产生影响。因此,这一过程的管理不仅充满挑战,也应是企业高度重视的焦点。

12.4.2 制订国际分销目标

国际分销渠道管理的首要任务是确定国际分销的目标。目标可能涵盖期望达成的客户服务标准、中介机构应扮演的角色及其功能实现、在特定渠道内获取广泛的分销覆盖、以最少的资金投入来推动产品分销量的增长,以及提高市场渗透率等多个方面。

在制订国际分销目标时,除了需综合考量先前提及的 6 个"C"因素外,更为关键的是要深入理解目标市场顾客对于分销服务的具体需求。若制造商自身无法满足这些服务需求,则需中介机构的协助。顾客对于分销服务的期望可以细分为五个方面:首先是批量大小,这关乎顾客每次购买的数量需求;其次是市场的分散度,即购物地点的便捷性;再次是等待时间,它涉及产品交付的迅速性;接下来是产品的多样性,这包括竞争产品的丰富度及顾客的选择范围;最后是服务支持,它指的是分销渠道成员为顾客提供的售后服务质量。

12.4.3 选择国外中间商

当企业决定借助国外中间商的力量来渗透并拓展目标国家市场时,国际分销渠道的设计与管理工作中,对中间商的具体选择便显得至关重要。这一选择需确保中间商具备高效能,并能有效执行预期的分销任务,从而助力企业达成其国际营销目标。国外中间商的选择直接关联到国际市场营销的成效乃至成败,因为中间商的质量与效率将深刻影响产品在国际市场的销售、声誉、盈利及发展潜力。然而,不同企业在国际营销中对国外中间商的吸引力存在差异。通常,知名度高、声誉良好且产品畅销的企业能轻松挑选到合适的中间商;而知名度较低、产品利润率不突出的企业,则需投入更多精力、时间及费用,以寻得足够数量且合格的中间商。但无论企业类型如何,在选择中间商时,均需经历一个严谨的筛选流程,全面评估每个候选中间商是否满足一系列基本条件。

1. 基本步骤

(1) 收集有关国外中间商的信息,列出可供选择的中间商名单。信息来源可以是外国政府机构、驻外机构的商务处、贸易协会、国际银行、贸易杂志、顾问公司、贸易伙伴、国内同行等。

(2) 依据企业开展国际市场营销的需要确定选择标准。企业可能需要对中间商的销售、市场调查、信息反馈、库存控制、资金融通、维修服务、促销配合、分担风险、运输、加工等方面提出要求。

(3) 向每个候选中间商发出一封用其本国文字书写的信件,内容包括产品介绍和对中间商的要求等。

扩展阅读12-6 中间商的选择

(4) 从复信中挑选一批比较合适的候选中间商,企业再去信提出较为具体的询问,如经营商品种类、销售覆盖区域、公司规模、销售人员数量及其他有关情况。

(5) 向候选中间商的客户调查其信誉、经营、财务状况等情况。

(6) 如果条件允许,派人访问所优选的中间商,进行更深入的了解。

(7) 按照挑选标准,结合其他有关情况,确定中间商优选者名单。

(8) 双方签订合同,正式确定分销过程中一些具体问题的条款,如分销形式、内容、原则、权利和义务等。合同的签订,既要留有余地,又不可有漏洞,或出现模棱两可、含糊不清的问题。

2. 基本条件

(1) 中间商的市场范围。在选择中间商时,首要考虑的是其业务范围是否与企业计划推广的产品相匹配,以及其所能触达的市场区域是否与目标市场相吻合。此外,还需评估中间商的客户群体是否与企业的目标客户群相一致。

(2) 中间商的财务状况及管理水平。中间商的经济实力与财务状况是其能否按时结算乃至预付货款的关键。若财务状况不良,流动资金紧张,中间商恐难履行合约、保持诚信。评估中间商的财务状况,可通过审查其财务报表,特别关注注册资本、流动资金及负债情况。而管理水平则直接影响中间商的营销效率与成效,进而影响产品销售与市场声誉。因此,选择中间商时,还需考虑其社会地位、历史背景、经营风格及人员素质等因素。

(3) 中间商的专业知识。这涉及中间商对产品、顾客、竞争对手及行业特性的了解程度。专业知识丰富的中间商能迅速开拓市场,降低成本,并为生产企业提供有力支持。

(4) 中间商的地理位置和拥有的网点数量。地理位置对批发商与零售商的选择均至关重要。理想的零售位置应是顾客流量大、交通便捷的地点。而批发商的选择则更看重其位置是否便于产品储存与运输,通常选择交通枢纽为宜。中间商拥有的销售网点越多,销售能力越强,与制造商的合作潜力也越大。

(5) 中间商的信誉。诚实、信用是对中间商的一条基本的道德要求。信誉不佳的中间商不仅难以长期生存,还会损害所经营产品的形象。在国际分销管理中,企业应尽量避免与信誉差、商业道德不端的中间商合作。

（6）预期合作程度。所选择的中间商必须要有积极合作的意愿和态度，否则将难以保证实现预期的分销目标。

12.4.4 控制和管理国外分销渠道

企业选择了中间商以后，还要加强对分销渠道的控制和管理。对国际分销渠道的控制和管理主要包括专门管理、健全档案、适当鼓励、定期评估、有效监督和内部协调等几项工作。

1. 专门管理

对于出口企业，尤其是频繁进行国际营销活动的大型企业而言，通常应当建立专门管理国际市场分销渠道的机构，或者至少指定专人负责此项工作，以确保对分销渠道实施更加专业化和系统化的管理。这一做法在西方发达国家的众多大型公司中十分普遍，它们设立专门机构，负责与中间商（或客户）的联络、交流、监管及管理工作，并取得了显著成效。同样，日本的一些公司也设立了国际市场客户部门，通过多种方式加强与中间商和客户的紧密联系，并持续调整对中间商或客户的管理策略。

2. 健全档案

与国内外的企业、银行、咨询机构及政府等保持沟通联系，不断收集、分析及整理关于中间商（尤其是本企业的客户）的信用信息资料。这些信息涵盖中间商的地理位置、发展历程、组织架构、资本规模、业务范围、经营特色、业务能力、财务状况、管理组织水平、经营风格、储运条件，以及双方的关系和合作态度等。此外，还需对这些资料进行系统的加工整理，分类归档，确保资料完整、清晰、简明，并且便于快速查询。

3. 适当鼓励

对中间商给予适当鼓励，目的是促使双方友好合作，互利互惠，融洽感情。鼓励的方法主要有以下几种。

扩展阅读12-7 对中间商的激励

（1）为中间商提供质量上乘的产品，是对其最有效的激励方式。

（2）为确保中间商对产品，尤其是初次涉足国际市场或品牌知名度不高的产品，能保持高度的经销热情，应给予其尽可能丰厚的利润回报。

（3）协助中间商进行人员培训至关重要。许多产品涉及安装、调试、维修等复杂环节，若生产企业无法全面覆盖，则需依赖中间商代为处理，并为其提供必要的人才培训支持。

（4）授予中间商独家经营权，可使其在市场竞争中占据优势地位，但同时也增加了生产企业的经营风险。因此，在选择独家分销策略时，企业必须进行深入研究并谨慎决策，以防中间商选择不当导致市场损失。

（5）企业与中间商应共同投入广告宣传，或提供广告及推销津贴等支持。此外，企业还可与中间商分担相关费用，以减轻其经济负担。

对于表现突出的中间商，应给予相应的奖励。这包括奖金、奖品、特别折扣、利润分成、增加津贴等多种形式。同时,双方可共同开展经销竞赛、联合设计橱窗或设置联营专柜等活动,甚至在对方重要节日、庆典等时刻致以祝贺,以加深彼此的合作关系。

4. 定期评估

生产企业并非仅仅被动地为中间商提供服务,而是在维护双方合作关系的同时,也应积极引导和监督中间商,以确保其正常开展销售业务,从而保障自身的利益。通常,企业会设定一系列评估标准,定期对中间商的销售业绩进行检查和评估,以便及时发现问题并采取相应的调整措施。这些评估标准包括特定时间段内的销售指标、平均库存水平、对顾客的服务质量以及与企业之间的协作情况等。其中,销售指标尤为关键,因为在国际市场营销中,某一地区中间商的销售业绩往往直接反映了企业在该市场销售目标的实现程度。基于销售业绩,企业可以对各中间商进行综合评价,表彰优秀表现,并针对发现的问题及时采取相应措施。

5. 有效监督

通过企业定期对中间商的检查评估,可及时发现现有渠道中存在的问题,这些问题可能有渠道模式不合理、个别渠道成员推销业绩较差、某些渠道成员与企业的合作不理想等。其具体表现在以下几个方面。

(1) 制造商本身的营销策略发生变化。例如,经过一段时间的筹备与了解,出口企业可能对国外市场有了更深入的认识,因此考虑调整其原有的出口渠道。具体来说,企业可能希望从间接出口转变为直接出口,甚至进一步考虑在海外目标市场区域投资建立生产基地。这样的战略转变意味着,企业需要淘汰原有渠道中的部分中间商。

(2) 分销渠道本身的原因。渠道成员冲突激烈,以致影响渠道运作。这时,就得考虑渠道改进问题了。

(3) 市场环境的变化。由于市场环境的变化,部分中间商可能无法继续在原渠道中提供服务,或者该产品的分销渠道在当前市场中变得不再适用。因此,必须考虑对分销渠道进行重新调整。特别是国际产品的分销渠道,由于其涉及范围广且复杂,所以渠道的调整与优化工作显得尤为重要,其产生的影响也更加深远。出口企业改善其分销渠道,一般有两种情形。

① 渠道成员的剔除和加入。渠道成员的剔除可能源于多种原因:它们无法满足出口企业的运营需求,或者其业绩表现未能达到出口企业设定的标准;有时,渠道成员自身认为继续在该渠道中运营不符合其利益,从而对出口企业提出反向剔除;另外,出口企业认为某些渠道成员的存在增加了运营成本,或者由于外部条件的变化,这些成员在渠道中的继续存在变得不再必要。在出口企业精心设计和投入运作渠道后,渠道成员的剔除通常与其工作绩效紧密相关。因此,为了确保剔除渠道成员的做法合理有据,出口企业应做好渠道成员的评估工作。

出口企业对渠道成员的评估主要从两个维度进行:首先是绝对评估,即仅基于渠道成员当前的销售额来确定其优劣。其次是相对评估,这包括两个方面:一是将渠道成员当前的绩效与其前期绩效进行比较,以增长(或下降)水平作为评估标准;二是评估该成员在整条渠道中的地位和作用,以及其对渠道效率和出口企业利益的影响,从而避免仅依赖销售额评估结果作出剔除决策,以免对渠道造成不可设想的后果。

实际上，在评估渠道成员时，除了考虑其绩效和对整个渠道的作用外，还需要评估剔除该成员可能带来的非渠道运作的法律影响。

因此，出口企业在评估渠道成员时，应全面考虑其绩效、对渠道的影响以及剔除后可能面临的法律成本。当渠道成员因不胜任工作而被剔除，且需要新成员来承担其原有功能时，就需引入新成员。当然，新成员的引入也可能因渠道成员数量不足而发生，而并非仅因现有成员被剔除。

② 分销渠道的放弃。出口企业在优化分销渠道时，其工作范畴往往超越了简单的渠道成员增减，有时甚至涉及对整个原有渠道的彻底舍弃。这种渠道的放弃主要体现为以下三种情形。

一是放弃长渠道采用短渠道，一般的企业都会走这条路。

二是在某些情况下，企业也可能放弃短渠道而采用长渠道。这通常发生在市场严重萎缩、企业几乎考虑退出该市场之际。由于市场仍存在少量需求，企业会选择通过长渠道来满足这些需求，同时将资源重新部署到其他更有潜力的市场，以避免短渠道持续消耗企业资源。

三是渠道的中间层次保持不变，但企业会改变市场区域，从而导致原有市场的产品渠道网络被出口企业废弃。这种调整通常是为了更好地适应市场变化、优化资源配置，或寻求新的市场机会。

6. 内部协调

在国际市场营销实践中，企业倾向于采用间接式渠道，即包含多个中间商的渠道结构。然而，这种多渠道结构容易导致中间商之间在利益上产生冲突和矛盾。为了确保整条渠道的高效运行，企业应致力于将这些矛盾和冲突降至最低。渠道内中间商之间的矛盾主要体现在两个方面。

（1）在同一地区同时有几家中间商经营本企业产品，这些中间商在产品价格、促销、服务等方面可能会发生程度不同的竞争，如处理不当，就会影响企业产品销售、企业声誉，导致整个流通环节效率低下，如中间商为争夺市场份额竞相降价，就会导致众败俱伤的后果。

（2）同一渠道中不同层次的中间商，如批发商和零售商之间，也可能因为利益分配问题而产生矛盾，进而影响产品销售和合作关系。

为了有效解决这两类矛盾，并协调好分销渠道内各成员之间的关系，企业应根据中间商的不同功能和业绩，合理设定让利水平。这样做旨在避免不公平竞争，使中间商能够共同为实现企业的销售目标而努力。

本章小结

国际营销渠道的决策过程极具挑战性,原因在于不同国家的渠道结构存在差异。尽管如此,与市场发展紧密相关的一些变化模式为精明的国际营销人员带来了新的渠道选择,并为他们获取竞争优势创造了机会。在设计渠道和制定策略时,必须考虑顾客、产品、中间商以及环境特征等多重因素。消费品的渠道可能会因为采用直接邮购、上门推销以及制造商自营商店等方式而变得更加直接。同时,制造商的销售团队、代理商/经纪人以及批发商等渠道也可以组合使用。相比之下,工业品的渠道类型较为有限,通常涉及制造商的销售团队、批发商、经销商或代理商。

分销渠道由营销活动和中间商共同构成,它们的作用在于使产品和服务的流通更加便捷。国际市场营销者需要作出关于建立国际分销渠道的决策,这些决策应聚焦于渠道的设计和中间商的选择。在完成基本的渠道决策后,国际市场营销者还需进一步确定使用不同类型中间商,以及每种类型应包含多少个中间商,或者是否需要使用中间商。鉴于国际销售中分销商的重要性,以及渠道决策在所有营销决策中的长期性特点,这一过程显得尤为重要。此外,渠道管理并非简单地将独立业务集合在一起,而是类似于团队凝聚的过程。通过有效的渠道管理,整个市场营销活动将变得更加高效。

关键术语

分销渠道(distribution channel)
直销(direct marketing)
物流(logistics)
独家经销(exclusive distribution)
渠道冲突(channel conflict)
经销商(distributor)
零售商(retailer)
连锁店(chain store)
批发商(wholesaler)

渠道层次(channel level)
间接销售(indirect selling)
订单处理(order processing)
配送(delivery)
市场覆盖(market coverage)
库存控制(stock control)
市场渗透(market penetration)
市场开发(market development)
中间商(middleman)

课后习题

1. 国际分销渠道决策过程中,哪个因素不包括在渠道决策的6个"C"中?
   A. 成本(cost)　　　　　　　　　　B. 资本(capital)
   C. 控制(control)　　　　　　　　 D. 客户满意度

2. 字节跳动公司在国际化分销过程中遇到的主要困难不包括以下哪项?
   A. 文化差异导致的消费者需求和行为模式各异
   B. 国外中间商介入增加管理控制难度
   C. 商品跨国流通中的物流风险
   D. 国际市场的需求不足

3. 国际分销渠道管理的含义不包括以下哪项?
   A. 制订渠道目标和选择渠道策略　　B. 选择、激励、评价、控制渠道成员
   C. 渠道改进　　　　　　　　　　　D. 直接生产产品
4. 以下哪个不是国际分销渠道成员的类型?
   A. 出口中间商　　　　　　　　　　B. 进口中间商
   C. 批发商和零售商　　　　　　　　D. 消费者
5. 国际分销渠道主要涵盖哪些模式?
6. 请对比分析美国与日本汽车零件分销渠道的不同之处。
7. 国际分销渠道中主要包含哪些成员?它们各自具有什么特性?
8. 企业在选择国际分销渠道时,会受到哪些因素的影响?
9. 请解释国际市场中分销的长度决策与宽度决策。
10. 如何对国际市场的分销渠道进行有效管理?

本章讨论案例

从一瓶洗洁精崛起的本土日化巨擘

蓝月亮,作为中国日化行业的佼佼者,其产品覆盖家庭清洁、个人护理等多个领域,深受全国乃至部分海外消费者的喜爱。蓝月亮的成长轨迹,可以说是中国日化行业快速发展的一个生动写照。自20世纪90年代初创,从一瓶简单的洗洁精起步,到如今发展成为拥有多个知名品牌和先进生产基地的综合性日化企业,蓝月亮始终与中国日化市场紧密相连、共同成长。

作为一家根植于中国的本土企业,蓝月亮深刻理解并把握住了中国市场的脉搏。21世纪初,随着中国经济的快速增长和消费者生活水平的提升,人们对于日常清洁用品的需求也日益增长。蓝月亮敏锐地捕捉到了这一市场机遇,不仅扩大了洗洁精的生产规模,还逐步推出了洗衣液、洗手液、地板清洁剂等一系列家庭清洁产品,满足了消费者对高品质生活的追求。

蓝月亮的成功,离不开其对技术创新的持续投入和对市场需求的精准把握。在早期,当大多数洗洁精还停留在传统配方时,蓝月亮就已经开始研发更加环保、高效的清洁产品。其推出的浓缩型洗衣液,不仅减少了包装材料的使用,还降低了运输成本,更符合现代"网购+快递"的购物模式,这一创新举措迅速赢得了市场的认可。

在营销策略上,蓝月亮也展现了其独特的眼光。在电视广告还占据主导地位的时代,蓝月亮就已经开始尝试多元化的营销方式,包括互联网广告、社交媒体推广等,有效提升了品牌知名度和市场占有率。同时,蓝月亮还注重与消费者的互动,通过线上线下活动,增强了消费者对品牌的忠诚度和黏性。

随着市场的不断细分和消费者需求的多样化,蓝月亮也在不断推出新的产品线和品牌。例如,针对高端市场的蓝月亮卫诺系列,以及针对年轻消费群体的蓝月亮宝宝专用系列等,都取得了不错的市场表现。这些新产品的推出,不仅丰富了蓝月亮的产品线,也进一步巩固了其在市场上的领先地位。

在国际化进程中,蓝月亮同样展现出了非凡的魄力和远见。公司积极拓展海外市场,通过与国际分销商的紧密合作,将产品销往全球多个国家和地区。蓝月亮深知,要在国际市场上取得成功,必须深入了解当地消费者的需求和习惯,因此公司加大了对国际市场的调研力度,不断优化产品配方和包装设计,以更好地适应不同市场的需求。

在可持续发展方面,蓝月亮也作出了积极的努力。公司致力于减少生产过程中的环境污染,提高资源利用效率,并推出了多款环保型产品。同时,蓝月亮还积极参与社会公益活动,回馈社会,展现了其作为企业的社会责任感。

展望未来,中国日化市场仍然充满着无限的可能和挑战。随着消费者需求的不断升级和市场的不断细分,蓝月亮将继续坚持技术创新和市场导向,不断推出更加符合消费者需求的产品和服务。在国际分销方面,蓝月亮也将进一步加强与国际分销商的合作,拓展海外市场,提升品牌在全球范围内的知名度和影响力。同时,蓝月亮还将加强与科研机构和高等院校的合作,推动产学研一体化,为中国日化行业的持续发展贡献自己的力量。相信在不久的将来,蓝月亮将从一个中国制造的品牌,成长为一个具有全球影响力的中国创新品牌。

讨论题

1. 蓝月亮的发展历程体现了影响企业选择国际分销渠道的哪些因素?
2. 蓝月亮的发展历程对其他企业的启示是什么?

(考核点:国际分销渠道决策的影响因素)

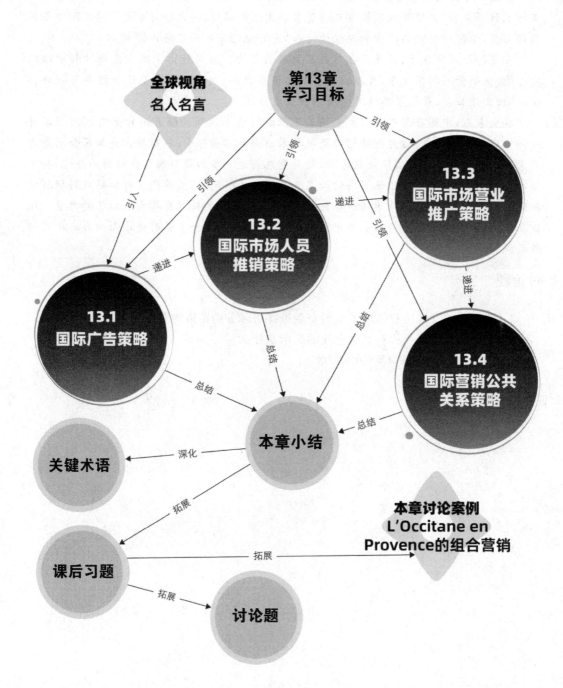

第 13 章

国际市场促销策略

学完本章,你应该能够:
1. 了解国际广告决策的主要内容;
2. 理解国际市场推销人员的管理;
3. 掌握国际营业推广的含义与特点;
4. 了解国际市场营业推广策略的制定;
5. 了解国际公关的发展及危机公关的处理。

全球视角

名人名言

真正的广告不在于制作一则广告,而在于让媒体讨论你的品牌而达成广告。
　　　　　　　　　　　　　　　　——菲利普·科特勒(现代营销学之父)
推销的要点不是推销商品,而是推销自己。
　　　　　　　　　　　　　　　　——乔·吉拉德(《怎样成交第一单》作者)
在购买时,你可以用任何语言;但在销售时,你必须使用购买者的语言。
　　　　　　　　　　　　　　　——玛格丽特·斯佩林斯(美国教育部原部长)

　　国际市场促销,与国际市场营销一样,构成了国际营销组合的一个核心要素。其作用在于通过向国际市场的个人、群体或机构传递公司产品的相关信息,进而促使他们接纳这些产品,以直接或间接的方式推动产品的交易过程。从更宏观的层面来看,这涉及维持一套面向国际市场目标客户群体的促销组合,同样包括广告、人员推销、营业推广和公共关系几大因素,然而,鉴于国际营销环境的多变与复杂特性,国际营销管理人员还必须因时、因地制宜,细心地规划、执行和协调各种促销沟通手段,以便对它们进行更好的利用。

13.1 国际广告策略

　　国际广告是国际化企业为达成特定目标,采用付费方式,借助广播电视、报纸杂志以及互联网等大众传媒工具,向目标市场的顾客及公众传达企业和产品信息的一种营销手段。得益于现代通信技术的飞速发展,通信渠道与新闻媒介已广泛普及,这使广告成为一种形式多样且效率极高的信息传播途径。各类广告的普及性、大众性和表现性等共同特点,是广告作为宣传影响手段最具优势的一个方面。数据显示,全球广告费用年均增长率约为10%,远超世界经济的增长速度。在一些发达国家,如美国,广告业已发展成为国民经济中一股不可小觑的力量。显然,广告不仅有助于塑造企业及产品的长远形象,还在激发消费需求、推动产品销售方面发挥着不可替代的作用,成为消费者作出购买决策时至关重要的信息依据。

扩展阅读13-1 国际广告的基本策略

大众传播媒体在世界范围内的迅猛发展,极大地开阔了人们的视野,大大促进了世界各地间的信息交流和沟通,为企业开拓国际市场创造了极为有利的条件。国际广告,作为企业国际营销战略中的一个关键组成部分,有助于企业在其国际目标市场中,为消费者和公众树立企业及产品的预期形象与定位,并确保积极信息有效传递至各国消费者,旨在开拓新市场、刺激需求增长及培养消费者群体。可以说,国际广告的成败直接关系到企业在国际市场上整个促销策略能否成功实施,企业在国际市场上的地位能否巩固,以及其他目标能否顺利实现。

为了确保国际广告策略的准确性,国际化经营企业一般需要在广告目标、广告预算、广告信息和广告媒体四个方面作出决策,并对广告效果进行评估。

13.1.1 国际广告目标决策

国际广告决策的第一步就是制订广告目标。这一目标的设定需紧密围绕企业制定的有关目标市场、市场定位和营销组合等营销策略,并与之相吻合。对以上策略的决策直接界定了国际广告活动在整体营销蓝图中所应达成的使命——在特定的时间段内,于特定的国际市场中,企业是否取得了对广告目标对象所要达到的沟通效果和销售业绩。按企业的沟通目的,广告目标可主要归纳为三大类:告知信息、劝导购买和巩固使用,如表13-1所示。

表13-1 国际广告目标

目标	告知信息	劝导购买	巩固使用
具体目标	确立企业形象	说服诱导顾客购买行为	维持品牌的最佳形象和知名度
	消除消费者的误解	劝导消费者购买你的品牌	促使顾客用更多的企业产品
	提供产品的信息	建立品牌偏好	提供顾客购买企业产品的地点
	介绍新产品及使用方法	让顾客加深对产品的了解	巩固淡季产品在消费者心中的印象
	介绍新用途	加强企业与顾客之间的联系	提醒消费者将来需要这个产品的可能性

在产品的导入阶段,企业通常会选择告知信息型广告策略,其广告的主要目标在于提高消费者对企业及其产品各方面情况如名称和性能等的认知度,初步激发市场需求,并诱导早期消费者进行购买。当产品进入竞争阶段,特别是生命周期中的成长期,劝导购买型广告便显得尤为重要。它们着重展示产品的实际应用效果,比如产品特性和应用场合,以此培养消费者对特定品牌的偏好。许多企业采用比较性广告,通过将自家产品与竞争对手的产品进行对比,来凸显自家产品的优势,如新兴电商SHEIN的快速时尚模式与传统零售巨头ZARA的稳健供应链比拼。产品步入成熟期,巩固使用型广告成为关键,如

SHEIN通过与时尚达人合作,强化品牌记忆,促使持续消费,凸显广告在维系用户忠诚上的重要性。

13.1.2　国际广告预算决策

制订广告目标之后,企业应制定广告预算,明确在国际广告领域的资金投入额度及具体的分配计划,以助力企业达成特定的销售目标。企业一般可采用四种方法制定广告预算:目标任务法、销售百分比法、竞争比照法和量力而行法。

1. 目标任务法

企业依据已制订的广告目标,进一步制定实现这一目标所需完成的各项任务。紧接着,企业会计算完成这些任务所需的总费用,从而确定整体的广告预算。这种分步骤、有条理的方法被广泛应用,因其逻辑性强且层次分明。然而,前提是企业必须确保所设定的广告目标是合理的,并且能够将这些目标合理地拆解为具体任务,这样才能精确估算广告费用,确保企业的广告资源得到最合理的配置和利用。

2. 销售百分比法

企业根据目前或者预期销售额的一定比例来确定广告开支。这种方法意味着广告投入是基于企业的经营实绩来调整的,促使管理层在审视企业运营策略时,能够综合考虑广告开支、产品定价与销售盈利的相互作用。但是,销售百分比法实质上是一种"平均主义"。这可能导致广告与销售之间的因果关系被误置或颠倒。在竞争激烈且多变的国际市场中,该方法显得较为僵化,缺乏足够的灵活性,可能会使企业错失有利的市场机遇,甚至有时与企业的长远市场发展规划相冲突。

3. 竞争比照法

国际市场上,企业之间的竞争往往首先通过广告战的形式展现出来,这种广告竞争的激烈程度鲜明地反映了企业为争夺市场份额和消费者青睐所付出的努力,若企业在广告战中落于下风,往往意味着将市场向竞争对手拱手相让。因此,许多企业比照竞争对手的广告预算,来确定自己的广告费用,确保在广告宣传上不落于人后。当然,国际市场千变万化,企业在资源、声誉、机会和目标各方面也有所不同,单纯模仿竞争对手的广告策略并不一定总是合理且有效的。故而,企业应当依据市场动态和自身实际状况,灵活调整,制订出最适合自己的广告预算计划。

4. 量力而行法

国际广告无疑是一项巨额投资。过高的广告费用会给企业带来沉重的经济压力,进而对企业运营产生不利影响。因此,部分企业会根据自身的财务状况来决定广告投入的规模。它们先向其他营销活动配置经费,再将剩余的资金拨作广告经费。尽管这种方法操作简便,但它却忽视了广告在现代市场营销中的关键作用。此外,这种方式还导致企业每年的广告或促销预算存在很大的不确定性,容易使企业在激烈的市场竞争中陷入不利地位。

13.1.3　国际广告信息决策

国际广告实质上是一种跨文化信息交流活动。由于世界各民族间文化差异巨大,当某一民族文化背景下的信息传播者向另一民族文化的受众进行广告传播时,广告内容势必受到这些文化差异的深刻影响。企业能否准确捕捉并适应这些文化差异,进而创作出既具有吸引力与穿透力,又能被目标市场消费者准确理解且乐于接受的广告,将在很大程度上决定其促销活动能否取得预期的成功。

1. 广告内容决策

在纷繁复杂的国际市场环境中,企业开展国际广告业务时面临的挑战在于如何平衡广告的标准化与本土化。支持本土化的一方强调,鉴于全球各国及地区在政治、经济、文化等领域的显著差异,国际营销人员应针对每个市场的独特属性,为不同的国家或地区定制内容和形式各异的广告,此即国际广告的本土化策略。相反,另一种观点则坚持,世界各地市场存在共通之处,消费者需求在诸多方面呈现一致性,国际营销者完全可以为世界各国统一设计制作在内容和形式上相同的广告,这样有利于企业在世界范围内塑造企业及其产品的统一形象,这就是所谓国际广告的标准化策略。

扩展阅读 13-2 标准化在区域品牌建设中的作用

这两种策略各具侧重点。本土化策略强调各国市场的独特性和差异之处,具有相当强的针对性,主要通过差异化的产品特点来满足当地目标市场消费者的特定需求,如新加坡的 Grab 采用本土化策略。Grab 在东南亚推广时,将各地文化特色融入广告中,强化本土连接。这种策略会导致较高的广告成本,但由于较好地满足消费者需要,而能扩大销量,带来较高的促销效益。标准化策略着重于各国市场的共通性,将一致的广告信息传递至不同国家的市场之中。例如 Netflix 在全球多个市场推出相同主题的原创剧集广告,有效降低了营销成本。星巴克在近年于 50 余国使用统一风格的节日限定饮品广告,获得了广泛的市场认可。这种策略有利于企业整体促销目标的制订、实施和控制,并且有利于成本控制和统一管理,从而获得规模经济效益。

国际市场上很少见到广告内容的绝对标准化或绝对本土化。许多跨国公司往往根据实际情况向其中一个策略侧重。在选择各种策略时,有四个因素可以考虑。

(1) 需求因素。虽然整体产品的核心部分向各国消费者提供了基本相同的利益,但对于产品其余部分所带来的价值或满足感,消费者的认知与体验可能存在相似性,也可能大相径庭。这在很大程度上决定了各国目标市场是同质市场还是异质市场。如是同质市场,则采用标准化策略;反之,则采用本土化策略。

(2) 产品性质。技术含量较高的工业产品较适合标准化策略,而许多消费品由于生活风俗习惯的差异,在广告宣传中应突出生产设计中的本土化因素,如电脑及其配件的广告较适合标准化策略,而食品较适合本土化策略。例如,韩国偏好发酵食品,对植物基酸奶容易接受;而法国重视奶酪文化,植物基奶酪广告需强调质地与风味,这就体现了广告的本土化差异。

(3) 环境因素。如果所销售产品的有关环境因素与各国市场差异较小,标准化策略较为可行;如差异较大,则选择本土化策略较为合适。

(4) 风俗习惯。各国风俗习惯的异同也是国际营销者在广告内容决策中需要考虑的重要因素。

另外,模式化广告策略现今也相当流行,为许多跨国公司所采用。模式化广告策略,是指总公司设定全球一致的基本广告信息与核心内容,而子公司则在执行过程中,依据各自所在国家市场的独特性,进行灵活且恰当的调整。这种广告策略既可取得标准化的规模效应,又能贴合不同国家消费者对广告的多样化需求,因而深受跨国公司喜爱。

2. 广告形式决策

在国际市场上,广告形式对广告信息传递的效果具有显著影响。一般而言,广告信息的传递形式主要体现在广告风格和广告语言的使用等方面(图 13-1)。广告的风格应体现所在国市场消费者喜闻乐见的表达方式,如生活场景、气氛、音乐、拟人、色彩、画面或科学证据,加强广告的渲染力和影响力。另外,广告语言的恰当运用同样至关重要。鉴于不同国家语言各异,且部分国家存在多语言并用的情况,加之语言中蕴含的文化细微差别难以精准把握,这些因素往往会在多种情况下制约或削弱国际广告的信息传递效力。

美国版的"程门立雪"

CNN实现了贼与社会的和谐统一

连中两发飞镖安然不动声色

图 13-1　CNN 创意广告

资料来源:CNN 创意广告——你无法忽视的新闻![EB/OL].(2015-08-18). http://blog.id-china.com.cn/archive/604794.html.

3. 其他相关因素

文化差异往往容易成为不同群体之间信息沟通的重大障碍。比如,某知名快餐品牌在日本市场推出一款以"牛肉汉堡"为主打的产品广告,未料到反响平平,原因是广告中强调的"大份量、高热量"与当地饮食文化中崇尚的"小巧精致、营养均衡"相冲突,导致消费者对其产品兴趣不大。因此,国际营销人员必须认真了解不同文化或亚文化之间的差异,特别是那些容易产生误会的微妙之处,如文化禁忌等,以免使国际广告产生反面效应。

政府管制也是影响广告业务开展的一个重要因素。比如西欧各国对某些产品的广告、广告媒介、广告信息和广告开支等方面的限制较为明显。有些国家设置了更为严格的广告内容审查制度,像 2021 年印度政府审查广告内容特别是对涉及健康与营养声称的食品广告,要求必须经过事先批准,这一举措使得多家跨国食品巨头如雀巢和可口可乐在印度的广告宣传活动面临延期和内容调整的压力。此类限制使企业在国际广告策略的制定和实施过程中难以全力而为。

扩展阅读 13-3　国际广告文化风险规避

超级链接 13-1　谷歌广告业务被英国称其滥用主导地位

13.1.4　国际广告媒体决策

广告媒体的选择对于促销效果具有决定性影响,甚至关乎企业能否成功开拓国际市场。在当今这个信息通信技术飞速发展的时代,广告媒体技术呈现出前所未有的多样性。

除了广播电视、报纸杂志这些传统传播媒体外,电话、图文传真、卫星通信以及全球互联网等新兴媒介技术的涌现,极大地丰富了广告促销的手段。尽管传统传播媒介在广告业务中依然占据重要地位,但我们不能忽视计算机互联网络的巨大发展潜力和它对企业国际广告媒介决策所产生的深远影响。

1. 国际广告媒体种类及特点

报纸是传统媒体中极为常见的一种。报纸上的广告具备制作快捷灵活、可信度较高、成本相对较低、受众群体广泛、传播速度快且覆盖面广等优势。然而,其主要不足之处在于读者往往只是浏览而过,导致广告的有效期相对短暂,同时广告的制作质量也相对一般。

电视广告融合了视觉与听觉元素,因此具有很强的感染力。其显著特点是传播方式多样且生动,能高效吸引观众眼球,同时地理定位能力也较强。不过,这种媒体形式的成本偏高,展示时间受限,且易受其他节目内容的影响。观众在选择观看电视广告时的自由度较低,若广告与热门节目编排不当,还可能招致观众的不满情绪。

广播广告在地理和人口选择上具有较强的针对性,非常适合进行广泛的大众宣传,且成本相对较低。然而,由于缺乏视觉元素,公众往往难以形成深刻的印象。当前,视听广告已在全球范围内成为企业传递产品信息的主导媒介。但值得注意的是,某些国家政府的法律法规对视听广告施加了限制,导致其在不同市场的应用效果存在显著差异。

杂志具有地理和人口选择性强、可信度较高的特点,但灵活性较差,且成本也相当高。值得注意的是,互联网广告正以惊人的速度崛起,其主要特点是传播极为广泛,制作及时灵活,生动活泼,观众有极大的选择余地,传递迅捷,加上其本身的技术特色可使观众与企业实现"双向"交流沟通,使广告极具感染力和参与性,其缺点是受电脑设备普及相对有限以及当前网络发展中的一些问题的限制。

扩展阅读 13-4 小红书的营销策略

互联网广告的独特之处在于提供消费者直接互动的机会,如抖音、微信等平台。其以多媒体、超文本为载体,融合声、像、动画,兼具传统媒体优点,传播广泛。然而,网络广告(internet advertising)也有局限,如广告面积小,常见旗帜广告仅报纸广告的1/9,信息量受限。尽管如此,其灵活的时效性仍具优势。另外,由于缺乏既懂广告设计又熟悉网络操作的技术人才,网络广告的表现形式也较为单调,不能很好地吸引受众。网络广告媒体与传统媒体相比具有不可比拟的优势,但其作为广告媒体也不可避免地存在某些不足或劣势。

2. 目标顾客的媒体习惯

在进行广告促销时,国际化经营企业需深入理解目标顾客的媒体使用习惯,以确保广告活动精准有效。因目标市场的顾客往往具有特定的媒体接触偏好,企业需对此有充分认知。例如,对于青少年而言,互联网可能是最为高效的广告媒介;而针对妇女、儿童用品,女性报刊或儿童杂志则更为适宜。此外,在选择国际广告媒体时,还需充分考虑各国政府的限制因素,因为政府的相关规定在很大程度上会影响企业能否在国际广告市场中获取有效的媒体资源。

3. 产品性质与特点

不同媒体在展示、阐述及可信度方面各具特色,企业应依据产品特性和属性,精选最契合的广告媒体。举例来说,彩色印刷杂志上的妇女时装广告能极大地吸引目光,尤其能激发年轻女性的兴趣;而掌上手写商务通的广告,则通过电视画面的生动实用演示,能达到最佳宣传效果。

4. 媒体成本

不同媒体的费用各不相同,这一费用不仅与媒体本身的知名度和影响力有关,还受到广告播放时长、时段热度以及版面大小和位置等多重因素的影响。例如,电视广告的黄金时段费用高昂,而报纸广告的次要版面则相对经济实惠。然而,企业在选择时,不应仅着眼于绝对成本,而应综合考虑实际促销效果及自身的财务状况,挑选出最为合适且有效的媒体。

5. 媒体的传播覆盖面和质量

显露时间和拥有率是衡量媒体传播覆盖面大小的两个关键指标,它们受媒体覆盖范围(如广播电视的覆盖区域)和媒体传播质量(如报纸杂志的发行数量)的影响。由于各国对各类媒体的显露时间有各自的规定,各种媒体在全球各地的拥有率存在差异。因此,世界市场上各国媒体的覆盖面呈现出显著的多样性。媒体的传播质量反映了该媒体在消费者心中的地位和形象。相对而言,媒体的传播覆盖面具有更大的影响力,企业可根据实际需求进行灵活调整和利用。

13.1.5 国际广告效果的评估

广告决策的最终环节是评估广告效果,这主要包括两方面:一是信息沟通效果,即广告是否准确传达给目标市场和公众;二是销售效果,即广告对销售额增长的贡献。沟通效果可通过广告前后的测试来评估,而销售效果评估则更为复杂,因为销售额受多种因素影响,如价格、收入、产品改进和分销渠道等,企业难以准确判断广告对销售额增长的具体贡献。

一般来说,企业常用的评估方法主要有两种。

(1)历史分析法。历史分析法运用先进的统计技术,分析过往各阶段广告投入与销售额之间的关联,以此评估广告促销的效果,并为未来的广告促销活动提供决策依据。

(2)实验分析法。实验分析法通过对比不同地区广告促销的效果差异,来评估广告投入增加对销售额的具体影响。同时,企业应积极探寻并应用多种评估技术,力求对广告效果进行客观、准确的评估,从而有效把控广告规划,确保广告作为促销策略的核心部分,能够发挥最佳效用。

13.2 国际市场人员推销策略

13.2.1 国际市场人员推销的功能及任务

人员推销,亦称作派员推销或直接推销,是一种历史悠久且至关重要的促销方式。它涉及企业派遣或委托推销人员、销售服务人员或店员,直接向国际市场的顾客(涵盖中间商与终端用户)介绍、推广并销售产品。在 20 世纪 50 年代之前,国际市场推销人员的主要职责在于运用各类推销技巧,竭尽所能地销售现有产品,即围绕现有产品寻找顾客、获取订单并完成交易。然而,自 20 世纪 50 年代起,西方企业在市场营销观念的指引下,对人员推销的功能、任务及作用进行了重新定位,使其与企业的整体市场营销活动相协调,以更好地满足国际市场消费者的需求。现代国际市场人员推销的功能和主要任务有以下几点。

扩展阅读 13-5 人员推销的策略

(1) 推销人员需具备开拓能力,能洞察市场机遇与潜在需求,开发国际市场新客户。他们应掌握全球文化背景、国际市场知识,紧跟国际行情与环境变化,并具备优秀的社交、推销技巧及高水平外语能力。同时,推销人员还需保持稳重进取的态度,拥有强烈的事业心和爱国情怀。

(2) 推销人员需擅长接近顾客,精准推荐商品,并有效说服顾客接受订货,顺利洽谈交易。面对国际市场形形色色的顾客及其多样化的需求,发现并接近顾客、进而说服他们,是一项极具艺术性的挑战。这要求推销人员必须掌握高超的推销技巧。

(3) 推销人员需提供优质销售服务,包括免费送货上门安装、咨询、技术协助、及时交货及必要时解决财务问题、产品维修等。这要求推销人员不仅擅长推销,还熟悉业务、精通技术,以满足国外客户多样化需求。例如,日本推销员,特别是工业用品和高档耐用消费品领域的,多为高水平技术专家。他们亲自拜访重要中间商和用户,耐心倾听意见,解答问题,阐述产品利益,并提供经济和技术咨询。

(4) 推销人员需传递产品信息,提升企业形象与信誉,让顾客了解产品服务。他们不仅负责销售,还承担广告功能,参与国际市场广告活动,同时负责信息传递与反馈,实现广告推销才能达到的目的。

(5) 推销人员需进行市场研究,收集并反馈市场信息,助力制定营销策略。如日本公司推销人员,常亲临现场获取一手资料,通过与中间商交流,掌握产品、竞品及市场动态。同时,推销人员需直接接触顾客,了解其消费态度、观念、产品使用方式及未来需求。公司依据这些信息,制定营销战略,开发新产品与市场,确保企业持续竞争优势。

国际营销案例 13-1 乔·吉拉德的名片推销

现代人员推销的功能与任务相较于传统更为广泛,展现出以消费者为核心的显著转变。总体而言,人员推销具备诸多优势,仍是市场促销活动的主导方式。然而,它也存在一定局限性,企业在制定促销策略时,需对此予以充分考量。

13.2.2 国际市场人员推销的优缺点

在国际市场上采用人员推销方式,主要有以下四个优点。

(1) 人员推销是最为直接且灵活的销售方式。推销员能够面对面与顾客交流,针对顾客对产品的不同需求、偏好、动机及行为,进行有针对性的介绍,并灵活调整自己的言辞与举止。例如,通过观察顾客的表情、动作等细微变化,推销员可以敏锐地捕捉顾客的心理动态,适时调整推销策略,增进与顾客的情感沟通,从而有效促成交易。

(2) 推销人员可现场演示产品使用,有效消除国际市场顾客因商品规格、性能、用途或语言文化差异等产生的疑虑。通过人员推销,顾客能更直观地了解商品,激发好奇心,同时消除陌生感与恐惧感。此外,推销人员还能深入了解顾客的购买动机,这种直接且显著的效果是其他非人员推销方式所无法比拟的。

(3) 人员推销有助于增进买卖双方关系,进而深化友谊,而这份友谊又能吸引更多潜在客户。在国际市场营销中,良好的关系至关重要。例如,在中东和非洲某些国家,与陌生人或关系疏远的人达成交易往往困难重重。因此,许多国家在向这些市场拓展时,倾向于派遣推销员,他们首先与目标市场的潜在客户建立联系,增进相互了解,待双方建立友谊后,再顺势开展业务洽谈和推销活动。

(4) 推销人员深入市场一线,能够迅速捕捉顾客反馈与竞争对手动态,及时提供宝贵信息,为企业市场研究及新产品开发奠定坚实基础。实际上,国际市场中的大量信息正是由这些推销人员收集并提供的。

当然,国际市场上的人员推销也存在局限性。首先,推销人员难以覆盖整个国际市场,推销范围有限,通常只能选择性或试点性地进行推销,有时效果可能不如非人员推销方式。例如,对于需要广泛覆盖、快速推广的产品,广告促销往往比人员推销更为有效。其次,人员推销的成本通常较高,会增加销售成本,进而推高产品价格,这在国际市场竞争中显然是不利的。最后,国际市场推销人员需具备高素质,但这样的人才既难以招募,又不易培养。

13.2.3 国际市场人员推销的类型

在国际市场上,人员推销通常包括四种类型。

1. 企业经常性派出的外销人员或跨国公司的销售人员

他们在国外专职从事推销与贸易谈判工作,或定期赴国际市场进行调研、考察及访问,同时开展推销活动。这是国际市场人员推销的常见模式。

扩展阅读 13-6 销售人员扮演的角色

2. 企业临时派出的有特殊任务的推销人员和销售服务人员

这种形式通常涵盖三种情形:一是当国际目标市场遭遇特殊难题时,若其他手段无法奏效,企业需派遣专业推销或其他相关人员前往处理。二是当企业意外发现庞大且值得进入的市场时,会组建专业推销团队,集中力量进行推销。三是企业建立后备推销小组及维修服务团队,随时待命。一旦接到任务,他们便出国推销并兼顾维修工作,或在国际市场维修时顺带开展推销。此外,许多西方公司还会特别组建专家小组,在国际市场进行巡回考察、调研与推销，以解决与企业相关的经济、贸易及技术问题。

3. 企业在国外的分支机构（或附属机构）的推销人员

许多国外大公司，尤其是贸易公司，均在海外设有分支机构或附属机构，并配备有专门的推销人员，负责特定区域的公司产品推销工作。这些推销团队不仅包含本国员工，还大量聘用当地人或熟悉当地市场的第三国人员，如委托第三国公司在当地的推销人员代为推广。日本和美国的一些贸易公司，甚至会委任当地人员来管理、领导和指挥特定区域的推销活动，因为他们更了解当地市场，能更有效地接触并服务目标顾客。

4. 利用国际市场的代理商和经销商进行推销

在许多情境下，企业会选择通过国外中间商来代理推销，而非直接派遣推销人员。这通常发生在企业不熟悉国际市场、新产品初入国际市场风险较大、难以招募到合适的推销人员、出口量小不值得派遣人员，或是无法承担国际市场人员推销的高昂费用等情况下。然而，采用国外代理推销时，企业必须实施适当的监督与控制，不能完全依赖代理的意见和策略。在必要时，企业应直接了解目标市场顾客情况，或派专业人员辅助代理推销，甚至直接派遣自己的推销人员。对这些策略，企业应谨慎选择。此外，企业还可在主要市场设立常驻贸易代表，以协助代理推销人员在该市场开展推销工作。

13.2.4　国际市场人员推销结构

国际市场人员推销结构，指推销人员在国际市场的分布和内部构成。它一般包括四种类型。

1. 地区结构型

每名推销人员负责两个特定地区的全部产品推销工作。这种结构颇为常见且简单易行，因为它通过明确划分国际市场销售区域，使推销目标清晰可量，便于评估推销人员的工作成效，同时能够充分发挥他们的综合能力，并有助于企业降低推销成本。然而，当产品或市场存在较大差异时，推销人员可能难以全面深入了解各类产品及顾客需求，从而直接影响推销效果。

2. 产品结构型

每名推销人员专注于推销一种或特定几种产品，不受地域限制。对于出口产品种类繁多、分布广泛、差异显著且技术性能和结构复杂的企业而言，这种推销形式尤为有效，因为推销人员对产品技术特性有深入了解，能够更专注于推销特定产品，并为相关顾客提供专业服务。然而，这种结构的显著弊端在于，不同产品的推销人员可能会同时前往同一地区（甚至同一客户处）进行推销，这不仅不利于推销费用的节约，也可能妨碍国际市场促销策略的统一制定与执行。

3. 顾客结构型

根据顾客类型的不同来构建推销人员结构，是国际市场推销中的一种常见做法。鉴于国际市场顾客类型的多样性，相应的顾客结构形式也呈现多元化。例如，按照服务行业划分，可以针对机电、纺织、手工业等不同领域派遣专门的推销员；按照服务对象企业来分，可以安排甲推销员专门负责A、B、C三家企业的推销工作，而乙推销员则专注于D、E、F三家企业的产品销售；根据销售渠道的不同，批发商、零售商、代理商等也可由各自的推销人员专门负责；此外，还可以根据客户的经营规模及与企业的关系，为大客户、小客户、主要客户、次要客户、现有客户和潜在客户等分配相应比例的推销员。这种结构形式的显著优势在于，能够紧密并稳固地建立企业与顾客之间的关系，从而形成良好的公共关系。然而，当顾客分布较为分散或销售路线过长时，可能会导致推销费用显著增加。

4. 综合结构型

在企业规模庞大、产品种类繁多、市场覆盖范围广且顾客分布分散的情况下，单一采用上述三种推销人员组织结构形式中的任何一种都难以有效提升推销效率。因此，可以考虑综合运用这三种形式来组织国际市场推销人员。例如，美国的一些大型公司会根据产品和市场的特性，在东亚、东南亚、西亚、非洲等地区主要采用地区结构型的推销方式；而在西欧、日本、澳大利亚和拉丁美洲地区，则更倾向于结合产品结构型、顾客结构型和地区结构型来组织推销人员，以实现更广的市场覆盖和更好的推销效果。

13.2.5 国际市场推销人员的管理

国际市场推销人员的管理主要包括招聘、培训、激励、业绩的评估各环节。

1. **国际市场推销人员的招聘**

国际市场推销人员的招聘大多在目标市场所在国家进行，因为当地人更熟悉本国的风俗习惯、消费习惯以及商业操作模式，并且与当地政府、商界人士以及消费者或潜在客户建立了广泛的联系。然而，推销这一职业在不同国家或地区的社会地位和性质存在显著差异。以日本为例，过去推销员职业常被视为较低层次，大学毕业生往往不愿涉足。但近年来，这种观念已逐渐转变，目前日本企业的推销人员中，大学毕业生已占据多数。在海外市场招聘当地推销员时，还会受到当地人才市场结构的制约，在某些国家或地区，寻找符合要求的推销人才并非一件易事。

企业也可从国内挑选人员赴海外担任推销职务。所选派的外销人员需具备适应海外目标市场社会文化环境的能力，例如，派往伊斯兰教地区的推销员应熟悉并尊重伊斯兰教的信仰习俗。同时，推销人员还需精通当地语言。由于这些外派人员已在企业内部有过工作经历，对企业的业务流程了如指掌，且企业对他们的业务能力和个人品质有深入了解，因此他们往往会被委以重任，担任骨干角色或领导职务。

2. **国际市场推销人员的培训**

（1）培训的地点与培训内容。推销人员的培训地点既可选择在目标市场所在国，也可设在企业本部或企业的地区培训中心。对于跨国公司的推销人员，培训通常安排在目标市场所在国进行，内容涵盖产品知识、企业介绍、市场概况及推销技巧等；若推销人员为当地招聘，则培训应侧重于产品知识、企业概况以及推销技巧；若推销人员是从企业内部选拔并派出的，培训的重点则应放在派驻国的市场营销环境及当地商业习俗上。

（2）对高科技产品推销人员的培训。针对高科技产品，企业可将推销人员集中至企业培训中心或地区培训中心进行专业培训。鉴于高科技产品市场在全球范围内具有较高的相似性，且其培训任务与技术要求相对复杂，因此需聘请相关领域的专家或经验丰富的业务人员来担任讲师。

(3) 对推销人员的短期培训。随着科学技术的不断进步,新技术、新工艺和新产品层出不穷,同时市场供求关系与竞争态势也在不断变化,这就要求企业适时调整推销计划或开拓新市场。为此,企业需要对推销人员进行临时性的短期培训。对于这类培训,企业可以采取两种形式:一是组织巡回培训组赴各地进行现场培训,二是将推销人员集中至地区培训中心进行短期集中培训。

(4) 对海外经销商推销人员的培训。在国际市场营销中,企业往往借助海外经销商

超级链接 13-2 华为科技研发团队构建与激励机制

来推广产品。为海外经销商的推销人员提供培训,是工业用品生产商经常需要承担的一项任务。这种培训通常是免费的,因为提升经销商推销人员的素质与技能将直接促进海外市场销量的增长,从而实现生产商与经销商的双赢。

3. 国际市场推销人员的激励

针对海外销售人员的激励措施,可以划分为两大类:实质性的物质激励与深层次的精神激励。物质激励主要体现在直接的经济回馈上,如基础薪资、销售提成、绩效奖金等;而精神激励则涵盖了职业发展机会、职位晋升、特别权限赋予等多维度的非物质奖励。企业在激励海外销售人员时,应当巧妙融合这两种激励方式,以全面激发销售团队的热情与潜能,进而提升销售业绩。举例来说,菲利普·莫里斯公司在开拓委内瑞拉市场时,采取了一项有效的激励策略:不仅定期发布销售业绩排行榜,对表现优异的销售人员给予现金奖励,还特意为排名前四位的销售精英举办庆祝宴会,以此作为对他们杰出贡献的公开认可与表彰。

在激励海外推销人员时,必须深入考量跨文化因素的差异。由于海外推销团队可能由来自全球各地的成员组成,他们各自承载着独特的社会文化背景、行为规范及价值体系,因此,对于相同的激励策略,他们可能会产生截然不同的反应与接受度。一项研究对此进行了深入探讨:通过让日本与美国两家规模相当、业务相似的公司的销售代表对一系列工作相关潜在回报进行评分(总分设为 100%),揭示了显著的文化差异。结果如表 13-2 所示,相比之下,日本销售代表更加重视来自社会的认可与尊重;而美国销售代表则更倾向于追求个人职业的成长与发展机会。

表 13-2 各种回报(激励)对于营销人员的重要性程度   %

各种回报指标	相对重要性	
	日本销售代表	美国销售代表
工作安全感	18.3	17.6
职务晋升	13.7	14.9
表现出色增加工资	24.7	26.2
成就感	18.5	18.2
社会认可(销售俱乐部)	8.1	5.2
个人的成长与发展	16.6	17.8
总分	100	100

4. 国际市场推销人员业绩的评估

海外推销人员的激励机制,应建立在对其销售业绩全面考核与评估的坚实基石之上。然而,企业对海外推销团队的考核与评估,其目的不仅限于表彰业绩突出的个人,更重要的是识别出市场表现不佳的区域与人员,深入分析背后的原因,精准定位问题所在,并采取有效措施进行改进。推销效果的考核与评估指标,可从两个维度来考量:一是直接销售成效,诸如销售产品的数量与价值、销售成本的控制、新客户占比等核心指标;二是间接销售影响,包括客户拜访的次数与频率、品牌与产品知名度的提升幅度、客户服务满意度以及市场调研任务的完成情况等综合性指标。

在对人员推销效果实施考核与评估的过程中,企业应充分融入对当地市场特性的考量,以及深入剖析不同社会文化环境所带来的影响。例如,针对某些销售难度较大的地区,企业应灵活调整,适度降低销售目标或提高奖励标准,以适应当地市场的实际情况。若企业在多个海外市场同步开展推销活动,建议根据各市场的特征进行合理分组,并设定针对性的小组考核标准。这样一来,便能更有效地对比分析不同市场环境下推销人员的业绩表现,确保评估的公正性与准确性。

13.3 国际市场营业推广策略

13.3.1 国际市场营业推广的含义与特点

1. 营业推广的含义与作用

国际市场营业推广作为一种促销策略,超越了人员推销、广告及公共关系等传统手段,专注于在广阔的国际目标市场中迅速激发消费者需求,促进销售增长。与广告对消费者行为的间接引导不同,营业推广旨在实现两大目标:一是鼓励消费者尝试新品牌或新产品,尤其对于初入国际市场的产品而言;二是推动现有产品销量的提升或加速库存周转。自20世纪70年代以来,无论是企业界还是非营利组织,在全球范围内均广泛采纳了营业推广策略。当前,国际市场营业推广的总投入正逐渐赶超广告费用,这主要归因于营业推广在刺激需求方面的即时成效。此外,全球范围内的通货膨胀与经济衰退使得消费者更加注重性价比,消费行为趋于理性。同时,长期以来的广告饱和状态导致消费者对广告的敏感度降低,广告效果相对削弱。因此,从国际市场营销的视角出发,将广告与营业推广有机结合,能够产生更为显著的营销效果。

2. 营业推广的分类

在国际市场上,营业推广一般可分为三类。

1) 直接对消费者或用户的营业推广

提供样品试用、发放奖券与优惠券、实施奖励性销售、开展商品咨询与专属服务、组织展览会、推出分期付款方案、进行现场演示，以及在销售点进行显眼展示等，均是有效的营业推广手段。其中，优惠券作为一种关键的推广方式，允许国际消费者在购买特定商品时享受直接的价格减免。与直接降价相比，优惠券策略更为灵活且优势显著。直接降价后，价格回调往往面临挑战；而通过调整或取消优惠券的发放，企业可以根据市场反馈灵活调控价格。针对国际市场消费者的营业推广，其核心目的在于提升产品知名度，激发消费者的购买意愿，从而推动销量增长。这些策略构成了国际市场营销中不可或缺的促销组合。

2) 直接对出口商、进口商和国外中间商的营业推广

购货折扣、推销奖金、销售竞赛、合作广告与联营专柜设立、样品及纪念品赠送、橱窗设计支持、展览会与展销会组织，以及工商联谊会或各类贸易洽谈会的举办等，均属于营业推广的范畴。这些策略旨在促进企业与中间商之间的紧密合作，提升中间商销售本企业产品的效率与积极性，激励其增加进货量、加大推销力度并积极宣传产品。对于初入国际市场或知名度尚低的产品而言，依托中间商进行推广尤为关键。例如，柏林电影节欧洲电影市场为独立电影人提供了与国际代理商建立联系的宝贵机会。对独立电影人而言，委托销售代理进行影片营销，不仅是寻求发展的策略，更是实现与市场有效对接的重要途径。

3) 鼓励国际市场推销人员的营销推广

前面讲过，国际市场推销人员涵盖企业外销人员、国外分支机构推销员、出口商推销员、进口国相关推销员及当地聘请的推销员。为激励他们拓展市场、提升服务，企业可根据情况提供红利、利润分成、高额补助等优惠，并辅以精神与荣誉鼓励。同时，可开展推销竞赛、接力推销、推销奖金等活动，以促进销售。

3. 营业推广的特点

扩展阅读13-7 营业推广的作用

营业推广作为一种高效的促销策略，能迅速激发目标市场需求，使销量大幅增长，尤其对于品质卓越、具有民族特色的产品效果更为显著。它为消费者提供了独特的购买契机，以其具体、实在、针对性强及形式灵活多样的特点，深受寻求高性价比的消费者和低收入群体的青睐。然而，在国际市场实施营业推广需谨慎，需确保在恰当条件下以合适方式开展，以免损害产品形象，让消费者误解为急于脱销，甚至质疑产品质量或定价合理性。因此，在国际市场营业推广时，应综合考虑市场供需、产品特性、消费者购买动机与习惯、产品生命周期、竞争态势，以及目标市场的政治、经济、法律、文化、人口结构和科技发展水平等多重因素，作出明智选择。

13.3.2 国际市场营业推广的有效形式

营业推广的表现形式丰富多彩、变化无穷。数据调查发现，折扣能激发购物者的消费欲望，比如美国2024年假日季与2023年假日季相比，每1%的降价会带来约1%的商品需求增长，因此企业、超市会通过发放折价优惠券、"付费赠送"等营业推广手段来刺激

消费。

据调查,仅对消费者的营业推广,就有530多种方式。鉴于篇幅所限,无法详尽探讨所有营业推广方式,以下将重点介绍几种经实践验证对消费者极为有效的营业推广形式。为了便于掌握,根据这些营业推广形式涉及的不同主题,我们将之概括为以价格、赠送、奖励和展示为核心的四个主题群。

1. 以价格为核心的营业推广

这种形式的营业推广以商品或服务的价格变化(通常是价格减让)作为刺激消费者消费的主要手段。其常见应用形式有以下几种。

1) 折价销售

折价销售是消费者营业推广中最为常见的策略之一,具体指商家在限定时间内对商品价格进行直接减免(例如商品以七折或八折出售),一旦促销期满,商品即恢复原价。管理学家罗伯特·塔克尔(Robert Tucker)指出的21世纪十大经营趋势,其中之一便是"折价竞争",他说:"企业为了缔造佳绩,都必须了解折扣这项趋势。折扣就像一种病毒,正蔓延到所碰触的每种行业。"美国有家名为"星辉"的咖啡店,其宣传语是"别忘了,若你的咖啡没附赠甜点,那你肯定错过星辉咖啡"。在星辉咖啡店,顾客总能享受到买一送一的甜品优惠。这样的促销策略让星辉咖啡店迅速崛起,短短数年间便发展成为拥有150家连锁店的知名品牌。

2) 优惠卡券

这是一种提供购物折扣的凭据,消费者凭此券或卡可在购买时获得特定的价格减免。优惠券的分发方式多样:可通过邮寄直接送达消费者手中,也可刊登在杂志、报纸上供读者剪裁使用,还可放置于产品包装内作为赠品,或在销售现场根据顾客购买情况灵活发放。对于高频购买的商品,优惠券的促销效果显著。而优惠卡,则通常由商家或制造商直接发放,旨在吸引并保持具有消费兴趣与能力的忠实顾客,促进他们持续回购。优惠卡主要分为贵宾卡和会员卡两种形式,消费者只需一次性达到一定购买金额或支付一定入会费用,即可获得此卡,并享受后续的购物折扣。

3) 特价包装

厂商对旗下商品实施零售价折扣,并将折扣额度明确展示于商品包装或价格标签之上。特价包装的形式灵活多样,可以直接在包装上印出原价与供应特价,如苹果公司在iPhone 13的包装盒上明确标注"原价6 999元,限时特惠5 999元"的字样;也可以将同款产品搭配配件进行打包促销,如购买iPhone 13即赠原装充电器和耳机,价格却仅略高于单机原价;还可以将不同但互补的产品组合销售,如智能手表与健身手环的套装,或是平板电脑与键盘的组合。有些品牌甚至在产品包装上直接印制"官方指导价×××",与实际售价形成鲜明对比……各式各样的价格展示,极大地促进了产品的销售。

特价包装策略更适用于高频购买且价格相对亲民的商品促销。然而,在应用此推广手段时,需谨慎控制使用频率,以免过度使用导致商品市场价格定位模糊,进而对品牌形象造成不利影响。

4) 退款优惠

消费者在购得商品后,可将相关购买凭证(包括注册商标、商品条码及购货发票)邮寄至厂商,厂商收到后将退还部分货款给消费者。但鉴于邮寄购买凭证的过程烦琐、耗时,消费者往往对此优惠活动的参与度不高,进而影响促销成效。为提升参与积极性,厂商可在商品包装上直接印制退款流程指南,或随商品附赠已付邮资的退款凭证邮寄信封,以此激发消费者的参与兴趣。退款优惠作为一种促销手段,其功能与折价销售、优惠券及优惠卡相类似,旨在鼓励消费者尝试新产品,且其运营成本相对较低。

5)以旧换新

扩展阅读13-8 国美双11绿色换新

消费者在购买商品时,若能提供同类产品的废旧品,即可享受价格上的折扣优惠。以旧换新活动中的"新"与"旧"在品牌关联上,通常有两种实施方式:一是要求"新""旧"商品品牌一致,如美国博士伦公司每年在中国开展的以旧换新活动,就明确规定回收的"旧货"必须是博士伦品牌的隐形眼镜镜片,这种策略对于巩固现有市场份额和推动产品更新换代具有显著效果。二是只要"新""旧"商品属于同一类别,品牌可以不同,比如上海浦东新区海尔公司推出的冰箱以旧换新活动,顾客携带任意品牌的旧冰箱,均可在购置海尔新冰箱时获得100元的减免。这种不局限品牌的以旧换新模式,对于扩大顾客基础、提升品牌认知度具有积极影响。

以价格为核心展开的营业推广是一种高效的促销手段,但在实际操作中需精准把控其运用尺度。因为价格是柄双刃剑,使用得法,可以促使销量增长;使用失当,则不仅祸及同业,也有害于己。为提高运作效率,要遵循以下几个原则。

(1) 凸显折价事实。运用各种宣传媒介广泛告知折价事实,让消费者知晓并留下深刻印象。如在报纸、地方电视台、街道、横幅、商场公告宣告活动的内容,以激发消费者购买欲。

(2) 优惠幅度有力。优惠幅度过小无法触动消费者,难以发挥促销效果,反而可能让厂商给人以虚有其表之感。通常而言,优惠幅度在15%~20%之间较为适宜,能有效吸引顾客。然而,当优惠幅度超过50%时,必须提供充分且令人信服的理由,否则消费者可能会质疑商品的真伪。若厂商无法对大量商品同时实施优惠,可选择少数几种商品进行大幅度降价,以吸引顾客关注。

(3) 控制活动的频次。活动间隔和次数不要太密,不能让顾客形成"优惠依赖",总盼"优惠如期而至",有优惠则买,没优惠则持币待购,长此以往,厂商将难以维持正常经营。

2. 以赠送为核心的营业推广

赠送是厂家或商家为影响消费者行为,通过馈赠或派送便宜商品或免费品,来介绍产品的性能、特点和功效,建立与消费者之间友好感情联系的有效促销形式,以赠送为核心的营业推广形式主要包括如下三种。

1) 赠品

消费者购买商品后,可免费或低价获得额外商品作为赠品。赠品形式多样:有的与所购商品相同,如买十包心相印餐巾纸送两包;有的则是与商品无关的纪念品,如购欧莱雅化妆品附赠精美化妆包,购海飞丝洗发露赠送小方巾;有的赠品与所购商品相关,如购洗衣机赠洗衣粉或烫衣架,购高档商品房赠豪华家具;还有的赠品是时尚新品,比如购大众甲壳虫轿车送车载冰箱,购摄影机送硬盘。这些赠品策略旨在提升消费者购买体验、增强品牌吸引力。

赠品的发放方式主要有两种：①随货赠送，顾客每购买一款商品则免费获得相应赠品；②量额赠送，顾客购买企业某种产品达到一定批量或金额时，可以免费得到赠品。

2）赠券

消费者购买商品时，企业会赠送交易赠券，积累到一定数量后可在指定地点兑换赠品。例如，在法国部分大中城市的游乐场，参与每项游艺活动都能获得赠券，赠券累积越多，可兑换的赠品价值越高，从简单的小铅笔到精美的台历，乃至深受青少年喜爱的跳舞毯，琳琅满目。这种赠券策略有效激励消费者增加对本企业产品的消费，对扩大企业市场份额具有显著推动作用。

3）样品

在新产品推广初期，企业通过向消费者免费提供样品进行试用，让消费者亲身感受产品的优势，进而促进购买行为。中国某家公司推出了一款名为"悠然茶香"的绿茶饮料，为探测市场反响，公司先向500名中国消费者寄送样品免费品尝一周，一周后公司回收反馈，结果显示480名消费者愿意以每瓶3元的价格继续购买。公司最终决定以每瓶4.5元的价格将"悠然茶香"推向市场，并迅速赢得了消费者的广泛好评。

赠品、赠券和样品作为以赠送为核心的营业推广形式，其促销效果的关键在赠送品的吸引力及赠送时机的选择。

3. 以奖励为核心的营业推广

企业为激发消费者的购买行为，会采取奖励措施，如现金回馈、实物赠送、荣誉称号授予或旅游奖券等。"奖励"这一形式的独特之处在于其高度的参与性，即便不是每位顾客都能获奖，但参与过程本身就能带给他们满足感。因此，以奖励为核心的营业推广，其核心在于营造热烈的参与氛围，让顾客积极参与其中。通常，这类推广形式包括竞赛、抽奖（或摇号）、猜奖以及现场兑奖等。

1）竞赛

企业会制定详细的竞赛规则，邀请消费者按照规则参与活动，并有机会赢取预设的现金奖励、实物奖品、荣誉称号或旅游奖券等丰富奖项。这些竞赛的内容通常与主办企业的自身特色或产品紧密相关。例如，宝洁公司在推广其润妍护发素时，举办了一系列文化大赛，内容既包括了中国传统书法比赛，也涵盖了黑白摄影比赛，甚至还有关于东方女性美标准的深入探讨。这些赛事活动与企业产品特性呼应，形成了独特的竞赛风格。

2）抽奖（或摇号）

消费时，顾客可获得抽奖机会，中奖者通过抽取票号或摇转数码确定。如可口可乐在饮料罐拉环印号码，公证后摇转数码定中奖号，奖品含丰厚奖金或免费旅游。抽奖奖励丰厚，让消费者在消费中享意外惊喜，参与热情高涨。

3）猜奖

邀请消费者参与预测特定结果，对于预测准确的参与者将予以奖励。例如，日本富士达饮料曾举办一项名为"预测赢奖"的活动，挑战消费者猜测"一辆丰田可乐娜轿车能装载多少罐富士达饮料"，并以雅马哈摩托车作为奖励。此活动一经推出，便吸引了大量消费者的热情参与，迅速推动了富士达饮料在日本市场的热销。与抽奖（如摇号抽奖）不同，后者的奖项是预设且数量固定的；而猜奖则难以预估最终的中奖人数，可能无人获奖，也可能有多名幸运儿。因此，在设置奖项时，必须做好充分准备，确保一旦消费者成功预测，企业能够兑现承诺的奖品。

4）现场兑奖

根据消费金额，消费者将获得奖券，并可在现场通过刮开或揭开的方式揭晓奖项，中奖者能即刻领取奖品。销售现场通常会展示极具吸引力的奖品，以此形成强烈的视觉刺激，聚集人气，营造出热闹非凡的氛围。在颁奖环节，往往伴随着鼓乐轰鸣、人声鼎沸，场面热烈且鼓舞人心，有时还会吸引周边居民和过往行人驻足观看，甚至进入销售区域参与活动。

以奖励为核心的促销活动要取得良好效果，关键是活动的主题设计和奖项的选择，活动主题即活动内容的高度概括。奖项的选择应根据活动对象的特点及活动主题来确定，如活动对象是中低收入阶层的消费者，则宜选奖金或实物奖品形式；如果是面向高收入阶层的消费群，应更多考虑奖项对精神、心理的满足程度。即使是同一活动主题，也应在奖项选择上不断出新。如宾尚公司开展的"奖100大抽奖活动"，以100种不同类别的东西组成奖品，有时奖一部新车，有时送100把芦笋，有时送10万美元100天的利息……由于奖品常出常新，活动历经十余年而"威风"不减，受到广大消费者的积极支持。

4. 以展示为核心的营业推广

展示是让商品直接面对消费者，使商品与消费者进行心灵对话的直观性促销方式。以展示为核心的营业推广形式主要有展销会、售点陈列、现场示范等。

1）展销会

企业将商品分主题展示出来并进行现场售卖，以便消费者了解商品信息，增加销售机会。常见的展销形式有为适应消费者季节购买特点而举办的"季节性商品展销"、为新产品打开销路的"新产品展销"等。

2）售点陈列

提升商品销售力的关键策略之一在于实施高效的售点陈列。首先，需精心挑选陈列位置，优选之处通常包括柜台后方与视线平行的货架、台秤邻近区域、收银机周边及柜台前的空旷地带。其次，陈列的视觉吸引力至关重要，例如，将相同商品集中摆放以增强展示效果，将较弱品牌策略性地置于领导品牌旁，并巧妙利用指示牌、插卡等工具有效传递商品信息。此外，还需确保陈列商品便于顾客取用，保证货架上至少80%的商品能够轻松实现自助拿取。杜邦公司对商品陈列有着深刻而独到的理解：其核心在于确保商品能够立即吸引消费者的目光，实现商品与消费者的直接沟通。

3）现场示范

销售人员在现场对产品的用途与操作进行实际的演示和解说，以吸引消费者注意、消除消费者对产品的疑虑。现场示范一般适用于新产品上市或产品功能改进宣传。如特斯拉在上海展示自动驾驶功能，采用现场体验营销。观众亲历特斯拉自动驾驶的精准、安全，无不赞叹。特斯拉的这项技术迅速赢得市场青睐。

因为展示意味着商品将被直接置于消费者的视野中，所以选择这种方式进行营业推广的企业，必须确保其产品具有无可挑剔的质量，能够经受住消费者如使用显微镜般细致入微且追求完美的审视,并力求外形美观、包装精致、质感精良。

针对消费者的营业推广方式,在经过一定的创新与调整后,同样适用于中间商与销售人员。对中间商常采用的推广方式,如产品展示、展销活动、订货会、销售竞赛、价格优惠及赠品策略等,以及对销售人员常用的激励手段,如销售提成、销售竞赛、专业培训及奖励赠品等,这些都能在面向消费者的营业推广中找到其原型或变种。不论是对消费者、中间商还是对销售人员进行推广,企业在实施营销策略时,都必须紧密结合市场特性和营销需求,审慎选择并巧妙部署,以确保企业营销目标的顺利达成。

13.3.3　国际市场营业推广策略的制定

为了构建一套卓越的国际市场营业推广策略,企业不应局限于选定一种或数种推广手段,而是需全面考量产品特性、市场环境等因素,谨慎决策推广的地域覆盖、激励力度、参与资格、渠道、时间跨度、启动时机、具体目标及预算分配。在推广活动的执行期间及完成后,企业还应持续开展效果评估,以便适时调整其营业推广策略。

> 扩展阅读13-9　营业推广设计

1. 营业推广鼓励的规模

营业推广面并非越大越好,鼓励的规模必须适当。通常情况下,应选取单位推广成本效益最大化的规模点;若规模不足,推广效果难以充分展现;若超出此规模,尽管可能带动营业额增长,但效率却会逐渐降低。国外许多大公司,在用营业推广方式推销老产品时,只要求营业推广收入大于支出,甚至收支基本平衡就可以了。有时,企业为清理长期库存,甚至不计较盈亏,只求通过推广将产品售出。合理的激励规模,通常依据推广方法、推广费用与销售额之间的内在联系来确定。在西方发达国家,一些大型企业设有专门的营业推广部门,或至少配备专人负责国际市场的营业推广工作。

2. 营业推广鼓励对象的条件

国际市场上,营业推广鼓励对象既可以是全体,也可以是特定的部分群体,通常是鼓励商品的购买者或消费者。但企业有时可以有意识地限制那些不可能成为长期顾客或购买量太少的人参加。比如,企业可以对国际市场的老客户或有长期往来的中间商提供优惠条件(如购货折扣、开办联营专柜、合作广告等),短期客户则不享受这些优惠条件。限制条件不可过宽,也不可过严,以免阻碍新顾客的增长并排斥潜在的消费者群体,从而无法实现预期的效果。

3. 营业推广的途径

在明确上述两个问题之后,企业还需探讨向国际市场顾客实施营业推广的有效渠道。例如,若选择奖券作为推广形式,这些奖券既可置于出口商品的包装内,也可随国际市场广告一同附送;它们既能在国外进口商、经销商或代理商进货时分发,也可通过邮寄直接赠予国际市场消费者(客户)。另外,还可在当地市场采用抽签或摇奖的方式进行推广。不同的推广途径和方式会带来不同的费用与效益,因此,企业需综合考虑自身内部状况、市场环境、竞争态势、消费者需求及购买动机等因素,以选择最为有利的营业推广渠道与方式。

4. 营业推广的时机和期限

各类商品在各异的市场环境和条件下，其营业推广的最佳时机是有所区别的。对于那些市场竞争激烈且质量相近的同类商品、已上市一段时间的老产品、初入国际市场的新品，以及销售不畅的商品，企业往往倾向于在销售淡季或其他特定情境下采用营业推广策略。在决定推广期限时，企业需综合考量消费的季节特性、产品的供需情况及在国际市场上的生命周期和商业惯例等因素。过短的推广期限可能导致许多潜在消费者错过购买机会，从而影响推广效果；而过长的推广期限则会增加成本，可能得不偿失，甚至让国外消费者误以为营业推广仅是变相降价，对产品质量产生疑虑。根据相关资料，北美地区每季度进行约三周的营业推广较为适宜；西欧地区则根据产品类型灵活调整，日用品通常以一个月为期；在中东、非洲及亚洲的多个地区，考虑到信息和交通的不便，推广期限应更具弹性，一般城镇应长于大城市，乡村地区又应长于城镇。总体而言，在国际市场上开展营业推广时，其期限大多以符合消费者的平均购买周期为宜。

5. 营业推广的目标

营业推广的目标指的是企业通过实施推广活动所期望实现的目的和达成的效果。这些目标的设定必须紧密围绕企业的国际市场营销战略及促销策略进行。不同的推广目标将决定不同的推广手段与推广时间框架。比如，针对国内外中间商的营业推广，其目标与方式有以下几种：诱导、吸引国内出口商和国外进口商、中间商等购买新品种和大批量购买，可以采用推销奖金、联营专柜、赠送样品和资料等手段；鼓励国外老客户和新市场的新客户续购、多购，可以采用购货折扣、合作广告、推广津贴、举办博览会和展销会、现场表演等手段；鼓励国外中间商购买滞销商品，可采用购货折扣、推销竞赛、合作广告、推广津贴、特别服务、分期付款、发放奖券等手段。为了建立企业与出口商、国外进口商、经销商和代理商的良好关系，培养其对企业的忠诚和偏爱，除了加强业务往来和物质刺激以外，还要重视非业务往来和精神激励。比如，举办联谊会、恳谈会；在主要的节日和喜庆之日，赠送礼品和贺信；在资金上给予融通；相互谅解、帮助和支持；邀请中间商来本国观光、游览等。

营业推广作为一种营销手段，位于广告与人员推销之间，起着对两者的补充作用。与持续且有计划地执行国际市场广告和人员推销不同，营业推广是专为国际目标市场在一定时期内、针对特定任务及目标而设计的短期、特殊促销方法与措施。例如，为了开拓产品出口市场、激发国际市场消费者的购买欲望、推广新产品、处理积压库存、提升销量或击败竞争对手，企业通常会采用这种促销方式，以与广告和人员推销配合，三者协同工作、相互增强效果。广告的主要目的是提升产品知名度、宣传商品，以在消费者心中树立良好形象，进而促使其产生购买意愿，引导其在购买特定类别商品时选择所宣传的品牌；人员推销侧重于直接向目标客户介绍、宣传商品，进行产品销售，同时收集市场信息，开发新客户，提供产品维修服务，并签订购销协议；营业推广则更直接地诱导和激发消费者的即时购买行为。然而，需要注意的是，在国际市场上，营业推广不宜频繁使用，以免引发消费者的观望态度和怀疑心理，反而对产品销售产生不利影响。

13.3.4 影响国际市场营业推广的因素

当企业在国际市场运用营业推广作为促销策略时,需密切关注各国家或地区对营业推广的具体限制规定,积极考量经销商等合作伙伴的态度,并深入分析当地市场的竞争激烈程度,以确保推广活动的有效实施。

1. 当地政府的限制

众多国家对本国市场上企业的营业推广行为设定了诸多限制。举例来说,一些国家要求企业开展营业推广活动前必须获得政府相关部门的批准;另一些国家则对推广规模设限,比如法国就规定免费赠品的价值不得超过消费者购买商品总价的5%;还有的国家对推广形式有所限制,要求赠品必须与所推销商品相关联,如咖啡杯可作为咖啡的赠品,但餐具就不能作为洗衣机的赠品。国际广告协会在20世纪70年代末曾对38个国家(包括发达国家和发展中国家)的价格折让、礼品赠送与有奖销售三种营业推广方式所受限制进行调查,结果显示,礼品赠送受到的限制相对较少,而有奖销售面临的限制则最为严格。在欧盟各国,营业推广方面有着一定的规定,如表13-3所示。

表13-3 欧盟各国有关营业推广的规定

营业推广项目	西班牙	葡萄牙	法国	意大利	荷兰	比利时	德国
包内附赠品	P	P	M	P	M	M	M
多品种购买优惠品	P	P	P	P	P	M	M
附加品	P	P	P	P	M	M	M
免费赠品	P	P	P	P	P	M	P
免费随寄品	P	P	P	P	P	M	N
随购附赠品	P	P	P	P	P	M	N
配套产品优惠装	P	P	P	P	M	M	N
收藏系列设计	P	P	M	P	M	M	M
有奖竞赛	P	P	M	P	M	P	M
免费抽签	P	P	P	P	N	N	N
让利	P	P	M	M	N	N	N
抽奖/彩票	M	M	M	M	M	M	M
减价券	P	P	P	M	P	P	N
下次购买减价券	P	P	P	M	P	P	N
现金回扣	P	P	P	P	P	P	M

注:P=允许,M=可能允许,N=不能允许。

2. 经销商的合作态度

企业在国际市场上开展营业推广活动要想取得成功,离不开当地经销商或中间商的鼎力支持与配合。举例来说,经销商可以负责分发赠品或优惠券,而零售商则承担起交易赠品或优惠券及处理后续问题的任务,并进行现场产品演示或店内陈列等工作。然而,在那些零售商数量众多且规模较小的国家或地区,企业要想获得零售商的有效支持与合作,面临的挑战会更为艰巨。这是因为零售商不仅数量庞大、分布广泛、难以联系,而且其经营场所规模有限,无法提供足够的营业面积或演示场地。加之这些零售商往往缺乏营业推广的经验,因此难以实现令人满意的促销效果。

3. 市场的竞争程度

企业营业推广活动的成效,会受到目标市场竞争激烈程度及竞争对手促销策略的直接冲击。例如,当竞争对手推出新颖的促销手段以吸引顾客并抢占市场份额时,如果企业未能及时采取应对措施,就可能面临顾客流失和市场萎缩的风险。同样,企业在海外目标市场开展的营业推广活动,也可能会遭遇当地竞争对手的抵制或阻碍,其甚至可能通过当地商会或政府机构,利用相关法律法规来实施禁止措施。

即测即练13.3

13.4 国际营销公共关系策略

13.4.1 国际公共关系的快速发展

自20世纪后半段,特别是进入80年代后,伴随着经济全球化的步伐加快,众多跨国企业纷纷涉足全球营销领域,这些企业的管理层对国际公共关系的重要性及其价值有了更深刻的理解,并且愈发注重在国际交流和国际营销中更高效地运用公共关系。美国沃伦·丁·基坎与马克·C.格林合著的《全球营销原理》所引述的一项研究发现:从世界范围来看,每年公关费用的平均增长率为20%。印度由于外来投资额直线上升,产业私有化和新股公开发行活动日益兴盛。在此形势推动下,该国公关费用的年增长率更高达200%。与此同时,国际公共关系协会的数目也在不断增长,许多原来公关活动并不十分显眼的国家,也你追我赶地成立了全国性的公共关系协会。此外,众多欧洲的公关行业协会也纷纷加入欧洲公共关系联盟和国际公共关系协会,成为其重要成员。

国际公关行业的迅猛发展,除了前述因素外,还得益于"冷战"结束后各国政府间交往的频繁增加。政府、各类组织及社团需共同应对诸如环境保护、世界和平等广受关注的议题。此外,科技进步引领的信息时代沟通变革,标志着公共关系成为一项真正的全球性职业。具体而言,传真机、人造卫星、高速调制解调器及互联网的广泛应用,使公关专业人士能够轻松地与全球各地的媒体进行接触和沟通。

13.4.2 公关在国际营销中的任务

作为促进销售组合中的公共关系,无论是在国内营销中还是在国际营销中,其任务应是相同的,主要有下列两点。

1. 说服顾客接受本企业的产品或服务

公共关系作为一个整体概念,涵盖了多种旨在提升或维护公司形象及其产品形象的策略。营销公关的一个核心目标,便是利用宣传推广手段,向大众传递关于公司产品、政策或人员的具体信息。这一做法的直接成效在于,它能够吸引公众对企业产品或服务的广泛关注,并借助企业的宣传推广活动,使公众倾向于认为这些产品或服务符合个人喜好或需求,同时其质量与价格也相对可接受。

扩展阅读 13-10 公共关系策略的任务之树立形象

2. 塑造企业良好的形象

这无疑是营销公关的核心职责,因为公共关系的基本定义已明确指出,它涵盖了所有致力于构建和保持企业积极公众形象的活动。企业之所以投身于各类公关活动,其根本目的在于通过这些活动,尤其是赞助活动和社会公益活动,展现自身作为"社会责任企业"的良好形象,进而间接促进销售增长。

企业借助"好公民"形象能有效提高销售量的道理是不难理解的。

(1) 即便企业的产品与服务质量上乘,且定价合理,倘若其公众形象欠佳,消费者也往往不愿光顾。其原因在于,缺乏社会责任感的企业历来饱受公众谴责。尤其在当前物资充裕、同类竞争产品众多的市场环境下,消费者拥有广阔的选择空间,自然会倾向于支持声誉良好的企业,而避开那些劣迹斑斑的企业。

(2) 形象不佳或缺乏诚信的企业,难以让公众信服其能生产优质产品,或保证商品货真价实、不欺诈消费者,从而让人安心购买。因此,当今企业特别是大型跨国公司,普遍秉持类似索尼公司"以技术回馈社会,做杰出企业公民"的发展理念,积极在教育、文化艺术及环境保护等多个领域,于所在地开展公益活动。

13.4.3 企业危机公关

1. 企业危机公关的类型

危机公关(crisis public relation)又称危机管理(crisis management),但不等同风险管理(risk management),至多只是风险管理的一个部分。风险管理一般由两大部分组成,即纯粹的风险(pure risk)和投机性的风险(speculative risk)。前者指的是仅存在潜在损失而无任何获益可能性的风险;而后者则是指那些既可能带来收益也可能导致损失的风险,如投资者在股市或债市中的投资,随着价格的波动,既可能盈利,也可能亏损。因此,危机管理的关注点仅限于那些纯粹的风险,即只涉及潜在损失的风险。

根据国际上的通用分类,公关危机一般可分为两大类。

1) 可预见的突发事件

这类事件是生产经营中有可能直接发生或间接受牵累的,如锅炉、机器事故,产品责任事故,职工不忠诚事件,合同责任事件等。这些事故或事件是可以预见的,但是具体发生的时间、地点、规模或程度则多数无法预见。

2) 不可预见的突发事件

这类事件往往源自自然灾害与人为恶意破坏,诸如地震、水灾、火灾等突发自然灾害,以及车船交通事故、人为破坏产品质量或投毒、盗抢事件、环境污染,甚至政治事件的波及。在某些行业，如航空运输业，理论上，飞机的航线延伸至何处，事故的风险就可能伴随至何处。

此外，有学者根据危机的成因，将其细分为"人为突发事件""非人为突发事件""企业内部突发事件""企业外部突发事件"，以及按照损失形态将其分为"有形损失（如人员伤亡、财产损失）突发事件"和"无形损失（如企业形象、信誉受损）突发事件"。这样的分类有助于我们更清晰地认识不同类型事件的特点，并据此采取针对性的应对措施。

2. 企业公关危机处理的原则规范

处理企业公关危机时，不仅要遵循既定的程序，还必须高度重视相关的策略运用，这包括具体实施的危机处理对策、方式及其对应的原则和规范。根据国内外多位知名公关危机管理专家的见解，企业公关危机处理的核心原则和规范主要涵盖以下几个方面。

1）超前行动

企业公关危机尽管都具突发性，但"寒不累时，则霜不降，温不兼日，则冰不释"（东汉·王充语），许多公关危机都具有潜伏性的特征。只要企业投入足够精力，细心观察，便有可能对这些危机进行预测。这一策略要求企业通过持续的调查与分析，及早捕捉到危机爆发的微妙迹象，预估即将面临的问题及其基本的发展趋势和严重程度，进而制订出一套多元化的应急计划。这就是我国东晋道教思想家葛洪所说的"至人消未起之患，治未病之疾"。

2）时不可失

当企业遭遇公关危机时，无论危机的性质、类型或起因如何，都应主动担责并积极应对。否则，可能会错失处理危机的最佳时机，陷入被动的处理境地，进而导致危机进一步升级。

3）临危不惧

尽管之前提到，通过日常的细致观察和深入研究，企业可以大致预估即将面临的公关危机及其基本发展趋势和严重程度，但危机的确切爆发时间和地点却难以预料。因此，当危机突然降临时，企业往往会感到震惊、慌乱，甚至不知所措，从而导致事态恶化、危机加剧。所以，在危机发生的时刻，企业必须保持冷静、从容应对，并诚实地与公众沟通，主动联系新闻媒体，公开披露事实真相，切忌掩饰、隐瞒或弄虚作假；否则，只会适得其反，进一步损害企业形象，甚至可能带来毁灭性的后果。2022年初，全球知名电动汽车制造商特斯拉因自动驾驶功能的安全问题陷入争议，成为一个鲜明的例证。事件之后，特斯拉不仅要向公众透明化事故详情，更核心的是践行其作为企业应承担的社会责任，重塑一个对技术安全严谨、关怀用户生命安全的正面形象。通过实施强化安全措施、提升技术可靠性等实际行动，特斯拉努力重新赢得消费者的信赖。诚然，唯有以真诚面对危机、以尊重开展公关，受损的品牌声誉方能以恢复，对于特斯拉而言，尊重每一位消费者的安全感受，才是最高明的公关策略。

国际营销案例 13-2 巴黎世家和迪奥的危机公关

13.4.4 国际营销公共关系中的法律问题

在全球营销领域，企业常面临各国多样化的法律与法规挑战。与国际营销的整体工作相一致,国际营销中的公共关系活动同样需严格遵守这些法律法规。尤其是从事国际营销公关的人员,务必熟悉对其组织产生重大影响的基本法律问题,并需特别警惕在国际营销公关实践中最易违反的法律规定。这些问题归纳起来,有下列几点。

1. 不同国家对传媒的利用都有某些特定的法律规定

如美国《联邦通信法》便有"公平原则"和"同等时间原则"的规定,要求宣传媒体"按照公众利益活动,在讨论对公众有重要影响的问题方面,为不同的观点提供公正的机会"。"让公众接触各种不同的政治、道德、伦理及其他思想并了解这些方面的活动,是他们的权利。"对于公关人员而言,遵循这些关于公平与同等时间的原则至关重要,因为他们需要借助各类传播媒体来影响舆论,这就要求他们必须掌握运用这些媒体的能力。因此,当国际营销公关人员在美国利用广播、电视等媒介进行公关活动时,必须时刻铭记不得违背公平原则。同时,对于其他国家类似的法律规定,也应进行深入研究与严格遵守。

2. 各国对利用传媒进行宣传的内容也都各有严格的规定和限制

如《国际商业广告从业准则》(国际商会 1963 年通过)便有"未经征得当事人之同意或许可,不得使用个人、商号或机构所作之证词,亦不得采用其照片。对已逝人物之证件或言辞及其照片等,倘非依法征得其关系人同意,不得使用""科学或技术名词和利用统计数字、科学上之说明或技术性文献等资料时,必须对受众负责""凡与个人私生活有密切关系之产品,其广告之制作应特别审慎,宜省略不宜在社会大众之前公开讨论之文辞"等规定。美国广播事业协会订立的《美国电视广告规范》也有"私人或机关团体,就运动比赛所举办的合法猜谜,其广告应以公告方式播出""证言性质之公告,内容必须有真人真事为证""不得用欺骗、隐瞒的方式播映商品的内容""电视传媒事业最好能收集充分之资料,证明商品所作示范或介绍,全属真实"等规定。

3. 各国对国际营销人员的公关游说行为作出了严格的规定和限制

在进行国际营销公关活动时,公关人员若试图通过影响执法、司法及立法部门的人员,以促使这些部门作出对企业有利的决策,必须坚守合法原则,严禁采用任何形式的贿赂或拉拢手段。以美国为例,所有公关活动均需符合《联邦游说管理法》的规定。然而,鉴于各国文化差异,公关赠品与非法贿赂之间的界限有时可能模糊不清。对此,国际公关人员需格外谨慎、细致区分,不可盲目遵循当地习俗。在许多情况下,他们还需同时考虑母国与东道国的法律法规,以确保行为合法。即便某些行为在东道国被允许,但若违反了母国的法律,同样不可为之,否则可能面临母国法律的追责或制裁。

4. 应特别注意在开展公关活动过程中不要侵犯私人权利

国际营销公关人员在履行自己的职责过程中,常常要举行新闻发布会、招待会、产品推介展,发表演说,起草报告,以及进行家庭访问等,很容易涉及侵犯个人权利和诋毁个人名誉等法律问题。下面是国际营销公关人员在开展公关活动过程中应力避的几种侵犯个人权益的行为。

1) 诽谤和诬蔑

损害他人名誉的言论或行为属罕见情况,更多是由于无心之失或疏忽造成的。然而,一旦这些言论或行为被证实对他人或其他企业的名誉、经济利益或形象造成了损害,仍需承担相关法律责任。因此,在国际营销公关活动中,公关人员应谨防触犯诽谤与诬蔑的法律条款,尤其要留意避免无意识的诽谤与诬蔑行为。

2) 盗用他人名义

盗用指的是在未经本人授权的情况下,擅自使用他人的姓名、作品,或者编造并散布他人的言论及观点,以进行广告宣传或其他商业推广活动。先前我们提到,诽谤与诬蔑在公关活动中多为无意之举或疏忽所致,但盗用他人名义则明显带有故意性质。正因此,如前所述,国际上许多相关法规都规定"未经征得当事人之同意或许可,不得使用个人、商号或机构所作之证词",同时还规定,"证言性质之公告,内容必须有真人真事为证"。如今一些"名人"往往见钱眼开,对受雇企业做言过其实的宣传,甚至说假话。这可说是一种新形式的"盗用其他人名义"。对于这些"名人"而言,最终难逃违法的责任;而对于公关人员来说,也同样难以置身事外。

3) 侵犯隐私权

侵犯隐私权的形式多种多样,根据美国大众传播法的分类,最常见而重要的有三类。

(1) 侵扰他人隐私生活。此类侵权行为指的是,未经允许,对某人受法律保护的隐私中的物质性内容进行侵犯。通常情况下,这种侵犯并非直接针对身体,而是利用诸如长焦镜头或电子监听设备等手段,非法侵入受害者的私人空间,如住宅或办公室,进行偷拍、窃听或录音等行为。

(2) 虚假曝光。此即为某人设立一个虚假的形象或通过公布于众将某人置于虚假曝光之中。一种侵犯形式是将个人事实上并不持有的一些观点说成是某人所持有的观点,或荒谬地把一些文章及论述归咎于某人。另一种危险的做法是脱离事物的来龙去脉使用某人的一张照片或录像带。还有一种情况是,故意虚构可识别的个人活动或事件的小说。

(3) 隐私真相的公开透露。此即无理地揭露那些令人难堪且不悦的私人信息,如个人在特定场合下的无心之失或日常生活中的特殊习惯,以及个人在成功之前所从事的被视为卑微的职业。此外,像未婚生育、过去的同性恋身份、曾遭遇性侵犯等事实,均属于这类令人不悦的私人信息。当然,这些情况较为复杂,并非全部都会构成对隐私权的侵犯,但可以肯定的是,它们都会引起当事人的强烈不满,对企业与公众建立良好关系造成不利影响。

即测即练13.4

本章小结

营销组合中的促销因素包括广告、人员推销、营业推广和公共关系。一家国际营销企业是否成功,关键在于能否有效执行促销计划。在实施促销活动时,所选用的工具必须遵循沟通渠道的规定,并确保在法律和营销管理的框架内合法使用。

当国际营销者识别到有机会开展全球性广告活动时,他们可能还需要根据当地特色或风格来定制地方性广告活动。推动全球广告活动构思的一个核心动力是,这一过程促使企业为其产品寻找全球市场需求。同时,在探寻适用于国际市场的诉求点和利益点过程中,企业也被迫深入了解市场的基本需求和购买动机。在广告创作阶段,必须保证艺术指导和文案内容与目标国家的目标群体相匹配。广告主可以选择一家国际广告公司来统一代理全球广告业务,或者根据地区或当地需求,选择一家或多家广告公司合作。值得注意的是,不同国家的媒体可用性存在显著差异,电视在许多国家市场中仍占据主导地位。

人员推销、营业推广和公共关系也是国际营销的重要手段。人员推销(或一对一的人际交流)要求公司的代表熟悉其业务所在国的文化,对推销过程中的行为也必须做适当的调整,以期符合各国市场的要求。营业推广活动必须服从各国的法律法规。任何设计失误的营业推广活动都会引起不利的新闻报道。企业的传播和沟通方案的设计必须用以培养良好的信誉,提供准确、及时的信息,尤其是在出现危机时。国际营销企业正密切关注这些活动,营销人员的最大利益在于预见国内外客户的问题,并通过沟通管理这些问题,确保各方都能满意。

关键术语

促销组合(promotion mix)　　　　　　广告(advertising)
营业推广(sales promotion)　　　　　　竞赛(contest)
样品(samples)　　　　　　　　　　　　抽奖(sweepstakes)
赠券(coupons)　　　　　　　　　　　　退款优惠(refund offers)
销售过程(selling process)　　　　　　折扣(discount)
折让(allowance)　　　　　　　　　　　接触(approach)
介绍(presentation)　　　　　　　　　　障碍(objections)
公共关系活动(public relations activities)　合作广告(cooperative advertising)

课后习题

1. 国际广告决策主要涵盖哪些方面的具体内容?
2. 分析国际广告标准化策略和差异化策略各自的特点。
3. 国际广告的效果应如何进行有效的评估?
4. 管理、激励及评估国际推销人员的具体方法是什么?
5. 请通过实例说明国际营业推广包含的类型及其主要的有效表现形式。
6. 影响国际市场营业推广的因素有哪些?
7. 请结合实例阐述国际营销企业在面对危机时如何进行公关处理。

本章讨论案例

L'Occitane en Provence 的组合营销

L'Occitane en Provence 是法国知名美妆集团 L'Occitane International 旗下的核心品牌。L'Occitane en Provence 的化妆品源自法国,以其纯天然的配方和卓越的品质在全球范围内享有盛誉。L'Occitane International 自 1976 年创立以来,已拥有超过 40 年的历史,是法国最具代表性的企业之一,其业务横跨多个领域,不仅设立了先进的研发中心,还在世界各地建立了广泛的分支机构。

目前,所有的 L'Occitane en Provence 店铺均采用 L'Occitane International 直营模式。其产品线涵盖护肤、身体护理、彩妆、男士护理等多个系列,展现出品牌的多元化特色。L'Occitane en Provence 始终秉持自然、纯净、传统与现代结合的理念,其产品精选自普罗旺斯地区的天然植物精华,传递着对大自然的尊重与保护。其在中国市场迅速崛起的关键,在于中国消费者对天然护肤理念的青睐与追求。

营销策略是 L'Occitane en Provence 拓展中国市场的重要一环。研究表明,市场如战场,产品的成功与消费者对其的熟悉度和信任度紧密相关。明星代言往往能赋予产品权威性和可信度。根据品牌调性,L'Occitane en Provence 曾邀请朱丽叶·比诺什、艾莉森·威廉姆斯等国际知名女星担任代言人,引发了广泛关注。而好莱坞当红女星佐伊·克拉维茨的加盟则进一步提升了品牌在国际上的影响力。消费者往往因为喜爱明星而对其代言的产品产生好感,有时甚至会因为想要获得限量版明星周边而购买产品,从而将大量明星粉丝转化为品牌的忠实拥趸。

然而,过度的广告宣传有时会引起消费者的反感。因此,在广告之外,企业还需充分利用其他公共沟通平台,以达到意想不到的效果。

通过公益活动,L'Occitane en Provence 展现了其产品的独特魅力,同时传递了品牌价值观。2021 年,L'Occitane en Provence 在全球范围内发起了"植树造林,守护地球"的公益活动,邀请代言人佐伊·克拉维茨共同参与,倡导消费者从日常小事做起,保护我们的地球家园。这项活动虽然未投入大量宣传资源,但却吸引了众多国际媒体的关注。

利用社交媒体和热点事件,L'Occitane en Provence 成功吸引了消费者的注意力。在社交媒体上,L'Occitane en Provence 曾推出过一项名为"与佐伊共植希望"的互动活动,邀请消费者与代言人一起在线上种植虚拟树木,为地球增添一抹绿意。这一活动不仅增强了消费者与品牌的互动,还吸引了大量新粉丝的加入。

此外,L'Occitane en Provence 还通过提供个性化的礼品来吸引消费者的注意。例如,购买指定产品即可获得限量版明星明信片或印有明星签名的试用装等。

在社交媒体平台上,L'Occitane en Provence 通过快速传播信息、分享内容、收集反馈和与消费者互动,实现了低成本的产品推广、客户关系管理、品牌传播和危机公关等营销价值。其官方社交媒体账号拥有数百万粉丝,每次发布的明星互动信息和产品信息都能迅速传播开来。这一策略无疑是一种高效且经济的品牌宣传方式。

资料来源:L'Occitane en Provence 官方网站(https://www.loccitane.cn/)及相关电商、时尚新闻网站。

讨论题

1. L'Occitane en Provence 品牌营销主要采取了哪些促销策略?
2. 针对目前营销存在的问题,L'Occitane en Provence 应当如何调整?
3. L'Occitane en Provence 的案例对于其他化妆品企业发展有哪些借鉴意义?

(考核点:国际市场促销策略的内容;国际广告策略;国际营业推广的有效形式)

第五篇

国际营销的组织与控制

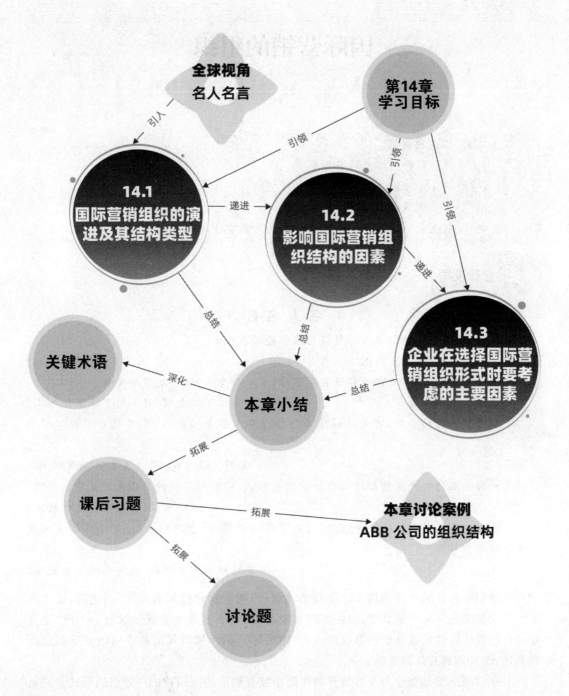

第 14 章

国际营销的组织

学完本章,你应该能够:
1. 掌握国际营销组织的基本概念;
2. 理解国际营销组织的演进及其结构类型;
3. 了解影响国际营销组织结构的因素;
4. 理解企业在选择国际营销组织形式时要考虑的主要因素。

全球视角

名 人 名 言

人们塑造组织,而组织成型后就换为组织塑造我们。

——丘吉尔(英国前首相)

经营企业,需要组织好许多环节共同运作,差一个念头,就决定整个失败。

——松下幸之助(日本松下电器创始人)

未来真正出色的企业,将是能够设法使各阶层人员全心投入,并有能力不断学习的组织。

——彼得·圣吉(美国,《第五项修炼》作者)

与一种产品的生产经营相适应的组织结构形式,可能对另一种产品来说是不合适的。

——弗农(美国哈佛大学教授)

正式组织是一种理性的社会组织,它具有明确的目标、合理的分工、严格的规章制度和统一的指挥系统。

——克里斯·阿吉里斯(美国哈佛大学教授)

从事国际经营的企业制订了国际营销计划(包括国际营销战略和策略)之后,接下来的任务就是实施国际营销计划,以便实现预期目标,进而实现企业整体效益。为此,企业要对自己的国际营销活动进行有效的组织,使国际营销计划所规定的各项活动不但能落到实处,而且得到有效的实施。

国际营销组织是企业为了有效开展国际市场营销活动而构建的一种组织形式。它是一个有机的集合体,对人力、物力、财力等资源进行整合,以实现企业在国际市场中的营销目标。它主要包括组织形式和组织内部关系,以及组织的运行机制等内容。企业组织工作的根本目的就是保证战略目标的实现,国际营销组织有一个不断发展、不断完善的过程,至今仍在不断优化和发展。

14.1 国际营销组织的演进及其结构类型

企业组织结构必须和企业战略相适应,国际营销的组织结构演进一般可分为四个阶段:出口部组织——直接出口战略阶段;独立的海外子公司组织——海外直接投资战略初期阶段;国际业务部、国际事业部组织——海外直接投资战略阶段;全球组织——全球市场战略阶段。

14.1.1 出口部组织——直接出口战略阶段

在间接或被动的出口阶段,产品出口在全部业务中所占比重很小,出口业务主要委托给中间商进行,企业没有必要设立专门的出口机构,仅在国内营销部门内成立一个专门小组来处理相关的出口事务。

随着出口业务比重的增大,出口对企业的重要性增强,此时企业会将出口业务从国内营销部门中独立出来,设置专门的出口部来处理出口业务,该出口部成为与其他职能部门地位同等的机构。

出口部的主要职能是搜寻国际市场信息、开拓海外市场、办理有关出口的各种事务、聘任并监督代理商等,如图 14-1 所示。

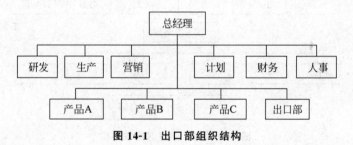

图 14-1　出口部组织结构

14.1.2 独立的海外子公司组织——海外直接投资战略初期阶段

在海外直接投资初期阶段,企业缺乏管理海外子公司的人才和经验,海外子公司的数量少、投资额也较小,此时企业往往会授予海外子公司相当大的经营自主权,海外子公司可根据东道国市场的具体情况自主开展经营活动,如图 14-2 所示。

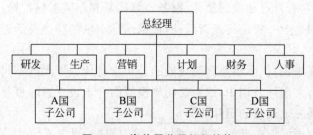

图 14-2　海外子公司组织结构

海外子公司的主要职能是完成总公司下达的经营指标、进行技术和优势转移、收集海外市场信息、进一步拓展海外市场、推进国际化经营等。

这种组织结构形式又称为"母子结构",但是有时母、子公司之间的协同效应得不到充分发挥。

14.1.3 国际业务部、国际事业部组织——海外直接投资战略阶段

随着产品出口业务的进一步扩大以及海外分支机构的进一步增加,企业需要对各海外机构进行协调、管理和控制,出口部显然已经不能胜任全部海外业务的管理工作。此时企业会考虑设置一个统一负责管理和控制海外业务、独立于其他管理部门的管理机构,即国际业务部(international division)。

国际业务部的最主要职能就是通过协调海外子公司的活动来提高企业的经营效率。国际业务部的设立标志着企业的国际化达到较高水平。据美国学者对187家跨国公司的调查,大约有60%的企业是在海外设立第5家子公司后才开始设立国际业务部。据日本学者对日本跨国公司的调查,有70%以上的企业是在第一家海外子公司设立10年以后才开始设立国际业务部,如图14-3所示。

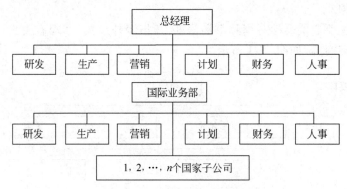

图 14-3 国际业务部组织结构

国际事业部(international business division)是为满足企业规模扩大和多样化经营对组织机构的要求而产生的一种组织结构形式,是企业内部专门负责国际业务拓展、运营和管理的部门。国际事业部的决策和行动会直接影响企业在全球市场的竞争,其战略规划不仅要考虑当前市场机会,还要着眼于未来市场趋势和潜在风险。

国际事业部不是独立的法人企业,但具有较大的经营权限,实行独立核算、自负盈亏,是一个利润中心,它有自己独立的预算、财务核算体系和业绩考核指标。这使国际事业部能够像一家独立的企业一样进行经营活动,根据国际市场的特点灵活调配资源,追求利润最大化。

从经营的角度来说,国际事业部与一般的公司没有什么太大的不同,如图14-4所示。一些企业在日常国际营销中,因为公司规模原因并未设立国际事业部,而是通过设立国际业务部来发展完成日常的国际业务。

国际事业部与国际业务部的主要区别是:组织架构、职责范围、决策权限及资源配置

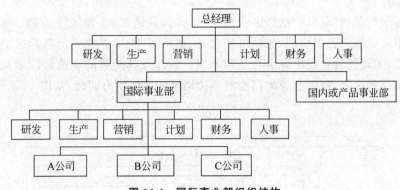

图 14-4 国际事业部组织结构

不同。

(1) 组织架构方面。国际事业部是相对独立的单元,拥有相对完整的组织结构,它类似于一个独立的小型企业,有自己独立的财务、人事、营销、研发等职能部门,能够独立进行战略规划、预算编制和业务决策,被视为独立的利润中心;国际业务部更多地属于企业总部下的职能部门,主要是协助企业开展国际业务,它的组织架构相对较为简单,更倾向于被看作一个成本中心。

(2) 职责范围方面。国际事业部负责国际市场的全面业务运营,涵盖了从市场调研、产品研发、生产、销售到售后服务的整个业务链条,承担国际业务战略的制定和执行职责;国际业务部主要聚焦于国际业务的拓展和订单的处理,在企业内部起到协调沟通的作用。

(3) 决策权限方面。国际事业部享有高度自治权,在企业的全球战略决策过程中有较强的参与权;国际业务部决策权限相对有限,在企业的全球战略决策中主要扮演执行角色。

(4) 资源配置方面。国际事业部拥有相对独立的资源配置权,可以根据国际业务的需要自主调配人力、物力、财力等资源,能够在国际范围内进行资源整合;国际业务部在资源配置上对企业总部的依赖程度较高,主要起到协调资源在国际业务中的使用的作用。

14.1.4 全球组织——全球市场战略阶段

全球组织结构就是企业不再把全部业务活动区分为国内业务和国外业务,而是把整个世界市场视为统一的大市场来开展营销活动,企业在全球范围内考虑其资源配置。

而在全球市场战略阶段,企业在国际营销中则需要根据自身的战略选择合适的全球营销组织结构。因此在全球组织中则又包含了四种结构类型,分别为地区型组织(geographic organization)结构、产品型组织(product organization)结构、矩阵式组织(matrix organization)结构和全球职能型组织结构。

1. 地区型组织结构

鉴于国际业务部组织结构存在的缺陷,当公司的国际业务进一步发展时,国际营销组织形式将由国际业务部演变为地区型组织。地区型组织结构的设计思想是按照营销活动开展的地区来设计国际营销组织结构,以地理区域为基础进行划分,企业针对不同的国际

扩展阅读 14-1 产品式组织的出现

地区设立独立的营销部门，如欧洲区营销部、亚太区营销部、美洲区营销部。每个地区部门都拥有相对完整的营销职能，包括市场调研、销售、广告等。它突出各地区的市场营销组织的功能，主要经营责任由地区总经理承担。总部及其所属的职能部门则从事全球发展战略的设计和控制，地区业务部门控制和协调该地区的所有职能，如图 14-5 所示。

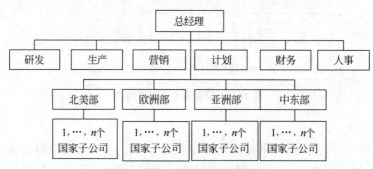

图 14-5　地区型组织结构

地区型组织结构的优点主要有：有利于更好地适应不同地区的市场特点和文化差异，发挥公司的整体效益；有利于地区营销部门深入了解当地消费者需求、竞争对手情况和政策法规，从而制订出更具针对性的营销方案；有利于企业在当地市场建立良好的关系网络，提高市场占有率；有利于直线职权和职责的明确和委派；有利于产品销售和生产的协调发展；较好地发挥集权和分权的各自优势，使企业组织结构既具有较高的灵活反应能力，又拥有统筹规划的整体优势。但是，这一组织结构也有明显的缺陷。首先，其可能导致各地区部门之间资源分配不均，存在重复建设的问题。例如，不同地区可能都设立了相似的市场调研机构，造成资源浪费。其次，没有专人负责特定产品的经营活动，从而造成单项产品管理上的混乱。最后，这种结构也可能导致各地区各自为政，企业整体的营销战略在各地区的执行一致性可能受到影响，不利于形成统一的品牌形象，从而牺牲企业的全局利益。

地区型组织结构主要适用于那些各地区市场之间差别较大，但同一区域内的各国市场在经济、社会文化、地理、政治和自然条件等方面具有一定相似性的国际企业。食品加工、医药和石油企业大多具有上述特点，因此可以考虑采用这种组织形式。当产品线结构复杂，按地区组织不容易处理好产品开发与资源分配，各子公司之间存在技术分享等问题时，国际企业便转向按产品划分的组织形式——产品型组织结构。

2. 产品型组织结构

产品型组织结构是指企业根据其所经营的产品类别来设计其营销组织结构，对于拥有多种产品的企业，为每种产品线设立专门的国际营销部门。采用这一组织形式的国际企业通常有多少个产品大类就设立多少个产品部，并由产品部经理负责全球营销活动。产品部经理的职责是制订产品开发计划，监督其实施结果并提出改进措施。国际企业在总部还另设有地区专职人员负责协调该地区的各种产品的业务活动，如图 14-6 所示。

产品型组织结构有许多优点：可以集中资源和精力推广特定产品，深入了解产品在国际市场的竞争情况和消费者反馈；具有较高的灵活性，当企业涉足新的产品领域时，产

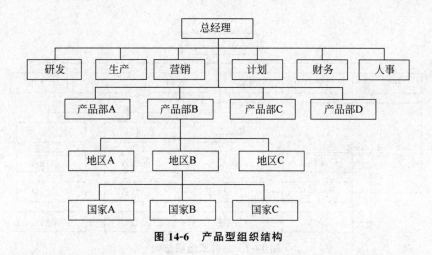

图 14-6 产品型组织结构

品部门只需在组织结构上增加一个新的产品部,就能够快速响应与产品相关的市场变化,及时调整营销策略,提高产品的竞争力;有助于企业对各个产品系列给予足够的重视,防止企业忽略开发新产品和那些销售量虽小但有发展潜力的产品;此方法的显著特征是分权化,部门领导有很大的自主权,从而有较高的积极性;对国外市场环境的变化反应敏感,增加新产品和减少老产品对企业整体活动不会产生太大的影响;产品部经理可以根据国际市场对产品的需求变化及时调整营销策略,比如剔除滞销的产品线、增添新产品;按产品线设立直线部门,便于部门经理做好市场调研、开发新产品、争取最佳经济效益、优化投资结构;便于企业领导对比和评估各产品部门对企业的贡献,为资源分配提供了依据。

不过,这种组织结构也存在不少缺点:容易忽视不同产品之间的协同效应和整体的国际市场战略。若缺乏整体观念,各产品部门可能为了自身的利益而争夺资源,导致企业内部资源分配不合理,并且会增加管理成本。产品经理们未必能拥有足够的权威来确保有效地履行职责,这就需要他们通过劝说的方式争取广告、销售、生产等部门的支持。由于权责划分不清,下级可能会得到多方面的指令,造成指挥混乱。被提升到公司总部职位上的原部门领导,可能会过分重视其原来负责的产品线,从而出现某些产品线被忽略的情况。

此外,尽管产品部门有较大的自主性,但在企业整体运营中,仍需要与其他产品部门和职能部门进行协调。例如,在企业的品牌建设方面,各产品部门需要与企业的品牌管理部门合作,确保产品的宣传和推广符合企业的整体品牌形象。这种跨部门协调机制既保证了产品部门的灵活性,又维护了企业的整体一致性。

产品型组织结构最适合用于具有下述特点的企业:企业有多种最终用户;企业既生产工业品又生产消费品;企业实行国外市场本土化生产;企业有多条产品线和高层次的技术能力。

3. 矩阵式组织结构

矩阵式组织结构兼顾地区和产品两大变量在营销组织结构设计中的重要性,适用于那些产品和经营区域都高度多样化的国际企业,如图 14-7 所示。

由于每种基本组织形式都有其优点和缺点,因此将两种或两种以上的基本组织形式相混合的目的在于取长补短,充分发挥每种形式的优势。同时,也正因为是混合的,相对

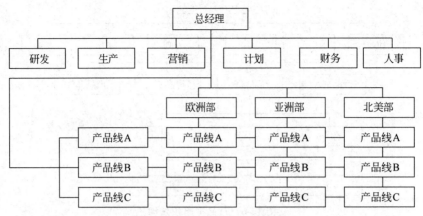

图 14-7 矩阵式组织结构

于其他简单的组织形式来说，矩阵式组织结构要复杂得多。

在地区—产品矩阵式组织结构中，按地理区域设置的地区部由总经理直接领导，负责企业所有产品在该地区的经营活动；按产品线设置的产品部也由总经理直接领导，负责该产品大类在世界各地的销售活动；企业产品在某一特定地区的经营活动受该地区部和有关产品部的双重领导。

矩阵式组织结构的优点主要包括：具有高度的灵活性和适应性，能够综合考虑产品、地区和职能等多方面的因素；能充分利用企业的资源，实现不同产品线和地区之间的资源共享和协同工作；有利于企业更加有效地应对复杂的经营环境，快速响应市场变化；能综合分析和处理各种环境因素，应变能力强，较好地解决了市场反应灵活性与规模经济之间的矛盾；加强了公司总部对各个区域的经营活动的计划和控制；加强了企业内部之间的协作，能集中各种专业人员的知识技能，又不增加编制，组建方便，适应性强，有利于提高效率；此外，这种结构试图创造一种协同力，使管理人员相互依赖和协作，建立起整体观念，能根据整体利益而不是部门利益来判断是非和衡量某项决策的得失。这种组织结构也有其不足之处：产品部和地区部更多地从自身利益出发来考虑问题，容易引发矛盾和摩擦；组织结构较为复杂，基层部门要同时受地区部和产品部的领导、监督、检查和评估，容易造成指挥混乱；双重指挥体系和双重检查体系会造成额外的管理费用，抵消了一部分效益；过分分权化，稳定性差。

4．全球职能型组织结构

全球职能型组织结构以管理的职能分工为基础，把相同或相近的职能组合在一起设置为一个管理部门，来组织全球范围内的生产经营活动。如市场调研部、广告与促销部、销售部、客户服务部等，每个部门专注于自身职能领域，并向国际营销主管汇报。例如，市场调研部负责收集国际市场的消费者信息、竞争对手信息和市场趋势数据；广告与促销部则根据这些信息制定广告策略和促销活动计划。

全球职能型组织结构的优点主要包括：每个部门只能担任某一职能方面的管理，专业化程度高，每个职能部门都能在自己擅长的领域深入发展，有利于提高工作效率和专业技能的积累；各部门可以集中精力完成特定任务；可以减少管理层次，避免机构和人员的重叠,如图14-8所示。

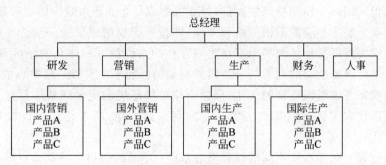

图14-8 全球职能型组织结构

同时,这种结构的营销组织所存在的问题也很明显,包括:高度的专业化分工给相互独立的专业管理部门之间的沟通和联系带来一定困难;各部门间容易产生摩擦,企业高层管理的内部协调负担较重;各部门都不直接对企业利润负责,不利于强化部门间的竞争意识,且容易出现互相推诿责任的现象。

所以该组织形式一般适用于企业规模相对较小、产品种类不多、市场不确定性较低、高级管理层能力较强的企业。

即测即练14.1

14.2 影响国际营销组织结构的因素

超级链接14-1 腾讯大转向:组织架构调整,剑指谷歌

影响国际营销组织结构的因素主要包括以下七个方面。

1. 外部环境

企业组织是一个开放的系统。企业在开展国际营销活动过程中,在宏观方面要受到不同国家和地区的政治、法律、社会文化、经济、技术、自然等环境因素的影响,在微观方面要受到供应商、中间商、消费者、竞争者、社会公众等利益相关者的影响。外部环境的差异性、复杂性和不稳定性越大,与之相对应,组织内部的差异性和复杂性也就越大。例如,如果竞争对手源源不断地开发出新产品,企业也就应该相应地设立适当规模的新产品研发部。又例如,对于许多国际企业来讲,东道国政府为了本国利益往往要对其施加压力,这就迫使这些企业设立游说部门。

2. 企业的管理导向

实施国际化战略的企业的管理导向根据其国际化的程度、目标和倾向,可以分为四种:本国中心主义(ethnocentrism)、多中心主义(polycentrism)、地区中心主义(regioncentrism)和全球中心主义(geocentrism)。实行本国中心主义的企业将国内业务放在首位,而将国

际业务放在次要地位,只有国内市场出现产品过剩时才会开展国际业务。实行多中心主义的企业认识到国际市场的特殊性,将海外业务看成是企业不可缺少的组成部分,并根据各国市场的差异制定相应的营销战略和策略,即按照国别组织营销活动。实行地区中心主义的企业主要根据某地区内各个市场之间存在的共性制订一体化的地区营销计划,从而以地区为基础将母公司的利益与子公司的利益结合起来。实行全球中心主义的企业则从全球的角度来考虑组织资源的优化,根据全球市场环境确定全球战略目标。全球营销战略目标要求在多国经营的基础上实现全球利益最大化,而不是斤斤计较某个市场的得失。

不同的管理导向标志着不同的权利重心基础;不同的权利重心基础自然会影响企业国际营销组织结构的设计。

3. 企业的规模和产品的性质

如果公司的海外业务量很小,在公司总业务量中所占的比例不大,公司完全可以采用国际(业务)部式的国际营销组织结构,而使企业的海外业务得到有效的发展。如果公司的业务大部分来自海外经营,这时,公司往往会放弃国际(业务)部式的国际营销组织结构,取而代之的是产品型或区域型的结构,以促进公司海外业务的发展。一般来说,企业规模越大,其市场营销组织结构就越复杂。例如,随着其经营地理范围的扩大和业务的多样化,大型跨国公司的组织结构会呈现出复杂的网络结构。同样,企业所经营产品的性质和产品线的数量也在很大程度上决定了其国际营销组织形式。例如,生产大型起重机的公司,其渠道就不宜过长。

4. 企业在国际化进程中所处的阶段

企业在国际化进程中会根据其所处的不同阶段采取与之相适应的国际营销战略,因此,企业进入国际市场程度的深浅决定着企业的国际营销组织结构。间接出口、直接销售、全球经营等战略都需要相应的营销组织结构才能实现其经营目标。

5. 企业是在同质市场还是在异质市场上经营

企业的国际营销活动可能在同质市场上经营,也可能在异质市场上经营。如果是在同质市场上经营,由于所需要的产品同质化倾向很高,企业的国际营销组织机构的复杂性就比较低。例如,对可口可乐公司来说,其市场需求具有趋同性,因此,一般按地理区域组织自己的营销活动。当企业需要满足多个差异明显的目标市场需求时,业务将变得更加复杂多样,部门之间的协调与配合显得尤为重要。因此,不难理解一些在多个地区经营多种产品的跨国公司常采用矩阵式结构。

6. 海外子公司所处的地理位置及其特征

企业海外子公司的地理位置影响着企业的国际营销组织结构设计。如果海外子公司设在文化、经济差异不大的地区,如美国和加拿大,那么地理位置不成为影响因素。但是,如果海外子公司设在社会文化、政治、经济等方面差异很大的国家或地区,如英国和越南,那么子公司的组织结构差异就较大。

7. 重要区域性经济集团的出现

随着全球经济一体化进程的推进和区域性经济同盟如欧盟、北美自由贸易区、东盟等经济集团的产生和发展,一些国际企业纷纷将自己的地区总部由原来的按国家设置改为按地区设置。比如,香港、纽约、布鲁塞尔等城市已经成为许多国际性企业设置地区总部的首选城市。

14.3 企业在选择国际营销组织形式时要考虑的主要因素

设立国际营销组织的目的是使企业迅速适应国际市场环境的变化,同时将企业在国内经营活动中所获得的知识、经验及能力扩展到整个跨国公司的经营体系之中。因此,企业的国际营销组织形式必须与企业使命、技术能力以及外部市场的相关条件相适应。企业在选择国际营销组织形式时,一般要考虑以下七个因素。

1. **企业的外部经营环境**

一个国际企业的外部条件主要包括竞争环境、外汇管理环境、东道国的管理政策和地区经济集团状况等。

首先,如果一家国际企业面临的竞争压力较大,就会倾向于选择较为集权的国际营销组织形式,或者采用与竞争对手相同的组织形式;相反,如果一家国际企业面临的竞争压力较小,则可以选择较为分权的国际营销组织形式,或与竞争对手不同的组织形式。其次,如果一家国际企业所面临的东道国的管理政策较紧,则会考虑选择一种适应性较强的国际营销组织形式,或混合型的易于内部灵活处置的组织形式;相反,如果一家国际企业所面临的东道国的管理政策较为宽松,则可以较为自由地依据自身的状况选择一种较为适合的组织形式。最后,如果一家国际企业选择地区型国际营销组织结构,又遇到了某一地区经济集团的崛起,则分部就可以不按洲或国家设置,而根据地区经济集团设置。

2. **国际市场业务和国内市场业务在公司总体业务中所占的比重**

如果国际业务在整个公司业务中占很大比重,就很有必要设置完善的国际业务部门;如果公司的主要业务在国内,其国际业务可以通过简单地设置一个出口部来完成。比如,雀巢咖啡90%以上的销售收入来自海外,因此采用的是全球性组织。

3. **公司组织结构的演进**

公司在从事国际业务的初期,其国际部门只需要向公司总经理或其代表直接报告。当国际业务进一步扩展时,领导、组织和协调工作的复杂性会随之增强,从而要求公司设置更复杂的组织结构。

4. **企业战略目标**

企业战略如市场拓展战略、产品多元化战略、全球一体化战略等。如果企业的战略是快速进入多个国际市场,扩大市场份额,可能更倾向于地区型组织形式;当企业拥有多种产品线且希望在全球范围内突出产品优势时,产品型组织形式可能更合适。每个产品部门可以专注于自己产品在全球市场的开发、推广和销售,能够更好地满足不同产品的特定市场需求。若企业追求全球资源整合、成本控制和品牌形象的统一,全球职能型组织形式是较好的选择。

5. 管理导向

不同的企业管理导向决定了不同的企业战略发展方向,而市场营销不过是实现企业战略目标的手段,因此,不同的管理导向会影响企业的国际营销组织结构的选择。

6. 竞争环境与竞争态势

企业可以参考竞争对手的组织形式来作出选择。如果竞争对手通过某种组织形式在国际市场取得了成功,企业可能需要考虑采用类似的形式或寻找差异化的组织策略来竞争。在竞争激烈的国际市场,企业需要更灵活、反应更快的组织形式。矩阵式或地区型组织可以使企业迅速调整营销策略,以应对竞争对手的动态。

7. 企业的权力分配模式

企业的权力分配模式有两种:集权制和分权制。集权制是将公司的重大决策权集中在总部,实行集中化管理。集权的优点在于公司总部能从公司的整体利益出发,综合考虑公司的实力,制订出最优的营销决策方案,同时还能对营销活动保持高度的控制力。从营销实践来看,倾向于以本国为中心的公司大多数实行集权制。但是,集权式管理也有其不足。首先,由于国际营销环境变幻莫测,企业的营销策略要经常作出调整,仅仅通过一个决策中心来协调各种活动几乎是不可能的。其次,在信息的传递和沟通方面也存在困难,而且随着组织层次的增多,这种困难会不断增大。分权制则是授权于各地区或各职能部门,实行分散化管理。它赋予各管理层、海外子公司的负责人制定营销决策的权力,让他们支配资源,自主解决问题。分权的优点是所制订的营销决策方案比较贴近客观实际,决策速度快,适应环境变化的能力强,能够提供一种评价各地区、各职能部门工作绩效的方法,使各部门了解自己所面临的环境和自身的情况。然而,分权也有其缺陷。它易于造成多头管理,从而造成公司总部对所属机构业务管理的失控。鉴于集权和分权各有利弊,公司应结合两者的优点来设计一种新的权力决策机制。倾向于地区中心和全球中心的公司实行集权和分权相结合的办法:公司总部把事关全局的重大决策权和管理权集中在公司董事会和总经理,强化自上而下的统一管理;与此同时,把需要对海外各地市场作出反应的职能和经营业务的权限分散在各子公司,扩大分支机构和子公司的经营自主权。这样既发挥了分权的优点,又能保证一定的控制力。在具体确定集权和分权的程度时,关键要看是否符合该公司的国际化程度、行业性质、母公司所在的位置和附属机构的规模等。

即测即练14.3

本章小结

企业制定出国际营销战略和策略之后,接下来的任务就是实施。为了使国际营销战略和策略得到有效的实施以实现预定的目标,企业要对自己的国际营销活动进行有效的组织。

首先,企业要明确哪些因素会影响国际营销组织结构。这些因素主要包括企业的国际营销活动所处的外部环境、企业的管理导向、企业的规模和产品的性质、企业在国际化进程中所处的阶段、企业是在同质市场还是在异质市场上经营、海外子公司所处的地理位置及其特征、重要区域性经济集团的出现等。

其次,企业要明确常见的国际营销组织结构有哪些类型。国际营销组织结构主要有七种类型:出口部、海外子公司组织、国际业务部和国际事业部组织、地区型组织、产品型组织、矩阵式组织和全球职能型组织。

国际营销组织结构没有绝对的优劣之分,企业应该根据自身的具体情况选择适合自己的国际营销组织结构。在进行选择的时候,企业需要考虑多个因素,包括:企业的外部经营环境,国际市场业务和国内市场业务在公司总体业务中所占的比重,公司组织结构的演进,企业战略目标,管理导向,竞争环境与竞争态势,企业的权力分配模式等。

关键术语

管理导向(management orientation)　　本国中心主义(ethnocentrism)
多中心主义(polycentrism)　　地区中心主义(regioncentrism)
全球中心主义(geocentrism)　　区域性经济集团(regional economic blocs)
出口部(exporting division)　　国际业务部(international division)
地区型组织(geographic organization)　　产品型组织(product organization)
全球性组织(global organization)　　矩阵式组织(matrix organization)
集权制(centralized)　　分权制(decentralized)
全球职能型组织(global function organization)
全球混合式组织(global matrix organization)
全球产品组织(global product organization)
全球地区型组织(global geographic organization)

课后习题

1. 国际企业为什么要建立国际营销组织?国际企业应如何建立适当的国际营销组织?
2. 影响国际营销组织结构设计的因素主要有哪些?
3. 国际营销组织结构主要有哪些类型?
4. 企业在选择国际营销组织结构的时候需要考虑哪些因素?
5. 什么是本国中心主义、多中心主义、地区中心主义和全球中心主义?试比较这四种管理导向的特点。

ABB 公司的组织结构

ABB 公司位列全球 500 强企业，总部位于瑞士苏黎世。ABB 公司由两家历史 100 多年的国际性企业——瑞典的阿西亚公司（ASEA）和瑞士的布朗勃法瑞公司（BBC Brown Boveri）在 1988 年合并而成。ABB 公司业务遍布全球 100 多个国家，拥有 21 万名员工。在 2020 年福布斯全球企业排行榜中，ABB 公司位于第 298 位。

该公司的经营口号是"ABB 在思想上要全球化、在行动上要本土化"。其规定英语是公司的官方语言，所有 ABB 公司经理必须讲英语，所有财务报表必须用英语写。ABB 公司的组织着重协调三种关系：全球化与本土化、大型化与小型化、分权化与集权化。

作为国际化的大公司，ABB 公司的管理当局面临着一个新的挑战：对一家遍布世界各地、拥有 21 万名员工的公司，如何加以组织？这家公司需要经常性地将经营业务从一个国家转换到另一国家，而它又试图使其各项经营都能共享技术和产品。ABB 公司的董事长巴内韦克认为他已经找到了答案。他大幅度地精简了公司总部的职员，同时大力推行一种两条指挥链的结构，使所有的员工同时接受所在国经理和所属业务经理的双重领导。ABB 公司大约有 100 个不同国家的经理，在其董事会的领导下，经营着原来的国内公司，这些经理大部分是其所工作国度的公民。另外，公司配备了 65 名全球经理人员，将他们组织到 8 个集团中：运输集团、过程自动化与工程集团、环境装置集团、金融服务集团、电子设备集团，以及三个电力事业集团，即发电集团、输电集团和配电集团。

企业的组织结构设计与选择必须适应企业的战略调整和业务发展，这有助于调动多方面的积极性和发挥各自的优势，ABB 公司面临的问题就是如何通过组织结构的调整更好地配置内部资源以提高整体绩效。在实践中，任何结构都不是完美的、都有其局限，只有充分认识所选结构可能存在的问题与风险，在关键问题上建立合理有效的机制，才能取得预期效果。

可以看出 ABB 公司采用的是典型的矩阵式结构，其突出特点是具有专业技术的全球业务经理和各所在国经理的双重指挥链，其有效运行的必要条件是两条指挥链上的经理之间有良好的协调与合作，从而保证命令的统一。

资料来源：ABB 在智能制造领域的表现与前景如何？[EB/OL]．(2024-10-29)．https://m.sohu.com/a/821356130_122077424/；《ABB 公司的拓展之路 2017》；《中国电力报》等。

讨论题

1. ABB 公司的矩阵式组织结构为其带来了哪些好处？

2. 在 ABB 公司这样一个组织中，采用单一的产品型组织结构或其他某种单一要素构成的组织结构是否合适？为什么？

（考核点：国际营销组织的类型与选择）

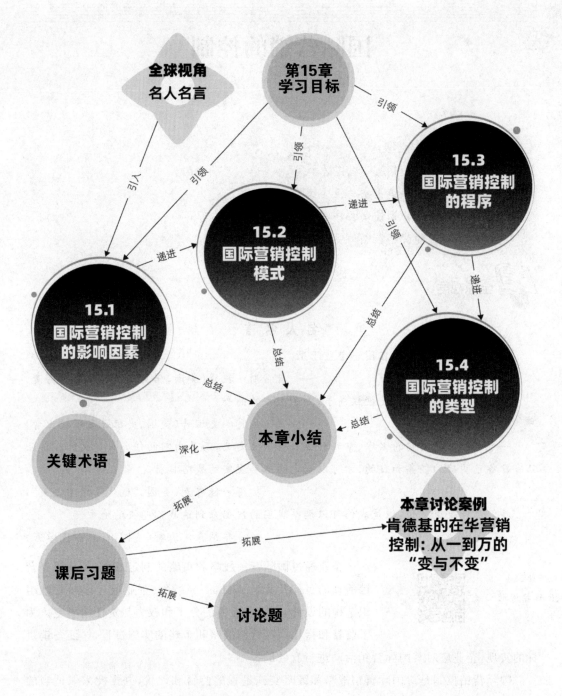

第 15 章

国际营销的控制

学完本章,你应该能够:
1. 掌握国际营销控制的基本概念;
2. 理解国际营销控制的主要模式及其优缺点;
3. 熟悉国际营销控制程序所包括的步骤及其内容;
4. 了解国际营销控制的主要类型及其具体内容。

名 人 名 言

不要把所有的鸡蛋放在同一个篮子里。

——詹姆斯·托宾(美国,诺贝尔经济学奖获得者)

成功的企业领导不仅是授权高手,更是控权的高手。

——彼特·史坦普(美国,史坦普定理提出者)

一个企业不是由它的名字、章程和公司条例来定义,而是由它的任务来定义的。企业只有具备了明确的任务和目的,才可以制定明确和现实的战略目标。

——彼得·德鲁克(美国,"现代管理学之父")

我们不能改变风向,但是我们可以调整我们的帆船来到达我们想去的地方。

——乔纳森·海特(美国,社会心理学家)

| 扩展阅读 15-1 国际营销控制的必要性 | | 企业通过国际营销战略和策略的制定,确定了其海外营销活动的目标及其达成目标的途径;企业通过国际营销组织结构的设计,完成了任务的分工和权力与责任的界定。为了监督和指导国际营销战略和策略的实施过程,保证营销目 |

标的实现,企业应对其国际营销活动进行有效的控制。

国际营销控制是对国际营销战略和策略实施过程的监督和评价,并据此采取适当的措施以纠正实施过程中的偏差,以确保既定的营销目标的实现。

15.1　国际营销控制的影响因素

国际营销的控制与单纯在一国内经营的营销控制是有区别的。这是因为跨国企业的业务可能分散在不同市场环境的国家市场,控制系统要适应千变万化的环境,控制过程也变得更为复杂。同时,跨国企业的总部与各国市场之间相隔较远,管理者在语言、习惯等方面的各种隔阂都为达到控制所必需的沟通设置了不同程度的障碍。因此,跨国企业在选择适合自己的营销控制方法时,需要综合考虑多种因素,以下是一些主要因素。

1. **全球营销控制的标准化要求**

市场营销战略是针对特定市场的特殊需求制定的,相比之下,市场营销过程则是针对企业的战略需要而设定的。也就是说,市场营销人员为了完成营销任务所使用的营销技巧和方法,以及营销控制的基本原理,在通常情况下不受特定时期、特定市场条件和市场需求的直接影响。因此,营销控制方式的选择会遵循公司的全球控制标准。

2. **交通和通信设施**

交通和通信设施是影响国际营销控制的一个重要因素。早期的国际营销者常常通过马车、轮船等交通工具往返于世界各个市场,总部对子公司的控制需要工作人员长途跋涉或者通过电报等方式传递信息。考虑到当时的旅行速度、往返成本、交通工具的舒适性等因素,绝大多数跨国企业都只是对子公司实施非常松散的控制。这种高度分权型的营销政策,主要是挑选人员负责国外市场业务,指导其在负责区域内全权决策子公司的运作,并在一年的运作期结束时向总部汇报工作情况。如今,各种交通和通信设施已经逐渐发展起来,飞机成为长途旅行的首选方式,面对面的交流变得非常方便,这使跨国企业的经理们能够与分布在世界各地的业务单位保持直接联系。

在当今的国际营销组织中,小型的营销业务只能获得有限的成功,其原因就在于这些业务的负责人没有财力和心力去与国外市场上更多的客户、分销商进行及时交流。而较大规模公司的管理层,则经常与国外分支机构的经理们保持联系,这些经理又与自己所在市场区域的职员、顾客、代理商和分销商保持密切的直接联系。与此同时,各种通信工具也带动了更广泛深入的交流,电话、传真、互联网的广泛应用实现了全球范围内高效快速的联系,这些都使得跨国企业的营销沟通系统日臻完善。

总之,交通和通信技术的发展使得控制所必需的联系方式具有速度快、质量好的特点,并且能传递包括数据、声音、传真、图像在内的各种信息,这一切都在对全球化企业对下属子公司的控制活动产生深刻影响。

3. **环境的差异和稳定性**

跨国公司总部和各子公司所处的经济、政治、文化、自然环境会具有不同程度的差异。一般来说,这种差异越大,子公司越需要获得自主权来适应这种环境的变化,也就是说,子公司所受到的控制程度就越低。环境的差异也成为国际企业划分控制单位的重要参考,为了加强对国外子公司的控制,许多国际化企业采用了地区型的组织结构,成立若干个地区总部,比如,德国西门子在中国苏州高新区设立了电气产品中国及东亚总部、人工智能共创实验室及西门子艾闻达中国区总部,其根据就在于每个地区内各国的环境差异较小,便于实行统一的控制管理。

跨国公司总部对下属经营单位的控制还要受到子公司所在市场营销环境稳定性的影响。如果市场环境变化频繁，那么总部就会将权力和责任更多地下放到子公司，公司总部对经营单位实施的控制程度就比较低。比如，当一个国家处于革命时期，其环境的变化往往无法预期，跨国企业在当地的子公司需要采取一些简单灵活的政策，这时公司总部会更多赋予当地管理人员自主权力，去除很多计划性的控制要求，这样才能收到更好的效果。

4．国际产品的性质

国际营销控制系统的另一个重要影响因素是产品的性质，主要考察产品的技术性质和产品对环境的敏感性。一些在技术上比较复杂的产品常常可以实现良好的控制，这是因为该产品的用途在各国市场上具有相似性，这为在国际层面上实现营销控制的标准化提供了基础。比如，无论全球哪个角落的电脑产品在技术上的差异已经非常有限，便于使用统一的控制标准。同时，环境敏感性是解释国际营销控制程度的另一个重要因素。如果一种产品在世界各地的销售方式和使用习惯差别不大，没有什么文化禁忌，那么跨国企业总部就可以应用标准化的控制方法，否则很难用统一的国际标准去衡量。比如，快餐和药物就是对环境敏感的产品，药物的选用要根据当地的医疗条件和民族习惯，而快餐也要符合当地的口味和饮食习惯，像这样的产品如果要打入国外市场，就必须对营销组合进行相应的调整，若无法对全球标准进行统一则必然增加控制的难度。

5．子公司的营销业绩

子公司的营销业绩也是影响总部控制方式的重要因素。当子公司难以完成总部分配的销售任务时，总公司会尽全力帮助其找出原因所在，改正存在的问题，同时实施监控，避免问题再一次出现，这样对子公司的控制程度也就相应提高了。换个角度看待这个问题，我们会发现，能够成功经营的子公司都做到了很好地限制公司总部卷入的程度。因此，与处在困境中的公司相比，一个成功管理的子公司通常有着更为松散的控制机制。

15.2　国际营销控制模式

在国际营销活动过程中，企业不仅需要适时调整其国际营销组织结构，而且需要根据组织结构的变化相应地调整母公司对子公司的监控管理模式。国际营销控制模式主要包括三类：集权型控制模式（centralized control）、分权型控制模式（decentralized control）以及分权与集权相结合的控制模式（decentralized and centralized control）。

15.2.1 集权型控制模式

集权型控制模式是指公司总部对其国内与海外分部实行集中型控制。这是最为传统的跨国公司控制模式。集权型控制模式主要表现在海外业务规划和控制两个方面,其特征是:子公司经营权掌握在母公司手中;子公司职员的工作业绩用母公司的标准来衡量;不管子公司能否消化,母公司都向子公司传达指令和信息;子公司虽然设在目标市场国,但母公司仍按母公司的标准对子公司进行控制,而不考虑当地的具体情况;子公司的高级管理人员一般优先选用母公司的现有人员,子公司当地人才的发展机会较少;子公司内当地雇员有自卑感,而母公司派往子公司的雇员有优越感。

集权型控制模式的优点就在于决策集中、效率高,高层统一掌控全局,母公司统一调配总体发展战略,实现资源的优化分配。同时,信息流动路径简单,降低沟通成本、缩小执行偏差。面对复杂或紧急情况时,集权型控制模式也可以快速作出反应并统一实施,确保上下层的资源分配和行动一致性,特别适用于规模较大、需要严格管控的组织环境。但这种控制模式过分忽略子公司的社会人情及雇员利益,容易引起当地社会的不满,从而产生种种干扰,引起当地雇员的抵制行为和排外情绪。一旦矛盾尖锐化,当地政府可能会出面干涉。

15.2.2 分权型控制模式

随着企业的国际化进程的推进,集权型控制模式往往背离子公司的经营环境及发展战略的需要,产生许多问题。分布在世界各地的子公司同母公司在社会、政治、经济、文化等方面的条件差异和资源差异越来越明显,所以由母公司集权控制子公司的方式越来越难以继续下去,在这种情况下,分权型控制模式产生了。

分权型控制模式是指决策权力分散于各子公司,母公司承担控股公司的角色。在该模式下,子公司具有相对独立性,在财权设置、资本融入及投出和运用、财务收支、费用开支等方面均有充分的决策权。母公司不采用指令性计划方式来干预子公司的经营活动,而是以间接管理为主,具体包括:子公司经营决策权掌握在子公司经理手中,母公司只承担子公司早期决策及高级管理人员深造的决策;子公司职员工作业绩用子公司所在地通用标准来衡量;子公司奖励水平与母公司没有直接关系,各个子公司之间可以存在较大的差异;母公司与子公司之间,以及子公司之间的信息交流很少;子公司中外籍员工和本地员工之间不存在等级观念。

总之,在分权型控制模式下,外国子公司实际上等于本地公司,因此,这种管理模式不会使子公司的雇员产生被压迫或被剥削的感觉。不过从母公司立场来看,这种管理模式不能发挥统一调配资源的优势。分权型结构中,各地子公司可以自谋发展机会,但也相应地失去集中利用国际市场和世界资源的机会,所以,这种管理模式也有弊端。

15.2.3 分权与集权相结合的控制模式

随着国际经济合作日益广泛和深入,跨国企业的规模向全球扩张,企业面临的国际贸易市场竞争加剧、组织效率需求提升、发展阶段变化等问题更加突出,单独采用集权型控制模式(以母公司为中心)或分权型控制模式(多中心)已无法满足企业实际发展需要,一种新的控制模式应运而生,即分权与集权相结合的控制模式。

分权有利于更好地考虑世界各地的实际市场情况,而集权则能够从公司整体利益出发,统筹资源和决策,以实现整体目标,也兼顾子公司的利益。分权与集权相结合的控制模式以全球为中心,既不偏爱本民族和母公司,也不偏爱其他民族和子公司,子公司根据公司整体战略目标自己制订经营方针和经营计划。母公司有权对子公司进行监督,如果子公司不努力执行计划或偏离计划,母公司可采取纠正行动。为了便于母公司实行集权控制,子公司必须按期向母公司报告计划执行情况,而母公司也经常派人到子公司进行视察。将分权与集权相结合,实际上充分兼顾了公司的整体利益与目标市场国当地市场环境的特点。

分权与集权相结合的控制模式的主要特征有:母公司把经营决策权按照实际需要授予子公司,子公司在决策时考虑母公司提供的各种参数和标准;子公司员工及其工作业绩衡量标准依据平均效率和客观情况而定,既不太高,也不太低,要符合各国的实际情况;子公司发放报酬时,依照目标和任务完成情况而定,既不偏爱母公司的员工,也不偏爱子公司的员工;意见和信息在母公司和子公司之间以双向方式交流,母公司被视为公司经营集团的成员;子公司所在地人才也能被派往其他国家子公司或母公司任职;所有子公司的员工,虽然在国籍方面有差别,但彼此间是平等的。

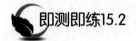即测即练15.2

15.3 国际营销控制的程序

国际营销控制的程序主要包括八个步骤:明确标准,设置控制目标;明确控制对象;选择控制方法;绩效评估;分析偏差产生的原因;采取纠偏措施;确定负责人;建立信息反馈系统。

(1)明确标准,设置控制目标。明确标准和目标是控制的第一步,因为,如果没有用来衡量经营情况的标准和明确的控制目标,企业便无法知道自己的经营绩效如何,控制工作便无法继续进行。企业的国际营销计划是国际营销控制标准的依据和基础,企业在国际营销计划拟达到的目标的基础上制定出具体的控制标准。

(2)明确控制对象。要明确哪些营销部门和人员是需要重点检查控制的对象,为制定有效的控制标准提供决策依据。

(3)选择控制方法。控制方法主要有年度营销计划控制(annual-marketing-plan control)、盈利能力控制(profitability control)、效率控制(efficiency control)和战略控制,详见15.4节。

(4)绩效评估。绩效评估就是根据已明确的控制标准对国际营销部门和人员的工作进行检查、评估和分析,以找出实际工作绩效与控制标准的差距,并分析差距产生的原因,以便为下一步纠正偏差提供可靠依据。国际营销管理者往往无法亲临各国际市场,经常会通过信息系统间接地获取所需资料。公司总部为了分析和比较的方便,一般会给子公司的报告设计标准。在反馈系统中要注意的是子公司报告的性质和次数,并且这些报告必须涵盖所有母公司想控制的因素。报告必须是定期的,以便管理者随时发现问题。从母公司的角度来讲,内部报告系统中最常见的问题是无用的信息太多,而有用的信息却被淹没在众多无用的信息之中。从子公司的角度来说,母公司要求汇报的东西太多了,报告太多容易导致过度干涉和授权不足,于是引发子公司与母公司之间的埋怨和冲突。因此,虽然国际企业在某种程度上的集中是必要的,但是在具体行动中,要注意将报告的范围限制在那些与整体行动有关的重要内容上。

(5) 分析偏差产生的原因。企业将实际绩效与预期绩效进行比较后,下一步就是判断出主要的差异并找出差异产生的原因。绩效偏差是一种表面现象,对企业来说更重要的是找出偏差产生的原因。偏差产生原因主要来自两个方面:一是营销计划本身存在的问题,如规划目标与企业自身条件不匹配;外部环境突变,企业的营销策略无法及时适应等。二是营销计划实施过程中产生的问题,比如,项目下属单位执行不力,管理人员素质低下,跟不上时代的发展要求,导致预期目标无法实现等。

(6) 采取纠偏措施。纠正偏差就是对出现的偏差采取相应的措施。如果偏差产生的原因出在国际营销本身,纠正偏差的工作就是改进国际营销工作,以提高绩效并消除差距;如果偏差产生的原因是营销目标或控制标准本身不合理,这时,纠正偏差的工作就是重新确定营销目标或控制标准,以实现消除偏差的目标。

(7) 确定负责人。确定每个营销项目负责人,任务下达明确到人,保证项目稳定进行。

(8) 建立信息反馈系统。企业的信息系统和控制系统是企业运营的中枢神经,在企业的营销中,国际营销的信息系统相对于国内营销应该更加正规化和信息化。

即测即练15.3

15.4　国际营销控制的类型

国际营销控制的主要类型有年度营销计划控制、盈利能力控制、效率控制和战略控制,具体内容如表 15-1 所示。

表 15-1　国际营销控制的类型

控制类型	主要负责人	控制目的	控制工具
年度营销计划控制	高层管理人员、中层管理人员	检查计划目标是否实现	销售分析、市场份额分析、营销费用—销售额分析、财务分析、基于市场的评分卡分析

续表

控制类型	主要负责人	控制目的	控制工具
盈利能力控制	营销审计人员	检查企业在哪些方面盈利、在哪些方面亏损	分析不同产品、不同销售区域、不同顾客群体、不同销售渠道以及不同订货规模的盈利情况
效率控制	直线和职能管理人员、营销审计人员	评价与提升经费开支的效益和营销开支的效果	分析销售队伍、广告、销售促进和分销等方面的效率
战略控制	高层管理人员、营销审计人员	检查企业是否正在市场、产品和渠道等方面寻找最佳时机	营销效益等级考评、营销审计、营销突出企业评价、道德和社会责任考评

15.4.1 年度营销计划控制

年度营销计划控制的目的在于确保公司实现年度营销计划中所规定的销售、利润和其他指标。年度营销计划控制的中心是目标管理，它包括四个步骤：第一，管理层必须在年度营销计划中建立月份或者季度目标。第二，管理层必须监控年度营销计划的执行绩效。第三，管理层必须对任何严重的偏差行为的原因作出判断。第四，管理层必须采取改正行动，以弥合其目标与实际执行绩效之间的差距。

企业高层管理者确定了年度销售目标和利润目标，然后这些目标被分解成各个较低层次的管理层的具体目标，于是，每个产品经理就要在某个成本范围内达到规定的销售水平，每个地区经理和销售代表也被责成实现各自的目标。高层管理者要定期检查和分析结果。

如今，为了更加有效地衡量营销绩效，营销者对一些定量工具表现出越来越浓厚的兴趣。他们经常运用五种工具来检查营销计划执行的绩效：销售分析(sales analysis)、市场份额分析(market share analysis)、营销费用—销售额分析、财务分析和基于市场的评分卡分析。

1. 销售分析

销售分析是指根据销售目标衡量和评价实际销售绩效。为此，企业可以运用两种工具。

(1) 销售差异分析(sales-variance analysis)。这个工具用来衡量不同因素在导致销售绩效缺口的过程中所起的相应作用。假设年度营销计划要求在第一季度销售4 000件产品，1元一件，即4 000元。然而在季末，实际销售量却只有3 000件，而且是0.8元一件，即2 400元。销售差异为1 600元，即为预期销售额的40%。现在，企业的问题是：这未完成额中有多少是由降价造成，多少是由销售量下降所造成。为此，可以进行下面的计算：

由降价所造成的差额 = $(1.00 - 0.80) \times 3\,000 = 600$(元)，$600/1\,600 = 37.5\%$

由销售量下降所造成的差额 = $1.00 \times (4\,000 - 3\,000) = 1\,000$(元)，$1\,000/1\,600 = 62.5\%$

由此可见，几乎2/3的销售差额是由于没有完成销售量目标所造成的。为此，企业应该仔细地研究其销售量目标未能实现的原因。

(2) 微观销售分析(micro-sales analysis)。这种分析方法从产品、销售地区以及其他有关方面考察其未能完成预定的销售任务的原因。假设该公司在三个地区销售，预定的销售任务分别为1 500个单位、500个单位和2 000个单位。而这三个地区的实际销售分别为1 400个单位、525个单位和1 075个单位。这样，地区1完成93%的任务；地区2超额5%；而地区3却只完成了53.75%的任务。因此，地区3是造成企业销售困境的主要原因。销售副总应该对地区3进行深入研究，以找出问题产生的原因：是地区3的销售代表在磨洋工，有强大竞争者新进入这个地区，还是这一地区的经济状况恶化？

2．市场份额分析

公司在评价国际营销绩效的时候，仅考虑销售额是不够的，因为它并不能表明公司相对于竞争对手的绩效如何。管理层还需要进行市场份额分析。常见的衡量市场份额的方法有三种：总市场份额(overall market share)、服务市场份额(served market share)和相对市场份额(relative market share)。

企业的总市场份额是指其销售额在行业总销售额中所占的比例。企业的服务市场份额是指其销售额占其所服务市场的总销售额的比例，其中，服务市场是指所有能够并愿意购买企业产品的购买者。很显然，企业的服务市场份额总是大于其总市场份额。一家企业的服务市场份额可能接近100%，而其总市场份额可能很低。企业的相对市场份额是指其市场份额与最大竞争对手的市场份额的百分比。很显然，相对市场份额超过100%的企业是市场领导者；如果相对市场份额正好是100%，则说明该企业与行业中最强大的竞争对手旗鼓相当；相对市场份额不到100%，则说明企业在行业中的市场地位不如最强大的竞争对手。企业的相对市场份额上升，意味着企业的市场成长速度快于最大竞争对手。分析市场份额变动的公式为

$$总市场份额 = 顾客渗透率 \times 顾客忠诚度 \times 顾客选择性 \times 价格选择性$$

式中：顾客渗透率(customer penetration)是指向该企业购买产品的顾客占所有顾客的百分比；顾客忠诚度(customer loyalty)是指顾客从该企业购买产品的次数占这些顾客购买同类产品的总次数的百分比；顾客选择性(customer selectivity)是指该企业的顾客每次从该公司购买产品的平均金额与这些顾客每次从其他企业购买同类产品的平均金额的百分比；价格选择性(price selectivity)是指该企业的产品平均价格与所有企业的产品平均价格的百分比。

现在假设该企业以金额表示的市场份额在某一特定时期下降了，总市场份额公式提供了四种可能的解释：企业失去了某些顾客，即顾客渗透率降低了；现有顾客减少在该企业购买产品的次数，即顾客忠诚度降低了；该企业的现有顾客每次购买金额下降了，即顾客选择性下降了；企业产品价格与竞争对手相比降低了，即价格选择性下降了。

3．营销费用—销售额分析

年度营销计划控制要求企业在实现其销售目标时，其费用不能超出一定的范围。这里，企业需要注意的关键比率是营销费用对销售额的比率。例如，在某个企业这个比率为30%，它包括五种费用与销售额之比：销售队伍开支与销售额之比(15%)、广告费用与销

售额之比(5%)、促销费用与销售额之比(6%)、营销调研费用与销售额之比(1%)、销售管理费用与销售额之比(3%)。

管理层应该监视这些营销开支比率。如果营销开支的波动超出一定的范围,就会给企业带来麻烦。每个比率在各时期的波动可以通过控制图(图15-1)进行追踪。图15-1显示,广告费用和销售额之比通常应该在8%~12%之间波动,但是在第15个时期,这一比率超过了控制上限。发生这种情况的原因可能有两个:①企业在费用控制方面依然正常,只不过是发生了某个偶然事件,比如,企业为了成功推出一种很有潜力的新产品,需要营造出一种声势,以便迅速打开市场。②企业对费用失去了控制。这时,企业应该寻找原因。企业如果不开展有效的调查以确定环境是否发生了变化,那么企业的风险是:环境确实发生了变化而企业浑然不知,从而使企业的营销活动落后于市场环境的变化。然而,如果企业开展了调查,也要冒一定的风险:企业花费了大量的人力和物力却没发现什么异常情况,于是造成资源的浪费。

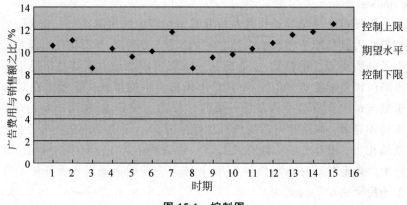

图 15-1　控制图

有时,即使连续观察到的费用水平没超出控制范围,企业也应该注意。例如,在图15-1中,从第9个时期开始,广告费用与销售额之比持续上升,而且上升的幅度很大,这种明显的变化趋势应该引起企业的重视,以便在开支水平超出规定范围之前就采取有效的措施。

4. 财务分析

营销费用与销售额之比应该放在一个总体的财务框架中进行分析,以明确企业的利润是如何获得的、在什么地方获得的。营销者越来越倾向于利用财务分析来寻找提高利润的途径,而不仅仅局限于通过销售量的扩大。

管理层经常利用财务分析来识别影响企业净值报酬率(rate of return on net worth)的各种因素。净值报酬率是企业的资产报酬率(return on assets)和财务杠杆比率(financial leverage)的乘积。因此,要提高资产净值报酬率,企业就必须提高净利润与总资产之比或总资产与资本净值之比。企业应该分析它的资产构成(即现金、应收账款、库存以及厂房设备),并且寻求能够改善资产管理水平的途径。由于资产报酬率是利润率(profit margin)和资产周转率(asset turnover)的乘积,因此,营销主管可以采用两种办法来提高资产报酬率。

(1) 增加销售额或削减费用以提高利润率。
(2) 增加销售额或减少完成一定销售所需的资产(如库存、应收账款等)以提高资产周转率。

5. 基于市场的评分卡分析

大多数企业的绩效评估系统采用了财务业绩评分卡,但是牺牲了定性的标准。因此,企业应准备两张基于市场的评分卡,以反映企业绩效并提供可能的预警信号。

第一张是顾客绩效评分卡(customer-performance scorecard),用来记录企业历年来在顾客方面的工作绩效,包括以下内容。

(1) 新增顾客数量占年平均顾客数量的百分比。
(2) 流失顾客数量占年平均顾客数量的百分比。
(3) 重新赢回的顾客数量占年平均顾客数量的百分比。
(4) 各类顾客中非常失望、失望、中性、满意、非常满意的比率。
(5) 重复购买顾客数量的百分比。
(6) 准备向其他顾客推荐企业产品的顾客的百分比。
(7) 目标市场中知晓或记得企业品牌的顾客的百分比。
(8) 认为本企业产品在同类产品中最佳的顾客的百分比。
(9) 相对于主要竞争者而言,顾客对本企业产品质量的理解。
(10) 相对于主要竞争者而言,顾客对本企业服务质量的理解。

对以上的每一项都要建立标准,如果当前的衡量结果超出轨道,管理层要采取相应的行动。

第二张是利益相关者绩效评分卡(stakeholder-performance scorecard)。利益相关者包括员工、供应商、银行、分销商、零售商、股东等。企业要追踪各种利益相关者对企业的满意度。与顾客绩效评分卡一样,企业应为各种利益相关者建立满意度的标准,而且当某种利益相关者的不满达到一定程度时,管理层应采取一些有效的措施。

15.4.2 盈利能力控制

企业必须衡量其所经营的各种产品、各销售区域、各顾客群体、各销售渠道和不同订货规模的盈利情况,以确定哪些是盈利的、哪些是亏损的。这方面的信息将帮助管理层决定哪些产品或营销活动应该扩大、收缩或者取消。

与其他所有的管理工具一样,盈利能力控制既有其优点,也有其局限:它为管理者在决定哪些业务应该扩大、哪些活动应该收缩时提供了一种思路,然而,如果管理者不具体问题具体分析,就可能会误入歧途。这是因为,在使用这种方法的时候,很多费用的分配都依靠主观判断,所以,有时难免会太过武断。比如,一条彩电生产线包括14英寸、18英寸、21英寸、25英寸、29英寸等品目,企业在确定生产和销售成本时,很难把多少百分比的成本分配给各个品目。在确定利润时,也会遇到同样的困难。

另外,在使用这种方法的时候,必须区分三种不同的成本:直接成本、可追溯的共同成本和不可追溯的共同成本。

直接成本是指能直接分配给适当的营销实体的成本。例如,销售佣金就是销售区域、销售代表或顾客群利润分析中的一项直接成本。如果公司的每一则广告只针对一种产品,那么广告支出就是产品利润分析中的直接成本。其他有具体目的的直接成本的例子还包括推销人员的工资和差旅费。

可追溯的共同成本是指间接却能按照一种比较合理的标准分配给营销实体的成本。比如,多种产品同时在一家商店销售的时候,可以根据各种产品所占据的空间分配租金。

不可追溯的共同成本是指高度主观地分配给各营销实体的成本。试考虑"企业形象"建设这项费用。将这笔费用平均分配给所有的产品是不客观的,因为各种产品从企业形象中所获得的好处各不相同。根据不同产品的销售额按比例分配也是一种武断行为,因为除了企业形象外,产品销售还受其他多种因素的影响。难以分配共同成本的典型例子还包括工资、税金、利息和其他管理费用。

15.4.3 效率控制

效率控制是指企业不断寻求更有效的方法来管理销售队伍、广告、促销和分销等营销实体活动。

假设利润分析发现企业的某些产品、某些销售区域或者销售渠道的盈利情况不好,那么管理层需要考虑的问题是,是否存在更有效的办法来管理销售队伍、广告、销售促进、分销等方面的活动。

有些企业设置了营销审计长这个职位来帮助营销人员提高绩效。营销审计长不在企业控制办公室工作,而是专门负责营销方面的审计。在通用食品、杜邦、强生等公司,审计长对营销费用和结果进行详细的分析。他们审查利润计划,帮助品牌经理制定预算,衡量促销活动的效率,分析各种媒体的使用成本,评价顾客和地区盈利率,使营销人员懂得各种营销决策的财务后果。

1. 销售队伍效率(sales force efficiency)

各级销售经理都应该密切监视自己销售队伍的几个关键效率指数。

(1) 每个销售人员平均每天进行销售拜访的次数。

(2) 每次拜访所需要的平均时间。

(3) 销售人员每次拜访的平均收入。

(4) 销售人员每次拜访的平均成本。

(5) 销售人员每次拜访的招待费。

(6) 每 100 次销售拜访的订单百分比。

(7) 每一特定时期新顾客的数目。

(8) 每一特定时期流失顾客的数目。

(9) 销售队伍成本占总销售额的百分比。

企业在检查销售队伍的效率时,常常会发现许多地方都有待改进。当通用电气公司发现某个部门的销售代表拜访顾客过于频繁时,公司就会缩小这个部门的销售队伍规模。一家大型航空公司发现它的销售人员既搞销售又搞服务,于是决定将服务工作交给工资较低的员工去做。另一家公司则通过时间—职责分析,找到了能有效减少磨洋工时间的途径。

2. 广告效率（advertising efficiency）

许多营销经理认为，要准确衡量从广告支出中获得多少好处几乎是不可能的，但是，营销经理至少要掌握以下的统计资料。

(1) 各种媒体工具触及每千名目标顾客的广告成本。

(2) 注意到、看到、联想起和阅读印刷广告的人在其目标受众中的百分比。

(3) 消费者对广告内容和效果的看法。

(4) 广告前和广告后目标受众对产品的态度的变化。

(5) 由广告所引起的询问次数。

(6) 每次调查的成本。

管理层可以采取一系列措施来改进广告效率，包括做好产品定位、明确广告目标、预先测试广告信息、利用计算机选择广告媒体、寻找更合算的媒体以及广告事后检验等。

3. 销售促进效率（sales-promotion efficiency）

销售促进包括几十种能激发顾客购买兴趣或试用产品的方法。为了提高促销活动的效率，管理层应该坚持记录每次促销活动的成本及其对销售的影响。企业管理层应注意以下统计资料。

扩展阅读 15-2　激发顾客购买兴趣或试用产品的方法

(1) 优惠销售所占的百分比。

(2) 每单位销售额的展示费用。

(3) 赠券的回收率。

(4) 每次演示所引起的询问次数。

促销经理经常观察不同促销活动的效果，然后向产品经理提出最有效的促销措施。

4. 分销效率（distribution efficiency）

管理层应该调查研究分销活动的经济性，包括库存控制、仓库位置的选择和运输方式等。衡量分销效率的指标包括以下几个。

(1) 物流成本与销售额的比例。

(2) 订单错发率。

(3) 准时送货的百分比。

(4) 开错发票的次数。

管理层应当努力减少存货，同时加速存货的周转。

15.4.4　战略控制

在营销活动进行过程中，企业必须定期对其整体营销目标和效益作出严格的评价。每个企业应该定期对其进入市场的战略途径进行重新评价。这时，企业有以下几个工具可以利用。

1. 营销效益等级考评

一个公司或事业部的营销效益可以从体现营销导向的五个属性上反映出来：顾客哲学（customer philosophy）、整合营销组织（或称为一体化的营销组织）（integrated marketing organization）、充分的营销信息（adequate marketing information）、战略导向

(strategic orientation)和运作效率(operational efficiency)。大多数企业和部门用营销效益等级考评表进行营销效益等级评定。

2. 营销审计

营销审计(marketing audit)是对一个公司或公司的业务单位的营销环境、目标、战略和活动所做的全面、系统、独立和定期的检查,以确定问题的范围和机会,并提出行动方案以提高公司的营销绩效。

营销审计具有四个特性。

(1) 全面性。营销审计并不限于若干个容易出问题的地方,而是涉及企业所有的主要营销活动。如果它仅仅涉及销售队伍、定价或者其他营销活动,那么它便是一种职能性审计(functional audit)。尽管职能性审计也十分有用,但是有时它可能会误导企业管理层。例如,销售人员流动率过高,原因可能不是销售人员培训不力或者报酬太低,而是产品不好或促销力度不够。一次全面的营销审计通常能更加有效地找到营销问题产生的真实原因。

(2) 系统性。营销审计包括一系列有秩序的诊断步骤,包括诊断组织的宏观和微观环境、营销目标和战略、营销制度和具体营销活动。营销审计显示哪些地方最需要改进,然后,在诊断基础上制订出调整性计划,包括短期计划和长期计划,以提高组织的整体营销效益。

(3) 独立性。执行营销审计的一般是与营销职能无直接关系的内部团队或独立的第三方(外部审计)。其中,企业的内部审计包括自我审计、交叉审计、上级审计、企业审计处审计和企业任务小组审计这五种途径,具有灵活性强、成本较低、信息透明等优势,但其效果很大程度上依赖于企业审计机制的科学性和执行的独立性;而外部审计是指企业聘请独立的第三方专业机构或个人,对其财务状况、业务流程、合规性或绩效等进行客观、公正的评估和验证。因此,最好的审计大多来自企业外部经验丰富的专门审计人员,他们通常具备审计工作所需要的客观性和独立性,有丰富的行业经验,同时,可以集中时间和注意力从事审计活动,其结果更具公信力。

(4) 定期性。典型的营销审计都是在销售下降、销售人员士气低落或者其他问题发生之后才开始进行的。具有讽刺意味的是,企业之所以陷入困境,部分原因正是未能在进展顺利的时候检查营销活动。因此,定期的营销审计对那些业务发展正常的企业和在困境苦苦挣扎的企业来说,都是至关重要的。对于业务正常的企业,审计可识别潜在的机会和风险,验证企业营销活动的合规性和执行效果;而对陷入困境的企业,审计更像是一种"诊断工具",能够系统性地揭示企业问题的根源并提供改进建议。

营销审计的第一步是公司高级职员和营销审计人员一起开一个会,以便在有关审计目标、涉及面、涉及深度、数据来源、报告形式以及时间安排等方面达成一致。企业应该精心准备一份详尽的计划,包括找谁面谈、询问什么问题、接触的时间和地点等,这样就能使审计所花的时间和成本最小化。营销审计的准则是,不能仅仅靠公司经理收集数据和意见,还必须访问顾客、经销商和其他外界人士。许多公司既没有真正了解其顾客和经销商对自己的看法,也没有充分理解顾客的各种需要和价值判断。

营销审计由反映公司营销情况的六个主要部分构成,分别为营销环境审计、营销战略审计、营销组织审计、营销制度审计、营销效率审计和营销职能审计。

3. 营销突出企业评价

公司可以用另一个工具对自己和高绩效公司在营销实践方面进行比较,即营销突出企业评价(marketing excellence review)。表 15-2 列出了差的、较好的、突出的企业在营销实践方面的区别。管理层可以利用它来确定自己目前所处的位置,其结论将显示出企业的优势和劣势,并清晰地反映出企业应该在哪些方面进行努力才能成为突出的经营者。

表 15-2 营销突出企业评价

企业	差的企业	较好的企业	突出的企业
营销实践方面的区别	产品驱动	市场驱动	驱动市场
	大众市场导向	细分市场导向	补缺市场和个性化导向
	产品提供物	附加产品提供物	解决顾客问题提供物
	产品质量一般	产品质量高于一般水平	产品质量出乎意料地好
	服务质量一般	服务质量高于一般水平	服务质量出乎意料地好
	最终产品导向	核心产品导向	核心能力导向
	职能导向	过程导向	结果导向
	对竞争者有反应	以竞争者为对标赶超对象	跳跃式地超越竞争者
	开发和利用供应商	供应商偏好	与供应商建立合作伙伴关系
	开发和利用经销商	支持经销商	与经销商建立合作伙伴关系
	价格驱动	质量驱动	价值驱动
	速度一般	速度高于平均水平	速度出乎意料地快
	等级制度	网络结构	团队
	垂直一体化	扁平组织	战略联盟
	股东驱动	利益相关者驱动	社会驱动

4. 道德和社会责任考评

在当前的市场条件下,许多因素迫使企业承担更多的社会责任,如日益提高的顾客期望、员工期望的变化、政府的压力、法规的约束、投资者的评价等。企业需要明确自己在营销方面是否真正符合道德规范,是否承担了应有的社会责任,因为企业的经营成功和顾客需要的满足与企业是否实践了高标准的营销活动密切相关。世界上那些最令人羡慕的公司都遵循为人类利益服务的原则,而不仅仅是为了企业自己。

今天,随着互联网的发展,企业在不道德行为方面承受的风险远远高于过去。在过去,受骗上当的顾客或许只能向身边的熟人传播该企业的坏形象;而今天,顾客可以通过互联网向成千上万的人传播。

提高营销的道德水平和社会责任感要求三路出击:第一,社会必须尽可能地利用法律来清楚地界定并约束违法的、反社会的和反竞争的行为。第二,企业必须制定和发布书面的道德准则,建立企业的道德行为习惯,要求员工不折不扣地遵守道德规范和法律法规。第三,营销者在与其顾客和其他利益相关者进行交易

国际营销案例 15-1 宝马(BMW)在华市场的调整与战略控制

时,必须自觉地实践社会责任和道德准则。

本章小结

为了监督和指导企业国际营销活动的实施过程,保证国际营销目标的实现,企业必须对国际营销活动进行有效的控制。所谓国际营销控制就是对国际营销计划执行过程进行监督和评价,并据此采取适当的措施以纠正计划执行过程中的偏差,以确保既定的营销目标的实现。

国际营销控制模式主要包括三类:集权型控制模式、分权型控制模式和分权与集权相结合的控制模式。这三种控制模式各有其优缺点。

国际营销控制的程序主要包括八个步骤:明确标准,设置控制目标;明确控制对象;选择控制方法;绩效评估;分析偏差产生的原因;采取纠偏措施;确定负责人;建立信息反馈系统。

国际营销控制主要有四种类型:年度营销计划控制、盈利能力控制、效率控制和战略控制。

关键术语

国际营销控制(international marketing control)　效率控制(efficiency control)
战略控制(strategic control)　集权型控制模式(centralized control)
销售分析(sales analysis)　分权型控制模式(decentralized control)
财务分析(financial analysis)　价格选择性(price selectivity)
资产报酬率(return on assets)　销售差异分析(sales-variance analysis)
盈利能力控制(profitability control)　微观销售分析(micro-sales analysis)
市场份额分析(market share analysis)　总市场份额(overall market share)
服务市场份额(served market share)　相对市场份额(relative market share)
顾客渗透率(customer penetration)　顾客选择性(customer selectivity)
净值报酬率(rate of return on net worth)　财务杠杆比率(financial leverage)
可追溯的共同成本(traceable common costs)　评分卡分析(scorecard analysis)
直接成本(direct costs)　营销审计(marketing audit)
不可追溯的共同成本(non-traceable common costs)
分权与集权相结合的控制模式(decentralized and centralized control)
年度营销计划控制(annual-marketing-plan control)
营销费用—销售额分析(marketing expenses-to-sales analysis)

顾客绩效评分卡(customer-performance scorecard)
利益相关者绩效评分卡(stakeholder-performance scorecard)
营销效益等级考评(marketing-effectiveness review)
道德和社会责任考评(ethical and social responsibility review)
营销突出企业考评(marketing excellence review)

课后习题

1. 国际营销控制的必要性和重要性主要体现在哪些地方？
2. 国际营销控制模式主要有哪几种？试比较这几种模式的特点。
3. 国际营销控制程序包括哪些步骤？
4. 国际营销控制有哪些类型？
5. 年度营销计划控制的主要目的是什么？在进行年度营销计划控制时，有哪些工具可以使用？
6. 战略控制的主要目的是什么？在进行战略控制时，有哪些工具可以使用？

本章讨论案例

肯德基的在华营销控制：从一到万的"变与不变"

2023年12月15日，肯德基中国第一万家门店在杭州武林门运河中心盛大揭幕，是这个30多年领跑中国餐饮行业的西式快餐品牌所达成的又一重要里程碑。在竞争如此激烈的中国餐饮市场，肯德基为何能在36年里引领潮头？

从1987年中国第一家肯德基门店在北京前门开业到2023年中国第一万家门店的开业，肯德基一直在"变"：从经典"吮指原味鸡""葡式蛋挞"等到中国特色的"秘汁全鸡"、火爆全网的"可达鸭"；从肉食者狂喜的肉霸堡到地道的武汉卤辣风味——卤辣辣卤鸭鸭风味鸡腿堡/卷；从"奇奇公仔"到"原神联动"；从打工人中意的自由厨房到老年人的养生粥品餐厅……肯德基用多彩的美味，打破了食客认知的边界，时时刻刻陪伴消费者。

当然了，在以创新驱动"大象跳舞"的同时，肯德基一直保持着"以人为本"价值观念以及共同发展的上下游产业链"朋友圈"。

肯德基始终将员工与顾客放在重中之重。疫情期间，其竭力守护员工健康和安全，坚持在艰难时刻不裁员保障就业，不仅给予员工业界领先的各种福利和关爱，还为其设计了完善的职业发展路径，持续打造"无天花板"的工作环境。多年来，肯德基还发展了包括关爱弱势人群的"爱的肯定"、推动低碳环保的"自然自在"、倡导节约粮食的"食物驿站"，以及关注运动健康的青少年篮球赛事在内的多样的品牌公益活动，逐渐成为集随手公益、注重实效、长期主义、多元发展于一体的共创平台，与消费者共同营造"自然有爱、共益明天"的社会氛围。

肯德基始终坚持业态共生模式并从中持久获利。可以说，肯德基是从最基本的食材，如一片菜叶、一块鸡胸肉开始，逐步培育起中国首批供应商的。肯德基凭借其独特的创新实践和敏锐的行业洞察力,与供应商共享资源,带动了本土供应商的研发进程,提升了整个餐饮供应链的自主创新能力。例如,备受欢迎的肯德基夜宵"红油串串"就是由圣农发展专为肯德基研发的。

"值此万店同庆之际,肯德基也迎来了品牌的焕新升级,发布全新的品牌主张——'永远好滋味'。我们将一如既往,用心满足中国消费者不断升级的餐饮需求,秉承'永远美味、永远陪伴、永远美好'的品牌理念,坚持厨房出品的产品品质,持续为消费者带来经典创新的好滋味,在新的万店征程中,我们一起心怀美好,一起倾心向前!"肯德基中国品牌总经理汪涛先生如是表示。

资料来源:从一到万,肯德基中国的"变与不变"[EB/OL].(2023-12-20). https://www.jwview.com/jingwei/html/12-20/572272.shtml.

讨论题

为什么对于肯德基来说对经营和营销的严密控制非常重要?

(考核点:国际营销控制的影响因素、模式、程序及类型)

第六篇

国际营销的未来

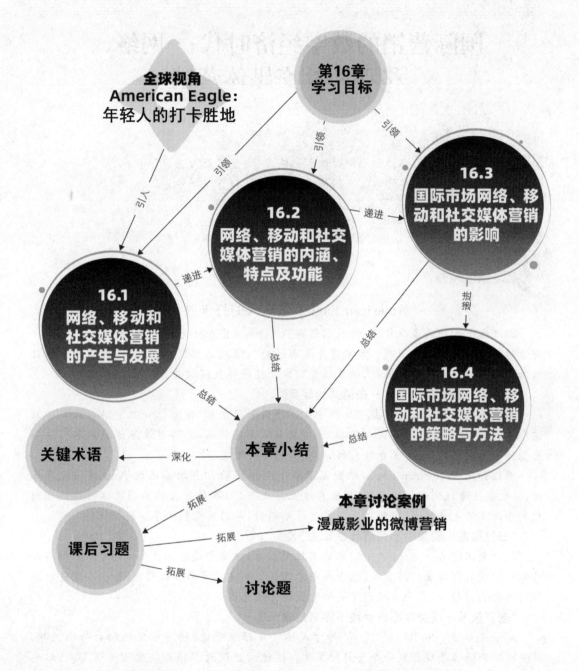

第 16 章

国际营销的数字经济时代：网络、移动和社交媒体营销

学完本章,你应该能够：
1. 了解网络、移动和社交媒体营销的产生、发展及其应用平台；
2. 熟悉网络、移动和社交媒体营销的内涵、特点与功能；
3. 理解国际市场网络、移动和社交媒体营销的影响；
4. 掌握国际市场网络、移动和社交媒体营销的策略与方法。

全球视角

American Eagle：年轻人的打卡胜地

面对线上购物的步步紧逼,传统零售商 American Eagle(美鹰服饰)却化危为机,用一场妙趣横生的营销战役证明：实体店并没有过时！依托地理围栏技术,这场活动不仅让购物中心里的年轻人纷纷驻足,还让销售额像开挂一样直线飙升。

"从屏幕到试衣间,只差一条通知的距离"

American Eagle 在全国热门购物中心周围设置了虚拟"围栏",一旦有潜在顾客进入这个范围,其便会收到一条诱人的推送："快来试穿两件新品,即可立享限时折扣！"这条看似简单的消息,却击中了年轻人的"好奇心"和"捡便宜"的心理。

不仅如此,American Eagle 还优化了整个购物体验。当顾客通过 App 使用优惠券时,不仅能快速找到心仪的商品,还能在线上完成下单,享受更大的购买灵活性。地理围栏和移动端的完美联动,使顾客无须刻意计划购物,却仍然能轻松享受超值折扣。

"三倍销量！购物中心门店焕发新生"

活动期间,American Eagle 门店的客流量暴涨,销量更是攀升至平时的 3 倍。那些因为折扣被吸引到门店的消费者,很多还额外购买了非促销商品。品牌的 App 下载量也在短时间内显著增加,进一步巩固了品牌的数字化生态圈。

"创新技术＋消费者心理＝线下零售的春天"

American Eagle 用一种"无声"的方式抓住目标消费者,精准触发他们的购物兴趣,并将线下购物体验提升到一个全新的高度。通过结合现代科技与消费者心理,其巧妙地将传统线下零售和数字化营销结合,打造出既能吸引消费者到店又能提供创新购物体验的全新购物模式。

资料来源：American Eagle[EB/OL].（2024-04-16）.https://baike.baidu.com/item/American%20Eagle/7468847.

16.1 网络、移动和社交媒体营销的产生与发展

16.1.1 网络、移动和社交媒体营销的产生

网络、移动和社交媒体营销的产生,根植于特定的技术基础与观念基础,同时更是多种因素综合作用下的必然结果。随着信息化的普及和网络的广泛应用,市场日益多元化,消费者的角色也从被动接受转变为主动选择。在全球化和经济市场竞争愈发激烈的背景下,技术革新不断改变着供给关系,商场如战场的形容变得更加贴切。消费者价值观的演变和商业竞争的加剧,共同构成了促进网络、移动和社交媒体营销形成的内外因素。

扩展阅读16-1 大数据背景下国际市场营销策略的转变

1. 技术基础

互联网的出现为企业提供了建立国际市场网络、移动和社交媒体营销体系的新技术和新手段。1969年,在加利福尼亚大学洛杉矶分校的计算机实验室里,6名科学家首次将一台计算机与远在千里之外的斯坦福研究所的另一台计算机联通,宣布了网络世界的到来。1974年,计算机网络已拥有100多个站点。后来的发展就是爆炸性的,截至2024年6月,仅中国网民规模就接近11亿人,互联网普及率攀升至78%。

互联网是一种集通信技术、信息技术、时间技术于一体的网络系统,经过这种网络系统传播的信息具有无界性,这使互联网具备了商业交易与互动沟通的能力。随着网络技术的快速发展,互联网已经逐步演变为"虚拟市场""虚拟社会",为众多的网上经营者开辟了更广阔的天地。企业利用互联网开展经营活动,显示出越来越多的优势,以互联网技术为基础的网络、移动和社交媒体营销,是社会经济和网络技术发展的必然结果。

2. 观念基础

(1) 满足消费者的心理需求。这是国际市场营销的核心。随着时代的向前发展,消费群体的消费观念发生了显著变化,这为建立在互联网上的网络、移动和社交媒体营销提供了普及的可能。这些观念变化可概括为:个性消费的回归。消费者更加注重以个人心理愿望为基础挑选和购买商品或服务,心理上的认同感变成作出购买决策的先决条件,以商品供应千姿百态为基础的单独享有成为社会时尚。

(2) 消费主动性的增强。由于商品生产的精细化和专业化,消费者购买的风险感随选择的增多而上升。消费者会主动通过各种途径获取与商品有关的信息,并进行分析比较,以减少购买失误的可能。

(3) 对购物方便性的追求。由于现代人工作负荷较重,消费者希望购物更加方便,时间和精力支出尽量节省,特别是对某些品牌的消费已经形成固定偏好的消费者,这一需要尤为重要。

(4) 消费者的价格敏感性。价格始终是影响消费者购买行为的重要因素。在网络、移动和社交媒体营销这类现代市场营销方式中,低价是吸引顾客线上消费的关键因素。价格削减的幅度若超过消费者的心理预期,就会影响消费者原有的购物原则。

16.1.2 网络、移动和社交媒体营销的发展

网络、移动和社交媒体营销应用平台是基于互联网资源的优化整合模式,从广义上

讲,目标消费者习惯使用的网站就是企业营销的目标网站。除了对门户资讯、网络社区、网络视频、即时通信等网络资源平台进行整合利用外,企业还需重点关注:第三方网络、移动和社交媒体营销平台,自建网络、移动和社交媒体营销平台。

1. 第三方网络、移动和社交媒体营销平台

扩展阅读16-2 第三方网络、移动和社交媒体营销重要平台——以阿里、亚马逊为例

以阿里巴巴、慧聪网、敦煌网等为代表的第三方B2B(指电子商务中企业对企业的交易方式)平台,以淘宝商城、eBay网、Amazon网等为代表的第三方B2C(指电子商务中企业对消费者的交易方式)平台,都是企业开展网络、移动和社交媒体营销的首选。这些第三方平台聚集了大量的买家资源和供求商机,具有交易撮合功能,同时各个企业不用投入网站建设费用、购置服务器和专人维护,只需要交纳一定的电商平台费用即可享受服务。

虽然第三方的网络、移动和社交媒体营销平台为企业提供了丰富的买家信息和求购机会,但同时也汇聚了大量竞争对手。由于产品价格的高度透明,买家能够轻松地进行比较,因此,若企业缺乏足够的竞争优势,便很难在这些平台上实现既定的营销目标。

2. 自建网络、移动和社交媒体营销平台

企业通过建立自己的网络、移动和社交媒体营销平台(网站)开展营销服务,如苹果在其官方网站开设的在线商店、戴尔官方的电子商务网站——戴尔商城、联想打造的"联想乐呗"小程序商城等,它们都建立了自己的网络销售平台,通过推广自己的平台或网站,就能为用户提供产品和服务。

目前,现代企业一般都有自己的企业网站或产品销售平台,因为自建网络、移动和社交媒体营销平台有利于树立企业品牌和形象,同时自建网站发展具有主动性,能为用户提供更加完善的服务和产品展示;但由于网站前期投入较大,多数企业专业性不够,网站策划和建设出现问题,营销策略不恰当,自建网络、移动和社交媒体营销效果不佳。所以,企业实施电子商务解决方案,构建自己的电子商务网站,比较理想的情况是:企业本身具有比较完善的信息化系统,实施电子商务后,能够进一步提高运转效率,降低运行成本,加快企业对市场的反应,从而增强企业的竞争力。

即测即练16.1

16.2 网络、移动和社交媒体营销的内涵、特点及功能

16.2.1 网络、移动和社交媒体营销的内涵

1. 网络营销的内涵

网络营销(internet marketing),是指以现代营销理论为基础,借助网络、通信和数字

媒体技术等实现营销目标的商务活动。它利用互联网工具向用户及公众传递有价值的信息与服务,如线上广告促销、在线视频、电子邮件等。开展网络营销,必须对以下的问题有清楚明确的认识。

扩展阅读 16-3　探索网络、移动和社交媒体营销的发展前景

1) 网络营销不是孤立存在的

网络营销是企业整体战略的重要组成部分,网络营销活动不可能脱离互联网这个特殊的环境,传统营销理论也是在互联网环境中应用和发展的。网络营销与传统的市场营销相互融合、相互促进,并在营销实践中不断发展。

2) 网络营销不等同于网上销售

网络营销是基于互联网及数字技术连接企业、用户及普通公众,来进行品牌推广、产品宣传、客户服务等营销活动的总称,而网上销售是网络营销发展到一定阶段的产物,是一种单纯利用互联网平台直接面对用户的销售模式。可以从以下两个角度来说明二者存在本质区别。

(1) 从内容上看,网上销售只是网络营销活动中的一个具体环节。网络营销活动涵盖了品牌建设、市场调研、产品定位、推广策略制定、客户关系管理等各个环节,而网上销售更侧重于产品定价、支付货款、物流配送等交易环节。

(2) 从效益上看,网络营销的效益更具多样性。通过实施恰当的网络营销活动,企业可以提高品牌影响力、扩大市场份额、提升用户满意度和忠诚度等,而网上销售的效益更加直接,即实现销售额的增长和营业利润的最大化。

3) 网络营销不等于电子商务

网络营销与电子商务有着紧密的联系,但也有明显的区别。网络营销仅仅是一种营销模式,注重通过企业与客户之间信息的交流来促进商品交易,提升企业的品牌价值,改善客服质量等。而电子商务的内涵比较广,其中心是将商业交易电子化,其所有的交易方式和交易过程都在网上实现。所以,网络营销是电子商务的重要组成部分。

4) 网络营销不是万能的

随着科技的发展,互联网逐渐成为继报纸、杂志、广播和电视之后的"第五媒介",越来越广泛的应用让人们对其的依赖性不断提高,但是网络不能代替电视、杂志、广播等传统的营销媒体。

电视营销可以通过画面和声音相结合,使商品由静态转为动态,直观效果强烈。商品演示能使顾客注意力集中,接收信息的人数相对较多。但其制作成本高,播放费用高昂,顾客很难将它和一般的电视广告区分,播放时间和次数有限、稍纵即逝。

杂志营销包括电子杂志营销和书面杂志营销,两者都是通过文字以及图片的形式将最详尽的产品信息传达给读者,但同时也避免不了其单一枯燥的缺点。

广播营销运用播报的语言、气息、情感等声音的多种表现手段,充分开启人的心扉,掀动人的情感,产生一种最为和谐与完美的想象。所以广播的交流感是跃动和生动的,这种双方交流的功效是广播媒体特有的,尤其在大街上和商场里更突出广播媒体的兼作性。网络营销并不能代替电视、杂志、广播营销方式,各式各样的营销方式覆盖的目标各不相同,优势互补。

2. 移动营销的内涵

移动营销(mobile marketing)指通过移动设备向消费者递送营销信息、促销信息和其他营销内容。市场营销者运用移动营销在购买关系建立的过程中随时随地与顾客互动。移动设备的广泛采用和移动网上流量的猛增使移动营销成为大多数品牌的不二选择。

扩展阅读16-4 第五代移动通信技术——5G的技术的概念

随着智能手机和平板电脑的使用数量增加,移动设备在美国家庭的渗透率已经超过100%(许多人拥有不止一个移动设备),他们不但浏览移动互联网,而且也积极使用各种移动应用。

大多数人喜欢用手机,并且严重依赖手机。尽管电视机在人们的生活中仍然很重要,但是手机迅速变成人们的"首选屏幕"。离开家后,手机几乎就是人们唯一关注的屏幕。

对于消费者来说,一部智能手机或平板电脑就相当于一位便利的购物伙伴,随时可以获得最新的产品信息、价格对比、来自其他消费者的意见和评论,以及便利的电子优惠券。理所当然地,移动设备为营销者提供了一个有效的平台,借助从移动广告、优惠券、短信到移动应用和移动网站等工具,吸引消费者深度参与和迅速购买。

在美国,移动营销的花费不断提高,几乎所有的重要营销者——从宝洁公司、梅西百货,到当地银行或者超市,再到类似美国防止虐待动物协会等非营利机构,都试图把移动营销整合到直复营销计划中。这些努力产生了非常积极的结果,绝大多数手机用户在看到一则手机广告后会搜索更多与广告内容相关的信息。

近年来,随着智能手机和移动互联网的快速崛起,网红直播带货更是成为新的井喷经济。直播营销被视为新媒体营销转化流量的利器,为消费者提供了新的购物体验,也让众多电商企业将战场从PC端搬到了移动端。

网红的出现,带来的是一系列移动App的更新换代,推动了电商行业的发展。同时,

国际营销案例16-1 抖音的口碑营销模式

各类网红签约媒体公司,网红产业孵化经纪公司也如雨后春笋般发展起来。社群电商、娱乐偶像、网络原生内容等多个风口产业与视频、直播交织催生了网红经济的大爆发。由网红传播带来的影响延伸到社会经济领域,与大众文化一道形成完整立体的"网红"现象。

3. 社交媒体营销的内涵

社交媒体营销(social media marketing)可以称为社会化媒体营销,主要是利用社交网络、在线社区、博客以及其他互联网社交平台进行营销和客户关系的维护。一般情况下,社交媒体营销工具包括微博、微信、论坛、博客等多种形式。

互联网的使用越来越普遍,数字技术和设备的迅猛发展催生了网络社交媒体和数字社区的浪潮,无数独立的商业化社交网络应运而生,为消费者提供了可以聚集并交换想法和信息的网络虚拟空间。如今,几乎所有人都在脸书(Facebook)、推特(Twitter)和谷歌+(Google+)上交流互动以拉近彼此的关系;在油管(YouTube)上观看最热视频;在拼趣志(Pinterest)上编辑黏合或在Instagram(照片墙,简称ins或IG,是一款运行在移动端上的社交应用)和阅后即焚(Snapchat)上分享图片。当然,哪里有消费者聚集,哪里

就是营销关注的地方,大多数营销者现在都试图抓住电子营销的趋势。

社交媒体针对性强且具有高度的个性化特征。这使营销者可以与个体消费者和顾客社群创作和分享定制化的品牌内容。社交媒体的互动性使之成为企业发起顾客对话和倾听顾客反馈的理想平台,例如,沃尔沃利用其"Swedespeak"推特聊天平台开展网络焦点小组调查,收集从产品属性到创作广告等各种话题的及时反馈。沃尔沃的营销经理说道:"日常的推特聊天产生很好的互动,人们享受身在其中的感觉。"

社交媒体也是即时的。企业可以根据品牌突发事件和活动创造及时和重要的营销内容,随时随地接近和影响顾客。正如本章前面所讨论的,社交媒体的飞速发展引发了实时营销的热潮,营销者引发和加入消费者对话,讨论当下才发生的境况和事件。营销者可以密切关注动态,创造相应的内容来吸引顾客参与互动。社交媒体的成本效益很高。尽管创造和管理社交媒体内容可能代价不菲,但大多数社交媒体平台都是免费或低价的。因此,相对于电视和平面广告等昂贵的传统营销媒体而言,社交媒体的投资回报率很高。社交媒体的低成本使即使无法承担高预算营销活动的小型企业和品牌也能够方便地使用。

社交媒体最大的优势也许是其参与互动和社交分享的能力。社交媒体特别适用于建立顾客互动社区——用于吸引顾客投入与品牌或其他顾客之间的互动。社交媒体能够比其他任何一种营销沟通渠道更有效地吸引顾客去提供和分享品牌内容和体验。

16.2.2 网络、移动和社交媒体营销的特点

互联网是开展网络、移动和社交媒体营销的基础,通过网络、移动和社交媒体营销,组织和人之间进行着信息的传播与交换,如果没有信息的交换,就不会产生任何的交易。随着互联网技术的不断发展,越来越多的企业和个人将自己的计算机连接到互联网之上,遍布全球的互联网让信息的交流更加快捷、有效。

1. 网络营销的特点

(1) 时域性。营销的最终目的是占有市场份额,由于互联网能够超越时间约束和空间限制进行信息交换,营销脱离时空限制进行交易变成可能,企业有了更多时间和更大的空间进行营销,可每周7天、每天24小时随时随地地提供全球性营销服务。

(2) 富媒体(rich media)。互联网被设计成可以传输多种信息的媒体,如文字、声音、图像等信息,使为达成交易进行的信息交换能以多种形式存在,可以充分发挥营销人员的创造性和能动性。

(3) 交互式。互联网通过展示商品图像,由商品信息资料库提供有关的查询,来实现供需互动与双向沟通。其还可以进行产品测试与消费者满意度调查等活动。互联网为产品联合设计、商品信息发布,以及各项技术服务提供最佳工具。

(4) 个性化。互联网上的促销是一对一的、理性的、消费者主导的、非强迫性的、循序渐进式的,而且是一种低成本与人性化的促销,避免推销员强势推销的干扰,并通过信息提供与交互式交谈,与消费者建立长期良好的关系。

(5) 成长性。互联网使用者数量快速增长并遍及全球,使用者以年轻、中产阶级、高学历者为主,由于这部分群体购买力强而且具有很强的市场影响力,所以是一个极具开发潜力的市场渠道。

(6) 整合性。一方面,互联网营销具备从商品信息发布直至收付货款、售后服务的全程连贯性,构成了一个完整的营销渠道。另一方面,企业能够利用互联网平台,对各种营销活动进行统一规划、设计和协调执行,确保向消费者传递的信息一致,有效避免不同传播渠道间信息不一致可能带来的负面影响。

(7) 超前性。互联网是一种功能强大的营销工具,它兼具渠道拓展、促销推广、电子交易、顾客互动服务,以及市场信息收集与分析等多种功能。它所具备的一对一营销能力,正符合定制营销与直复营销(直接回复/订购营销)的未来趋势。

(8) 高效性。计算机可储存大量的信息让消费者查询,可传送的信息数量与精确度远超过其他媒体,并能根据市场需求及时更新产品或调整价格,因此能有效了解并满足顾客的需求。

(9) 经济性。通过互联网进行信息交换,代替以前的实物交换,一方面可以减少印刷与邮递成本,实现无店面销售,免交租金,节约水电与人工成本;另一方面可以减少由于多次交换所带来的损耗。

(10) 技术性。网络营销深度依托于互联网、数据分析、多样化营销手段及持续的技术创新,这些要素共同迎合了营销活动的时域性、个性化、高效性、超前性等特点。

2. 移动营销的特点

扩展阅读 16-5 论互联网时代下"网红"何以红?

(1) 随身携带性和黏度。移动终端的显著特点就是随身携带性,它可以利用丰富的软件来占用手机用户的零散时间。随着手机的使用率以及手机用户的个性需求增加,他们开始下载一些应用软件来满足自己个性化需求。下载软件本身并不能直接反映手机用户对软件的信任程度,但在下载和初次使用的过程中,用户对软件的黏度(即对软件的依赖性和持续使用的可能性)可能会有所增强。

(2) 高度精准性。在软件使用过程中,产品的品牌资料和促销信息的植入可以第一时间使软件用户获得手机的型号和系统更新消息。同时,企业能更深入地了解手机用户的非标准化信息,如手机用户的日常行为习惯、手机列表等。在这种情况下,企业可以第一时间了解手机用户的相关信息,从而在商品设计时可以根据用户的需求进行设计,同时进行需求广告的植入。

(3) 成本低廉性。移动营销的运营成本低,产品宣传成效好,范围广,商机更多。科技发展使移动终端用户增多,在任何时间和地点,移动的网络营销都可以进行,这符合科技社会和网络社会的发展规律,同时也能满足不同手机用户的需求。

(4) 互动性。软件的封装性使用户在使用软件时能第一时间了解其硬件系统,能使用户的体验更方便。用户在注册用户名时,对一些问题的回答过程也是互联网广告植入的过程。移动的网络营销可以对用户的需求进行精准的定位,用户可以根据软件的指导及时获得营销信息,并对个人的生活轨迹进行计划,这也方便运营商来查找目标群体,以使广告植入更有针对性。

3. 社交媒体营销的特点

(1) 安全性和主动参与性。与搜索引擎、电子邮件等其他网络营销相比,社交媒体营销以信任为基础的传播机制以及用户的高主动参与性,更能影响网民的消费决策。

（2）交互性。在人群间分享信息和讨论问题，通过不断交互和提炼，能够有效地对某个主题达成共识，为品牌提供了大量被传播和被放大的机会。

（3）稳定性。社交媒体用户黏度高且定位明确，用户群体稳定为品牌提供了更细分、可持续触达的目标受众。

（4）多功能性。依托互联网的沃土，社交媒体营销的市场仍在不断扩大，它不仅仅是朋友们信息共享的场所，更成为一种全新的商业竞争模式。

16.2.3 网络、移动和社交媒体营销的功能

1. 品牌建设

与网络品牌建设相关的内容包括专业性的企业网站、域名、搜索引擎排名、网络广告、电子邮件、会员社区等。网络、移动和社交媒体营销的重要任务之一就是在互联网上建立并推广企业的品牌，以及让企业的网下品牌在网上得以延伸和拓展。网络、移动和社交媒体营销为企业利用互联网建立品牌形象提供了有利的条件，无论是大型企业还是中小企业，都可以用适合自己的方式展现品牌形象。通过网络、移动和社交媒体营销这种方式，企业能够将网络品牌的价值转化为持久的顾客关系和更多的直接收益。

2. 网站推广

获得必要的访问量是网络、移动和社交媒体营销取得成效的基础，尤其对于中小企业，由于经营资源的限制，发布新闻、投放广告、开展大规模促销活动等宣传机会比较少，因此通过互联网手段进行网站推广的意义显得更为重要，这也是中小企业对于网络、移动和社交媒体营销更为热衷的主要原因。即使对于大型企业，网站推广也是非常必要的，事实上许多大型企业虽然有较高的知名度，但网站访问量并不高。因此，网站推广作为网络、移动和社交媒体营销最基本的职能之一，其基本目的就是通过让更多的用户对企业网站产生兴趣，并访问企业网站内容、使用网站的服务来起到提升品牌形象、促进销售、增进顾客关系和降低顾客服务成本等作用。

3. 信息发布

信息发布需要一定的信息渠道资源，这些资源可分为内部资源和外部资源。内部资源包括企业网站、注册用户电子邮箱等；外部资源则包括搜索引擎、供求信息发布平台、网络广告服务资源、合作伙伴的网络、移动和社交媒体营销资源等。企业进行网络、移动和社交媒体营销，能对这些内、外部资源进行整合，掌握并充分了解资源特点，进而向潜在用户传递尽可能多的有价值的信息，以此把握住客户群体心理。

4. 渠道拓展

在21世纪初，传统营销借助电视、广播、报纸、杂志等大众媒体鼎盛发展，成为企业塑造品牌形象和扩大市场份额的重要手段。21世纪以来，随着互联网和智能设备的普及，网络、移动与社交媒体营销蓬勃发展，并在近年来成为企业营销的又一重要渠道。此外，企业还能通过网络、移动与社交媒体营销方式将实体店销售拓宽为电子商铺销售，拓宽产品销售渠道，促进产品销售。

5. 客户服务

网络、移动和社交媒体营销中互联网的应用为企业提供了更加方便的在线客户服务

手段,包括从形式最简单的常见问题解答,到电子邮件、邮件列表,以及在线论坛和各种即时信息服务等。这种在线客户服务模式具有成本低、效率高的优点,可以显著提高企业的客户服务水平。

6. 客户维系

网络、移动和社交媒体营销在客户维系方面发挥着重要作用。通过其独特的交互性和高效的服务手段,这些平台为企业建立和维护客户关系提供了强有力的支持。良好的客户维系不仅能增强客户满意度和忠诚度,还能发掘客户的长期价值,成为企业创造和保持竞争优势的重要策略。以客户维系为核心的营销方式,正在逐步成为企业在数字化时代发展的关键途径。

7. 市场调研

通过在线调查表或者电子邮件等方式,可以完成网上市场调研。相对传统市场调研,网上市场调研具有高效率、低成本的特点。因此,网上市场调研成为网络、移动和社交媒体营销的主要内容之一。其主要的实现方式包括:通过企业网站设立在线调查问卷、通过电子邮件发送调查问卷,以及与大型网站或专业市场研究机构合作开展专项调查等。合理利用网上市场调研手段对于企业制定适宜的市场营销策略具有重要价值。

随着网络、移动和社交媒体营销的逐步深入,网络、移动和社交媒体营销的职能也在日益丰富,包括网站优化、流量统计、资源合作等,都在为企业营销提供必要的支持。

16.3 国际市场网络、移动和社交媒体营销的影响

16.3.1 对经济全球化的影响

划分人类社会的标志不在于它能生产什么,而在于它用什么来生产。社会历史的演进归根结底是由生产力的发展所决定的。经济全球化作为整个人类生产方式的演进发展,与科学技术的发展紧密相关,科学技术进步为全球化提供了现实可行性。而全球化提高了整个世界生产力水平,又促进了科学技术的进一步发展。二者互为激励、相得益彰。

网络经济本身具有全球性,互联网将世界上无数台计算机连接起来,每一台主机都是一个信息源,无数的信息资源在网上供人们随时调用、共享;网络没有国界、没有国籍、没有民族肤色之分,对任何人都实现了开放和平等;网上通行全球的规则语言就像是一种世界语,消除了物质世界中存在于人们之间的障碍。

(1) 网络形成了真正意义上的世界市场。网络打破了时间、空间和物质的限制,使世界各国的联系更为密切,促进资源的世界范围流动和优化配置。网络上形成的信息流,对物质世界的生产经营管理活动实施指挥和控制,形成一个真正意义上的虚拟世界市场。

（2）促进了全球性产业结构的优化调整。信息技术和其他高新技术不断地创造出新的产业，引发了产业结构的深层变革。资源密集型和劳动密集型产业日益向资本密集型和信息密集型产业发展。信息网络技术缩短了产品生命周期，加快了产品更新换代，增加了知识信息和智能在产品价值中的比重，由此掀起了世界产业结构调整的浪潮。

（3）网络弱化了企业的规模意义。网络进入自由、价格低廉，为中小企业的发展提供了机遇。在此之前，发达国家的跨国公司凭借雄厚的资金、技术、品牌、销售渠道等优势，垄断了80%以上的世界贸易总量。互联网的出现为发展中国家的企业特别是受各种条件所限不能从事跨国经营的中小企业提供了进入国际市场的现实可能性。它们可以在互联网上发布广告和信息，介绍产品性能、树立企业形象，并利用其"船小好调头"的优势迎合市场变化，抓住机遇发展壮大。

在国际营销理论中，各国政治、经济及文化的环境是被视为一种前提条件而存在的，企业只能被动地适应这种环境差异。人是环境的产物，人们的消费习惯、需求欲望无一不与他们所处的特定环境紧密相关。但是，蓬勃发展的网络世界，缩小甚至同化了这种差异。

网络、移动和社交媒体营销的涉及面很广，不仅包括参与国际竞争的企业、身处世界市场的消费者，更涉及为此提供服务的政府相关职能部门，是一个复杂的系统工程，网络、移动和社交媒体营销对国际贸易机制的变革必将带来对一个国家政府财政、金融、货币、税收、法律甚至教育等方面深刻而广泛的冲击。

16.3.2 对国际分工格局的影响

在传统的国际贸易理论中，国际分工一直是以国家的比较优势为基础。比较优势主要是指一国的资源禀赋优势，建立在这种理论基础上的国际分工格局是初期的垂直分工型；先进国家生产和出口工业品，而落后国家则主要生产和出口原料、初级制品和农产品。

随着科学技术的进步及知识、信息逐步渗入生产过程，旧有的国际分工格局被打破。科技因素成为决定国际分工的最重要的因素，知识信息成为国际竞争的首要优势。发达国家利用先进的科学技术改进生产工艺，提高劳动生产率，降低能耗和原材料消耗，创造了大量进口原材料的替代品，在很大程度上减少了对来自发展中国家初级产品的需求和依赖。国际分工格局由垂直分工变为垂直分工和水平分工兼容共存，体现为同等水平的发达国家之间贸易激增，而原有发达国家与发展中国家之间的贸易被削弱。

20世纪后半叶以信息技术为标志的第三次技术革命，特别是20世纪90年代的网络技术，使新产品、新材料、新技术、新工艺层出不穷，不断创造技术、知识密集型的新兴产业，加快了发达国家产业结构的更新换代。科学、技术、知识和智能对经济产生的主导作用猛烈地冲击和影响着国际分工格局，各国致力于知识智能的发明创造。销量连年剧增的电脑诠释了这种分工格局：一台标明美国原装的电脑，只有主机是美国生产，它的硬盘来自中国台湾，键盘来自马来西亚，显示器由韩国生产。福特汽车的生产过程也体现了这种分工特性：福特汽车的动力装置、自动变速箱和六缸发动机的开发在美国完成，四缸发动机、手动变速箱和车身的设计工作在欧洲完成，汽车的组装工厂设在比利时，技术要求高的零部件来自设在欧美的子公司和分包商,技术要求低、附加值小的零部件来自东南亚国家。

16.3.3 对国际贸易产品结构的影响

网络带给整个经济社会的革命性的变化,使信息资源成为比自然资源、物质资源更重要的主导资源;知识财富成为比货币财富和物质财富更为宝贵的社会财富。在社会经济的实际运作中,表现为服务业代替了传统制造业成为国民经济的主要增长点:产品价值的主要来源由资本、劳动和原料转移到知识、信息和智能。2023年数据显示,发达国家制造业的产品成本构成中,信息智能因素占比已达到60%~70%,在美国,信息技术、自动化和数据分析等智能因素在生产过程中的比例已接近80%。

上述变化是导致国际贸易结构变化的根本原因。服务贸易的发展急剧加快,其发展速度远远超过实物贸易的出口。出口知识和服务不仅可以获得更多的价值,而且可以创造更多的就业机会,避免有限资源消耗和保护自然环境,从而维持经济的可持续发展,而信息技术对传统产业的改造、生产效率的提高,以及高科技所创造的原料和初级产品替代品,也是决定国际贸易结构变化的重要原因。据世界贸易组织数据库统计,2000年全球服务贸易出口额约为1.5万亿美元。到2023年,这一数字增至约7.9万亿美元,同比增长8.3%,占全球货物和服务出口总额的25%,占比较上年提高2.3个百分点。相比之下,全球货物贸易出口额在2023年为23.8万亿美元,同比下降4.6%。此外,服务贸易占全球贸易总额的比例也在逐年增加,到2023年,这一比例上升至约25%,2013—2023年,全球服务贸易总额从9.7万亿美元增加至15.3万亿美元。至2023年,全球服务贸易在全球国际贸易中占比达23.9%。

国际服务贸易发展的重要推动力之一,是全球范围内对数字经济和网络贸易的政策支持。尽管关于网络贸易"零关税"政策仍存在争议,但其作为推动数字化服务贸易的措施之一,已在国际社会引起广泛关注。自世贸组织于1998年试行网络贸易零关税政策以来,该措施在多边贸易框架下被多次延续。尤其是在全球数字化转型加速的背景下,这一政策对通过互联网传输的数字服务贸易起到了显著的促进作用。然而,近年来,围绕数据主权、数字税等议题的讨论日益增多,未来该政策的发展方向将更加复杂。

16.3.4 对资源配置格局的影响

网络技术推动和优化了物质资源和人力资源在世界范围内的流动和配置,提高了生产率,促进了国际贸易产品结构和世界产业结构的迅速调整,推动了全球经济一体化的进程。

在资本市场上,计算机网络技术充分发挥了作用。网络的超级信息传递功能形成了彻底的世界金融市场,发生在世界任何角落的政治经济事件、思想文化趋势和消费趋势、社会动乱和暴力、战争与自然灾害等,均通过网络瞬间传递到全世界并立刻在金融市场相关指数上显示出来。金融资本的流动不再遵循传统国际贸易理论,由国际商品和服务的流动所决定。它更加注重综合因素和世界经济形势的预期。一国的信息基础设施建设和信息技术水平将取代传统的劳动力资源和自然资源成为外资进入的首选因素,从而改变传统的世界资本配置格局。

在劳动力市场上，网络技术对于传统制造业工艺、效率的改变，将从根本上改变工业化的发展和就业结构。劳动密集型产业如今不再能够吸引大量的简单劳动力资源；随着网络技术的普及，对受过系统教育、掌握科学技术的高素质人员需求增加，更多的人将在信息产业就业，从事工业和农业的人员在总体就业结构中的比例将减小。在人力资源的配置上，网络彻底打破了国与国之间的界限，现实世界中的国境、海关、进出境制度将不再能够阻碍人力资源的流动。

16.3.5 对支付方式的影响

当今在网络、移动和社交媒体营销越来越兴起的情况下，一些旧的支付手段已不能满足国际巨额的货款交易，国际支付方式正在悄悄发生变化。

1. 传统的支付方式

传统的支付方式（即银行汇款形式）：如电汇（telegraphic transfer，TT）、信用证、西联（Western Union）、速汇金（MoneyGram）等，这种主要是通过银行转账和汇款公司进行汇款，虽然安全，但并不适合小额收款，且费用较高，资金一旦发出即不可撤回。

2. 支付方式的变革——网上支付

网上支付根据支付手段又可以分为微信支付、支付宝支付、电子信用卡支付、Smart Card 支付、电子现金支付、电子支票支付等。根据在线传输数据的种类，其大致可分为三类。

（1）使用"信任的第三方"（trusted third party）。客户和商家的信息如银行账号、信用卡号都被信任的第三方托管和维护。当要实施一个交易的时候，网络上只传送订单信息和支付确认、清除信息，而没有任何敏感信息。这样的支付系统没有任何实际的金融交易，是在线实施的。在这种系统中，网络上的传送信息甚至可以不加密，因为真正金融交易是离线实施的。但是不加密信息，同样可以看成一个系统的缺陷，而且客户和商家必须到第三方注册才可以交易。

（2）传统银行转账结算的扩充。著名的 CyberCash（网络现金）与 VISA（维萨）和 MasterCard（万事达卡）的 SET（安全电子交易协议）是基于数字信用卡（digital credit cards）的典型支付系统。该系统在 B2C 在线交易中成为主流，因为现在大部分人更习惯于传统的交易方式。在利用信用卡和支票交易时，敏感信息会被交换。例如，从商家购买产品时，客户可以通过电话告知信用卡号以及接收确认信息；银行同时也接收同样的信息，并且相应地校对用户和商家的账号。这样的信息在线传送，必须经过加密处理，通过合适的加密和认证处理，这种交易形式应该比传统的电话交易更安全可靠，因为电话交易缺少必要的认证和信息加密处理。

（3）各种数字现金和电子货币。这种支付形式传送的是真正的"价值"和"金钱"。前面两种交易中，丢失的信息往往是信用卡号码，而这种交易中如被偷窃信息，不仅仅是信息丢失，往往也是财产的真正丢失。

16.3.6 对现代物流的影响

国际市场网络、移动和社交媒体营销的不断发展，促进了物流行业的发展，导致传统物流不断向现代物流转变，呈现出以下三大主要特点。

(1) 物流技术化。网络化是现代物流区别于传统货运的重要特征,高效畅通的网络设施是现代电子物流管理的基础,包括:物流企业与上、下游企业;物流企业内部;物流企业之间的信息交换网络,以及物流实体配送地理网络等各方面的建设。物流管理技术方面,条形码技术、自动仓储管理技术、电子数据交换、电子订货系统、自动分拣/存取跟踪系统等为物流管理信息平台提供了强有力的支持。此外,多媒体技术也在物流活动中大显身手,实现可视化的货品排库功能,还可为客户提供物品运送的实时查询。

(2) 物流信息化。在国际市场网络、移动和社交媒体营销影响下,企业管理发生了重大的变革。在组织结构方面,由过去的塔形垂直结构转变为水平型的网状结构,管理层次减少,信息传递速度加快;在交易流程中,以依赖贸易单据(文件)流转的传统交易模式为基础,逐步引入数字化电子手段,实现数据交换和商务活动的电子化管理;在营销管理方面,通过将客户融入营销全流程,推动买卖双方实现实时互动与高效交流。不难发现,信息流贯穿于企业商务运作的全过程,企业管理的变革都建立在管理信息化的基础之上。

最新且可靠的信息对于供应链来说至关重要,同时也是物流管理的根本需求。在网络交易过程中,信息流分布于各个环节,贯穿于整个流程。现代化物流系统是一个跨部门、跨行业、跨区域的社会系统,物流企业需要与上游、下游进行频繁的信息交换,要实现各部分之间的平滑对接,信息流的畅通不可忽视。通过构建功能强大的信息平台,可以加强物流管理链上各环节之间的信息沟通,从而推进物流管理的现代化进程。

(3) 物流柔性化。国际市场网络、移动和社交媒体营销的发展,使需求由大批量、标准化转变为小批量、个性化、快速化。企业需要根据客户的实际需要"量体裁衣",生产也由传统的大规模、机械化转变为以时间成本为基础的弹性方式,整个生产作业过程呈现出柔性化的特征。

与之相适应,物流管理也需由刚性化过渡到柔性化。在物流配送的商品种类上,突破了传统的经营方式,适当拓展原本有限的业务范围,根据客户的具体定制要求进行配送,使物流品种灵活多样。在配送时间上,以高效的信息网和方便快捷的配送网为基础,做到快速反应、敏捷配送,并根据实际情况为用户提供适宜的物流解决方案。

传统物流的经营范围主要是原料提供商与生产厂家之间的生产原料运输,而人们对于物流的认识则大多局限于电子商务中企业与顾客之间的商品配送。网络、移动和社交媒体营销环境下,物流活动的功能越来越多,物流企业要在物流链上的不同环节扮演不同的角色,在原料供应商、厂家与客户三者之间灵活运作。

综上所述,物流已不是作为一个单独的个体而存在,它在国际市场网络、移动和社交媒体营销乃至整个社会生产链条中都扮演着重要的角色。供应链整合协调和集成化管理,是现代物流区别于传统物流的最重要特征,由分散的物流进入社会化的物流体系是物流模式的重大转变。

即测即练16.3

16.4 国际市场网络、移动和社交媒体营销的策略与方法

16.4.1 国际市场网络、移动和社交媒体营销的策略

1. 以精准营销为导向，挖掘互联网技术对于企业用户数据的管理意义

传统的国际市场营销方式对于客户来说在服务品质和有效性上体验还有待提升。尽管国际市场营销的传统工作模式有许多的宝贵经验值得学习，但是随着网络经济时代的到来，数据信息被录入计算机而成为电子数据，在行业内形成了庞大的数据信息网络，在新型的计算机工作模式下，国际市场营销要保持工作的效率，就必须在吸收传统工作模式宝贵经验的基础上，寻求网络经济时代的转型。对于潜在用

扩展阅读16-6 如何看待企业大佬出境直播间？

户信息数据的提取、存储加工、筛选处理和整合，需要有一个科学合理的信息处理系统来实现有效信息的汇总。因此，企业营销相关工作人员要充分发挥网络经济时代的优势，优化数据的采集、分析、处理方式。首先要借助技术人员和先进的计算机网络技术，对数据的真实性、有效性进行甄别，对体量庞大、信息冗杂的数据进行筛选和整合，提取出有需求的客户、有合作需求的相关企业等有用的数据信息。同时，要加强对信息系统的升级，使数据库信息的采集和分析效率提高。除此之外，市场营销人员要与数据信息系统相适应，精准把握市场营销机遇，随着系统的升级优化营销数据处理方式，保证营销服务工作的顺利进行。

2. 利用互联网技术，精准定位目标群体

对于企业营销部门，客户信息的分析、应用等工作程序是核心。需要对互联网用户基于用户信任网络进行群体划分，在得到的群体基础上，通过自然语言处理技术研究群体内部用户发布的内容，确定群体兴趣，实现目标用户群体的精确定位。在竞争激烈的市场环境下，由于当前阶段营销行业尚未建立完善的数据储存、分析等机制，营销的相关信息服务工作的安全和效率无法得到保证。为了促进企业营销模式的革新，提高营销服务工作的效率，必须对互联网营销平台加强建设和升级，不断提升线上营销对于用户的便捷性、高效性以及经济性，给用户提供良好的营销服务体验。

3. 加强掌握互联网技术的专业营销人员的培养和引进

国际市场营销在互联网背景下要想实现工作效率的大幅提高，优秀的人才是最大的动力。网络经济时代，企业营销相关部门要大力培养对互联网和计算机技术适应能力较强的创新型人才，提高信息服务工作人员的专业素质和综合业务水平。一方面，企业营销相关部门要深入挖掘营销工作人员关于互联网精准营销的创新思维意识，通过定期培训、与外部交流学习等各种培养方式，提升营销工作人员的现代信息思维和互联网处理技术。另一方面，企业营销相关部门要积极开展针对网络经济时代和互联网的技术培训，提高营销工作人员营销信息分析和处理能力。除此之外，企业营销人员要逐步适应网络经济时代的工作模式，学会利用数据库信息检索、分析等方式为客户提供准确、详细的营销信息服务，促进用户的服务经验与互联网分析技术的有机融合。企业营销相关部门在人才培

养机制上要适当转变,培养具有实践精神和创新能力的复合型人才,打造适应网络经济时代发展的高素质营销人才队伍。

4. 结合互联网技术,开展创新营销

网络经济时代的发展,带动了"云计算"技术的广泛应用。"云计算"技术是一种基于互联网和计算机技术的新兴数据处理方式,对于国际市场营销在互联网环境下的模式和手段创新有很强的借鉴意义。当前阶段,企业营销部门主要承担着单一的服务宣传、推广和销售工作,在工作性质和数据来源上缺乏系统性和延续性。因此,企业营销部门要加强"云计算"技术的学习与应用,积极探索国际市场营销的模式创新,提高其效率。企业营销部门要以当前的信息化建设状况为基础,在"云计算"技术的基础上对潜在用户的需求进行融合分析,同时还要融入传统市场营销经验和新型营销手段,不断完善营销信息服务系统,实现数据的采集、分析和处理的连贯性。通过不断地探索和实践,企业营销部门才能打造适应网络经济时代发展的企业营销创新模式。

16.4.2 国际市场网络、移动和社交媒体营销的方法

1. 网络广告

网络广告指运用专业的广告横幅、文本链接、多媒体的方法,在互联网刊登或发布广告,通过网络传递到互联网用户的一种高科技广告运作方式。网络广告是国际市场网络、移动和社交媒体营销的主要方法之一,在网络、移动和社交媒体营销方法体系中具有举足轻重的地位。

其实,它就是利用互联网各种媒体资源(如门户网站、电子商务平台、行业网站、搜索引擎、分类信息平台、论坛社区、视频网站、虚拟社区等),精确分析各种网络媒体资源的定位、用户行为和投入成本,根据企业的客观实际情况(如企业规模、发展战略、广告预算等)为企业提供最具性价比的一种或者多种个性化网络解决方案。

事实上多种网络、移动和社交媒体营销方法也都可以理解为网络广告的具体表现形式,并不仅限于放置在网页上的各种规格的广告位广告、关键词广告,同时还包括视频网站、SNS(social networking services,社会性网络服务)、微博等新媒体平台。数据跟踪显示,中国网络广告市场规模不断增长,截至2023年12月,其市场规模已经达到了约5 732亿元人民币,这也预示着以网络为载体的"新媒体"已经逐渐主流化。

2. 病毒式营销

病毒式营销(viral marketing)是一种低成本、高效率的营销模式。病毒式营销并非传播病毒,而是利用用户之间的主动传播,让信息像病毒那样扩散,从而达到推广的目的。病毒式营销的特点是:利用他人的资源,呈几何倍数地繁殖。病毒式营销的本质是在为用户提供有价值的免费服务的同时,附加上一定的推广信息。常用的推广工具有微博、博客、视频、软件、即时聊天工具等,即为用户获取信息、使用网络服务、娱乐等带来方便的工具和内容。病毒式营销的关键在于创意,只有打动用户的心,用户才会主动去传播。

3. 搜索引擎营销

搜索引擎营销(search engine marketing,SEM)是一种国际市场网络、移动和社交媒体营销的模式,其目的在于推广网站,提高知名度,通过搜索引擎返回的结果,来获得更好

的销售或者推广渠道。简单来说,搜索引擎营销就是基于搜索引擎平台的网络、移动和社交媒体营销,利用人们对搜索引擎的使用习惯,在人们检索信息的时候尽可能将营销信息传递给目标客户。

搜索引擎营销包括搜索引擎优化(search engine optimization,SEO)和点击付费模式(PPC)。搜索引擎优化是通过对网站结构(内部链接结构、网站物理结构、网站逻辑结构)、高质量的网站主题内容、丰富而有价值的相关性外部链接进行优化,以获得在搜索引擎上的优势排名,为网站引入流量。而点击付费模式,是通过对目标网站的定位,对目标客户群体的心理习惯、搜索习惯以及搜索引擎的目标覆盖情况等进行分析,挑选最佳的关键词或者关键词组合,购买搜索结果页上的广告位来实现营销目的,谷歌、百度等各大搜索引擎都推出了各自的广告体系,当然在 PPC 营销过程中,不仅需要考虑带来的利润,还要关注成本利润率。

4. 社会性网络服务营销

社会性网络服务,是指以帮助人们建立社会性网络为目的的互联网应用服务。社会性网络服务营销则是指利用社交网络建立产品和品牌的群组、举行活动以及利用 SNS 分享而进行的营销活动。

早期提供用户互动支持的服务网站呈现为在线社区的形式,以 BBS(公告板系统)为主。在不断应用的过程中也形成了论坛营销的方式,即利用网络媒体、移动宽带、网络营销等论坛式的网络交流平台,通过文字、图片、视频等方式发布企业的产品和服务的信息,从而让目标客户更加深刻地了解企业的产品和服务,最终达到企业宣传自有品牌、加深市场认知的网络、移动和社交媒体营销活动效果。

随着博客、微博等新的网上交际工具的出现,用户可以通过网站上创建的个人主页来分享喜爱的信息。社交网络为信息的交流与分享提供了新的途径。社交网络服务网站当前在世界上有许多,在国外有 Facebook、Twitter,在国内有新浪微博、人人网、豆瓣网等,这些社交类网站都是提供社交服务的知名网站。

社会性网络服务营销模式的迅速发展恰恰是符合了网络用户的真实需求,参与、分享和互动代表了当代网络用户的特点,也符合网络、移动和社交媒体营销发展的新趋势,没有任何一个传统媒体能够把人与人之间的关系变得如此紧密。

5. 网络口碑营销

网络口碑营销(internet word of mouth marketing,IWOM)是口碑营销与国际市场网络、移动和社交媒体营销的有机结合。口碑营销实际上早已有之,地方特产、老字号厂家商铺及企业的品牌战略等,都包含了口碑营销的因素。网络、移动和社交媒体营销则是互联网兴起以后才有的一种网上商务活动,它为企业提供了一种廉价、有效的营销工具,能够激发众多消费者的关注及参与热情、提升顾客满意度,也有利于提升企业的形象。

企业在开展网络口碑营销时,应该包括让消费者满意、抓住意见领袖、让顾客进行体验式消费、消除负面口碑传播等内容,同时结合消费者口碑传播的特点,将消费者对品牌的赞美和信任与消费者的口碑传播行为结合起来,使消费者成为企业的"义务宣传员"和"免费咨询师",以达到提升企业形象和品牌的知名度、美誉度以及促进销售的目的。

6. EDM 营销

EDM(electronic direct mail)营销,即电子邮件营销,是一种精准高效、低成本的市场推广手段,是以订阅的方式将行业及产品信息通过电子邮件的方式提供给所需要的用户,以此建立与用户之间的信任与信赖关系。EDM 营销有三个基本因素:基于用户许可、通过电子邮件传递信息、信息对用户是有价值的。缺少任一因素,都不能称之为有效的 EDM 营销。

据官方统计:美国已有 75.8% 的商家在使用 EDM 推广自己的产品和服务,而中国电子邮箱的用户已达 1.72 亿。随着 EDM 营销获得广泛的应用,电子邮件营销的优势也相对清晰:有助于刺激无明确需求的消费,且较搜索引擎和在线广告而言成本更低,目标更精准。

7. 无线营销

无线营销(wireless marketing)是指利用以手机为主要传播平台的第五媒体,直接向分众目标受众定向和精确地传递个性化即时信息,通过与消费者的信息互动达到市场沟通的目的,无线营销也称为移动营销。随着智能手机技术的逐步成熟,特别是从 2010 年苹果公司的第一台平板电脑 iPad 面世开始,智能移动应用终端技术的市场化应用为无线营销带来了快速发展。

无线营销发展至今,在商业领域最为普遍的应用形式是无线广告,按最常见的可分为发送式和发布式。发送式的无线广告有手机短信、彩信、声讯等。发布式的包括二维码和 wap 网页广告。近年来,无线广告规模在不断扩大,根据艾瑞市场咨询公司公布的数据,2023 年中国无线广告市场的整体规模就已达到 650 亿元人民币。

但是,谷歌 Android 系统、苹果 iOS 系统、微软 Windows Mobile 系统占据大部分智能手机终端,手机应用软件被广泛使用,这将大大改变无线营销的现有格局。真正有效的无线营销将需要三个阶段:第一阶段是通过信息发布吸引消费者;第二阶段是通过信息互动建立数据库;第三阶段是通过建立会员制或无线营销俱乐部等方式培养忠实顾客群。

扩展阅读 16-7 新播客:半拿铁——商业浮沉录

8. 播客营销

播客营销(podcast marketing)主要是向指定客户群体以视频、音频的形式进行营销,并选择在音视频内容中加一些与营销产品相关的理论知识或娱乐内容,从而有效利用客户的碎片化时间。与其他营销模式相比而言,播客营销内容的趣味性较强,有较高可能在客户群体中引发边际效应、扩大实际营销范围。

对于广告主而言,成本低廉是播客最大的吸引力,只需要一点点费用就可以把产品信息推到特定消费群体中去。同时由于播客的目标群体有很明显的共性,播客广告的效率也相当高。

尽管播客营销有着多方面的优点,但受限于技术的发展,播客在信息检索和快速浏览方面还不如文字博客那样方便。

技术的滞后并不能阻碍播客以及播客营销的发展。在播客营销的第一批实践者中,安全套品牌杜蕾斯是最值得一提的。杜蕾斯同播客网站进行了合作,在热门节目 *Dawn* and Drew Show 中植入广告。以往像安全套这样敏感的商品,在传统广告中很容易受到播出政策的"特殊照顾",而这些广告在播客中播出就完全绕开了这一问题。

到目前为止,互联网上共有数千套播客节目,并且这一数字每天都在被刷新。这些播客节目,部分来自主流媒体,如 ABC News 的新闻以及 ESPN 的体育节目,但更多的还来自热衷于此道的个体,内容涉及人物访谈、影评,以及个人 DJ(电台音乐节目主持人)主持。

9. RSS 营销

RSS(really simple syndication,简易信息聚合)营销是基于 XML(可扩展标记语言)技术添加 RSS 订阅功能,当客户浏览相关网站、购物平台时,将会显示所订阅 RSS 营销文案及链接。此外,当客户浏览网站发布新内容时,客户所下载 RSS 阅读器也将实时显示链接、更新新闻内容,进而追踪客户的网站点击行为、阅读习惯等信息,从而根据不同客户群体的相关信息针对性制定网络个性化营销策略、方案。相比而言,对 RSS 营销模式的应用,可将多样性、个性化信息结合。营销信息发布时效性较强,对于客户而言,可避免信息量过大、病毒邮件等问题的出现。

RSS 营造了一种全新的网络环境,在这个环境下,信息传播的方式、信息接收的方式以及信息显示的规则与传统的网络营销有很大区别。必须针对不同的阅读器,设计出文字出色、内容诱人的广告。对于 RSS 营销来说,抓住订阅者是进一步开展营销活动的首要前提。利用网络推送技术为用户提供的信息,内容必须有特色,根据自己相对稳定的用户群,提供有特色的信息。比如一家体育用品公司在利用 RSS 进行网络营销的时候,推送的页面可以以体育新闻报道为特色,这些体育报道可以是最新的体育新闻,也可以是某一项体育或某一个体育明星。不管内容侧重哪方面,有一点必须保证:内容必须新、有特色,能吸引某一部分用户的眼球。

RSS 营销可实施特色服务和品牌打造相结合的策略。特色服务和品牌打造如同一对孪生兄弟,特色服务依赖品牌方显其特色,品牌通过特色服务使用户受益。网络品牌成为吸引用户并使用户产生信任感的第一要素,而用户通过实践所总结出的评价成为提高品牌可信度和完善品牌的关键。

超级链接16-1　豪士面包:以品为媒,开创品牌营销升级新纪元

本章小结

互联网的发展已经使世界贸易的格局发生巨大变革,由此,市场营销的新变化也在不断孕育而生。为实现企业总体经营目标所进行的、以互联网为基础手段营造网上经营环境的各种活动犹如雨后春笋,蓬勃发展。国际市场网络、移动和社交媒体营销也呈现出跨时空、多媒体、成长性、整合性、技术性等特点。同时,通过品牌建设、网站推广、信息发布、

渠道拓展、客户服务、客户维系和市场调研等 7 个基本功能实现网络、移动和社交媒体营销的目的。

伴随着互联网技术的发展,国际市场网络、移动和社交媒体营销经历门户时代、搜索引擎时代、社区互动时代,其网络、移动和社交媒体营销的应用平台呈现多元化的特点。如网红依托移动端这个渠道在一些社交 App 上进行网络营销,迎合了现今受众的接受倾向,让大规模的转载传播成为可能,影响到更多的受众,提升其知名度和影响力。

国际市场网络、移动和社交媒体营销在"术"的层面上也产生了诸如网络广告、病毒式营销、搜索引擎营销、社会性网络服务营销、网络口碑营销、EDM 营销、无线营销、播客营销和 RSS 营销等新策略方法,极大丰富了网络、移动和社交媒体营销活动的应用,同时也在推动互联网的新一轮变革。国际贸易、支付方式、现代物流业等都在随着网络、移动和社交媒体营销的发展而不断发展。

关键术语

网络营销(internet marketing)　　　　移动营销(mobile marketing)
社交媒体营销(social media marketing)　关系营销(relationship marketing)
服务个性化(service individualization)　　营销观念(marketing concept)
一对一营销(one to one marketing)　　全面营销(comprehensive marketing)
营销网络(marketing network)　　　　富媒体(rich media)
社会性网络服务营销(social networking services marketing)
简易信息聚合营销(really simple syndication marketing)

课后习题

1. 试述网络、移动和社交媒体营销产生的技术基础和观念基础。
2. 网络、移动和社交媒体营销的内涵与特点是什么?
3. 网络、移动和社交媒体营销有哪几种基本功能?
4. 简述网络、移动和社交媒体营销的影响。
5. 国际市场网络、移动和社交媒体营销有哪些具体策略与方法?

本章讨论案例

漫威影业的微博营销

随着移动互联网的发展,作为社会化媒体之一的新浪微博逐渐对各种各样的营销活动产生影响。特别是在近几年,利用微博营销产生影响力、带动消费力、树立良好口碑的营销事件和营销组织逐年增多,微博已然成为越来越多企业的宣传主战场。在微博上利用口碑营销产生影响力和带动消费力最典型的行业就是电影业,根据当前电影行业与微博的关系不难看出,微博已经成为一种开拓市场的新渠道,无论电影本身如何,微博网友的言论都会对其产生一定的影响。

漫威电影宇宙是以超级英雄为中心的架空世界,是漫威影业基于漫威漫画创作出来的系列电影。作为全球知名的电影企业,漫威影业受到全球各个国家无数粉丝的热捧,是为数不多成功打入中国电影市场的电影公司,俨然成为一种独特的欧美文化。而根据调研,新浪微博上的漫威粉丝以女性居多,拥有较高学历,较为年轻、南方、北方均有分布,互动群体主要为高中生、大学生,还有部分上班族。学生更倾向在微博上表达自己的想法,他们浏览信息的时间是最长的,发博数量也是最多的,这个群体更喜欢融入组织,喜欢找队伍,也比较容易被发动。大学生比起高中生,浏览时间、发博数量都有所下降,他们的原创作品更多,也更容易成为粉丝中的意见领袖,这部分人是漫威粉丝中基数最大的群体。上班族是互动量最少,但最具有购买力的群体,这些人的行为会更加忠诚,例如新电影上映,大部分人会去影院观影,甚至参与包场活动。

因此,在进行社会化媒体推广的过程中,应先注重推广内容的有趣性和创新性,这样可以调动起粉丝的情绪,让粉丝对其产生良好印象,久而久之形成依赖关系,这样更加方便营销活动的推广。通过内容分析,热门微博以短视频为主,其次是图片。这说明在社会化媒体的推广中,纯文字微博已不是主流,带有趣味性的视频或图片才会更受关注。而且除了加 V 的大博主外,一些粉丝也喜欢发布恶搞视频和图片,以此来满足自我娱乐的需求。故在休闲动机方面,起引导作用的大 V 或粉丝意见领袖增加发布创意的短视频或图片的数量,将会提升粉丝对漫威的黏度,也会吸引更多人群,由此扩大目标群体,提升营销成功的概率。

国内电影业不乏优秀 IP,但很少有像漫威这样成功走向世界的系列。无论是在大众的新浪微博、知乎、抖音等平台,还是在小众的 LOFTER、KilaKila 等平台,粉丝往往喜欢自己产出一些有趣的作品并进行传播,因此对于国内企业,官方在进行推广的时候要充分利用粉丝的主观能动性,举办一些官方同人活动,或是官博与粉丝互动,带动粉丝积极性。

资料来源:马英乔.微博互动动机研究——以漫威影业为例[J].全国流通经济,2019(34):144-145.

讨论题

1. 具体分析微博营销的优势所在。
2. 如何利用微博来进行国际市场网络、移动和社交媒体营销活动?
3. 结合本案例,试述国际市场网络、移动和社交媒体营销未来的发展趋势。

(考核点:网络、移动和社交媒体营销的内涵、功能及其策略与方法)

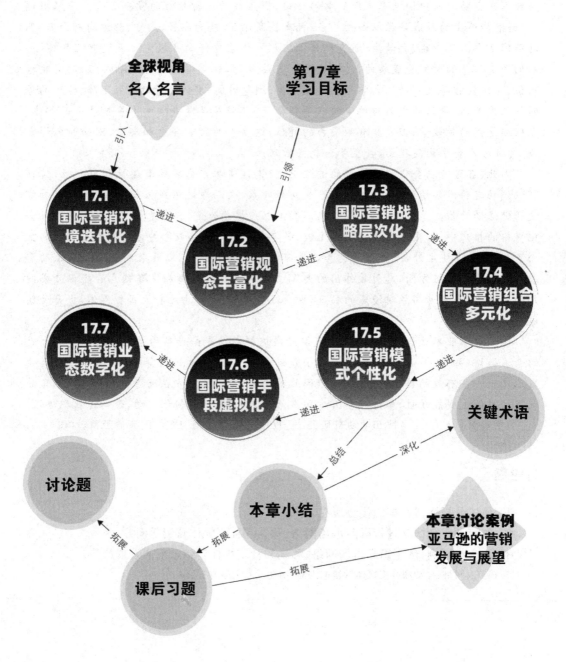

第 17 章

国际营销展望

学完本章,你应该能够:
1. 了解国际营销环境的变化趋势;
2. 掌握国际营销观念的变化;
3. 理解国际营销战略层次化的内涵;
4. 掌握国际营销组合策略的变化趋势。

全球视角

名 人 名 言

我们未来的富有不在于财富的积累,而在于观念的更新。

——彼得·德鲁克(现代管理学之父)

全球竞争要求极致的灵活性、速度和创新,以及能力去学习和适应不断变化的市场需求。

——杰克·韦尔奇(通用电气集团原CEO)

在这个快速变化的世界里,不变的是人们的需求和欲望。成功的营销策略是找到连接这些需求与你的产品的桥梁。

——赛斯·戈丁(美国)

17.1 国际营销环境迭代化

随着全球经济、政治、社会以及技术环境的快速变化,国际营销环境呈现出前所未有的动态性和复杂性。这些变化不仅为企业带来了新的机遇,也为企业带来了前所未有的挑战。

17.1.1 全球经济环境变化

1. 商品贸易占比日渐降低,服务贸易快速增加

(1) 全球经济中服务贸易崛起。随着全球经济的不断发展,国际贸易的重心正逐渐从传统的商品贸易转向服务贸易。尽管商品贸易依然占据重要地位,但其增速已明显放缓,尤其是在全球化深入推进的背景下,传统商品市场的竞争愈加激烈。在此过程中,技术咨询、金融服务、信息服务等知识密集型行业的比重迅速上升,成为推动全球经济增长的主要引擎。数字化技术的普及,特别是互联网和大数据的应用,进一步加速了这一趋势,许多服务贸易形式,如在线教育和远程医疗,开始取代部分传统商品消费。这不仅使服务贸易的市场份额不断扩大,也推动了全球经济结构的深刻变革。

扩展阅读17-1 新经济时代国际营销环境的变化

(2) 新兴技术推动服务贸易转型。随着全球经济进入知识经济时代,技术创新成为各国经济竞争的核心要素。知识经济是指以知识和信息为主要驱动力的经济形式,其中科技进步、创新能力、信息技术等成为生产力的重要来源。新兴技术如人工智能、5G、区块链、虚拟现实(AR)等正深刻改变着全球贸易格局。它们不仅提升了商品贸易的技术含量,也对服务贸易产生了深远影响。高科技领域的崛起催生了如数字金融、在线教育、远程医疗等新型服务业态。这些服务模式在全球范围内实现了跨境流动,突破了传统商品交易所面临的空间与时间限制。同时,技术的发展使生产和服务的方式发生了根本性变化,劳动力逐步从传统的商品生产领域向知识密集型和技术密集型服务领域转移,进一步推动了全球经济向服务经济的转型。

(3) 数字化推动全球贸易的融合与创新。数字贸易是指通过数字技术手段进行的跨境服务和商品交换。它涵盖了通过电子商务平台进行的商品买卖、远程服务、数字内容交换等形式。根据2024年9月由全球数字贸易博览会组委会和国际贸易中心(ITC)联合发布的《全球数字贸易发展报告2024》,全球数字贸易总额从2021年的6.02万亿美元增长至2023年的7.13万亿美元,年均增速达8.8%。其中,数字贸易在国际贸易总规模中的占比从19.6%提升至22.5%,年均增长6.2%。欧盟、美国和中国的数字贸易规模位居全球前三,并保持稳健增长态势。这种变革不仅促进了全球经济的包容性增长,也推动了绿色和可持续发展的贸易模式。

2. 劳动力成本重要性持续下降,创新研发日益重要

随着全球化的深入发展,全球经济环境正经历着显著的变化。从传统的"全球化1.0"到当前的"全球化2.0",企业在全球市场中的竞争格局也发生了深刻的转变。在过去,劳动力成本的低廉是许多发展中国家吸引外资的关键优势,尤其是在劳动密集型制造业领域。然而,随着技术进步和自动化水平的提升,全球产业结构正在发生根本性的变化。劳动力成本的下降不再是决定企业竞争力的唯一因素,创新研发的作用日益凸显,成为企业可持续发展的核心驱动力。

在"全球化2.0"时代,企业的焦点逐渐从传统的劳动密集型生产转向以技术为驱动的资本密集型生产。智能化生产线和自动化设备的投资取代了对大量低成本工人的依赖。这一转变不仅改变了全球产业链的分工,也带来了对技术创新的强烈需求。随着机器人、人工智能、物联网等技术的广泛应用,生产效率大幅提升,企业的生产模式变得更加灵活和高效。这使原本依赖低廉劳动力的国家在竞争中失去了部分优势,取而代之的是具有创新能力、能够进行技术研发和应用的国家,成为全球经济的主导力量。

在"全球化2.0"时代,企业的价值链构成发生了显著变化。过去,许多企业将大量资源投入低成本的劳动力和生产环节,而如今,价值链的重心逐渐向上游的研发和技术创新转移。上游的研发不仅决定了产品的技术含量和市场竞争力,也成为企业应对全球竞争的核心竞争力。而生产环节的价值正在逐步下沉,自动化和智能化生产可以在全球范围内实现灵活布局,降低对低成本劳动力的依赖。因此,未来的企业不仅需要专注于提升生产效率,更要加大研发投入,推动技术创新,才能在全球市场中占据有利位置。

许多国家长期以来依赖廉价的劳动力作为吸引外资和促进经济增长的主要手段,但随着全球制造业的智能化升级,传统的低工资优势逐渐减弱。这些国家需要加速产业结构升级,提升教育和技术水平,培养更多高技能劳动力,才能适应新的全球经济竞争环境。与此同时,对于企业家而言,依赖传统的低成本劳动力优势可能导致企业在未来的竞争中处于不利地位。企业需要拥抱技术创新,投资研发,重视产品差异化,以应对全球市场中日益激烈的竞争压力。

劳动力成本的下降与创新研发日益重要的趋势标志着全球经济的一次深刻转型。在这个新时代,企业的生存与发展不再仅仅依赖于低成本的生产,而是依赖于不断的技术创新和高效的市场营销。全球范围内的技术和知识流动,以及高技能劳动力的培养,推动了更高层次的经济合作与发展。

3. 区域经济一体化

区域经济一体化是全球化背景下的一个重要现象,体现了全球经济的相互依存性和复杂性,是国际竞争向更高层次和更新状态演变的重要体现。通过自由贸易区、关税同盟、共同市场和经济同盟等形式,区域经济一体化加速了区域内的经济合作和整合,促进了成员之间的贸易和投资,增强了区域内的经济实力和国际竞争力。

随着20世纪90年代全球化进程的深入,区域经济一体化进入快速发展期,全球范围内的区域组织数量激增,截至2024年已超过100个。这些区域组织的成立和发展,旨在通过消除区域内的市场障碍和贸易壁垒,实现资源的自由流动,从而提升区域内企业的竞争力和创新能力与活力,促进经济增长。

区域经济一体化虽然加强了区域内的经济合作,但同时也提高了对外部企业的进入壁垒,形成了一种双重效应,这不仅使区域内的企业面临更加激烈的竞争环境,同时也提升了它们的市场份额和盈利能力。企业在全球市场竞争中面对区域经济壁垒带来的复杂性与不确定性,需要深入分析不同区域消费行为、法规政策和文化特征差异,来制定灵活多元的营销策略,以适应区域经济一体化的新环境。

此外,数字化转型和技术创新也在重塑区域经济一体化的格局。企业在面对传统贸易壁垒的同时,还需适应数字经济的新规则,如网络安全、数据隐私保护和跨境电商等问题。因此,企业不仅要关注区域内的市场动态,还要积极进行技术创新,以增强其在全球化背景下的竞争力和适应能力。

深入理解区域经济一体化的动态,对于推动全球经济的健康发展和提升企业的国际竞争力具有重要意义。

17.1.2 社会文化环境的变化

文化、价值观、信仰、习俗等社会因素的演变对国际营销产生深远影响,能够决定某一产品或品牌在国际市场上的接受程度和市场表现。随着全球化进程的推进,社会文化环境的变化愈发频繁与复杂,营销人员必须灵活应对这些变化,调整营销策略,以适应不同文化背景的市场需求。

扩展阅读17-2 互联网巨头改变生活

社会文化环境的变化受到多个因素的驱动。全球化促进了各国之间的联系与文化交流，带来了文化的融合与碰撞，影响了消费者的态度和行为。例如，西方品牌的全球扩张推动了产品本地化，同时也催生了"全球消费者"现象。技术发展，尤其是互联网和社交媒体的普及，加速了信息的传播，改变了消费者的购买决策过程和社交习惯，推动了数字化生活方式和电子商务的兴起。此外，人口结构变化也是重要因素，发达国家的老龄化与发展中国家年轻人口的增加，直接影响了消费需求的构成，催生了老年市场和年轻群体对个性化、创新性和便捷性的需求。最后，社会价值观的变迁，如对环保、可持续发展和社会责任的关注，促使企业在制定市场策略时更加注重这些问题，推出绿色环保产品或倡导公平贸易等。因此，全球化、技术发展、人口结构变化和社会价值观的变迁共同推动了社会文化环境的快速演变。

为了应对社会文化环境的变化，企业需要采取多种应对策略。首先，本地化营销是关键，通过调整产品规格、口味、包装等，使其更符合当地文化需求，同时，广告和传播策略也需本地化，如苹果公司在中国市场的广告强调家庭和团圆等符合中国文化的元素，以建立与当地消费者的情感联系。其次，跨文化沟通与管理成为企业全球化扩张过程中不可或缺的一部分。企业管理者需要具备文化敏感性和跨文化沟通能力，培养本地人才并建立跨文化团队，以更好地适应不同文化和社会环境。此外，现代消费者越来越关注企业的社会责任和可持续发展表现，因此，企业在营销策略中必须融入社会责任，强调环保理念，推出绿色产品等，以迎合消费者对企业社会责任的期待。通过这些策略，企业能够更有效地应对社会文化环境的变化，并在全球市场中取得成功。

17.1.3 政治法律环境的变化

企业的营销活动在特定的政治法律环境中进行，因此，企业必须适应并根据这些环境的变化进行调整。进入21世纪以来，政治法律环境的变化主要体现在三个方面：各国政府立法的加强、政府管制的放松，以及特殊利益集团的崛起。

市场在相对自由的环境中能够更高效地运作。自由竞争的经济模式能激发创新、优化资源配置、提高生产效率，从而创造更多的财富，买方可以自由选择采购的商品和地点，卖方也能自由决定制造和销售的产品。放松管制可以激发市场活力，但过于自由的市场也可能导致以下问题：不公平竞争（如垄断、倾销）、对消费者权益的侵害（如虚假宣传、不安全产品）、对环境的破坏（如污染、过度开发），因此，许多国家在放松管制的同时，逐渐加强了相关立法来平衡市场自由与社会责任，尤其是在商业与环境保护领域，以规范企业的行为。例如，欧盟通过严格的法律框架规范竞争行为、产品标准、产品责任等，确保企业在自由竞争中遵守公平规则。俄罗斯及东欧国家也在努力加强立法，以支持和规范市场经济的开放。在美国，涉及竞争、产品安全、责任、公平交易、信用实施、包装和标签等方面的法律层出不穷。值得注意的是，某些国家的消费者法规极为严格。例如，挪威禁止多种促销方式，包括竞赛和赠券；泰国要求食品加工商销售国产品牌并降低产品价格，以保障低收入消费者的选择；印度要求食品公司在推出与市场已有品牌相似的产品时获得专门审批。

特殊利益集团在数量和影响力上不断增长。在美国,政治行动委员会(political action committee,PAC)和其他利益集团通过游说政府并对企业管理经营者施加压力,要求他们更加重视消费者、女性、老年人和少数民族的权益。为此,许多企业设立了公共关系部门,研究和处理与这些利益集团相关的事务,并回应社会和消费者的需求。此外,消费者主义运动作为一个重要的特殊利益集团,通过市民和政府的合作,组织活动以增强消费者的权利和影响力。消费者主义提倡消费者应拥有多项权利,包括知晓贷款的实际利息、竞争品牌的单位成本、产品成分、食品营养情况及新鲜度等。许多企业设立了消费者事务部,以帮助制定政策并处理消费者投诉。这些举措反映了企业在满足消费者权益的同时,也必须平衡社会各方的需求和期望。

显然,新法律的实施以及特殊利益集团的增加使企业的营销活动面临更多限制。对于从事国际营销的企业而言,不仅需关注国内的立法,还需密切关注国际法和目标国的相关法规。根据2023年的数据,全球超过70%的企业表示,合规风险已成为其战略规划的重要组成部分,这一趋势显示出企业在应对复杂的政治法律环境时,需采取更加灵活和前瞻性的策略。

17.1.4 自然环境的变化

随着工业和经济的发展、世界人口的快速增长、自然环境的恶化、资源的枯竭及能源价格的上升,环境保护的重要性日益被人们所认知。根据联合国的数据,全球人口在1987年时约为50亿,而截至2023年,已突破80亿,这一增长打破了原有的生态平衡,造成了严峻的生存挑战。快速增长的人口不仅需要满足基本生活需求,加剧了自然资源的消耗,同时也导致了大量废物的产生,从而进一步恶化了生态环境。

工业生产的扩张同样给环境带来了巨大压力。许多工业化国家向自然界排放大量的二氧化碳、烟尘、二氧化硫等污染物,导致环境污染严重。历史上,工业化国家经历了多次著名的环境污染事件,如1952年伦敦的烟雾事件,使超过4 000人因呼吸道疾病死亡。根据IPCC(联合国政府间气候变化专门委员会)发布的《第六次评估报告》,全球地表温度在2001—2020年期间的上升速度约为每十年0.2 ℃。这一趋势加剧了温室效应,导致极地冰川融化和海平面上升,同时引发了更多极端天气事件和气候异常现象。

人口增长和工业活动还导致了多种资源的短缺。例如,世界上许多大城市,包括中国的多个城市,面临着严重的水资源匮乏,而可用水资源的污染使得这一问题更加突出。能源危机同样是人类面临的重大挑战。因此,节约资源和加强可持续利用成为全球的共识。随着环保意识的增强,越来越多的国家出台了环保法规,并制定了可持续发展战略,如碳中和目标和绿色能源政策。在全球环境保护和资源管理的推进中,绿色技术和国际合作扮演着越来越重要的角色。

环保主义运动在全球范围内不断兴起。这场运动集中关注由于追求物质需求而给环境带来的负担。环保主义者反对掠夺式的采矿、森林砍伐、工业污染以及对生态环境的其他破坏行为。他们不反对营销和消费,希望这些活动遵循更为严格的生态原则,认为营销系统应优化生活质量,而不仅仅是满足消费需求。环保主义者主张将环境成本纳入生产者和消费者的决策中,并支持通过税收和政策限制对环境的侵害,同时要求企业在污染防治设施上投资。随着环保运动和可持续发展战略的推进,越来越多的消费者开始关注自身的消费行为对环境的影响,积极选择可再生资源和环保产品。同时,各国政府也采取积极措施,制定严格的环保政策,强制要求企业采取措施解决环境问题。在国际营销活动中,企业必须密切关注当地政府和消费者对环境保护的重视程度,避免因不符合环保意识而导致市场失利。例如,西方发达国家的消费者通常具备较强的环保意识,在开展营销活动时,企业需强调产品的可再生资源使用及其对环境的低污染性,以迎合消费者的环保观念。同时,了解并遵循当地的环保法规至关重要,否则,产品可能面临禁售或被封存的风险。为了确保合规,企业可寻求 ISO 14000 等国际环保认证,这不仅能提高产品在全球市场的竞争力,还能有效避免环境相关的检查,从而节省时间并提升企业的环保品牌形象。

在互联网、知识经济和高新技术迅猛发展的背景下,企业面临着不断变化的消费者需求,这迫使企业在营销策略上不断创新。进入 21 世纪后,新型的营销理念、模式和策略层出不穷,国际营销的观念、战略和策略也出现了新的发展趋势。根据 2023 年 11 月贝恩公司发布的消费者可持续调研报告,全球范围内约 64% 的受访者表示他们非常关注可持续发展议题,这一趋势在未来将进一步推动企业在可持续营销方面的努力。

17.2 国际营销观念丰富化

在全球化的浪潮中,国际营销环境发生了深刻的变化,这要求企业的营销创新不仅仅是策略层面的调整,而是根本性的变革。一般而言,企业的营销竞争可以分为三个层次:最基础的是营销策略的竞争,其次是营销战略的竞争,最高层次是营销观念的竞争。因此,企业在开拓国际市场时,首要任务应该是观念的创新。对于中国企业而言,由于市场化起步较晚,在国际市场中面临更加激烈的竞争,只有树立现代营销观念并不断创新,才能在高层次的竞争中与国际组织一较高下。

在国际营销的早期阶段,跨国经营的主要目标是通过延长产品生命周期来实现市场拓展,即将逐渐淘汰的产品、技术或设备推向新兴市场,以此开启新的市场周期。这种传统的营销理念当时有效地推动了全球市场的扩展。然而,随着全球市场的发展,这种理念逐渐被更新的营销观念所取代。参与国际营销的企业,尤其是跨国公司,越来越重视并广泛应用以下几种营销观念:社会营销观念、战略营销观念、关系营销观念和体验式营销观念。这些新型的营销观念不仅注重产品和市场的匹配,更强调与消费者建立长期的互动关系,提供超越单纯交易的价值体验。

17.2.1 社会营销观念

进入 21 世纪后,社会营销观念逐渐成为现代企业营销观念的主流。社会营销观念主要包括社会责任观念和绿色营销观念。

1. 社会责任观念

社会责任是一个企业对社会承担的责任。营销的社会责任是指企业营销工作对社会所承担的义务。企业作为社会的一个成员,营销活动是其与社会发生关系的最主要活动之一。企业的社会责任很大程度是通过其营销活动表现出来的,因为营销在于满足顾客的需求,满足社会整体的需求就是企业的社会责任。对社会负责任就是要最大化体现对社会的正面影响和造成对社会最小化的负面影响。《财富》(美国最具影响力的商业杂志之一)以八种关键的声誉品质为基础,评出美国年度最受尊敬的公司名单,其中评价的主要标准就是社会责任。在它的评价结果中,得高分者通常反映公司做事情考虑社会福利的声誉;得低分者通常是因为该公司在伦理和法律方面有过不当行为。得低分者往往跟经济效益差联系在一起。

企业的社会责任具体包括企业的经济、法律、伦理和慈善责任。

企业的经济责任是企业对投资者所承担的资产保值、增值的经营责任及对财务收支的真实性和效益性等方面应承担的责任。

企业的法律责任是指企业必须遵守法律,特别是要对员工遵守法律负责。

企业的伦理责任是社会期望企业承担的,但却未写进法律的责任。许多商业人士把这种责任称为法律的精神。比如,考虑一下那些船上赌场免费为其顾客无限提供酒类饮料的责任问题。其结果是,醉酒的顾客可能试图驾驶而导致事故,有时是致命的事故。虽然赌场经营者履行了法律责任,只给成年人提供含酒精饮料,但有时却未能致力于解决法律精神所提供的伦理问题。赌场经营者和其他饮料公司有义务避免造成顾客醉酒驾驶的情形。负责任的经营者应监控顾客消费,并且拒绝给看起来喝醉了酒的顾客提供服务。

企业的慈善责任是指那些社会想要的和商业价值观规定的行为和活动。慈善责任展示公司想要回报社会的愿望,比如,许多企业把税前收入捐给慈善团体。捐赠慈善机构、支持社区项目等都是一个公司的慈善形式和志愿精神的体现。

2. 绿色营销观念

绿色营销是指企业遵循人类可持续发展规律,以绿色环保与人类健康为核心,以实现企业自身利益、消费者需求、环境利益的统一为目标而展开的营销行为。

绿色营销以促进可持续发展为目标。英国威尔斯大学的肯·毕泰(Ken Peattie)教授在《绿色营销——化危机为商机的经营趋势》一书中指出:"绿色营销是一种能辨识、预期及符合消费者与社会需求,并且可带来利润及永续经营的管理过程。"首先,企业所服务的对象不仅是顾客,还包括整个社会;其次,市场营销过程的永续性一方面需仰赖环境不断地提供市场营销所需资源的能力,另一方面还要求能持续吸收营销所带来的产物。绿色营销观要求,企业在营销中不仅考虑消费者利益和企业自身的利益,而且考虑社会利益和环境利益,将四方面利益结合起来,全面履行企业的社会责任。

扩展阅读 17-3 我国企业绿色营销理念及创新策略

1) 绿色营销的核心内容

(1) 绿色制造。当前,绿色制造越来越体现全球化的特征和趋势。这是因为,人们在发展绿色产品的过程中,逐步认识到:人类需要团结起来,保护我们共同拥有的唯一的地球。单一的绿色产品的个案开发是不够的。因此,必须从制造业下手,进行绿色制造的研究和应用。制造业对环境的影响往往是跨行业的。ISO 14000 系列标准的陆续出台,为绿色制造的全球化研究和应用奠定了很好的管理基础。近年来,在国际贸易和跨国网络、移动和社交媒体营销中,许多国家要求进口产品进行绿色认证,并具有"绿色标志"。

特别是有些国家,以保护本国环境为由,制定了极为苛刻的产品环境指标,限制外国产品进入本国市场,即设置了"绿色贸易壁垒"。因此,绿色制造业的发展,将为我国产品提高绿色性能提供强大的技术保障,为我国企业消除国际贸易壁垒、进入国际市场提供强有力的支撑。

(2) 绿色集成制造系统。绿色制造涉及产品生命周期全过程及企业生产经营活动的各个方面,因而其是一个复杂的系统工程。要真正有效地实施绿色制造,必须从系统和集成的角度来考虑和研究绿色制造中的有关问题。网络技术恰恰提供了这种可能性。绿色制造的集成已经进入新的技术阶段,借助人工智能和物联网,企业可以优化制造流程、减少资源浪费。这些技术帮助实时监控能源使用,提高生产效率。通过 AI 模型的预测,制造企业可以在设计阶段减轻环境负担,从而实现更绿色的产品全生命周期管理。绿色制造将导致一批新兴产业的形成。除了目前大家已注意到的废弃物回收处理装备制造业和废弃物回收处理的服务产业外,绿色设计的支撑软件还有计算机辅助绿色产品设计系统、绿色工艺规划系统、绿色制造的决策系统、产品生命周期评估系统和 ISO 14000 国际认证的支撑系统等,都会得到快速的发展,并成为绿色网络、移动和社交媒体营销的主打产品。

2) 绿色营销的主要特征

(1) 倡导绿色消费理念。绿色产品近年来备受推崇,但真正的绿色产品不仅是合格的,更需在生产、使用和废弃环节中符合环境保护标准。这意味着在产品设计阶段就要考虑能源的节约和资源的高效利用,生产中则需采用清洁生产工艺,减少废弃物的产生。此外,绿色产品应具有易于回收的特点,以最大限度地降低废弃后的环境负担。

(2) 绿色促销策略的转变。绿色营销对企业的促销方式也提出了新的要求。促销不仅追求销售增长,还要以生态环境保护为导向,实现经济与生态的和谐发展。企业在促销活动中应突出产品的环保优势,避免以牺牲环境为代价换取利润,倡导绿色消费理念,从而提升品牌的美誉度和社会责任感。

3) 绿色营销企业的五大优势

(1) 优先获得消费者的信任。绿色认证和环保宣传帮助企业赢得消费者的信任。随着人们对环境保护的重视,企业通过绿色认证、环保包装和透明的产品信息来展示其环保承诺,可以显著提高品牌的公信力。

(2) 开拓绿色市场,获得利益空间。绿色消费成为当前的消费浪潮,表现在衣、食、住、行各个方面。对绿色消费趋势敏锐感知的企业会在第一时间掌握绿色消费趋势,制定市场开拓策略,赢得市场,获得丰厚的商业利润。

(3) 打破绿色壁垒,拓展国际空间。绿色壁垒作为一种新兴的非关税壁垒,以其隐蔽性强、技术要求高、灵活多变等特点日益受到贸易保护者青睐。21 世纪,我国本土企业迈向国际市场将产生深远的影响,我国本土企业运用绿色营销向国际市场的绿色技术指标看齐,是破除"绿色壁垒"、拓展国际市场空间的必由之路。

(4) 融入社会,赢得多方支持。公众对环保的关注和热情在与日俱增,企业的环保活动也激起了媒体关注的千层浪,带给企业巨大的美誉价值,赢得广泛政府支持及外部公众、内部员工的支持。

(5) 推动企业可持续发展。绿色营销符合社会的可持续发展理念,帮助企业在经济效益和环境责任之间找到平衡点。通过遵循高标准的产品设计和生产规范,企业可以建立与消费者和社会的长期信任关系,实现可持续发展。

17.2.2 战略营销观念

在市场营销理论和实践的长期发展过程中,营销观念发生了两次质的飞跃。第一次飞跃的标志是市场营销观念的产生,它是由美国通用电气公司的约翰·麦克金特立克(John McKitterick)于1957年首先提出。第二次质的飞跃发生在20世纪70年代后期,其标志是战略营销观念的出现。由于石油危机的爆发和日本竞争者的进入,美国企业普遍面临生存危机。在这样的环境下,美国企业纷纷寻找解决危机的办法,于是,战略营销观念开始被引入企业的营销活动中来。

战略营销观念是指企业的营销活动应围绕企业营销战略展开。营销战略就是企业全局性和长远性的重大营销决策,主要包括产品决策(产品寿命周期战略,产品组合战略,新产品开发战略)、市场决策(市场需求战略,目标市场覆盖战略)、市场/产品决策(市场渗透战略,新产品开拓战略,新市场开拓战略,多角化经营战略)、竞争决策(市场领导者战略,挑战者战略,追随者战略,游击者战略)、联合决策(兼并战略,协调战略,让步战略,战略联盟)等。企业营销管理可分为三个层次:第一层次是战略层,它包括营销目标的确定、目标市场选择和产品定位、营销战略选择;第二层次是策略层或战术层,包括选择和制定4P营销组合的策略原则与方向;第三层次是实施层,把营销战略及其相应的营销策略付诸实施。

传统营销的展开围绕营销的各个组成要素——产品、价格、渠道、促销。战略营销包括这些策略变量,但在某些重要的战略方面超出了传统营销的范围。战略营销遵循市场导向的战略发展过程,考虑不断变化的经营环境和不断传送顾客满意的要求,这是一种关于营销的思维和实践方式。战略营销强调竞争与环境的影响,它要求营销人员有效地进行企业总体战略规划,以实现企业的目标、完成任务。

战略营销认识到以往的以消费者为导向的营销观念忽视竞争的缺陷,特别强调消费者与竞争者之间的平衡。现代企业越来越注重与顾客建立长期的互利的交换关系,同时,因经济全球化程度的日益加深带来的市场竞争的日益加剧及买方市场的形成,营销经理已经无法像以往那样单纯地注重日常的经营,而是必须运用战略管理的思维和工具指挥营销活动,才能不辱使命。今天,战略营销因为其战略特征已经成为营销管理的主流范式,受到了越来越广泛的应用。

战略营销具有如下特征。

(1) 强调以市场需求为导向进行产品或服务的开发和营销。企业需要深入了解目标市场的需求、偏好和行为，确保产品或服务的研发和定价能够满足市场需求，并通过市场营销活动将产品或服务推向市场。

（2）注重长期发展，而非短期利益。企业需要从长远角度考虑市场发展趋势和竞争环境，并制定长期目标和战略规划。在实施过程中，企业需要耐心和坚持，不断优化和调整战略，以适应市场的变化和发展。

（3）要求企业各部门之间密切合作，共同制定和实施市场营销策略。这种跨功能整合的方式有助于企业更好地整合内部资源和专业知识，从而提供更好的产品和服务，满足市场需求，提供一致的品牌形象和用户体验。

（4）强调持续创新，包括产品创新、营销方式创新和服务创新等方面。企业需要不断推陈出新，提供符合市场需求的创新产品和服务；同时，还需要通过创新的营销方式和渠道，吸引更多的消费者，并与竞争对手保持差异化。

（5）强调竞争与环境的影响，要求企业在目标市场上通过战略管理创造竞争优势。同时，它也注重参与者的共赢性，即向包括顾客在内的所有参与者提供最大的利益。

（6）要求企业所有的营销决策与管理都必须带有战略性。企业必须根据自己在行业中的市场地位以及它的市场目标、市场机会和可利用资源，制定其营销战略。这种战略性思维和管理方式有助于企业更好地应对市场挑战和机遇。

17.2.3 关系营销观念

1. 客户关系生命周期

（1）任何一种产品都会经历开发、成长、成熟，最终退出市场的过程，人们称之为产品的生命周期。在现代知识经济和网络经济的背景下，科学技术迅速发展，新产品层出不穷，许多产品的生命周期被大幅缩短。因此，单纯依赖产品导向或产品生命周期导向的营销理念已经无法完全满足市场的需求。传统的产品生命周期理念受到了一种新型理念的挑战，那就是"客户关系生命周期"。

（2）"客户关系生命周期"是将产品生命周期概念移植到客户关系管理（customer relationship management，CRM）中。企业的客户关系会经历从开拓到成长，再到成熟和衰退的过程。客户关系生命周期的管理比产品生命周期管理更关注客户价值的最大化，力求通过有效的客户关系管理来延长客户生命周期，增加客户终身价值（customer lifetime value，CLV）。客户生命周期可分为考察期、形成期、稳定期和退化期等四个阶段。

① 考察期是客户关系的孕育期。双方考察和测试目标的兼容性、对方的诚意、对方的绩效，考虑如果建立长期关系双方潜在的职责、权利和义务。双方相互了解不足、不确定性是考察期的基本特征，评估对方的潜在价值和降低不确定性是这一阶段的中心目标。

② 形成期是客户关系的快速发展阶段。双方关系能进入这一阶段，表明在考察期双方相互满意，并建立了一定的相互信任和相互依赖。在这一阶段，双方从关系中获得的回报日趋增多，交互依赖的范围日益扩大，深度也日益增加，逐渐认识到对方有能力提供令自己满意的价值（或利益）和履行其在关系中担负的职责，因此愿意承诺一种长期关系。

③ 稳定期是客户关系的成熟期和理想阶段。在这一阶段，双方或含蓄或明确地对持

续长期关系做了保证。这一阶段有如下明显特征：双方对对方提供的价值高度满意；为长期维持稳定的关系，双方都做了大量有形和无形的投入；双方交易量很大。在这一时期，双方的交互依赖水平达到整个关系发展过程中的最高点，双方关系处于一种相对稳定状态。此时企业对客户的投入相对以前较少，客户为企业作出的贡献较大，企业与客户交易量处于较高的盈利时期。

④ 退化期是客户关系水平发生逆转的阶段。关系的退化并不总是发生在稳定期后的第四阶段，实际上，在任何一阶段关系都可能退化。引起关系退化的原因很多，如一方或双方经历了一些不满意或需求发生了变化等。退化期的主要特征有：交易量下降；一方或双方正在考虑结束关系甚至物色候选关系伙伴（供应商或客户）；开始交流结束关系的意图等。当客户与企业的业务交易量逐渐下降或急剧下降，客户自身的总业务量并未下降时，说明客户已进入退化期。此时，企业有两种选择：一种是加大对客户的投入，重新恢复与客户的关系，进行客户关系的二次开发；另一种是不再做过多的投入，渐渐放弃这些客户。

从"产品生命周期"到"客户关系生命周期"，标志着企业营销理念的变化，这种变化对企业经营者具有一定的启发意义，它给市场营销者一个重要的信号：在激烈的市场竞争中，影响企业生存和发展能力的主要因素是客户，而不是产品。因此，企业应该想方设法延长有利可图的客户关系生命周期，建立长期稳定的客户关系。

2. 关系营销的特征

20 世纪 80 年代中期，美国营销专家巴巴拉·杰克逊（Barbara Jackson）提出"关系营销"，这是建立长期稳定的客户关系的一个很好理念。关系营销是指在营销活动中，注重识别和维系与顾客及其他相关利益人之间的关系，从而达到营销目的的一种营销理念。

关系营销的主要特征是：通过与主要客户建立直接的服务关系，培养客户忠诚度，再扩大这种关系。因此，进行关系营销，既可以建立庞大的后台数据库，又可以直接利用直邮邮件进行推广或采用打折、优惠券等优惠活动，吸引和培育客户的忠诚度。

随着数字技术的普及，传统的关系营销方法已进化为高度个性化和数据驱动的战略。通过在线渠道（如电子邮件、社交媒体、个性化网页等）提供精准的沟通和服务，企业能在客户旅程的每一阶段与其保持互动，增强客户体验与品牌忠诚度。例如，社交媒体平台如 Instagram 和微信在实时互动、品牌推广和顾客维护中发挥了重要作用。

与有价值的客户建立长期有价值的关系是关系营销的核心战略，也是关系营销的中心内容。关系营销认为：一次性或孤立的活动，无法获得长期的客户忠诚和坦诚的对话关系。所以，必须把忠诚度营销活动中获得的信息储存到集中数据库里，以保证公司的长期使用和建立长期的客户关系。"赛百味"是一个总部设在美国的三明治特许经营商，从 20 世纪 70 年代成立起就应用关系营销来建立自己的品牌。不论在什么地方，"赛百味"都依赖优惠活动塑造客户忠诚度，包括赠予会员卡、实行"赛百味俱乐部"会员制、奖励一份免费"赛百味"产品等。另外，其还通过直邮、商店展示、寄明信片、包装袋、海报、货架广告和外贴标记等方式，吸引和提高客流量，培育和增强忠诚度。所有这些活动的核心都是"保住已有客户，寻找新的成员"。

17.2.4 体验式营销观念

美国伯德·H.施密特（Bernd H. Schmitt）博士在他所写的《体验式营销》（*Experiential Marketing*）一书中指出，体验式营销（experiential marketing）是站在消费者的感官（sense）、情感（feel）、思考（think）、行动（act）、关联（relate）五个方面，重新定义、设计营销的思考方式。此种观念突破传统上"理性消费者"的假设，认为消费者消费时是理性与感性兼具，消费者在消费前、消费时、消费后的体验，是研究消费者行为与企业品牌经营的关键。体验式营销，正在成为一种企业巩固市场和建立品牌的有效模式，迪士尼乐园将经典故事和主题元素融入园区设计，并结合AR（增强现实）、AI等技术提供沉浸式体验，如"星球大战"主题区，让顾客在现实中身临其境地体验电影场景。

扩展阅读17-4 开封清明上河园虚拟体验营销

（1）数字化体验。数字化技术使体验式营销从线下走向线上。虚拟现实、增强现实、沉浸式视频和3D（三维）虚拟空间成为增强品牌互动的主要方式。例如，耐克利用AR技术为顾客提供鞋子试穿体验，提高了顾客参与度，缩短了购买决策过程。

（2）社交媒体与内容营销。通过社交媒体传播品牌故事和创造沉浸式体验，帮助品牌与消费者建立情感连接。TikTok、Instagram等平台上的短视频内容和直播购物让消费者更直观地了解产品并与品牌互动。互动式内容不仅增强了品牌的影响力，还帮助消费者更好地理解品牌文化。

（3）顾客数据驱动的个性化体验。利用人工智能和大数据，品牌可以精确分析消费者行为、偏好和需求，为不同群体设计个性化的品牌体验。例如，星巴克利用顾客购买数据，通过App推荐符合顾客口味的新饮品和个性化优惠，增强了顾客忠诚度。

（4）文化和价值观驱动的体验设计。消费者越来越重视品牌的社会责任和价值观。体验式营销不仅关注产品体验，还注重产品与消费者价值观的契合。品牌可以通过支持环境保护或倡导社会平等的活动来吸引有共同价值观的消费者，从而建立深层次的情感联系。

（5）新兴的"场景式消费"。消费者不仅在乎产品本身，更重视与产品相关的体验场景。许多品牌借助设计主题店、互动空间或主题展览，让消费者在现实环境中体验产品。例如，宜家通过家居展示和餐厅服务让顾客直接体验产品的使用场景，增强了顾客对品牌的认同和情感连接。

（6）数据隐私与透明度。在收集数据的同时，品牌需确保消费者隐私和数据安全，遵循《通用数据保护条例》等法规，增强消费者对品牌的信任感。

即测即练17.2

17.3　国际营销战略层次化

在复杂的国际市场中,企业为最大化营销资源的利用效率,不断改革创新营销战略,尤其在竞争激烈的行业,制定适应环境的营销战略至关重要。现代企业的营销战略发展可分为以下四个层次:产品驱动型营销战略、市场驱动型营销战略、顾客驱动型营销战略和市场引领型营销战略。

1. 产品驱动型营销战略

传统的产品驱动型营销战略以现有产品和服务为核心,侧重于推销和广告。在市场竞争日益激烈的今天,这种策略逐渐被更灵活、以客户需求和市场趋势为导向的战略所取代。现在营销更强调与消费者的互动、定制化体验以及数据驱动的决策。例如,苹果、耐克等品牌通过建立强大的品牌文化和社区,专注于用户体验而非单纯的产品推销,取得了显著的市场成功。

2. 市场驱动型营销战略

随着市场需求细化,市场驱动型营销战略强调围绕消费者需求的动态调整。现代技术让企业能实时分析市场趋势,及时识别需求变化。例如,企业利用大数据和人工智能预测需求,实现了从市场分析到竞争优势获取的精准定位。相比产品驱动型营销战略,市场驱动型营销战略更具市场响应力。

3. 顾客驱动型营销战略

顾客驱动型营销战略进一步发展了市场驱动型理念。通过构建客户关系管理系统和个性化数据分析,企业可以为不同顾客群体设计量身定制的解决方案。这种战略通过精准满足个性化需求,提高了客户忠诚度。例如,NFLX.US(奈飞公司)通过AI分析用户观影数据,推荐个性化内容,大幅提升用户体验和留存率。

4. 市场引领型营销战略

市场引领型(或驱动市场型)营销战略是当今企业的高级营销战略。与被动适应市场不同,企业通过创造新需求和价值主动引导市场。例如,特斯拉不仅定义了电动汽车的新标准,还通过充电站和软件生态系统重塑了消费者的出行体验。此类战略的核心在于两大创新内容:一是提供独特的价值主张;二是设计独特的业务流程系统,实现流程创新。通过挖掘潜在需求和引导消费,企业能够形成新的市场空间,与竞争对手拉开差距。

17.4 国际营销组合多元化

1. 国际营销产品策略高新化

全球范围内的科技进步推动了高新技术产品的蓬勃发展，特别是在信息技术、人工智能、物联网和虚拟现实等领域，产品创新的速度和复杂性显著提高。许多企业不仅在产品功能上作出创新，还通过科技手段提升产品的交互体验。例如，耐克利用 AR 技术为消费者提供鞋子试穿的沉浸式体验，进一步缩短了线上和线下购物体验的差距。此外，区块链技术也在一些高端品牌中应用，通过产品溯源提高了产品的可信度。正是因为高新技术赋予产品附加值，产品的生命周期变得更短，新品推出的频率更高，这为企业带来了市场机会，也对其研发和供应链提出了更高要求。高新产品策略还要求企业建立一整套与产品服务相匹配的支持体系，通过优质的售后服务和技术支持，进一步提升产品竞争力和客户黏性。

2. 品牌营销全球化

品牌是企业商品个性化的沉淀和凝结，是在竞争激烈的同质化市场中引起消费者注意或购买的重要识别特征，基于全球经济一体化和网络化的宏观环境影响，品牌营销成为 21 世纪企业开展营销活动的战略重点。

进入 21 世纪之后，全球化使品牌跨越地域边界，成为企业战略的核心要素之一。随着社交媒体、电子商务和物流网络的全球性发展，品牌在跨国市场中迅速传播。国际品牌不仅仅需要在不同国家进行销售，还需在当地化方面取得平衡。例如，麦当劳在全球范围内保持一致的品牌形象，但在各地推出符合当地口味的产品，如在印度推出不含牛肉的素食汉堡。与此同时，品牌全球化推动企业承担更多的社会责任、塑造更加积极的全球形象。宜家在全球各地推广可持续材料和环保家具，通过产品和品牌文化传播其环保理念，赢得消费者的信任和尊重。此外，全球品牌还逐步加深对消费者心理和本土文化的研究，以构建文化敏感性强的品牌营销策略，让品牌在全球范围内保持竞争力和市场占有率。

3. 国际营销定价策略新颖化

在定价策略方面，价格的构成因素发生了显著变化。知识因素、创新成本等无形资产开始被纳入定价体系，并且在整体价格中占据了越来越大的比重。随着技术的进步和知识产权价值的日益突出，企业在定价时越来越重视这些非物质成本。例如，特斯拉使用动态定价，基于市场需求和顾客反馈调整价格，以最大化利润和顾客满意度。

定价策略的导向也发生了根本性转变。过去，许多企业依赖成本导向定价策略，即根据生产成本和预期利润设定价格。随着信息技术的迅猛发展，尤其是虚拟现实、大数据分析等技术的广泛应用，企业可以更加精确地衡量产品对顾客的实际价值，从而制定出更符合市场需求的价格。

随着网络技术的发展，动态定价成为一种新兴趋势。通过互联网平台，顾客不仅可以方便地比较价格，还能直接与企业进行讨价还价，这促使企业定价策略更加灵活且富有竞争力。例如，许多电商平台采用算法动态调整商品价格，根据顾客的需求、购买历史和市场情况实时调整价格。这样的定价方式使企业能够在不同的市场环境中快速响应，优化价格策略。

4．国际营销渠道策略灵活化

在全球化的推动下，国际营销渠道正逐步向扁平化、数字化和多元化方向转变。企业越来越关注如何有效、快速地接触终端消费者，以便更好地响应市场需求和提升市场覆盖率。国际化渠道策略不仅通过缩短中间环节来提高效率，同时也通过灵活的多渠道战略适应不同市场的文化和消费习惯。

1）渠道的扁平化和直销模式的崛起

传统的金字塔式渠道结构具有多层分销商和代理商，在信息反馈和响应速度上存在不足。为了提高市场效率，许多企业开始采用扁平化渠道，将分销层级缩减，以便更直接地掌控终端客户。例如，特斯拉采用直销模式，通过线上平台和体验中心直接向消费者销售产品，不依赖经销商。此举不仅增强了企业对渠道的控制力，还使消费者获得更透明的价格和一致的品牌体验。亚马逊也是扁平化渠道的典型代表，它通过自建电商平台和物流体系，将产品直接交付到客户手中，提供便捷、高效的购物体验。

2）多渠道营销系统的普及

随着市场需求的细分化和消费行为的多样化，许多企业采用多渠道营销系统，以便通过不同的渠道触达不同的客户群体。例如，宝洁公司在全球范围内运用多渠道策略，在欧美市场主要依赖大型零售商和线上平台，而在一些发展中市场则依赖经销商网络和零售店来覆盖更多消费者。多渠道策略让企业可以灵活调整资源、应对不同市场的需求变化。此外，线上与线下结合的全渠道营销模式正在成为主流。例如，耐克将线上订单与线下提货结合，使消费者可以在门店体验产品、下单并在家中享受送货服务，提升了用户体验和品牌黏性。

3）垂直营销系统和水平营销系统的创新

垂直营销系统和水平营销系统是现代渠道结构中逐渐占据主导地位的两种新形式。垂直营销系统整合了生产商、批发商和零售商的渠道行为，形成一个协调统一的营销联合体，减少了传统渠道中常见的冲突，提高了渠道的整体效率。在美国消费市场中，约70%～80%的产品通过垂直营销系统分销。沃尔玛等零售巨头通过自有的垂直营销系统，不仅控制了供应链和物流，还大幅降低了流通成本。水平营销系统则由同一层级的公司组成，其通过合作开拓市场。例如，联合利华与宝洁在特定市场联合推出促销活动，提升了品牌的市场影响力。

4）数字化渠道和电子商务的全球应用

互联网和电子商务的发展使渠道不再局限于传统的实体流通。数字化渠道通过平台经济实现了跨越时空的销售网络，满足了现代消费者对快捷、方便和个性化服务的需求。例如，阿里巴巴通过跨境电商平台，如速卖通（AliExpress），成功实现了全球化扩展，使中国制造的产品直接进入国际市场。此外，许多企业还借助社交电商，如微信商城和Instagram，实现与终端消费者的直接互动和销售。电子商务不仅打破了传统渠道的时间和地域限制，还通过数据追踪和用户分析，使企业及时优化库存、提高营销策略的精准性。

5）渠道伙伴关系和价值共创

在国际营销渠道策略中，企业不再将中间商简单视为客户，而是作为创造客户价值的合作伙伴，共同提升客户体验。例如，星巴克与全球供应链合作伙伴协同优化咖啡豆的采购、生产和分销流程,实现可持续和高质量的供应链。通过建立长久稳定的合作关系,企业和合作伙伴能够实现价值共创,从而增强品牌忠诚度并提升整体竞争力。这种伙伴关系模式还使企业可以通过合作伙伴网络更快速地进入新的市场,降低拓展的时间成本和风险。

6)全渠道和线上线下结合的策略

全渠道策略整合了线上和线下的各类销售和推广方式,使企业能够提供更无缝的顾客体验。例如,沃尔玛不仅在全球范围内拥有庞大的实体超市网络,还积极拓展电商业务,打造了一个线上与线下结合的全渠道零售系统。顾客既可以在线下门店选购商品,也可以在网上下单并选择送货到家或门店自提服务。通过这种线上线下的结合,沃尔玛进一步增强了客户对品牌的依赖性和满意度,全渠道模式使企业得以灵活应对顾客多样化的需求。

5. 国际营销促销策略多样化

在全球化和数字化的推动下,促销策略的多样化逐渐成为企业赢得国际市场竞争优势的关键。传统促销方式已逐步被更加个性化、互动化和多元化的促销手段所替代,这让企业不仅能够更精准地触达消费者,还能通过创新的内容和体验式活动增强品牌黏性。现代企业利用多种促销方式实现全球市场中的品牌推广和销售增长,具体可以体现在以下几个方面。

1)"一对一"个性化促销

随着大数据和人工智能的发展,企业可以通过消费者的购买记录和行为数据提供个性化的促销服务,实现"一对一"的精准推广。不同于传统的大众传播,个性化促销在新经济时代能够更好地满足消费者的个人需求。例如,亚马逊通过数据分析为用户推荐个性化产品,并提供专属折扣或优惠券,这种个性化服务让顾客感受到被关注,从而增强品牌忠诚度。星巴克也在其 App 中通过奖励积分和生日特权等个性化促销手段来维系顾客,提升客户的复购率。

2)网络广告与多媒体推广

网络广告已成为全球企业的重要促销方式,企业通过多媒体广告平台进行品牌推广,如 Google 广告、Facebook 和 Instagram 的投放等。相比传统广告,网络广告更具互动性、精准性和实时性,可以通过受众特征、兴趣标签和行为数据来定位目标客户。此外,短视频和直播已成为全球市场中广泛使用的推广手段。例如,耐克在抖音等短视频平台上推广新品,通过运动员展示、挑战活动等吸引观众互动并提高品牌影响力。对于新一代年轻消费者来说,视频广告和直播购物不仅增强了品牌的亲和力,还提升了顾客的购物体验。

3)网红营销和 KOL 推广

社交媒体的兴起使网红营销和 KOL 推广在国际市场中快速发展。企业与网红合作,通过展示产品使用过程、讲解产品特点等方式让消费者更直观地了解产品。全球化的 KOL 营销策略不仅缩短了品牌与消费者之间的距离,还能增强消费者的购买信任度。例如,欧莱雅与全球美妆博主合作,通过他们的粉丝群体推广新产品,在美妆爱好者中取得了极大的传播效果。奢侈品牌 GUCCI 也通过与各国社交平台上的时尚博主合作,传递其品牌形象和风格，为品牌带来了显著的曝光度和年轻消费者的关注。

4）多元化的新型媒体

多元化的新型媒体正在逐渐替代传统的报纸和电视等大众媒体。这些新型"小众媒体"能够根据受众的兴趣、消费行为和场景提供更有针对性的广告。例如，超市推车上的悬挂广告、机场休息室的视频广告和健身房的专用频道，都是针对特定场景的媒体形式。企业可以在消费者最有可能关注的场景中投放广告，提高广告的到达率和记忆度。此外，一些企业还在特定场景中提供互动式广告，如设置VR体验区、增强现实广告等，让顾客体验产品特性并增加品牌互动。

5）整合营销传播策略

整合营销传播（integrated marketing communication，IMC）是将所有营销传播手段和促销渠道统一协调，以传递一致的品牌信息。通过IMC，企业确保所有的广告、促销活动和媒体渠道传达清晰、一致的品牌形象。例如，可口可乐的IMC策略在全球范围内广泛推广，通过广告、社交媒体、赞助活动等多种手段传递其"快乐"和"分享"的品牌主题。IMC策略不仅增强了品牌的统一性，也让不同渠道的促销活动形成合力，最大化了广告和促销的效果。在全球市场中，IMC已成为企业应对多元文化和复杂市场环境的核心策略。

6）内容营销和社交媒体互动

内容营销和社交媒体互动已经成为品牌促销不可或缺的部分。企业通过内容营销，如品牌故事、消费者故事和热点事件，让消费者在情感上与品牌建立连接。例如，迪士尼通过讲述动画角色的幕后故事、推出限时折扣和活动优惠吸引顾客关注。星巴克在全球社交平台上发布创意饮品图片和客户反馈，以此让消费者产生互动。品牌的内容营销不仅关注产品本身，更注重传达品牌的价值观和理念，消费者通过分享、评论和互动加深对品牌的认同。

7）电子邮件和个性化推送

电子邮件和个性化推送在数字营销中依旧占据重要位置。企业利用邮件、App消息和短信推送为消费者提供产品更新、促销活动和个性化推荐。例如，亚马逊通过个性化的邮件提醒用户关注的产品折扣信息，提高了用户的购买率。酒店和旅游行业也常用电子邮件推送来吸引顾客关注限时优惠、特色服务，增加订单转化率。

8）整合跨境电商平台的促销活动

在国际市场中，跨境电商平台通过促销活动大大提升了品牌的国际影响力。平台如阿里巴巴的速卖通、亚马逊全球购等，通过提供国际支付、物流支持和本地语言服务，帮助企业轻松进入海外市场。此外，平台通过"黑色星期五""双11"等全球大促活动为品牌带来极大的曝光和订单量，这种全球化促销节日为企业在国际市场赢得更多的客户，提供了高效、便捷的促销途径。

17.5　国际营销模式个性化

超级链接17-1　海信的国际营销

国际营销模式个性化是未来国际营销发展总的趋势。国际著名市场营销专家科特勒在其《想象未来的市场》一文中指出,未来的市场经营者将从关注大的人群转向寻找具有特定需求的细分市场。这些细分市场尽管规模可能较小,但其购买力依然强劲。随着消费者需求日益个性化,不同消费者在消费结构、偏好的时间和空间,以及对品质的要求上的差异化,将导致目标市场的特殊性增强,预示着消费者行为的复杂化及其成熟度的提升。

营销服务呈现个性化的发展趋势,完全不同于传统工业社会将消费群体相近的需求等同看待。根据单个消费者的特殊需求进行产品的设计开发,制定相应的市场营销组合策略,是21世纪营销个性化的集中体现。能够满足千差万别个性化需求的营销可能取决于21世纪高新技术的发展,因为互联网技术使信息社会供求关系变为动态的互动关系,消费者可以在全世界的任何一个地方、任何时间将自己的特殊需求利用互联网迅速地反馈给供给方,而生产方也可以随时随地通过互联网了解和跟踪消费者的市场反馈。供需双方利用现代媒体沟通,让工业时代难以预测和捉摸的市场变得更加透明,传统的市场调查在未来将渐渐失去其存在的价值。

个性化营销的实质在于,最终产品能够满足单一消费者的需求。企业是否能够根据具体消费者的需求而非广泛的消费者群体来设计高度个性化的产品或服务,已成为衡量其竞争力的关键指标。在20世纪末,海尔推出了"您来设计,我来实现"的口号,标志着从传统生产向个性化定制的转变。海尔通过直接与消费者互动,收集他们对家电的具体需求,如性能、外观和尺寸,然后将这些需求转化为定制化的产品。这种策略不仅提升了产品的人文价值和实用性,而且反映了信息时代消费者对个性化和质量的高度重视。海尔的成功证明了,企业要在竞争激烈的市场中生存和发展,必须具备灵活适应消费者需求的能力,以及整合互联网和企业资源的能力。

在国际营销个性化的趋势下,个性化营销衍生出精准营销(precision marketing)、数据库营销以及会议营销等多种营销模式,这些模式虽然各具特色,但它们之间密切相关,共同构成了当代企业国际营销战略的核心。

1. 精准营销

精准营销是在精准定位的基础上,依托现代信息技术手段建立个性化的顾客沟通服务体系,实现企业可度量的低成本扩张之路。公司需要更精准、可衡量和高投资回报的营销沟通,强调结果导向和具体行动的营销传播计划,并日益重视对直接销售沟通的投资。

精准营销在以下几个方面突破了传统营销的局限和束缚。

(1) 市场定位的精确性。精准营销通过可量化的技术实现精确的市场定位,突破了传统营销定位只能定性的局限。

(2) 个性化沟通的保障。精准营销借助先进的数据库技术、网络通信技术及现代化的物流系统,实现了与顾客的长期个性化沟通,满足了可度量、可调控的精准要求,同时摆脱了传统广告沟通的高成本束缚,使企业低成本快速成长成为可能。

(3) 客户互动的持续性。精准营销通过系统的手段保持企业与客户的密切互动,不断满足客户的个性化需求,建立稳定的忠诚顾客群,实现客户链式反应增殖,促进企业的长期稳定发展,扭转了传统营销只针对普遍需求,缺乏与顾客的持续互动,难以满足客户个性需求的劣势。

(4) 成本效益的优化。精准营销借助现代高效的物流体系,使企业能够摆脱复杂的中间渠道和对传统营销组织结构的依赖,实现个性化关怀,显著降低营销成本。

精准营销模式的核心是互动营销。互动营销强调和客户良性互动,紧紧抓住消费者心灵,在顾客心中建立鲜活的品牌形象。互动营销的成功依赖于捕捉共同的利益点,找到合适的沟通时机和方法,以实现企业与消费者之间的紧密结合。在营销过程中通过充分利用消费者的意见和建议,企业能够促使产品的规划和设计更贴近市场需求,实现商品的实用性和市场的精准对接。这种相互学习、相互启发的过程,特别是通过"换位思考",能够为问题带来全新的视角,从而创造出真正适销对路的产品。

2. 数据库营销

精准营销依赖于营销测试系统和大型个性化数据库,以对消费者的消费行为进行精准的衡量和分析,实现目标市场的精准定位。这种基于数据的营销策略,被广泛称为数据库营销。数据库营销的实质是企业通过收集、积累并分析消费者信息,利用电子邮件、短信、电话、信件等多种渠道进行深度的客户挖掘与关系维护。它旨在建立与顾客之间一对一的互动沟通关系,并依托庞大的顾客信息库进行长期的促销活动,是一种以数据挖掘为核心的全新销售手段。其内容涵盖现有顾客和潜在顾客,通过一个可持续更新的动态数据库管理系统进行管理。数据挖掘在数据库营销中扮演着核心角色。国际市场上 10 多年前就有数据库营销的例子:一家通过邮购目录直销服装的公司,积累了 200 万名顾客的资料,经过数据挖掘,发现这 200 万名顾客包括 5 225 个市场单元。比如,其中一个市场单元是同时买了一件蓝衬衣和一条红领带的 850 名顾客,他们再买一件海军蓝夹克的可能性很大。那么该公司如果推广海军蓝夹克,就只用发信给 850 名而不是 200 万名顾客了。

在国际营销个性化方面,数据库营销通常可以用来实现以下营销目标。

(1) 更精确地瞄准产品的营销与设计方向。

(2) 确保客户忠诚度,降低竞争的风险。

(3) 精准识别最有潜力购买新产品与服务的客户群体。

(4) 提高销售效率,优化销售过程。

(5) 为传统的销售方式提供低成本的新方案。

(6) 实现营销结果的量化评估。

3. 会议营销

会议营销是一种基于消费者数据分析的精准营销手段。企业通过多渠道收集潜在顾客的资料,并建立详细的消费者数据库。通过对这些数据的深入分析,企业能够精准地筛选出目标消费群体,并通过定制化的会议活动,结合多样化的促销策略,进行有针对性的营销。与传统的广告宣传不同,会议营销具有高度的针对性和互动性,它直接面向潜在顾客,减少了盲目宣传的风险,显著提高了营销资源的利用效率。

在当今竞争激烈、市场高度同质化的环境下,仅依靠产品本身往往难以建立消费者对品牌的信任。会议营销的核心在于通过"一对一"的沟通模式,建立并维护与消费者长期的信任关系。这要求企业不仅进行针对性宣传,还提供真诚的服务,实施高度个性化的营销策略。通过精确锁定目标消费者,满足他们的个性化需求,企业能够有效提高消费者满意度,增强品牌忠诚度,从而实现长期的发展。

会议营销是一个基于"一对一"互动沟通的整合服务营销体系。它涉及消费者资料的收集与有效处理、目标人群的精准定位,以及会议的精心组织和后续服务。通过运用心理学、行为学、传播学等学科的理念,企业能够在会议中面对面地与消费者进行有针对性的宣传和服务,从而有效地达成销售目标。这一营销模式不仅关注信息的收集与处理,还包括对目标人群的前期接触、现场组织和跟进服务等多个环节,确保了营销活动的高效性和成功率。

17.6 国际营销手段虚拟化

信息全球化已成为当代经济的一个重要特征,其迅速崛起主要由互联网技术的广泛应用和快速发展所驱动。互联网不仅重塑了交流、信息传播和电子商务的方式,而且成为推动信息全球化的最有效工具,为国际营销活动提供了空前的平台。

随着在线营销的发展,互联网上的虚拟市场不断扩大,消费者可以通过互联网这个虚拟的购物空间确定自己的消费行为,这标志着21世纪企业营销模式虚拟化时代的到来。营销虚拟化不但表现在消费者身份虚拟化、消费者行为网络化,而且体现在企业的广告、调查、分销和购物结算等都通过互联网而实现数字化。

对于中国而言,积极采纳和实施虚拟化营销策略,是在21世纪内迅速追赶甚至超越全球市场营销新趋势的有效途径。与20世纪在工业化进程中存在的与西方发达国家的巨大差距相比,21世纪的中国在互联网技术应用方面的差距已大幅缩小。互联网的广泛普及和电子商务平台的持续优化,使网络购物成为日常生活的重要组成部分。网络购物不仅涵盖了从年轻消费者的时尚购买到老年消费者的健康投资等多个消费层面,而且覆盖了所有年龄段。截至2024年6月,中国互联网普及率达到78%,网络购物用户规模达到9.15亿,这些数据不仅显示了中国网民规模的持续增长和互联网普及率的提升,也展示了中国网络零售市场巨大的发展潜力,为数字经济的快速增长提供了坚实基础。随着技术创新的不断推进和消费者需求的日益多样化,预计网络购物市场将保持强劲的发展势头。

1. 云营销

随着营销管理信息化的不断发展和完善,云营销作为一种创新的营销模式应运而生。

云营销模式不仅扩展了传统企业管理的功能边界,而且依托于电子商务企业强大的后台数据库系统,为商家提供智能化的营销分析和优化的营销策略,真正实现了从局部到整体的营销服务和优化。

扩展阅读 17-5　云技术驱动创新,华为云加速土耳其零售行业数字化

云营销的核心优势在于其超大规模的处理能力、虚拟化技术的应用、可靠性与安全性以及较低的成本,这些特性共同促使营销活动更加精准、便捷、低成本且高效。此外,云营销还能够创造出多样的新型服务或产品。通过不断扩大云计算的覆盖范围和增强逻辑计算能力,云营销旨在减轻用户的经济负担,使用户仅需通过家中的一台终端设备,便能接触到几乎无限的高质量客户资源,享受云营销带来的显著经济效益。

2．网络、移动和社交媒体营销

在网络时代,信息化、数字化和虚拟化的发展不断推动着营销模式的根本变革与持续创新。随着互联网平台的广泛普及,传统营销手段得到了有效补充与拓展,催生了多样化的创新营销策略。先进的网络技术能够帮助企业更加精准地定位目标消费者,并通过全新的互动方式增强与消费者之间的联系。例如,病毒式营销、搜索引擎营销、社交网络服务营销、口碑营销、电子直邮营销以及无线营销等,这些新兴手段迅速发展,已成为企业营销战略的重要组成部分,不仅拓宽了企业与消费者之间的沟通渠道,还显著提升了营销活动的传播效率与市场响应速度。以社交媒体平台为例,品牌可以通过用户的内容分享与口碑传播在短时间内迅速扩展其影响力,降低营销成本的同时,提升市场渗透率。信息化与数据化的发展也使得企业更为精准地洞察消费者需求,根据消费者的行为数据提供个性化推荐与定制化服务,从而增强客户黏性,进一步提高营销活动的精准度与投资回报率。这不仅提升了品牌的市场竞争力,也加速了企业全球化布局的步伐。

网络时代的营销变革不仅是技术层面的推动,更是企业营销思维的深刻转型。随着数字技术的不断演进,新的营销模式将持续涌现,为企业带来更多的机遇与挑战。

17.7　国际营销业态数字化

以"E 国际贸易"为主要特征的国际贸易新业态,正随着信息技术的蓬勃发展和产业革命的深入展现出其前所未有的发展活力,对稳定一个国家产品国际市场份额和促进进出口平衡方面的作用越来越突出。国际贸易新业态不仅是加速经济新旧动能转换的重要手段,也是实现外贸稳增长的重要动力。相较于传统贸易方式,国际贸易新业态以其制度上的突破性创新,展现出更强的活力,成为经济体制开放的先驱。

国际贸易新业态有如下主要特征。

(1) 社交媒体与跨境电商的深度融合。短视频社交不仅成为一种新的"生活方式",

还从根本上改变了品牌营销和流量引入的规则。通过短视频平台,品牌能够以更生动和直观的方式与消费者互动,提升用户的参与感和购买意愿。这种新形式的电商营销正在成为跨境电商的新增长点。

(2)传统跨境电商平台与线下实体的融合,形成了跨境O2O模式。这种模式通过在实体店提供跨境电商进口商品,创造了集体验与交流于一体的零售新体验。消费者不仅可以在线上浏览和购买商品,还能够在实体店中亲身体验产品,增强了购物的互动性和乐趣。这一创新为跨境电商提供了新的渠道和思路,推动了传统外贸的转型升级。该模式在发展过程中也面临一系列挑战,如高昂的物流成本、跨境支付的安全性问题、不同市场之间的文化差异及消费者行为习惯的差异等。企业需要具备强大的跨境运营能力,并且能够灵活调整市场策略以适应不同地区的消费者需求和政策环境。

(3)E国际贸易方式以喷薄之势发展,逐步与一般贸易、加工贸易、小额边境贸易和采购贸易等方式交互融合,成为新的下一代主要国际贸易业态。下一代国际贸易业态与下一代制造业业态相互作用,共同使传统国际贸易和制造业的时空界限、地理界限日渐模糊,促进了生产和价值实现的全球化。国际贸易一方面扭转生产消费跨国分离状态,另一方面又通过全球价值链和E国际贸易平台重新连接,依托贸易平台或新的载体和渠道,将全球范围内分离的生产过程和环节,单一分散的生产商、供应商、中间商和消费者汇聚在一起,形成了前所未有的市场集成力量,包括生产商集成、供应商集成、中间商集成和消费者集成,由此产生巨大的贸易规模、贸易流量,并不断改变着贸易方向,产生了更加便捷、快速和自由的贸易方式,不同国家之间的经济联系和贸易往来变得比以往任何时候都更加紧密。

国际贸易新业态的形成与发展,加强了生产性企业与专业服务公司的合作,同时"互联网+"及大数据的应用不仅降低了交易成本、减少了流通环节,还促使企业不断提升产业链、供应链、价值链的效率,增强了企业的创新能力和产品质量,提升了品牌影响力和国际规则的话语权。

未来,网络外贸公司将从简单的网上商店和门户形式,过渡到核心业务流程、客户关系管理等均通过网络来处理的模式。电子商务和相关技术的快速发展,将推动新一代网络贸易形式取代传统外贸模式,同时也将取代目前基于"网站+平台"的单一网络交易方式。此外,网络贸易型网站的兼并热潮及战略联盟的形成,将成为网络贸易发展的必然趋势,推动网站资源的整合,满足客户全方位的需求。

即测即练17.7

本章小结

在当前的全球环境中,企业的国际经营面临着快速变化的挑战,这要求企业的营销观念和活动能够灵活适应、及时调整,以应对新的市场动态。虽然全球一体化的进程经历了一些波折，但区域一体化和经济合作仍在继续，企业在国际营销中必须应对复杂的挑战与机遇，尤其是在服务经济和知识经济迅猛发展的背景下，企业需要不断调整其营销策略，以满足新的市场需求。

国际营销环境变化主要体现在经济、文化、技术等方面。社会文化环境的变化导致消费者的生活习惯与购买行为发生显著转变，个性化需求的倾向愈加明显，消费者对价格的敏感性增强，同时对产品质量和个性化服务的期望不断提高。消费者对品牌的忠诚度逐渐降低，信息获取渠道的多样化使得他们的购买决策更加理性。技术环境方面，信息技术特别是互联网的发展，深刻影响了营销活动，改变了企业与消费者之间的互动方式，推动了营销手段的虚拟化。在政治法律环境方面，各国政府在放松经济管制的同时加强了立法，这对企业的国际运营和合规性提出了新的要求。自然环境方面，全球人口持续增长、生态环境恶化以及自然资源日益紧缺，使得环境保护意识逐渐增强，企业在制定营销策略时需考虑可持续发展的因素。

在这样的市场环境下，国际营销呈现出五大发展趋势：国际营销观念丰富化、国际营销战略层次化、国际营销组合多元化、国际营销模式个性化和国际营销手段虚拟化。这些趋势要求企业不断调整其营销策略，以适应快速变化的国际市场环境，确保在全球竞争中保持竞争力和创新能力。

关键术语

全球经济一体化（global economic integration）
区域经济一体化（regional economic integration）
服务经济（service economy）　　　　　知识经济（knowledge economy）
政府管制放松（government deregulation）　社会营销（social marketing）
绿色营销（green marketing）　　　　　战略营销（strategic marketing）
人工智能（artificial intelligence）　　　物联网（internet of things，IoT）
体验式营销（experiential marketing）　　关系营销（relationship marketing）
精准营销（precision marketing）　　　　数据库营销（database marketing）
电子商务（E-commerce）　　　　　　　多元新型媒体（new multi-media）
服务个性化（service individualization）　整合营销（integrated marketing）
整合营销传播（integrated marketing communication）
客户关系生命周期（life cycle of customer relationship）
客户关系管理（customer relationship management，CRM）
客户终身价值（customer lifetime value，CLV）

课后习题

1. 国际营销环境的变化主要体现在哪些方面？
2. 国际营销虚拟化的主要内容有哪些？
3. 战略营销有哪些特征？

4. 国际营销渠道策略的国际化主要表现在哪些方面?

本章讨论案例

亚马逊的营销发展与展望

亚马逊是全球最早发展跨境电商业务的公司之一,被公认为跨境电商领域的标杆企业,也是名副其实的互联网巨头公司。

亚马逊电子商务的发展大致可分为以下几个阶段。

阶段一(1994—1997年):1994年,公司成立。1995年,亚马逊上线电子商务业务,开始只是通过网络进行图书销售,致力于发展成为世界上最大的书店。

阶段二(1998—2000年):亚马逊在书籍销售市场未取得绝对优势,便开始由单纯的书籍销售向其他品类产品的销售延伸。1998年,其音乐商店上线并迅速成为全球最大的音乐产品销售商。在此期间,亚马逊不断拓展其产品线,致力于成为全球性的综合商品零售商。

阶段三(2001年至今):2001年起,亚马逊开始逐步由商品零售商向服务型企业转型,推广其第三方平台、推出网络和会员服务、物流外包服务等。通过提供各种类型的服务,亚马逊逐渐成为一家综合性的服务提供商。

经过不断的发展,亚马逊成功实现了由商品零售商到网络综合服务提供商的转型,如今稳居世界500强前列。那么,亚马逊成功的秘诀是什么呢?

(1)永无止境的创新。显而易见,当初亚马逊推出Kindle电子阅读器会不可避免地减少其纸质书籍的销量,但亚马逊还是选择了推广Kindle,结果收入不降反增,而且在电子书领域,亚马逊的Kindle拥有绝对优势。有研究显示,2017年,亚马逊在美国电子书市场占比超过80%。

(2)先进的技术和数据驱动力。作为全球著名的高科技公司,亚马逊曾连续三年获得美国《商业周刊》年度全球"科技100强"冠军。此外,亚马逊在2006年推出了弹性计算云服务,是云计算的开创者之一。

(3)独具特色的经营模式和风格。亚马逊通过价格战获取客户,在提高竞争力的同时使市场规模不断扩张;通过严格的品牌保护规则,亚马逊积累了消费者的信任;通过多样化的营销模式以及便捷的个性化服务,亚马逊可以满足消费者的个性化需求。

(4)完备的供应链和产业链。亚马逊围绕电子商务链条不断向产业链上游进行延伸和渗透,通过采用FBA(亚马逊物流服务)、KDP(Kindle出版)、AWS(亚马逊网络服务)等模式和方法,不断增强其对物流、出版以及互联网等产业链的影响力。

(5)顾客至上的理念。亚马逊在很早就提出了以客户为中心的理念,并在实际业务开展过程中不断践行这一理念。

近年来,跨境电子商务风起云涌,亚马逊作为行业龙头企业将会继续进行全球化布局,加强线上、线下的融合发展,继续发挥其在数据积累和数据分析方面的既有优势,保持其在全球跨境电商中的强势地位。

资料来源:亚马逊帝国版图的战略扩张[EB/OL].(2018-01-22)[2023-02-20].https://www.sohu.com/a/218238065_498761.

讨论题

1. 亚马逊是如何能始终保持跨境电商领域的标杆行业的?
2. 结合本案例,试述国际营销未来的发展趋势。

(考核点:国际营销战略层次化、模式个性化)

参 考 文 献

[1] 杨桂菊,薛天赐,李雅.品牌文化定位、跨文化传播策略与老字号品牌国际化[J].营销科学学报,2024(4):132-157.

[2] 滕乐法,黄奕凡,谢辰欣.经济转型和国际化背景下品牌战略的实践问题和理论创新[J].营销科学学报,2023(1):67-72.

[3] 刘英为,汪涛,聂春艳,等.如何应用国家文化原型实现品牌的国际化传播——基于中国品牌海外社交媒体广告的多案例研究[J].管理世界,2020(1):32-35.

[4] 徐岚,赵爽爽,崔楠,等.故事设计模式对消费者品牌态度的影响[J].管理世界,2020(10):89-94.

[5] 张子璇.新经济时代企业的市场营销观念与营销战略探讨[J].营销界,2022(12):41-43.

[6] 陈土丽.电子商务时代跨境电商企业市场营销路径分析[J].老字号品牌营销,2024(20):68-69.

[7] 高影."互联网＋"视域下跨境电商国际市场营销的策略分析[J].商业文化,2024(2):32-35.

[8] 黎梅飞.经济全球化环境下企业市场营销策略探讨[J].商场现代化,2023(23):77-79.

[9] 丁佳,王玉婧.中国互联网独角兽企业的国际市场进入模式选择及影响因素研究[J].中国商论,2024(16):45-47.

[10] 张秋菊.数字化时代下市场营销策略创新研究[J].全国流通经济,2024(14):33-35.

[11] 张翠.互联网背景下企业品牌整合营销传播策略研究[J].中国战略新兴产业,2024(14):72-74.

[12] 蔡飞君.基于公共政策的营商环境优化与营销创新策略探讨[J].商场现代化,2024(22):12-14.

[13] 李昊睿.经济全球化视角下我国企业品牌营销的策略分析[J].商场现代化,2023(10):57-59.

[14] 慈红艳.数字化背景下推动国际贸易转型升级的策略研究——以履带式特种车为例[J].中国军转民,2023(23):133-135.

[15] 付亮,王俊伟.病毒式营销的内涵、特点及应用[J/OL].沈阳师范大学学报(社会科学版),2020,44(5):63-68[2020-07-20].https://doi.org/10.19496/j.cnki.ssxb.20200713.001.

[16] 周文成,姚婷婷.大数据时代网络营销运行中的问题与对策探析[J].电子商务,2020(7):66-67.

[17] 赵媛,樊重俊,朱玥.基于大数据的连锁餐饮会员网络营销策略[J].电子商务,2020(7):68-69.

[18] 陈伟飞,张荷."后疫情时代"网络电影的营销变革[J].新闻研究导刊,2020,11(13):102-103.

[19] 杨先顺,赖菀桃.网络善因营销中消费者伦理感知的维度研究[J/OL].新闻与传播评论,2020,73(4):88-97[2020-07-20].https://doi.org/10.14086/j.cnki.xwycbpl.2020.04.009.

[20] 季永伟.网络营销对餐饮业发展的促进分析[J].中国商论,2020(13):9-10.

[21] 宋和.网络经济时代市场营销策略的转变[J].中国市场,2020(18):115-116.

[22] 张波,吴佳霖."互联网＋"农村多功能体验式产业发展的路径探索[J].产业创新研究,2020(12):29-30.

[23] 汤飞飞.以茶产品网络销售为例——谈基于慕课的高职《网络营销》课程教学改革实践[J].福建茶叶,2020,42(6):239-240.

[24] 王爱龄.基于网络经济时代下市场营销策略的转变研究[J].财富时代,2020(6):64.

[25] 吕航.网络经济背景下市场营销创新策略分析[J].财富时代,2020(6):144.

[26] 彭达枫.互联网大数据时代的营销模式创新[J].中外企业家,2020(18):105-106.

[27] 刘露.对于社交网络时代市场营销模式的思考[J].经济研究导刊,2020(16):47-48.

[28] 程宇.网络经济模式下电镀企业的整合营销探索[J].电镀与环保,2020,40(3):117-118.

[29] 廖文萌,顾文聪.基于大学生网络消费行为的文创产品营销策略研究[J].商场现代化,2020(10):25-26.

[30] 唐显锋.网络营销与企业经济管理分析[J].现代营销(下旬刊),2020(5):103-104.

[31] 史致远,李红新.新技术发展对网络整合营销的影响及对策[J].电子商务,2020(5):55-56.

[32] 杨启星.浅谈网络经济时代市场营销管理的机遇与挑战[J].中国管理信息化,2020,23(10):134-135.

[33] 郑丽,袁欣,周淼淼."互联网+"时代网络个性化营销方法探讨[J].中外企业家,2020(14):101.

[34] 武美丽.大数据分析时代对市场营销的影响研究[J].中小企业管理与科技(中旬刊),2020(1):114-115.

[35] 王宁.智子再现:营销理论中的西方战略迷局[J].商场现代化,2020(7):40-42.

[36] 阿姆斯特朗,科特勒.市场营销学案例[M].赵占波,等译.北京:机械工业出版社,2019.

[37] 郑荔."不需要"层次理论的意义——马斯洛"需要层次理论"再认识[J].黑河学院学报,2019,10(10):79-81,84.

[38] 雷明亚.大数据在广告公司扩散的影响因素研究[D].重庆:重庆工商大学,2019.

[39] 张艺凡.浅析宝洁公司在中国市场的营销战略以及对中国企业的启示[J].广西质量监督导报,2019(8):94,102.

[40] 李威,王大超.国际市场营销学[M].北京:机械工业出版社,2019.

[41] 李盼盼.树立现代市场营销观念,提升市场竞争优势[J].现代经济信息,2019(22):97.

[42] 霍伦森.国际市场营销学[M].张昊,梁小宁,徐亮,译.北京:机械工业出版社,2019.

[43] 汪菲.浅谈人工智能在市场营销方面的应用[J].营销界,2019(52):73-74.

[44] 王永贵,洪傲然.营销战略研究:现状、问题与未来展望[J].外国经济与管理,2019,41(12):74-93.

[45] 曾倩如."互联网+"背景下金宝贝早教机构营销策略研究[D].福州:闽江学院,2019.

[46] 宋词.大数据时代中国银行吉林省分行电子银行营销策略研究[D].长春:吉林大学,2019.

[47] 何雨谦.小微企业市场营销管理的现状与对策探讨[J].江西电力职业技术学院学报,2019,32(10):117-118.

[48] 程芳芳.基于地区营销视角的平湖经济技术开发区招商引资策略研究[D].杭州:浙江理工大学,2019.

[49] 胡敏.互联网时代SX公司液晶面板产品中国市场营销策略[D].北京:北京交通大学,2019.

[50] 朱磊.J公司营销策略研究[D].南昌:南昌大学,2019.

[51] 胡庆波.三星彩超中国市场营销策略研究[D].兰州:兰州大学,2019.

[52] 朱雪兰,朱超云.星巴克体验营销策略分析[J].中外企业家,2018(30):236-237.

[53] 邵禹源.耐克和New Balance的品牌形象和营销策略分析[J].中国集体经济,2018(1):61-62.

[54] 凯特奥拉,吉利,格雷厄姆.国际市场营销学[M].赵银德,沈辉,钱晨,译.17版.北京:机械工业出版社,2017.

[55] 王莉,苏盟,林建,等.国际市场营销[M].北京:清华大学出版社,2017.

[56] 科特勒,阿姆斯特朗.市场营销:原理与实践[M].楼尊,译.16版.北京:中国人民大学出版社,2015.

[57] 李爽.国际市场营销[M].北京:人民邮电出版社,2015.

[58] 胡荻.亨利·福特成败T型车[J].中国商贸,2014(22):38-42.

[59] 麦克丹尼尔,兰姆,海尔.市场营销学:案例与实践[M].时启亮,朱洪兴,王慧,译.11版.上海:格致出版社,2013.

[60] 波特.国家竞争优势[M].李明轩,邱如美,译.北京:中信出版社,2012.

[61] 刘涛,何方正.从推销到营销:究竟有多远[J].经营与管理,2011(6):44-45.

[62] 张煜阳,盛林峰,石煜磊,等.无线营销发展现状与未来趋势研究[J].上海商学院学报,2011,12(Z1):39-42,45.

[63] 黄仁伟.深刻认识国际政治环境考验的长期性复杂性严峻性[J].求是,2011(20):60.

[64] 邹海涛.低碳经济下企业国际营销环境的变化及对策[J].中国商贸,2011(Z1):68-69.

[65] 科特勒,阿姆斯特朗.市场营销原理[M].北京:中国人民大学出版社,2011.

[66] 中美轮胎特保案大事记[EB/OL].(2011-09-06).https://finance.sina.com.cn/g/20110906/103110439937.shtml.

[67] 彭龙富.学生比树少的大学[J].中国青年,2012(1):71.
[68] 郭松克.市场营销学[M].广州:暨南大学出版社,2010.
[69] 张惠珍.浅析企业网络营销运作中的伦理建设[J].科技经济市场,2010(1):61-62.
[70] 徐金子.企业网络营销策略分析[J].商情,2010(18):45.
[71] 万后芬.市场营销教学案例[M].北京:高等教育出版社,2010.
[72] 国际营销战略案例——耐克的国际营销之道[EB/OL].(2010-05-05). http://www.thldl.org.cn/ news/1005/39349.html.
[73] 郎咸平.福特潜伏战[J].商界,2010(4):114-115.
[74] 胡春.市场营销案例评析[M].北京:清华大学出版社,2008.
[75] 许志玲,赵莉.数据库营销——分众营销时代的营销利器[M].北京:企业管理出版社,2008.
[76] 梁东,刘建堤.市场营销新视点[M].北京:经济管理出版社,2007.
[77] 冯英健.网络营销基础与实践[M].北京:清华大学出版社,2007.
[78] 张静中,曾峰,高杰.国际市场营销学[M].北京:清华大学出版社,2007.
[79] 秦波.国际市场营销学教程[M].北京:清华大学出版社,2007.
[80] 弗里德曼.世界是平的[M].何帆,肖莹莹,郝正非,译.长沙:湖南科学技术出版社,2006.
[81] 吴汉嵩.新经济时代国际营销环境的变化趋势[J].江苏商论,2006(8):98-99.
[82] 李弘,董大海.市场营销学[M].5版.大连:大连理工大学出版社,2006.
[83] 甘碧群.国际市场营销学[M].2版.武汉:武汉大学出版社,2006.
[84] 刘新,刘铁明,程艳菲.国际市场营销学[M].北京:中国商务出版社,2006.
[85] 科特勒,凯勒.营销管理[M].梅清豪,译.上海:上海人民出版社,2006.
[86] 特普斯特拉,萨拉特.国际营销[M].郭国庆,等译.8版.北京:中国人民大学出版社,2006.
[87] 杰恩.国际营销案例[M].宋晓丹,等译.北京:中国人民大学出版社,2006.
[88] 朱思文."超级女声"的营销攻略[J].投资与营销,2005(17):30-31.
[89] 凯特奥拉,格雷厄姆.国际市场营销学[M].周祖城,等译.12版.北京:机械工业出版社,2005.
[90] 黄升民.广告主绿色营销研究报告[M].北京:社会科学文献出版社,2005.
[91] 沈巧雯.体验营销的最佳典范:星巴克咖啡[J].管理现代化,2005(4):33-35.
[92] 孟群舒."超级女声"撞击娱乐经济[J].财富智慧,2005(8):39-43.
[93] 吴晓云.国际营销学教程[M].天津:天津大学出版社,2004.
[94] 马浩.竞争优势:解剖和集合[M].北京:中信出版社,2004.
[95] 张辉.全球价值链理论与我国产业发展研究[J].中国工业经济,2004(5):38-46.
[96] 科特勒.市场营销教程[M].俞利军,译.北京:华夏出版社,2004.
[97] DIBB S, SIMKIN L.市场营销:案例和概念[M].赵平,孙燕军,译.2版.北京:清华大学出版社,2004.
[98] 戴亦一.战略营销[M].北京:朝华出版社,2004.
[99] 津科特,朗凯恩.国际市场营销学[M].陈祝平,译.6版.北京:电子工业出版社,2004.
[100] 朴命镐.为了创造顾客价值的市场营销[M].釜山:经文社,2004.
[101] 李哲,等.全球文化时代的国际市场营销[M].釜山:学现社,2004.
[102] 刘志超.国际市场营销[M].广州:华南理工大学出版社,2003.
[103] 朱华,窦坤芳.市场营销案例精选精析[M].北京:经济管理出版社,2003.
[104] KOTLER P. Marketing management[M]. 11th ed. New York: Prentice Hall, 2003.
[105] 希尔.国际商务:全球市场竞争[M].周健临,等译.3版.北京:中国人民大学出版社,2002.
[106] LAMB C W, HAIR J F, MCDANIEL C. Marketing[M]. 6th ed. Chula Vista: South-Northern College Publishing, 2002.
[107] 基坎,格林.全球营销原理[M].傅惠芬,等译.北京:中国人民大学出版社,2002.
[108] KOTLER P, ARMSTRONG G. Principles of marketing[M]. 9th ed. Wilmington: Prentice Hall, 2001.
[109] 吴晓云.工商管理市场营销案例精选[M].天津:天津大学出版社,2001.

[110] 罗国民,刘沧劲. 国际营销学[M]. 大连：东北财经大学出版社,2001.
[111] PERREAULT W D, MCCARTHY E J. Basic marketing: a global-managerial approach[M]. 4th ed. Ithaca：McGraw Hall,2000.
[112] 史蒂文斯,洛顿,雷恩,等. 营销规划[M]. 王琦,译. 北京：机械工业出版社,2000.
[113] HELLRIEGEL D, JACKSON S E, SLOCUM J W. Management[M]. 8th ed. Cincinnati：South-Western College Publishing,1999.
[114] KEEGAN W J. 全球营销管理[M]. 北京：中国人民大学出版社,1998.
[115] KEEGAN W J. Principles of global marketing[M]. Hoboken：Prentice-Hall International, Inc.,1997.
[116] JAIN S C. International marketing management[M]. 5th ed. Cincinnati：South-Western College Publishing,1996.

主要参考网站

[1] http://www.globalmarketing.cn 国际营销传播网
[2] http://www.emkt.com.cn 中国营销传播网
[3] http://www.vmc.com.cn 南方略咨询
[4] http://www.eeo.com.cn 经济观察网
[5] http://www.cb.com.cn 中国经营网
[6] http://www.virtualtradelink.com/ 贸易区链接网
[7] http://world-trade-search.com/ 国际贸易搜索网
[8] https://countryreport.mofcom.gov.cn/default.asp 国别报告网
[9] http://www.tradeinvest.cn/index 中国贸易投资网
[10] http://www.ccpit.org/ 中国贸促会官网
[11] http://project.mofcom.gov.cn/ 商务部投资项目信息库
[12] http://data.un.org/ 联合国统计网
[13] http://comtrade.un.org/ 联合国商品贸易数据库
[14] https://www.wto.org/index.htm 世界贸易组织数据库
[15] http://www.imf.org/external/data.htm 世界货币基金组织官网
[16] http://unctad.org/en/Pages/Home.aspx 联合国贸发会议数据库
[17] http://unstats.un.org/unsd/mbs/app/DataSearchTable.aspx 联合国统计月报数据库
[18] http://data.worldbank.org/ 世界银行官网
[19] http://www.finweb.com/ 金融经济学
[20] http://www.economagic.com/ 经济数据库
[21] http://www.nber.org/ 国民经济研究局
[22] http://www.cepr.org/ 经济政策研究中心
[23] http://www.icpsr.umich.edu/ 政治和社会研究联合会
[24] http://qed.econ.queensu.ca/jae/ 计量经济学数据库
[25] http://www.oecd.org/ 经济合作与发展组织
[26] https://data.stats.gov.cn/ 国家数据
[27] http://www.domarketing.cn/ 营销智库
[28] http://www.ad-cn.net/ 中国广告
[29] http://www.ceicdata.com/ 全球数据库
[30] http://www.chinabaogao.com/stat 中国报告大厅

教师服务

感谢您选用清华大学出版社的教材！为了更好地服务教学，我们为授课教师提供本书的教学辅助资源，以及本学科重点教材信息。请您扫码获取。

» 教辅获取

本书教辅资源，授课教师扫码获取

» 样书赠送

国际经济与贸易类重点教材，教师扫码获取样书

 清华大学出版社

E-mail：tupfuwu@163.com
电话：010-83470332 / 83470142
地址：北京市海淀区双清路学研大厦 B 座 509

网址：https://www.tup.com.cn/
传真：8610-83470107
邮编：100084